The
Welsh
Learner's
Dictionary

I JEFF ROBERTS ac ADRIAN REES,

dau o adeiladwyr y Gymraeg
yn Abertawe

The Welsh
Welsh
Learner's
Dictionary

HEINI GRUFFUDD

y Lolfa

First impression: 1998
Third impression (revised): 1999
Mini edition: 2000
Fifth impression (revised): 2004

Editor: Eiry Jones
Cover photograph: Heini Gruffudd
Cover design: Robat Gruffudd

ISBN (mini edition only): 0 86243 517 X

Published in Wales
by Y Lolfa Cyf., Talybont, Ceredigion SY24 5AP
e-mail ylolfa@ylolfa.com
website www.ylolfa.com
phone (01970) 832 304
fax 832 782

Foreword

THE EXCELLENT sales of this dictionary both in its standard and mini formats has proved what I had suspected when undertaking this project: that learning Welsh is becoming increasingly popular, and that learners need a friendly yet practical dictionary created specially for their needs.

As Welsh is becoming a more visible language in Wales, the dictionary will also be useful for those who wish to understand the Welsh they see around them, and for tourists and visitors to Wales who wish to take an interest in modern Welsh life and culture.

The 10,000 Welsh words and phrases in this dictionary should be ample for you to understand, speak and write everyday Welsh. A rough guide to pronunciation is given on the **Cymraeg-English** side, while word plurals and genders are given on both sides of the dictionary. Word contexts are given, and words which cause the painful mutations are noted throughout. Common phrases and sentences are included to enable the user to see the language at work.

Geographical names, including the names of countries, appear in two separate lists (**English-Cymraeg, Cymraeg-English**) for easy access, though some of the more common names of countries are also included in the **English-Cymraeg** section of the dictionary. They are not included in the **Cymraeg-English** section because they are, for the most part, easily recognizable.

There is also a brief guide and grammar section, but this is not meant to replace the use of a Welsh grammar or Welsh teaching book.

Rwy am ddiolch i wasg Y Lolfa ac yn arbennig i Eiry Jones, eu golygydd, am ei gwaith wrth gynhyrchu'r geiriadur hwn.

HEINI GRUFFUDD
Abertawe

Numbers

> **Numbers are followed by singular noun**
> *or*
> **Numbers are followed by 'o' + plural noun (+S.M.)**

1	un *(+S.M. with f noun)*
2	dau *(with m noun) (+S.M.)*
	dwy *(with f noun) (+S.M.)*
3	tri *(with m noun) (+A.M.)*
	tair *(with f noun)*
4	pedwar *(with m noun)*
	pedair *(with f noun)*
5	pump; pum + noun
6	chwech; chwe + A.M
7	saith
8	wyth
9	naw
10	deg
11	un deg un
12	un deg dau *(with m noun)*
	un deg dwy *(with f noun)*
13	un deg tri *(with m noun)*
	un deg tair *(with f noun)*
14	un deg pedwar *(with m noun)*
	un deg pedair *(with f noun)*
15	un deg pump
16	un deg chwech
17	un deg saith
18	un deg wyth
19	un deg naw
20	dau ddeg
21	dau ddeg un
30	tri deg
40	pedwar deg
50	pum deg
60	chwe deg
70	saith deg
80	wyth deg
90	naw deg
100	cant
101	cant ac un
200	dau gant
300	tri chant
400	pedwar cant
500	pum cant
600	chwe chant
1000	mil
2000	dwy fil

Traditional Numbers

> **These forms are used in telling the time and with age**
> **Nouns are placed after the first element, e.g.**
> *25 minutes* – pum munud ar hugain

11	un ar ddeg
12	deuddeg
13	tri ar ddeg *(with m noun)*
	tair ar ddeg *(with f noun)*
14	pedwar ar ddeg *(with m noun)*
	pedair ar ddeg *(with f noun)*
15	pymtheg
16	un ar bymtheg
17	dau ar bymtheg *(with m noun)*
	dwy ar bymtheg *(with f noun)*
18	deunaw
19	pedwar ar bymtheg *(with m noun)*
	pedair ar bymtheg *(with f noun)*
20	ugain
21	un ar hugain
22	dau ar hugain *(with m noun)*
	dwy ar hugain *(with f noun)*
23	tri ar hugain *(with m noun)*
	tair ar hugain *(with f noun)*

24	pedwar ar hugain *(with m noun)*	12th	deuddegfed
	pedair ar hugain *(with f noun)*	13th	trydydd ar ddeg *(with m noun)*
25	pump ar hugain		trydedd ar deg *(with f noun)*
30	deg ar hugain	14th	pedwerydd ar ddeg *(with m noun)*
31	un ar ddeg ar hugain		pedwaredd ar ddeg *(with f noun)*
40	deugain	15th	pymthegfed
41	un a deugain	16th	unfed ar bymtheg
42	dau a deugain *(with m noun)*	17th	ail ar bymtheg
	dwy a deugain *(with f noun)*	18th	deunawfed
50	hanner cant	19th	pedwerydd ar bymtheg *(with m noun)*
51	hanner cant ac un		pedwaredd ar bymtheg *(with f noun)*
60	trigain		
61	un a thrigain	20th	ugeinfed
70	deg a thrigain	21st	unfed ar hugain
80	pedwar ugain	22nd	ail ar hugain
81	un a phedwar ugain	30th	degfed ar hugain
90	deg a phedwar ugain	31st	unfed ar ddeg ar hugain
91	un ar ddeg a phedwar ugain	32nd	deuddegfed ar hugain
		35th	pymthegfed ar hugain
		36th	unfed ar bymtheg ar hugain
		38th	deunawfed ar hugain
		39th	pedwerydd ar bymtheg ar hugain *(with m noun)*

Ordinals

> Most ordinals precede the noun
> f ordinals are followed by S.M.
> Nouns are put after the first element, e.g.
> *22nd verse – ail adnod ar hugain*

			pedwaredd ar bymtheg ar hugain *(with f noun)*
1st	cyntaf *(follows noun)*	40th	deugeinfed
2nd	ail *(+S.M.)*	41st	unfed a deugain
3rd	trydydd *(with m noun)*	50th	hanner canfed
	trydedd *(with f noun)* *(+S.M.)*	51st	unfed a hanner cant
4th	pedwerydd *(with m noun)*		
	pedwaredd *(with f noun)* *(+S.M.)*		
5th	pumed		
6th	chweched		
7th	seithfed		
8th	wythfed		
9th	nawfed		
10th	degfed		
11th	unfed ar ddeg		

Guide and Grammar

The Welsh Alphabet

A, B, C, CH, D, DD, E, F, FF, G, NG, H, I, J, K, L, LL, M, N, O, P, PH, R, RH, S, T, TH, U, W, X, Y, Z

The letters J, K, X and Z are not normally included in the Welsh alphabet, but they are used at times, e.g. jam, kilometr, pelydr X (X ray) and zinc.

Notice that the order of the Welsh alphabet can be deceptive. There are eight 'double' letters: CH, DD, FF, NG, LL, PH, RH, TH. These have a single sound (see under **PRONUNCIATION**) and they are classed as single letters in the alphabet, following the order shown above. **Achos** comes after **acw** in the dictionary, because the letter **ch** follows **c**. Care must therefore be used when looking up words. **Ng** is difficult, because this letter comes after **g**, and not after **n**. Therefore **angel** comes before **alaw** in the dictionary.

Pronunciation

The following letters always have the same sound as in English:
A , B, D, FF, H, J, K, L, M, N, P, PH, T.

Other letters are pronounced thus:		*denoted in dictionary*
C	as English 'K' (**K**ing)	k
CH	as Scottish 'CH' (Lo**ch**)	ch
DD	as voiced 'TH' in English (**th**is)	dd
F	as 'V' in English (**v**ote)	v
G	as hard 'G' in English (**g**irl)	g
NG	almost always without a hard 'G' (Ki**ng**)	ng
LL	voiceless, blown 'L' (**Ll**anelli)	ll
R	trilled 'R' (**rrrr**)	r
RH	voiceless trilled 'R'	rh
S	always as voiceless 'S' (thi**s**)	s
TH	always as voiceless 'TH' (bo**th**)	th

The vowels can be either short or long:

A	as in J**a**pan or t**a**rt (**â** - as in t**a**rt)	a
E	as in j**e**t or caf**é** (**ê** - as in caf**é**)	e
I	as in t**i**n or 'ee' in b**ee**n (**î** - as in b**ee**n)	i **or** ee
O	as in g**o**ne or C**o**ca C**o**la (**ô** - as in C**o**la)	o
U	as 'ee' in b**ee**n (In North Wales, like the French '**u** ')	ee
W	as 'u' in p**u**t or 'o' in wh**o** (w - as in wh**o**)	oo
Y	as 'u' in l**u**ck or '**u**' in nurse	uh **or** ee
	or as 'ee' in b**ee**n (**ŷ** - as in b**ee**n)	

Vowel Combinations
Some vowel sounds change when they are in combination with other vowels:

AE	as in '**aye**, **aye**, sir'	aee
AI	as in '**aye**, **aye**, sir'	aee
AU	as in '**aye**, **aye**, sir'	aee
AW	as in 'L**au**da' (not as in 'd**aw**n')	aoo
EI	as in 'r**ai**n'	e-ee
EU	as in '**eye**'	e-ee
OE	as in 'c**oi**n'	oee
OY	as in 'c**oi**n'	oee
WY	a combination of 'oo' and 'ee'	ooee

A guide to pronunciation is given in the Welsh section of the dictionary, in *italics*, using the above denotations.

Accents On Words
When Welsh words have two or more syllables, the accent is almost always on the **last but one syllable**. In the pronunciation guide, if the accent is on another part of the word, the accent is after the sign ´.)

Letter Changes (Mutations)
In certain circumstances, and many of these are noted in this dictionary, the first letter of words can change. **Nine** letters can change. These letters can change in up to three different ways, as follows:

Original Letter	Soft Mutation	Nasal Mutation	Aspirate Mutation
c	g	ngh	ch
p	b	mh	ph
t	d	nh	th
g	*left out*	ng	*no change*
b	f	m	*no change*
d	dd	n	*no change*
ll	l	*no change*	*no change*
m	f	*no change*	*no change*
rh	r	*no change*	*no change*

As this happens to the **first letter** of words, a word in a sentence could start with an **a** but it could be under **g** in the dictionary (as the letter **g** drops off with soft mutation). You must therefore look up what the **original spelling** would be: words starting with **f**, for example, could be mutated from **m** or **b**. You should therefore look up **f**, **m** or **b**.

Brief Guide to Mutations

Soft Mutation

This is the most common change.

> Feminine singular nouns change after **y**, **yr** and **'r** *(the)*. (Except when they start with RH or LL.)
> e.g. **merch** *(girl)*; **y ferch** *(the girl)* but **y llaw** *(the hand)*

> Nouns change after **ei** *(his)* e.g. **tad** *(father)*; **ei dad** *(his father)*.

> Adjectives change after a feminine noun, e.g. **mawr** *(big)*; **merch fawr** *(a big girl)*

> Feminine singular nouns change after **un** *(one)*, e.g. **punt** *(pound)*; **un bunt** *(one pound)*, except when they start with **ll** or **rh**, e.g. **un llong** *(one ship)*.

> Nouns and adjectives change after **yn** or **'n** , e.g. **da** *(good)*; **mae e'n dda** *(it's good)*.

> Nouns change after prepositions: **am** *(for, at)*, **ar** *(on)*, **at** *(at)*, **gan** *(by)*, **heb** *(without)*, **i** *(to)*, **o** *(of, from)*, **dan** *(under)*, **dros** *(over)*, **drwy** *(through)*, **wrth** *(by)*, **i** *(to)* **hyd** *(until)* e.g. **dau** *(two)*; **am ddau o'r gloch** *(at two o'clock)*.

> Object of short form of verb: **car** > **prynes i gar** *(I bought a car)*.

Nasal Mutations

> Nouns and place-names change after **yn** (in), e.g. **Caerdydd** (Cardiff); **yng Nghaerdydd** (in Cardiff).
> Nouns change after **fy** (my), e.g. **cot** (coat); **fy nghot** (my coat).

Aspirate Mutations

> Nouns and adjectives change after **a** (and) e.g. **ci a chath** (dog and cat).
> Nouns change after **tri** (three) and **chwe** (six), e.g. **car** (car): **tri char** (three cars).
> Nouns change after **ei** (her), e.g. **tad** (father): **ei thad** (her father).

H

An **h** is added to words beginning with a vowel, after **ei** (her), **ein** (our), **eu** (their), e.g. **eu hysgol** (their school)

Words followed by a Mutation

In this dictionary, these letters after certain words indicate that these words are immediately followed by a letter change (mutation).

> **+S.M.**   The word is followed by Soft Mutation
> **+N.M.**   The word is followed by Nasal Mutation
> **+A.M.**   The word is followed by Aspirate Mutation

A Word of Comfort

If you forget a mutation, or use the wrong one, don't worry – you'll still be understood.

Plurals

Plurals of Welsh nouns are given after '/'. When '/–' is used, the ending is put after the original word.

Feminine and Masculine Nouns

All Welsh nouns are either **masculine** or **feminine**. These are noted in the Welsh and English sections by (m) or (f). The main difference is that feminine nouns beginning with one of the nine changeable letters change their first letter after **y**, **yr** or **'r** (the) (soft mutation). Adjectives following feminine singular nouns also change (soft mutation again).

Useful Phrases

Many useful phrases and sentences are given in the course of the dictionary.

Verbs in Welsh

Most tenses of the verb can be formed using the verb **bod** ('to be'). This has two forms: popular Welsh (Cymraeg Byw) and literary Welsh:

Present tense:

Popular Welsh	Literary Welsh		Negative
rydw i, rwy, dw i, wi	yr wyf i	*I am*	dydw i ddim
rwyt ti	yr wyt ti	*you are*	dwyt ti ddim
mae e	mae e	*he is*	dyw/dydy e ddim
mae hi	mae hi	*she is*	dyw/dydy hi ddim
rydyn ni	yr ydym ni	*we are*	dydyn ni ddim
rydych chi	yr ydych chi	*you are*	dydych chi ddim
maen nhw	maent hwy	*they are*	dydyn nhw ddim
mae Huw	mae Huw	*Huw is*	dyw/dydy Huw ddim
mae'r plant	mae'r plant	*the children are*	dyw'r/dydy'r plant ddim

Questions:

Questions:		Yes:	No:
ydw i?	*am I?*	ydw (I am)	na *or* nag ydw
wyt ti?	*are you?*	wyt (you are)	na *or* nag wyt
ydy e?	*is he?*	ydy (he is)	na *or* nag ydyw
ydy hi?	*is she?*	ydy (she is)	na *or* nag ydy
ydyn ni?	*are we?*	ydyn (we are)	na *or* nag ydyn
ydych chi?	*are you?*	ydych (you are)	na *or* nag ydych
ydyn nhw?	*are they?*	ydyn (they are)	na *or* nag ydyn
ydy Huw?	*is Huw?*	ydy (he is)	na *or* nag yw/ydy
ydy'r plant?	*are the children?*	ydyn (they are)	na *or* nag ydyn

These words will start questions with all verbs e.g.
Wyt ti'n dod?   *Are you coming?*

> This dictionary tends towards Popular Welsh, but it also contains instances of literary Welsh and spoken Welsh.

> **Ti** and **chi** are used for 'you'. **Ti** is kept for the singular, and is used for people you know well (This is called the FAMILIAR form). **Chi** can be singular or plural (this is called the POLITE form).

Verb-nouns are linked to the above forms by **yn** or **'n**

Rydw i'n mynd	*I am going*
Rwyt ti'n dod	*You are coming*
Mae e'n chwarae	*He is playing*
Mae hi'n cysgu	*She is sleeping*
Rydyn ni'n cerdded	*We are walking*
Rydych chi'n gyrru	*You are driving*
Maen nhw'n talu	*They are paying*
Mae Huw yn bwyta	*Huw is eating*
Mae'r plant yn yfed	*The children are drinking*

Past Tense (perfect): *has/have*

To form the past (perfect) tense, using 'have', verb-nouns are linked to the above forms by **wedi**:

Rydw i wedi mynd	*I have gone*
Rwyt ti wedi dod	*You have come*
Mae e wedi chwarae	*He has played*
Mae hi wedi cysgu	*She has slept*
Rydyn ni wedi cerdded	*We have walked*
Rydych chi wedi gyrru	*You have driven*
Maen nhw wedi talu	*They have paid*
Mae Huw wedi ennill	*Huw has won*
Mae'r plant wedi ennill	*The chilren have won*

The verb-noun does not change when the verb changes in English (e.g. *sleep* > *slept*).

Past tense (imperfect): *was/were*

		Negative
roeddwn i	*I was*	doeddwn i ddim
roeddet ti	*you were*	doeddet ti ddim
roedd e	*he was*	doedd e ddim
roedd hi	*she was*	doedd hi ddim
roedden ni	*we were*	doedden ni ddim
roeddech chi	*you were*	doeddech chi ddim
roedden nhw	*they were*	doedden nhw ddim
roedd Siân	*Siân was*	doedd Siân ddim
roedd y plant	*the children were*	doedd y plant ddim

Questions:		Yes:	No:
oeddwn i?	*was I?*	oeddwn	na *or* nag oeddwn
oeddet ti?	*were you?*	oeddet	na *or* nag oeddet
oedd e?	*was he?*	oedd	na *or* nag oedd
oedd hi?	*was she?*	oedd	na *or* nag oedd
oedden ni?	*were we?*	oedden	na *or* nag oedden
oeddech chi?	*were you?*	oeddech	na *or* nag oeddech
oedden nhw?	*were they?*	oedden	na *or* nag oedden
oedd Siân?	*was Siân?*	oedd	na *or* nag oedd
oedd y plant?	*were the children?*	oedden	na *or* nag oedden

These forms are used for questions, e.g.

Oedd hi'n chwarae?   *Was she playing?*

Verb-nouns are linked to the above forms by **yn** or **'n**:

Roeddwn i'n cysgu	*I was sleeping*
Roeddet ti'n mynd	*You were going*
Roedd e'n aros	*He was staying*
Roedd hi'n dod	*She was coming*
Roedden ni'n rhedeg	*We were running*
Roeddech chi'n cerdded	*You were walking*
Roedden nhw'n bwyta	*They were eating*
Roedd Siân yn yfed	*Siân was drinking*
Roedd y plant yn cysgu	*The children were sleeping*

Past tense (pluperfect): *had*

To form the past (pluperfect) tense, using 'hàd', verb-nouns are linked to the above forms by 'wedi':

Roeddwn i wedi prynu	*I had bought*
Roeddet ti wedi yfed	*You had drunk*
Roedd e wedi mynd	*He had gone*
Roedd hi wedi codi	*She had got up*
Roedden ni wedi gwisgo	*We had dressed*
Roeddech chi wedi gorffen	*You had finished*
Roedden nhw wedi bod	*They had been*
Roedd Alun wedi cysgu	*Alun had slept*
Roedd y plant wedi darllen	*The children had read*

Future

These are the future forms of the verb **bod** (to be):

Popular Welsh	Literary Welsh		Negative
fe fydda i	byddaf i	*I shall*	fydda i ddim
fe fyddi di	byddi di	*you will*	fyddi di ddim
fe fydd e	bydd e	*he will*	fydd e ddim
fe fydd hi	bydd hi	*she will*	fydd hi ddim
fe fyddwn ni	byddwn ni	*we shall*	fyddwn ni ddim
fe fyddwch chi	byddwch chi	*you will*	fyddwch chi ddim
fe fyddan nhw	byddant hwy	*they will*	fyddan nhw ddim
fe fydd Mari	bydd Mari	*Mari will*	fydd Mari ddim
fe fydd y plant	bydd y plant	*the children will*	fydd y plant ddim

Questions:		Yes:	No:
fydda i ?	*will I?*	bydda	na *or* na fydda
fyddi di?	*will you?*	byddi	na *or* na fyddi
fydd e?	*will he?*	bydd	na *or* na fydd
fydd hi?	*will she?*	bydd	na *or* na fydd
fyddwn ni?	*will we?*	byddwn	na *or* na fyddwn
fyddwch chi?	*will you?*	byddwch	na *or* na fyddwch
fyddan nhw?	*will they?*	byddan	na *or* na fyddan
fydd Mair	*will Mair?*	bydd	na *or* na fydd
fydd y plant	*will the children?*	byddan	na *or* na fyddan

These forms are used for questions in the future tense, e.g

Fydd hi'n dod? *Will she come?*

'Fe' can be used before the verb. It has no meaning; it just introduces the verb, and is not necessary.
To form the future of verbs, link the verb-nouns to the above forms by **yn** or **'n**:

Fe fydda i'n mynd	*I shall go*
Fe fyddi di'n ennill	*You will win*
Fe fydd e'n colli	*He will lose*
Fe fydd hi'n chwerthin	*She will laugh*
Fe fyddwn ni'n darllen	*We will read*
Fe fyddwch chi'n edrych	*You will watch*
Fe fyddan nhw'n gweithio	*They will work*
Fe fydd Huw'n cysgu	*Huw will sleep*
Fe fydd y plant yn dod	*The children will come*

Future perfect: *will have*

In the same way, link verb-nouns to the above forms by **wedi**:

Fe fydda i wedi gweithio	*I will have worked*
Fe fyddi di wedi cyrraedd	*You will have arrived*
Fe fydd e wedi mynd	*He will have gone*
Fe fydd hi wedi dod	*She will have come*
Fe fyddwn ni wedi colli	*We will have lost*
Fe fyddwch chi wedi aros	*You will have stayed*
Fe fyddwch chi wedi gyrru	*You will have driven*
Fe fydd Siân wedi ennill	*Siân will have won*
Fe fydd y plant wedi mynd	*The children will have gone*

All these forms of verbs are known as *long forms*. All verbs also have *short forms*. These are similar in meaning. Full tables of short forms of verbs are to be found in grammar books.

Present/Future tense of regular verbs: short forms:

The following endings are added to the stem of the verb (this stem is usually found by deleting the final vowel of the verb-noun, e.g. codi > cod)

Here are some verb stems:

aros	>	arhos-	dal	> dali-	gwerthu	> gwerth-
bwyta	>	bwyt-	darllen	> darllen-	gyrru	> gyrr-
cerdded	>	cerdd-	edrych	> edrych-	llosgi	> llosg-
cicio	>	cici-	ennill	> enill-	prynu	> pryn-
codi	>	cod-	gorffen	> gorffenn-	rhedeg	> rhed-
coginio	>	cogini-	gwenu	> gwen-	siarad	> siarad-
cysgu	>	cysg-	gweld	> gwel-	yfed	> yf-

Popular Welsh	Literary Welsh		edrych- : look/ 'll look
—a i	—af (i)	I —	edrycha i
—i di	—i (di)	you —	edrychi di
—a fe	— (ef)	he —	edrycha fe
—a hi	— (hi)	she —	edrycha hi
—wn ni	—wn (ni)	we —	edrychwn ni
—wch chi	—wch (chi)	you —	edrychwch chi
—an nhw	—ant (hwy)	they —	edrychan nhw
			edrycha Siân
			edrycha'r plant

Past tense

Popular Welsh	Literary		edrych- : looked
—es i	—ais (i)	I —	edryches i
—est ti	—aist (ti)	you —	edrychest ti
—odd e	—odd (ef)	he —	edrychodd e
—odd hi	—odd (hi)	she —	edrychodd hi
—on ni	—asom (ni)	we —	edrychon ni
—och chi	—asoch (chi)	you —	edrychoch chi
—on nhw	—asant (hwy)	they —	edrychon nhw
		Siân —	edrychodd Siân
		y plant —	edrychodd y plant

Negative forms

Start with aspirate or soft mutation, and put **ddim** afterwards e.g.

pryna i >	phryna i ddim	*I won't buy*
gwerthodd e >	werthodd e ddim	*he didn't sell*
ces i >	ches i ddim te	*I didn't have tea*

Irregular verbs: some forms:

Cael *(have/may)*   **Gwneud** *(do)*   **Mynd** *(go)* **Dod** *(come)*

Present tense

ca(f) i	gwna(f) i	a(f) i	do(f) i	*I*
cei di	gwnei di	ei di	doi di	*you*
caiff e	gwnaiff e	aiff e/â e	daw e	*he*
caiff hi	gwnaiff hi	aiff hi/â hi	daw hi	*she*
cawn ni	gwnawn ni	awn ni	down ni	*we*
cewch chi	gwnewch chi	ewch chi	dewch chi	*you*
cân nhw	gwnân nhw	ân nhw	dôn nhw	*they*

Past tense

ces i	gwnes i	es i	des i
cest ti	gwnes ti	est ti	dest ti
cas e/cafodd e	gwnaeth e	aeth e	daeth e
cas hi/cafodd hi	gwnaeth hi	aeth hi	daeth hi
cawson ni	gwnaethon ni	aethon ni	daethon ni
cawsoch chi	gwnaethoch chi	aethoch chi	daethoch chi
cawson nhw	gwnaethon nhw	aethon nhw	daethon nhw

Questions:

Questions are formed by **soft mutating the first letter of the verb.**

cawsoch >	gawsoch chi fwyd?	*did you have food?*
gweloch >	weloch chi'r gêm?	*did you see the game?*

To answer **Yes,** just say the verb (e.g. cewch = yes, you may; cawsoch = yes, you had). To answer **No,** just say 'Na', or you could add the verb to Na, (with aspirate or soft mutation!)

na chewch	= *no, you can't*
na wnaf	= *no, I won't*

Conditional tense: *would*

The following endings are put after the stem of the verb:

—wn i	*I would*
—et ti	*you would*
—ai fe	*he would*
—ai hi	*she would*
—en ni	*we would*
—ech chi	*you would*
—en nhw	*they would*

e.g.　hoffi > hoffwn i gael te　　*I would like to have tea*

Dylwn i *(I should)* only has conditional forms.

dylwn i fynd	*I should go*
dylen ni ddod	*we should come*

Impersonal, short forms (literary use only)
Present tense:
-ir can be added to the verb stem to say that something is being done, e.g.
darllenir y newyddion (gan ...) — *the news is read (by ...)*

Past tense:
-wyd can be added to the verb stem to say that something has been done, e.g.
darllenwyd y newyddion (gan ...) — *the news was read (by ...)*

Sentences

> The following order is usually used:
>   **1. Verb and Subject   2. Object   3. Other information**
>
>   Mae'r dyn yn prynu car yn y garej.
>   *The man is buying a car in the garage.*
>
>   Fe bryna i'r tocyn cyn y gêm.
>   *I'll buy the ticket before the game.*

> To emphasize something, begin with the word to be emphasized:
>
>   Siân sy'n canu.
>   *It's Siân who's singing.*
>
>   Yn y garej mae'r car.
>   *It's in the garage that the car is.*

> To say more about a noun, put the definition first:
>
>   Athro yw Huw.
>   *Huw is a teacher.*

Questions

> Begin questions with a verb (see section on **VERBS**)
>   Wyt ti'n dod heno?   *Are you coming tonight?*
> Some question words are followed by **sy:**
>   Pwy sy'n dod?   *Who is coming?*
>   Beth sy ar y bwrdd?   *What's on the table?*
>   Pa ffilm sy yn y sinema?   *Which film is in the cinema?*
> Some question words are followed by **mae** or other forms of the verb 'to be'
>   Ble mae'r llaeth?   *Where's the milk?*
>   Pryd mae'r bws yn dod?   *When is the bus coming?*
>   Sut mae'r gwaith?   *How is the work?*
>   Ble ydych chi'n byw?   *Where do you live?*
>   Pwy ydych chi?   *Who are you?*
>   Beth yw … yn Gymraeg?   *What's … in Welsh?*

Sentence Clauses

Noun clauses:
for long forms of verbs:
1) use the word 'fod' instead of present tense and imperfect tense
   rydw i'n gwybod fod y bws yn dod – *I know that the bus is coming*
   roeddwn i'n gwybod fod y bws yn dod – *I knew that the bus was coming*
with pronouns:

fy mod i	*that I*
dy fod ti	*that you*
ei fod e	*that he*
ei bod hi	*that she*
ein bod ni	*that we*
eich bod chi	*that you*
eu bod nhw	*that they*

2) for future tense, use 'y' before the future form
rydw i'n gwybod y bydd y bws yn dod — *I know the bus will come*

3) replace **yn** by **wedi** for 'has', 'have' or 'had'
rydw i'n gwybod fod y bws wedi dod — *I know that the bus has come*
roeddwn i'n gwybod fod y bws wedi dod — *I knew that the bus had come*

for short forms of verbs:
1) use 'y' for present and future forms
   rydw i'n gwybod y daw'r bws — *I know the bus will come*
2) use 'i' + noun + verb (soft mutated) for past tense
   rydw i'n gwybod i'r bws ddod — *I know the bus came*

For fuller explanations, look up grammar books.

Adjectival clauses:
With long form of verbs, introduce clause with **sy** for the subject of the adjectival clause:
nhw yw'r bobl sy'n mynd – *they are the people who are going*

With long form of verbs, introduce clause with **y** for the object of the adjectival clause:
nhw yw'r bobl y mae hi'n eu nabod — *they are the people she knows*

With short form of verbs, introduce clause with **a** for the subject or object of the adjectival clause:

nhw yw'r bobl a ddaw — *they are the people who are coming*
nhw yw'r bobl a welais — *they are the people whom I saw*

Most other types of adjectival clauses are introduced by **y**:

dyma'r fenyw y gyrrais i ei char — *this is the woman whose car I drove*
dyma'r llyfr y clywais i amdano — *this is the book I heard about*

Adverbial clauses:
These are often introduced by **y** e.g.
Dyna flwyddyn y gweles i e — *That's the year I saw him*
These introduce clauses:

fel y	*so that*
nes y	*until*
pryd y	*when*
pan	*when*
er mwyn	*in order to*

Some words are followed by the noun clause construction:

am	*as, because*
gan	*since, because*
oherwydd	*because*
achos	*because*

achos ei fod e'n mynd	*because he's going*
gan eich bod chi'n canu	*since you're singing*

Adjectives

Adjectives usually follow the noun:

car coch   *a red car*

Adjectives mutate after feminine nouns:

merch fach   *a small girl*

Some adjectives, e.g. **hen** (old), **prif** (main), **unig** (only) are put before the noun, which undergoes soft mutation:

hen ddyn   *an old man*

Some adjectives have plural forms:

gwyrdd > gwyrddion

caeau gwyrddion   *green fields*

Adverbs

Adverbs in Welsh are made up by putting **yn** before the adjective, followed by the soft mutation,

slow = **araf**	slowly = **yn araf**
quick = **cyflym**	quickly = **yn gyflym**

Article the, a/an

There is no word in Welsh for 'a' or 'an':

    car   *a car*

'The' is **y**:

    y car   *the car*

After vowels, **y** changes to **'r'**:

    mae'r car   *the car is*

Before vowels, **y** changes to **yr**:

    yr afal   *the apple*

Possessive Pronouns

The first part is the more important, and some are followed by mutations:

fy... i	*my*	*car*	> fy nghar i	Nasal mutation
dy... di	*your*	*car*	> dy gar di	Soft mutation
ei... e	*his*	*car*	> ei gar e	Soft mutation
ei... hi	*her*	*car*	> ei char hi	Aspirate mutation
	her	*ysgol*	> ei hysgol hi	Add 'h' before vowel
ein... ni	*our*	*ysgol*	> ein hysgol ni	Add 'h' before vowel
eich... chi	*your*	*car*	> eich car chi	No mutation
eu... nhw	*their*	*ysgol*	> eu hysgol nhw	Add 'h' before vowel

Names

Geographical Names:
Enwau Daearyddol
Place-names: Enwau Llefydd
Names of Countries: Enwau
Gwledydd

Names of countries in Welsh are usually feminine. Where they are not, the gender is noted in brackets.

ENGLISH–CYMRAEG

Aberdare Aberdâr
Abergavenny Y Fenni
Alps Alpau (pl)
Africa Affrica
 South Africa De Affrica
America America
 North America Gogledd America
 South America De America
Ammanford Rhydaman
Anglesey Môn, Ynys Môn
the Antarctic yr Antarctig
Argentina Ariannin
Asia Asia
Atlantic Iwerydd
 Atlantic Ocean Cefnfor Iwerydd
Australia Awstralia
Austria Awstria
Bala Lake Llyn Tegid
Baltic Sea Môr Llychlyn
Bardsey Island Ynys Enlli
Barry Y Barri
Bath Caerfaddon
Belgium Gwlad Belg
Black Mountain Mynydd Du
Brazil Brasil
Brecon Aberhonddu
Brecon Beacons Bannau Brycheiniog
Bridgend Pen-y-bont ar Ogwr
Bristol Bryste
Bristol Channel Môr Hafren
Britain Prydain
Brittany Llydaw
Britton Ferry Llansawel
Builth Wells Llanfair-ym-Muallt

Caerleon Caerllion
Caldy Island Ynys Bŷr
Cambridge Caergrawnt
Canada Canada
Cardiff Caerdydd
Cardigan Aberteifi
Carmarthen Caerfyrddin
Catalonya Catalwnia
Chepstow Cas-gwent
Chester Caer
China Tsieina
Chirk Y Waun
Conway Conwy
Cornwall Cernyw
Country Gwlad (f)
Crete Creta
Czech Republic Gweriniaeth Tsiec
Denbigh Dinbych
Denmark Denmarc
Devil's Bridge Pontarfynach
Dublin Dulyn
Ebbw Vale Glyn Ebwy
Edinburgh Caeredin
Egypt yr Aifft
England Lloegr
English Channel Môr Udd
Europe Ewrop
Finland Ffindir (m)
Fishguard Abergwaun
France Ffrainc
Germany yr Almaen
Gloucester Caerloyw
Gower Gŵyr
Great Britain Prydain Fawr
Greece Groeg
Gulf Gwlff (m)
Haverfordwest Hwlffordd
Hay Y Gelli
the Hebrides Ynysoedd Heledd
Hereford Henffordd
Holyhead Caergybi
Holywell Treffynnon
Hungary Hwngari, Hwngaria
Iceland Gwlad yr Iâ
Ireland Iwerddon
Island Ynys (f)
Isle of Man Ynys Manaw
Isle of Wight Ynys Wyth
Israel Israel
Italy yr Eidal
Japan Siapan
Kent Caint
Knighton Trefyclo
Lampeter Llanbedr Pont Steffan
Laugharne Talacharn

Liverpool Lerpwl
Llandaff Llandaf
Llandovery Llanymddyfri
Llangorse Lake Llyn Safaddan
Llanthony Llanddewi Nant Hodni
Llantwit Major Llanilltud Fawr
London Llundain
Loughor Casllwchwr
Luxembourg Lwcsembwrg
Manchester Manceinion
Mediterranean Sea Y Môr Canoldir
Menai Bridge Porthaethwy
Mexico Mecsico, Mexico
Milford Haven Aberdaugleddau
Mold Yr Wyddgrug
Monmouth Trefynwy
Morriston Treforys
Mountain Mynydd (m)
Mountain Ash Aberpennar
Neath Castell-nedd
Netherlands yr Iseldiroedd
Nevern Nanhyfer
New York Efrog Newydd
New Zealand Seland Newydd
Newbridge Trecely
Newport (Gwent) Casnewydd
Newport (Penfro) Trefdraeth
Nile Nil
North Sea Môr Tawch
Northern Ireland Gogledd Iwerddon
Norway Norwy
Ocean Cefnfor (m)
Orkney Isles Ynysoedd Erch
Oswestry Croesoswallt
Oxford Rhydychen
Pacific Ocean Cefnfor Tawel
Pakistan Pacistan
Plynlimon Pumlumon
Poland Gwlad Pwyl
Port Dinorwic Y Felinheli
Portugal Portiwgal
Puffin Island Ynys Seiriol
Pyrenees Pyreneau
Red Sea Môr Coch
Rhayader Rhaeadr Gwy
Rhine Rhein
River Afon (f)
River Dee Afon Dyfrdwy
River Neath Afon Nedd
River Severn Afon Hafren
River Taff Afon Taf
River Usk Afon Wysg
River Wye Afon Gwy
Rome Rhufain
Russia Rwsia

Scotland yr Alban
Sea Môr (m)
Shrewsbury Amwythig
Sketty Sgeti
Snowdon Yr Wyddfa
Snowdonia Eryri
South Africa De Affrica
Spain Sbaen
St. Asaph Llanelwy
St. Davids Tyddewi
St. Dogmael's Llandudoch
St. Fagan's Sain Ffagan
St. Mellons Llaneirwg
Swansea Abertawe
Sweden Sweden
Switzerland y Swistir (m)
Talley Talyllychau
Tenby Dinbych-y-pysgod
the Basque Country Gwlad y Basg
Turkey Twrci
U.K. D.U.
United Kingdom y Deyrnas Unedig
United States Unol Daleithiau
U.S.A. U.D.A.
Usk Brynbuga
Vale Dyffryn (m)
Valley Cwm (m)
Wales Cymru
Welshpool Y Trallwng
Wenvoe Gwenfô
Wrexham Wrecsam
York Caer Efrog

CYMRAEG–ENGLISH
Aberdâr Aberdare
Aberdaugleddau Milford Haven
Abergwaun Fishguard
Aberhonddu Brecon
Aberpennar Mountain Ash
Abertawe Swansea
Aberteifi Cardigan
Afon (f) River
Afon Dyfrdwy River Dee
Afon Gwy River Wye
Afon Hafren River Severn
Afon Nedd River Neath
Afon Taf River Taff
Afon Wysg River Usk
Affrica Africa
yr Aifft Egypt
yr Alban Scotland
yr Almaen Germany
Alpau (pl) Alps
America America
Amwythig Shrewsbury

yr Antarctig the Antarctic
Ariannin Argentina
Asia Asia
Awstralia Australia
Awstria Austria
Bannau Brycheiniog Brecon Beacons
Brasil Brazil
Brynbuga Usk
Bryste Bristol
Caer Chester
Caer Efrog York
Caerdydd Cardiff
Caerfyrddin Carmarthen
Caeredin Edinburgh
Caerfaddon Bath
Caergrawnt Cambridge
Caergybi Holyhead
Caerllion Caerleon
Caerloyw Gloucester
Caint Kent
Canada Canada
Cas-gwent Chepstow
Casllwchwr Loughor
Casnewydd Newport (Gwent)
Castell-nedd Neath
Catalwnia Catalonya
Cefnor (m) Ocean
Cefnor Iwerydd Atlantic Ocean
Cefnor Tawel Pacific Ocean
Cernyw Cornwall
Conwy Conway
Creta Crete
Croesoswallt Oswestry
De America South America
y Deyrnas Unedig United Kimgdon
Gwlad Belg Belgium
Cwm (m) Valley
Cymru Wales
D.U. U.K.
De Affrica South Africa
Denmarc Denmark
Dinbych Denbigh
Dinbych-y-pysgod Tenby
Dulyn Dublin
Dyffryn (m) Vale
Efrog Newydd New York
yr Eidal Italy
Eryri Snowdonia
Ewrop Europe
y Ffindir (m) Finland
Ffrainc France
Glyn Ebwy Ebbw Vale
Gogledd America North America
Gogledd Iwerddon Northern Ireland
Groeg Greece

Gwenfô Wenvoe
Gweriniaeth Tsiec Czech Republic
Gwlad (f) Country
Gwlad Belg Belgium
Gwlad Pwyl Poland
Gwlad y Basg the Basque Country
Gwlad yr Iâ Iceland
Gwlff (m) Gulf
Gŵyr Gower
Henffordd Hereford
Hwlffordd Haverfordwest
Hwngari, Hwngaria Hungary
yr Iseldiroedd the Netherlands
Israel Israel
Iwerddon Ireland
Lerpwl Liverpool
Lwcsembwrg Luxembourg
Llanbedr Pont Steffan Lampeter
Llandaf Llandaff
Llandudoch St. Dogmael's
Llanddewi Nant Hodni Llanthony
Llaneirwg St. Mellons
Llanelwy St. Asaph
Llanfair-ym-Muallt Builth Wells
Llanilltud Fawr Llantwit Major
Llansawel Britton Ferry
Llanymddyfri Llandovery
Lloegr England
Llundain London
Llydaw Brittany
Llyn (m) Lake
Llyn Safaddan Llangorse Lake
Llyn Tegid Bala Lake
Manceinion Manchester
Mecsico Mexico
Môn Anglesey
Môr (m) Sea
Môr Coch Red Sea
Môr Hafren Bristol Channel
Môr Llychlyn Baltic Sea
Môr Tawch North Sea
Môr Udd English Channel
Y Môr Canoldir The Mediterranean Sea
Mynydd (m) Mountain
Mynydd Du Black Mountain
Nanhyfer Nevern
Nîl Nile
Norwy Norway
Pacistan Pakistan
Pen-y-bont ar Ogwr Bridgend
Pontarfynach Devil's Bridge
Porthaethwy Menai Bridge
Portiwgal Portugal
Prydain (Fawr) (Great) Britain
Pumlumon Plynlimon

Pyreneau (pl) Pyrenees
Rhaeadr Gwy Rhayader
Rhein Rhine
Rhufain Rome
Rhydaman Ammanford
Rhydychen Oxford
Rwsia Russia
Sain Ffagan St. Fagan's
Sbaen Spain
Seland Newydd New Zealand
Sgeti Sketty
Siapan Japan
Sweden Sweden
y Swistir (m) Switzerland
Talacharn Laugharne
Talyllychau Talley
Trecely Newbridge
Trefdraeth Newport (Penfro)
Treforys Morriston
Trefyclo Knighton
Treffynnon Holywell
Tsieina China
Twrci Turkey
Tyddewi St. Davids
U.D.A. U.S.A.
Unol Daleithiau United States
Wrecsam Wrexham
Y Barri Barry
Y Felinheli Port Dinorwic
Y Fenni Abergavenny
Y Gelli Hay
Y Trallwng Welshpool
Y Waun Chirk
Ynys (f) Island
Ynys Bŷr Caldy Island
Ynys Enlli Bardsey Island
Ynys Manaw Isle of Man
Ynys Môn (Isle of) Anglesey
Ynys Seiriol Puffin Island
Ynys Wyth Isle of Wight
Ynysoedd Erch Orkney Isles
Ynysoedd Heledd The Hebrides
Yr Wyddfa Snowdon
Yr Wyddgrug Mold

Abbreviations

(adj)	adjective
(adv)	adverb
+A.M	word is followed by aspirate mutation
(conj)	conjunction
(definite article)	definite article
(f)	feminine noun, *or* last letter of word which is often left out
FAMILIAR	used when speaking to people you know well
(fm)	noun can be feminine or masculine
(int)	interjection
(interrog)	interrogative word (introduces a question)
(m)	masculine noun
(mf)	noun can be masculine or feminine
+N.M.	word is followed by nasal mutation
(num)	numeral
(NW)	North Walian Welsh
(ord)	ordinal
(particle)	particle
(pl)	plural noun
POLITE	used with mainly new acquaintances
(pref)	prefix
(prep)	preposition
(pron)	pronoun
(rel pron)	relative pronoun
+S.M.	word is followed by soft mutation
(SW)	South Walian Welsh
(v)	verb
italics	are used in the English-Cymraeg section for explanations
see	look up elsewhere also
SMALL CAPITALS	are used to give the context or meaning of words

Cymraeg-
English

A

Some words beginning with **H** could derive from **A** (e.g. **hacen** from **acen**) so look up here under **A**. Mutated words beginning with **A** could derive from **G** (e.g. **ardd** from **gardd**) so look up under **G**.

a¹(conj) *[a]*
+A.M.; **ac** used before vowels and **mae**
1. and
  bachgen a merch boy and girl
  ci a chath dog and cat
2. with
  when used with preposition to indicate possession
  merch a chanddi wallt tywyll a girl with dark hair
3. with an independent phrase
  a'i law ar ei braich, edrychodd arni (with) his hand on her arm, he looked at her
  a hithau ar fin mynd allan canodd y ffôn just as she was going out the phone rang

a²(interrog) *[a]*
+S.M.; it can be omitted
1. begins a direct question
  (A) ydy e'n dod? Ydy Is he coming? Yes
  (A) oes tomatos yn yr oergell? Oes Are there tomatoes in the fridge? Yes
  (A) welaist ti hi? Do Did you see her? Yes
2. if, whether
  indirect question; can sometimes be omitted
  tybed (a) oes tomatos yn yr oergell I wonder if there are any tomatoes in the fridge
  dw i ddim yn gwybod a ydy e'n dod I don't know if he's coming

a³(rel pron) *[a]*
+S.M.; is usually omitted before 3ʳᵈ singular of the verb **bod** and can be omitted before other verbs
1. who, whom, which, that
  y dyn (a) oedd wrth y drws the

man who was at the door, it was the man who was at the door
  y dynion a ddaeth i'r tŷ (N.B. singular verb) the men who came to the house, it was the men who came to the house
  y fenyw (a) welais i yn y siop the woman (whom) I saw in the shop, it was the woman (whom) I saw in the shop
2. what
  dyna (a) ddywedodd e that's what he said

a⁴ *[a]* (v)
see **af**; from **mynd** to go
  a i I'll go

â¹ (prep) *[a]*
+A.M.; before vowels use **ag**
1. with
  gweld â'm llygaid fy hun to see with my own eyes
  bwyta â llwy to eat with a spoon
  merched â thraed mawr girls with big feet
  car ag olwyn fflat a car with a flat wheel
2. against
  ymladd â to fight against
3. to
  siarad â to speak to
  arfer â to be used to
4. no English equivalent with certain verbs
  cyffwrdd â to touch
  dod â to bring
  dewch â fe bring it, bring him
  dewch ag afal bring an apple
  mynd â to take
  mynd â'r ci am dro to take the dog for a walk
  paid â chyffwrdd â fe! don't touch it!
  rydw i'n methu'n lân â chofio I can't for the life of me remember
  taw â sôn! you don't say!
  ymweld â to visit
5. with another preposition to denote movement
  i ffwrdd â ni! (NW) off we go!, let's go!

bant â ni! (SW) off we go!, let's go!
ymlaen â chi! on you go!
yn ôl â chi! back you go!
i mewn â fe! in it goes!
allan â fe! out with it!

â² (conj) *[a]*
as
+A.M.; before vowels use **ag**
mor fawr â bws as big as a bus
cystal â char as good as a car
mor wyn ag eira as white as snow
cymaint ag e(f) as big as he
cymaint â hynny as much as that

â³ (v) *[a]*
from **mynd** to go
â hi she goes, she'll go

ab (m) *[ab]* son of
ap is used before consonants; used
with personal names only
Ifan ab Owen Edwards Ifan, son of
Owen Edwards

abaty/abatai (m) *[abatee]* abbey
aber/–oedd (fm) *[aber]* mouth of river,
estuary
often seen in place-names

abl (adj) *[abl]* able, strong, capable
absennol (adj) *[absenol]* absent
absenoldeb/–au (m) *[absenoldeb]* absence
ac (conj) *[ag]*
see **a**¹; used before vowels and **mae; a**
is used before consonants
1. and
oren ac afal an orange and an apple
ac mae e'n dod and he is
coming
2. with
when used with preposition to indicate
possession
llyfr ac iddo glawr coch a book with
a red cover
3. with an independent phrase
**dylai wybod yn well ac yntau'n
brifathro**
he should know better being that he's a
headmaster

A.C. A.M. (Assembly Member)
academaidd (adj) *[akademaeedd]*
academic
academi/academïau (f) *[ak'ademee]*
academy

Yr Academi Gymreig The Welsh
Academy (an organization of Welsh
authors)

acen/–ion (f) *[aken]* accent, intonation
acen y gogledd North Walian accent
acen y de South Walian accent
rydw i'n siarad ag acen y de I
speak with a South Walian accent

act/–au (f) *[akt]* act
yr act gynta(f) the first act
yr ail act the second act
yr act ola(f) the last act

actio (v) *[aktyo]* to act
actor/–ion (m) *[aktor]* actor
actores/–au (f) *[aktores]* actress
acw (adv) *[akoo]* over there, yonder
dewch acw (NW) come and visit
achos¹(conj) *[achos]* because
**rydw i'n gynnar achos bod y bws
yn gynnar** I'm early because the bus is
early

achos² (prep) *[achos]* because of
rydw i'n hwyr (o) achos y glaw I'm
late because of the rain
mae e'n hwyr o'm hachos i he's late
because of me
**o'm hachos i, o'th achos di, o'i
achos e, o'i hachos hi, o'n hachos
ni, o'ch achos chi, o'u hachos nhw**
because of me etc.

achos³/–ion (m) *[achos]* cause, LAW case
achos da good cause

achosi (v) *[achosee]* to cause
achub (v) *[achib]* to save
achwyn (v) *[achooin]* to complain
adain/adenydd (f) *[adaeen]* wing
adar (pl) *[adar]* birds
see **aderyn**

adeg/–au (f) *[adeg]* period, time
adeg Nadolig Christmas time
ar adegau sometimes
yr adeg honno at that time

adeilad/–au (m) *[ade-eelad]* building
adeiladol (adj) *[ade-eeladol]* constructive
adeiladu (v) *[ade-eeladee]* to build
adeiladwr/adeiladwyr (m) *[ade-eeladoor]*
builder

aden/–ydd (f) *[aden]* wing
see **adain**

aderyn/adar (m) *[aderin]* bird
　aderyn du blackbird
adfail/adfeilion (fm) *[advaeel]* ruin
adfer[1] (v) *[adver]* to restore
Adfer[2] fm *[adver]* a movement to restore the Welsh language in traditional Welsh speaking areas of Wales
adferiad (m) *[adveryad]* recovery
　adferiad buan! a swift recovery!
adio (v) *[adyo]* to add
adlais/adleisiau (m) *[adlaees]* echo
adlam (m) *[adlam]* rebound
　cic adlam a drop-kick
adlewyrchiad/–au (m) *[adleoouhrchyad]* reflection
adlewyrchu (v) *[adleoouhrchee]* to reflect
adloniant (m) *[adlonyant]* entertainment
adnabod (v) *[adnabod]* to know (a person or place), to recognize (often shortened to **nabod**)
　rydw i'n adnabod Caerdydd yn dda I know Cardiff well
　wyt ti'n (ei) nabod hi? do you know her?
　wnes i mo dy nabod di I didn't recognize you
adnod/–au (f) *[adnod]* BIBLE verse
adnoddau (pl) *[adnoddaee]* resources
　adnoddau dysgu teaching resources
adolygu (v) *[adoluhgee]* to review, to revise
　adolygu llyfr to review a book
　gwers adolygu a revision lesson
adran/–nau (f) *[adran]* section, department, FOOTBALL division
　Adran y Gymraeg the Welsh Department
　Adran Addysg Education Department
　dechrau'r ail adran beginning of the second section
　pennaeth adran head of department
　yr adran gyntaf the first division
adre(f) (adv) *[adre(v)]* homewards
　see **cartre(f)** and **gartre(f)**
　mynd adre to go home
　ewch adre! go home!
　dewch adre! come home!
　teg edrych tuag adre it's nice to set eyes on home, it's nice to think about going home
adrodd (v) *[adrodd]* STORY to relate, to recite
　adrodd yn ôl to report
adroddiad/–au (m) *[adroddyad]* report, recitation
adroddwr/adroddwyr (m) *[adroddoor]* reciter, narrator
adweithio (v) *[adooe-eethyo]* to react
adweithydd niwclear (m) *[adooe-eethidd 'nioocleear]* nuclear reactor
addas (adj) *[addas]* suitable, appropriate
addasu (v) *[addasee]* to adapt, to adjust
addawol (adj) *[addaoo-ol]* promising
addewid/addewidion (fm) *[addeooid]* promise
addfwyn (adj) *[addfooeen]* gentle, tender
addo (v) *[addo]* to promise
addoli (v) *[addolee]* to worship
addurn (m) *[addirn]* decoration
addurno (v) *[addirno]* to decorate
addysg (f) *[addisg]* education
　addysg feithrin nursery education
　addysg gynradd primary education
　addysg uwchradd secondary education
　addysg drydyddol tertiary education
　addysg bellach further education
　addysg uwch higher education
addysgiadol (adj) *[adduhsgyadol]* educative, instructive
addysgol (adj) *[adduhsgol]* educational
addysgu (v) *[adduhsgee]* to educate
aeddfed (adj) *[aeedfved]* ripe, mature
ael/–iau (f) *[ael]* eyebrow
　ael y bryn brow of hill
aelod/–au (m) *[aeelod]* member, limb
　aelod o'r Blaid a member of Plaid Cymru
　Aelod Seneddol Member of Parliament
aelwyd/–ydd (f) *[aeelooeed]* hearth
　ar yr aelwyd on the hearth, at home
　Aelwyd yr Urdd youth club of Urdd Gobaith Cymru (Welsh League of Youth)
aerobeg (fm) *[aeerobeg]* aerobics
aeth (v) *[aeeth]* from **mynd**

aeth c/hi he/she/it went

af (v) *[av]*
see **a⁴**; from **mynd**
af i I'll go

afal/–au (fm) *[aval]* apple

afalans/–au (m) *['avalansh]* avalanche

afiach (adj) *[avyach]* unhealthy, sickly
mae mwg sigaréts yn afiach
cigarette smoke is unhealthy
mae e'n blentyn afiach he's a sickly
child

afiechyd/–on *[avyechyd]* illness, disease

aflonydd (adj) *[avlonidd]* restless

afon/–ydd (f) *[avon]* river

afresymol (adj) *[avresuhmol]* unreasonable

afu (fm) *[avee]* liver

ag¹ (prep) *[ag]*
see **â¹**; used before vowels; **â** used
before consonants
1. with
car ag olwyn fflat a car with a flat
wheel
2. against
ymladd ag to fight against
3. to
siarad ag to speak to
arfer ag to be used to
4. no English equivalent with certain
verbs
cyffwrdd ag to touch
dod ag to bring
dewch ag afal bring an apple
mynd ag to take
mynd ag oren to take an orange
paid ag edrych! don't look!
rydw i'n methu'n lân ag aros! I
can't wait!
ymweld ag to visit
5. with another preposition to denote
movement
i ffwrdd ag e! (NW) off he goes!, off
with it!
ymlaen ag e! on he goes!
yn ôl ag e! back he goes!
i mewn ag e! in it goes!
allan ag e! out with it!

ag² (conj) *[ag]*
see **â²**; used before vowels; **â** used
before consonants

mor wyn ag eira as white as snow
cymaint ag e(f) as big as he

ager (m) *[ager]* steam

agor (v) *[agor]* to open
ar agor SIGN open
agor ffos to dig a trench

agored (adj) *[agored]* open, candid

agoriad/–au (m) *[agoryad]* opening, (NW)
key
see **allwedd**

agos (adj) *[agos]* near, close
agos i'r môr near the sea
agos at y diwedd near the end
daeth e'n agos he came close
ffrind agos close friend, dear friend

agosáu (v) *[agos'aee]* to approach, to go/
come near
agosáu at to approach, to go/come
near to

agwedd/– au (fm) *[agooedd]* attitude,
approach, aspect
agwedd bositif at y gwaith a
positive approach/attitude to the work
ystyried pob agwedd ar broblem
to consider a problem from every
aspect/angle

ang- or **angh-** (pref) *[ang]* changes words
beginning with 'c' and 'g' to the negative,
equivalent to 'un-', 'in-', 'dis-' in
English

angau (m) *[angaee]* death

angel/angylion (m) *[angel* not *enjel]* angel

angen (m) *[angen]* need
mae angen car ar Huw Huw needs
a car

anghofio (v) *[anghovyo]* to forget

anghwrtais (adj) *[anghoortaees]*
discourteous

anghydfod/–au (m) *[anghuhdvod]*
disagreement, INDUSTRIAL dispute

anghyfarwydd (adj) *[anghuhvarooedd]*
unfamiliar, unaccustomed, not used
to
gair anghyfarwydd unfamiliar term
**anghyfarwydd â siarad yn
gyhoeddus** unaccustomed to public
speaking

anghyfiawnder/–au (m)
[anghuhvyaoonder] injustice

anghyfleus (adj) *[anghuhv'h us]*
inconvenient

anghyfreithlon (adj) *[anghuhvre-eethlon]*
illegal, illegitimate

anghyffredin (adj) *[anghuhphredin]*
uncommon, rare

anghyson (adj) *[anghuhson]* inconsistent

anghywir (adj) *[anghuhooir]* incorrect,
wrong

angladd/–au (fm) *[angladd]* funeral

angor/–au/–ion (fm) *[angor]* anchor

ai (interrog) *[aee]*
used before noun, pronoun, infinitive,
adjective, adverbs, preposition to ask
questions; the answer will always be **ie**
or **nage**; can often be omitted
1. is…?, are…?, was…?, will…? etc
(ai) Huw ydy e? is it Huw?
(ai) ceffyl oedd e? was it a horse?
(ai) coch yw ei liw e? is it red in
colour?
**(ai) o dan y gwely (y) gwelaist ti e
ddiwethaf?** was it under the bed you
saw it last?
(ai) ti sydd o dan y gwely? is that
you under the bed?
2. **ai e?** …is it?, …was it?
ti oedd o dan y gwely ai e? - it was
you under the bed, was it?
3. in a double question use **ai…ai?**
(ai) mynd ai dod rwyt ti? are you
coming or going?
4. if, whether
wn i ddim ai hwn yw'r rhif cywir I
don't know if this is the right number

ail[1] (adj) *[aeel]*
+S.M.
yr ail adran the second division
ail-law second hand

ail[2] (pref) *[aeel]* re…, again

ailadrodd (v) *[aeeladrodd]* to repeat

alarch/elyrch (m) *[alarch]* swan

Albanes/–au (f) *[albanes]* Scot,
Scotswoman

Albanwr/Albanwyr (m) *[albanoor]* Scot,
Scotsman

alcohol (m) *[alcohol]* alcohol

Almaeneg (f) *[Almaeneeg]* LANGUAGE
German

Almaenwr/Almaenwyr (m) *[almaeenoor]*
German (male)

Almaenes/–au (f) *[almaeenes]* German
(female)

allan (adv) *[allan]* out
see **mas**
mynd allan to go out

allwedd/–i (f) *[allooedd]* (SW) key
see **agoriad**

am[1] (prep) *[am]*
+S.M.
1. for
am ddwy awr for two hours
am amser hir for a long time
mynd am dro to go for a walk
mynd am beint to go for a drink
Cymru am byth Wales for ever
rhad ac am ddim for nothing, free
2. at
am ddau o'r gloch at two o'clock
3. about
stori am Huw a story about Huw
am ei chanol about her waist
4. around
am ei gwddf around her neck
am ei chanol around her waist
5. on
het am ei phen a hat on her head
menig am ei dwylo gloves on her
hands
sgidiau am ei thraed shoes on her
feet
6. towards
mynd am yr orsaf fysiau to go
toward the bus station
ei throi hi am adre to set off
homewards
mynd am yn ôl to go backwards
7. want
rydw i am gael peint I want a pint
8. future intent
rydw i am wneud hynny fory I shall
do it tomorrow, I'm going to do it
tomorrow, I intend doing it tomorrow
**amdana(f) i, amdanat ti, amdano
fe, amdani hi, amdanon ni,
amdanoch chi, amdanyn nhw**

am[2] (conj) *[am]* because
dydw i ddim yn mynd am ei bod

hi'n bwrw glaw I'm not going because it's raining

am- or **amh-** (pref) *[am]* changes words beginning with 'b' or 'p' to the negative, similar to 'un-', 'dis-', 'de-' in English

amaethwr/amaethwyr (m) *[amaeethoor]* farmer

amaethyddiaeth (f) *[amaeethuhddyaeeth]* agriculture

amau (v) *[amaee]* to doubt, to suspect
1. to doubt, to disbelieve
rydw i'n amau stori'r tyst I doubt/ disbelieve the witness's story
2. to be doubtful, to be hesitant
rydw i'n amau a fydd hi'n dod I doubt whether she will come
3. to doubt, to suspect, to be suspicious
rydw i'n amau ei gymhelliad I'm suspicious of his motive
4. to suspect, to consider
rydw i'n amau bod y dyn yn mynd i siarad yn reit hir
I suspect that the man is going to go on talking for quite a while
dydw i ddim yn amau nad hi yw'r soprano orau I consider her the best soprano, I don't doubt that she is the best soprano

ambell (adj) *[ambell]* some
ambell un a few
ambell ferch a few girls
ambell waith sometimes, occasionally

ambiwlans (m) *['ambiwlans]* ambulance

amcan/-ion (m) *[amkan]* purpose, notion
does dim amcan gyda Huw Huw has no idea, Huw doesn't have a clue

amcangyfrif[1]/-on (m) *[amkanguhvriv]* estimate

amcangyfrif[2] (v) *[amkanguhvriv]* to estimate

amddiffyn (v) *[amddiphin]* to defend, to protect
Y Weinyddiaeth Amddiffyn The Ministry of Defence

amen (m) *[a'men]* amen

amgáu (v) *[amg'aee]* to enclose

amgaeedig (adj) *[amgaee-edig]* enclosed

amgueddfa/amgueddfeydd (f) *[amgee-eddva]* museum
Amgueddfa Genedlaethol Cymru National Museum of Wales
Amgueddfa Werin Cymru Welsh Folk Museum, Museum of Welsh Life

amgylch, o (prep) *[o amgilch]* around
o'm hamgylch i, o'th amgylch di, o'i amgylch e, o'i hamgylch hi, o'n hamgylch ni, o'ch amgylch chi, o'u hamgylch nhw

amgylchedd (mf) *[amguhlchedd]* environment

amherffaith (adj) *[amherphaeeth]* imperfect

amhersonol (adj) *[amhersonol]* impersonal

amheuaeth/amheuon (f) *[amhe-eeaeeth]* doubt, suspicion

amheus (adj) *[am'he-ees]* doubtful, suspicious

amhoblogaidd (adj) *[amhoblogaeedd]* unpopular

amhosibl (adj) *[amhosibl]* impossible

aml (adj) *[aml]* frequent
yn aml often, frequently

aml-lawr (adj) *[aml-laoor]* multi-storey

amlen/-ni (f) *[amlen]* envelope

amlwg (adj) *[amloog]* clear, obvious, evident, prominent, famous
roedd yn amlwg ei fod wedi'i blesio it was evident that he was pleased
gwleidydd mwyaf amlwg ei oes the most famous politician of his time

amod/-au (fm) *[amod]* condition, terms
ar yr amod bod Siân yn dod on condition that Siân comes
amodau'r cytundeb terms of the contract

amrant/amrannau (m) *[amrant]* eyelid

amrantiad (m) *[amrantyad]* wink
ar amrantiad in a twinkling of an eye, instantly

amryw (adj) *[amrioo]* several, divers with plural noun
amryw bethau several things, divers things
amryw ohonyn nhw several of them

amrywiol (adj) *[amriooyol]* various,

diverse, miscellaneous

pethau amrywiol various things, diverse things

amser/-au (m) *[amser]* time

amser cinio dinner time

amser te tea time

cael amser da to have a good time

amserlen/-ni (f) *[amserlen]* timetable

amseru (v) *[amseree]* to time

amynedd (m) *[amuhnedd]* patience

amyneddgar (adj) *[amuhneddgar]* patient

ân(t) (v) *[an(t)]*

from **mynd**

ân nhw they will go

an- (pref) *[an]* changes a word into the negative - similar to 'un-', 'dis-', 'de-' in English

anabl (adj) *[an'abl]* disabled

anadl/-au/-on (fm) *[anadl]* breath

anadlu (v) *[anadlee]* breathe

anaddas (adj) *[anaddas]* unsuitable

anaf/-iadau (m) *[anav]* injury

mae e wedi cael anaf he's injured

anafu (v) *[anavee]* to injure, to hurt

mae e wedi'i anafu he's injured

anaml (adj) *[an'aml]* infrequent, rare

yn anaml seldom, rarely

anaml y mae'r côr yn cyfarfod ar nos Fawrth the choir seldom meets on Tuesday evenings

anarferol (adj) *[anarverol]* unusual

aneffeithiol (adj) *[anephe-eethiol]* ineffectual, ineffective

aneglur (adj) *[aneglir]* unclear, indistinct

anelu (v) *[anelee]* to aim

anelu at to aim at

anelu am to aim for

anerchiad/-au (m) *[anerchyad]* talk, lecture

anesmwyth (adj) *[anesmooeeth]* uncomfortable, rough, uneasy

fe gawson ni daith anesmwyth ar y trên we had an uncomfortable journey by train

rydw i'n anesmwyth fy meddwl I feel uneasy

anfantais/anfanteision (f) *[anvantaees]* disadvantage

anferth(ol) (adj) *[anverth]* huge

anfodlon (adj) *[anvodlon]* discontented, unwilling

anfoesol (adj) *[anvoeesol]* immoral

anfoesoldeb (m) *[anvoeesoldeb]* immorality

anfon (v) *[anvon]* to send

anfon at to send to (a person)

anfon i to send to (a place)

anfoneb/-au (f) *[anvoneb]* invoice

anffodus (adj) *[anphodis]* unfortunate

yn anffodus unfortunately

anffyddlon (adj) *[anphuhddlon]* unfaithful

anhapus (adj) *[anhapis]* unhappy

anhrefn (m) *[anhrevn]* disorder, confusion

anhrefnus (adj) *[anhrevnis]* disorganized, untidy

anhwylus (adj) *[anhooeelis]* unwell

anhygoel (adj) *[anhuhgoeel]* incredible

anifail/anifeiliaid (m) *[aneevaeel]* animal

see **anwes**

anlwc (m) *[anlook]* misfortune

ces i dipyn o anlwc I had a bit of bad luck

anlwcus (adj) *[anlookis]* unlucky

annaturiol (adj) *[anatiryol]* unnatural

annhaclus (adj) *[anhaklis]* untidy

annhebyg (adj) *[anhebig]* unlike

annhebygol (adj) *[anhebuhgol]* unlikely, improbable

annheg (adj) *[an'heg]* unfair

anniben (adj) *[aneeben]* untidy

Annibynnwr/Annibynwyr (m) *[aneebuhnoor]* Independent, Congregationalist

Yr Annibynwyr the Independents, RELIGIOUS DENOMINATION Congregationalists

annioddefol (adj) *[aneeoddevol]* unbearable

anniogel (adj) *[aneeogel]* unsafe

anniolchgar (adj) *[aneeolchgar]* ungrateful

annoeth (adj) *[anoeeth]* unwise

annwyd/anwydau (m) *[anooeed]* cold

mae annwyd arna i I have a cold

mae annwyd 'da fi I have a cold

dal annwyd to catch a cold

annwyl (adj) *[anooeel]* dear

+S.M.

Annwyl Syr Dear Sir

Annwyl Fadam Dear Madam
anobeithio (v) *[anobe'eethyo]* to despair
anobeithiol (adj) *[anobe-eethyol]* hopeless
anodd (adj) *[anodd]* difficult, hard
anonest (adj) *[anonest]* dishonest
anrheg/–ion (f) *[anrheg]* gift, present
anrhydedd (m) *[anrhuhdedd]* honour
ansawdd/ansoddau (fm) *[ansaoodd]*
  quality, texture
ansicr (adj) *[an'sikr]* unsure, uncertain
ansoddair/ansoddeiriau (m) *[ansoddaeer]*
  adjective
Antarctig (adj) *[antarktig]* Antarctic
antur/–iau (mf) *[antir]* venture, enterprise,
  adventure
anthem/–au (f) *[anthem]* anthem
  yr anthem genedlaethol the
  national anthem
anufudd (adj) *[aneevidd]* disobedient
anweddus (adj) *[anooeddis]* indecent,
  unseemly
anwes/–au (m) *[anooes]* caress
  anifail anwes pet (animal)
anwiredd/–au (m) *[anooeeredd]* lie,
  untruth
anwybodaeth (mf) *[anooibodaeeth]*
  ignorance
anymarferol (adj) *[anuhmarverol]*
  impractical, impracticable
  mae e'n berson anymarferol he's an
  impractical person
  **mae mynd o Gaerdydd i
  Gaernarfon ar y trên yn
  anymarferol** taking the train from
  Cardiff to Caernarfon is
  impracticable
anymwybodol (adj) *[anuhmooibodol]*
  unconscious
ap (m) *[ap]* son of
  ab is used before vowels; used with
  personal names only
  Dafydd ap Gwilym Dafydd, son of
  Gwilym
apêl/apeliadau (fm) *[ap'el]* appeal
apelio (v) *[apelyo]* to appeal
  ydy'r syniad yn apelio atoch? does
  the idea appeal to you?
  **rydw i'n apelio a i bob un wneud
  ei orau** I appeal to every one to do

his best
apwyntiad/–au (m) *[apooeentyad]*
  appointment
apwyntio (v) *[apooeentyo]* to appoint
ar (prep) *[ar]*
  +S.M.
  1. on, upon
  ar y bwrdd on the table
  galw ar rywun to call (up)on
  someone
  cefnu ar to turn one's back on
  myfyrin ar to meditate upon
  2. at
  ar doriad dydd at the break of day
  ar y funud at the moment
  edrych arni hi to look at her
  ar fai at fault
  gweiddi ar to shout at
  3. about, and with future intent
  dotio ar to be mad about
  ffoli ar to be mad about
  rydw i ar fynd I'm about to go, I'm
  on my way, I'm just going
  4. to
  gweddïo ar Dduw to pray to God
  gwrando ar y radio to listen to the
  radio
  5. owe
  mae arnat ti ddeg punt i fi you owe
  me ten pounds
  6. used after certain adjectives
  mae'n galed arno fe things are
  difficult for him, he's having a hard
  time
  mae'n galed iawn arno fe he's in
  dire straits
  **dydy e ddim yn gwbod pryd mae'n
  dda arno fe** he doesn't know when
  he's well off
  bydd hi'n ddrwg arnat ti you'll
  suffer for it
  7. used after certain verbs
  lladd ar to denounce
  achwyn ar, cwyno ar to complain of
  neu about
  aflonyddu ar to disturb
  crefu ar to beg
  mennu ar to affect
  sylwi ar to notice

ymosod âr to attack

8. used with certain nouns to express verbs

mae arna i angen I need

mae cywilydd arna i I'm ashamed

mae arna i eisiau I want

mae arna i ofn I'm afraid

mae e'n codi arswyd arna i it terrifies me

9. ar agor open

ar brydiau sometimes, occasionally

ar ddamwain accidentally

ar gau closed

ar goll lost

ar ôl left over, after

faint sy ar ôl? how many are left?

ar ôl un o'r gloch after one o'clock

ar unwaith at once, immediately

ar wasgar scattered

ar werth for sale

arna(f) i, arnat ti, arno fe, arni hi, arnon ni, arnoch chi, arnyn nhw

araf (adj) *[araf]* slow

siaradwch yn araf speak slowly

arafu (v) *[aravee]* to slow down

arall/eraill (adj) *[aranll]* the other, another

un arall? another one?

arbenigwr/arbenigwyr (m) *[arbeneegoor]* specialist, expert

arbennig (adj) *[arbenig]* special

arbrawf/arbrofion (m) *[arbraoov]* experiment

arbrofi (v) *[arbrovee]* to experiment

archeb/-ion (f) *[archeb]* order

archebu (v) *[archebee]* TICKETS ETC. to order

archesgob/-ion (m) *[archesgob]* archbishop

archfarchnad/-oedd (f) *[archvarchnad]* supermarket, hypermarket

archwiliad/-au (m) *[archooilyad]* investigation, survey, audit

archwiliad meddygol medical examination

archwilio (v) *[archooilyo]* to inspect, to examine, to audit

ardal/-oedd (f) *[ardal]* district, region, area

arddangos (v) *[arddang-gos]* to

demonstrate, to exhibit

ardderchog (adj) *[ardderchog]* excellent

arddwrn/arddyrnau (m) *[arddoorn]* wrist

aredig (v) *[aredig]* to plough

aren/-nau (f) *[aren]* kidney

arestio (v) *[arestyo]* to arrest

arf/-au (fm) *[arv]* weapon, tool

Parc yr Arfau Cardiff Arms Park

arfer[1]/-ion (m) *[arver]* custom, habit

fel arfer usually, as usual

arfer[2] (v) *[arver]*

1. to use

dylech arfer y Gymraeg bob dydd you should use your Welsh every day

2. to be accustomed

rydw i'n arfer siarad Cymraeg â'i mam hi I'm accustomed to speaking Welsh with her mother, I usually/normally speak Welsh with her mother

3. to become accustomed, to grow accustomed

rydw i wedi arfer â sŵn ei lais I've grown accustomed to the sound of his voice

arferol (adj) *[arverol]* usual

arfog (adj) *[arvog]* armed

y lluoedd arfog the armed forces

arfordir/-oedd (m) *[arvordir]* coast

argae/-au (m) *[argae]* dam

arglwydd/-i (m) *[arglooeedd]* lord

argraff/-au (f) *[argraph]* impression

argraffiad/-au (m) *[argraphyad]* edition

argraffu (v) *[argraphee]* to print

argraffydd/-ion (m) *[argraphidd]* printer

argyfwng/argyfyngau (m) *[arguhvoong]* crisis, emergency

argyhoeddi (v) *[arguhoeeddee]* to convince

argymell (v) *[arguhmell]* to recommend

arholiad/-au (m) *[arholyad]* examination

sefyll arholiad to sit an exam

arholwr/arholwyr (m) *[arholoor]* examiner

arhosfan/-nau (m) *[arhosvan]* lay-by

arhosfan bws bus stop

arian[1] (m) *[aryan]* silver, money

llwy arian silver spoon

oes arian gen ti? have you got money

arian parod cash

arian papur notes

arian poced pocket-money

arian² (adj) *[aryan]* silver

paent arian silver paint

ariangar (adj) *[aryangar]* fond of money

ariannol (adj) *[aryanol]* financial

arlunio (v) *[arlinyo]* to draw

arlunydd/arlunwyr (m) *[arleenidd]* artist

arlywydd/–ion (m) *[arluhooidd]* COUNTRY president

arllwys (v) *[arllooees]* to pour

mae'n arllwys y glaw it's pouring

aroglau/arogleuon (m) *[arogl]* smell, scent, stink

mae 'oglau drwg 'ma this place stinks

mae 'oglau cwrw arnat ti you smell of beer

arogleuo (v) *[arogle-eeo]* to smell, to stink
see **aroglau**

arogli (v) *[aroglee]* to smell
see **arogleuo**

arolwg/arolygon (m) *[aroloog]* survey

arolwg barn opinion poll

arolygu (v) *[aroluhgee]* to supervise, to survey

arolygwr/arolygwyr (m) *[aroluhgoor]* inspector, supervisor

Arolygwr Ei Mawrhydi (AEM) Her Majesty's Inspector (HMI)

arolygydd/–ion (m) *[aroluhgidd]* supervisor, POLICE superintendent

aros (v) *[aros]*
1. to wait

arhoswch amdana i! wait for me!

2. to stop

mae'r bws wedi aros the bus has stopped

3. to stay

ble rwyt ti'n aros heno? where are you staying tonight?

arswyd (m) *[arsooeed]* terror

ffilm arswyd horror film

arswyd y byd! good grief!

arswydus (adj) *[arsooeedis]* terrifying, terrible, awful

artiffisial (adj) *[artiphishal]* artificial

artist/–iaid (m) *[artist]* artist

artistig (adj) *[artistig]* artistic

arth/eirth (fm) *[arth]* bear

aruthrol (adj) *[arithrol]* huge, terrific

arwain (v) *[arwaeen]* to lead, ORCHESTRA to conduct

arweinydd/–ion (m) *[arwe-eenidd]* leader, ORCHESTRA conductor

arweiniad (m) *[arooe-eenyad]* leadership, guidance

arwerthiant/arwerthiannau (m) *[arooerthyant]* auction

arwr/arwyr (m) *[aroor]* hero

arwres/–au (f) *[aroores]* heroine

arwrol (adj) *[aroorol]* heroic

arwydd/–ion (fm) *[arooeedd]* sign

arwyddo (v) *[arooeeddo]* to sign, to signify

arwyddocâd (m) *[arooeeddo'cad]* significance

A.S. M.P. (Member of Parliament)

asen/–nau (f) *[asen]* rib

asgell/esgyll (f) *[asgell]* wing, aisle

asgellwr/asgellwyr (m) *[asgelloor]* TEAM BALL GAMES wing

asgwrn/esgyrn (m) *[asgoorn]* bone

asiant/–au (m) *[ashant]* agent

asid/–au (m) *[asid]* acid

astud (adj) *[astid]* intent

gwrando'n astud to listen intently

astudio (v) *[astidyo]* to study

asyn/–nod (m) *[asin]* donkey

at (prep) *[at]*
+S.M.

1. at

taflu at to throw at

anelu at to aim at

2. towards

taflu at to throw towards

tueddu at to tend towards

troi at to turn towards

3. to

anfon at to send to

apelio at to appeal to

ysgrifennu at to write to

ychwanegu at to add to

cofiwch fi at remember me to

mynd at y prifathro to go to the headmaster

4. right up to, as far as

rhedwch at y llinell run up to the line

5. for

llyfr at ddysgu Cymraeg a book for

learning Welsh

anelu at to aim for

6. mynd ati i weithio to get down to work

ata(f) i, atat ti, ato fe, ati hi, aton ni, atoch chi, atyn nhw

atal (v) *[atal]* to stop, to hinder

atal dweud stammer

atalnod/-au (m) *[atalnod]* punctuation mark

atalnod llawn full stop

atalnodi (v) *[atalnodee]* to punctuate

ateb[1]**/-ion** (m) *[ateb]* answer, solution

ateb[2] (v) *[ateb]* to answer

ateb y gofyn to fulfil the need

ateb y diben to do its job

atgof/-ion (m) *[atgov]* recollection, memory

atgoffa (v) *[atgopha]* to remind

atgyfodi (v) *[atguhvodee]* to resurrect

atom/-au (m) *[atom]* atom

atomfa/atomfeydd (f) *[atomva]* nuclear power station

atomig (adj) *[atomig]* atomic

atyniadol (adj) *[atuhnyadol]* attractive

athletau (pl) *[athletaee]* athletics

athletwr/athletwyr (m) *[athletoor]* athlete

athrawes/-au (f) *[athraooes]* (female) teacher

athro/athrawon (m) *[athro]* (male) teacher, professor

athrofa/athrofeydd (f) *[athrova]* institute, college

athroniaeth (f) *[athronyaeeth]* philosophy

athrylith/-oedd (f) *[athruhlith]* genius

aur[1] (m) *[aeer]* gold

wats aur gold watch

aur[2] (adj) *[aeer]* gold, golden

paent aur gold paint

blodau aur golden flowers

awdl/-au (f) *[aoodl]* poem in strict metre see **cynghanedd**

awdur/-on (m) *[aoodir]* author

awdurdod/-au (m) *[aoodirdod]* authority

awdurdod lleol local authority

awdurdod addysg education authority

awdures/-au (f) *[aoodeeres]* authoress

awel/-on (f) *[aooel]* breeze

awgrym/-iadau (m) *[aoogrim]* suggestion

rydw i'n hoffi'r awgrym I like the suggestion

awgrym o chwerwedd a touch of bitterness

awgrymu (v) *[aoogruhmee]* to suggest

awn (v) *[aoon]*

from **mynd** to go

awn! let's go!

awn ni we shall go

awn i I used to go

awr/oriau (f) *[aoor]* hour

yn awr now

yn awr ac yn y man now and then

Awst (m) *[aoost]* August

ym mis Awst in August

awydd (m) *[aooidd]* desire

oes gen ti awydd 'paned would you like a cup of tea

does gen i ddim awydd mynd i gyngerdd I don't feel like going to a concert

does gen i ddim awydd bwyd I don't feel hungry, I'm not hungry

awyddus (adj) *[aoouhddis]* keen, eager

awyr (f) *[aooir]* sky, air

awyr las blue sky

awyr iach fresh air

awyr agored open air

awyren/-nau (f) *[aoouhren]* aeroplane

awyrgylch/-oedd (fm) *[aoouhrgilch]* atmosphere

B

Words can be mutated to **B** from **P** (e.g. **ben** from **pen**) so look up under **P**. Mutated words beginning with **F** or **M** can derive from **B** (e.g. **faban** or **maban** from **baban**) so look them up here.

baban/-od (m) *[baban]* baby

babŵn/-s (m) *[bʌ'boon]* baboon

baco (m) *[backo]* tobacco

bacwn (m) *[backoon]* bacon

bach (adj) *[bach]* small, little, dear

bachgen bach a little boy
merch fach a little girl
tŷ bach toilet
shw' ma' 'i, bach hello, dear
bachgen/bechgyn (m) *[bechgen]* boy
bachwr/bachwyr (m) *[bachoor]* RUGBY hooker
bad/–au (m) *[bad]* boat
baddon/–au (m) *[baddon]* bath
bae/–au (m) *[baee]* bay
baeddu (v) *[baeeddee]* to dirty, to beat
bag/–iau (m) *[bag]* bag
bai/beiau (m) *[baee]* fault
baich/beichiau (m) *[baeech]* load, burden
balch (adj) *[balch]* proud
balchder (m) *[balchder]* pride
bale (m) *[bale]* ballet
baled/–i (f) *[baled]* ballad
balŵn/balwnau (f) *[ba'loon]* baloon
ban/–nau (fm) *[ban]* beacon, peak
Bannau Brycheiniog Brecon Beacons
banana/–s (m) *[banana]* banana
banc/–iau (m) *[bank]* bank
bancio (v) *[bankyo]* to bank
band/–iau (m) *[band]* band
bando (m) *[bando]* bando (a traditional Welsh game, played with a stick and ball)
baner/–au (f) *[baner]* flag
bant (f) *[bant]* off, away
bar/–rau (m) *[bar]* bar
bara (m) *[bara]* bread
bara brith currant loaf
bara lawr laver bread
bara cartre home-made bread
barbariad/barbariaid (m) *[barbaryad]* barbarian
barbwr/barbwyr (m) *[barboor]* barber
barcut (m) *[barkit]* kite
barcuta (v) *[barkita]* to hanglide
bardd/beirdd (m) *[bardd]* poet
barddoniaeth (f) *[barddonyaeeth]* poetry
barf/barfau (f) *[barv]* beard
bargen/bargeinion (f) *[bargen]* bargain
bargyfreithiwr/bargyfreithwyr (m) *[barguhvre-eethyoor]* barrister
barn/–au (f) *[barn]* opinion, judgement
Dydd y Farn Judgement Day
yn fy marn i in my opinion

beth yw dy farn di? what's your opinion?
rydw i o'r farn fod... I am of the opinion that...
barnu (v) *[barnee]* to judge, to assess
barnwr/barnwyr (m) *[barnoor]* judge
baromedr (m) *[baromedr]* barometer
bas (adj) *[bas]* shallow, base
basai (v) *[base]*
from **bod**; in answer to questions it means 'yes' or preceded by **na** it means 'no'
basai fe he would
basai hi she would
Basai fe'n dod? Basai. Would he come? Yes
na fasai no
basech (v) *[basech]*
from **bod** to be; in answer to questions it means 'yes' or preceded by **na** it means 'no'
basech chi you would
basen (v) *[basen]*
from **bod** to be; in answer to questions it means 'yes' or preceded by **na** it means 'no'
basen ni we would
basen nhw they would
baset (v) *[baset]*
from **bod** to be; in answer to questions it means 'yes' or preceded by **na** it means 'no'
baset ti you would
basged/–i (f) *[basged]* basket
basn/–au (m) *[basn]* basin
baswn (v) *[basoon]*
see **byddwn**; from **bod** to be; in answer to questions it means 'yes' or preceded by **na** it means 'no'
baswn i I would
Basech chi'n dod? Baswn. Would you come? Yes
na faswn no
bat/–iau (m) *[bat]* bat
batio (v) *[batyo]* to bat
batiwr/batwyr (m) *[batyoor]* batsman
batri/batriau (m) *[batree]* battery
bathodyn/–nau (m) *[bathodin]* badge
baw (m) *[baoo]* dirt

bawd/bodiau (m) *[ba-ood]* thumb
    bys bawd thumb
bechgyn (pl) *[bechgin]* boys
    see **bachgen**
bedyddio (v) *[beduhddyo]* to baptize
Bedyddiwr/Bedyddwyr (m) *[Beduhddyoor]* Baptist
bedd/–au (m) *[bedd]* grave
beiau (pl) *[be-eeaee]* faults
    see **bai**
Beibl/–au (m) *[be-eebl]* Bible
beic/–iau (m) *[be-eek]* bike
beicio (v) *[be-eekyo]* to cycle
beichiau (pl) *[be-eechyaee]* loads, burdens
    see **baich**
beichiog (adj) *[be-eechyog]* pregnant
beio (v) *[be-eeo]* to blame
beirdd (pl) *[be-eerdd]* poets
    see **bardd**
beirniad/beirniaid (m) *[be-eernyad]* adjudicator, critic
beirniadaeth/–au (f) *[be-eernyadaeeth]* adjudication, criticism
beirniadu (v) *[be-eernyadee]* to adjudicate, to criticize
bellach (adv) *[bellach]* since, by now
belt/–iau (m) *[belt]* belt
bendigedig (adj) *[bendigedig]* great, fantastic, blessed
bendith/–ion (f) *[bendith]* blessing, grace
benthyca (v) *[benthuhka]* to borrow, to lend
benthyg (m) *[benthig]* loan
    rhoi benthyg pensil i Ann to lend Ann a pencil
    cael benthyg pensil gan Ann to borrow a pencil from Ann
    wnei di roi benthyg pensil i fi? will you lend me a pencil?
benthyciad/–au (m) *[benthuhkyad]* loan
benyw/–od (f) *[benioo]* woman
    see **menyw**
benywaidd (adj) *[benuhooaeedd]* feminine
berf/–au (f) *[berv]* verb
berfa/berffau (f) *[berva]* wheelbarrow
berw[1] (adj) *[beroo]* boiling
    dŵr berw boiling water
berw[2] (m) *[beroo]* turmoil
    berw dŵr watercress

berwi (v) *[bervooee]* to boil
    wy wedi'i ferwi a boiled egg
berwr (m) *[beroor]*
    berwr dŵr watercress
bet/–iau (f) *[bet]* bet
betio (v) *[betyo]* to bet, to gamble
betysen/betys (f) *[betuhsen]* beet(root)
    more common in plural form
beth? (interrog) *[beth]* what?
    beth am +S.M....? what about...?
    beth mae e'n 'wneud? what is he doing?
    beth oedd e? what was it?
    beth wna i? what shall I do
    beth yw...yn Gymraeg? (SW), **beth ydy...yn Gymraeg?** (NW) what's...in Welsh?
    beth yw e? (SW) **beth ydy e?** (NW) what is it?
bethi'ngalw (m) *[betheengaloo]* what'sitcalled, thingamajig
beudy/beudai (m) *[be-eedee]* cowshed
beunydd (adv) *[be-eenidd]* daily, constantly
    byth a beunydd constantly
beunyddiol (adj) *[be-eenuhddyol]* daily
    dyro inni heddiw ein bara beunyddiol give us this day our daily bread
bicini/–s (m) *[bikeenee]* bikini
bihafio (v) *[beehavyo]* to behave
    see **ymddwyn**
bil/–iau (m) *[bil]* bill
biliwn/biliynau (f) *[bilyoon]* billion
bin/–iau (m) *[bin]* bin
bioleg (fm) *[becoleg]* biology
bisged/–i (f) *[bisged]* biscuit
bisgïen/bisgedi (f) *[bisgee-en]* biscuit
biwrocratiaeth (f) *[bioorokratyaeeth]* bureaucracy
blaen[1] (m) *[blaeen]* front end
    ar y blaen in front
    blaenau'r cymoedd heads of the valleys
    ym mlaen y car in the front of the car
    o flaen llaw before hand
blaen[2] (adj) *[blaeen]* front
    drws blaen front door

sedd flaen front seat
blaenasgellwr/blaenasgellwyr (m) *[blaeenasgelloor]* wing-forward
blaenoriaeth/-au (f) *[blaeenoryaeeth]* priority
blaenorol (adj) *[blaeenorol]* previous
blaenwr/blaenwyr (m) *[blaeenoor]* SPORT forward
blaguryn/blagur (m) *[blageerin]* PLANT bud, shoot
blaidd/bleiddiaid (m) *[blaeedd]* wolf
blanced/-i (f) *[blanbed]* blanket
blas/-au (m) *[blas]* taste
blasu (v) *[blasee]* to taste
blasus (adj) *[blasis]* tasty, delicious
blawd (m) *[blaood]* flour
   blawd codi self-raising flour
   blawd gwenith wholemeal flour
ble? (interrog) *[ble]* where?
   ble mae e? where is he?
bleiddiaid (pl) *[ble-eeddyaeed]* wolves
   see **blaidd**
blewyn/blew (m) *[bleooin]* hair (on body, not head)
blewog (adj) *[bleoo-og]* hairy
blingo (v) *[blingo]* to skin
blin (adj) *[bleen]* tired, sorry, cross
   mae'n flin 'da fi (SW) I'm sorry
blinder (m) *[bleender]* weariness
blinedig (adj) *[bleenedig]* tired
blino (v) *[bleeno]* to tire, to get tired
   rydw i wedi blino I'm tired
   wedi blino'n lân tired out
blith draphlith (adv) *[bleeth draphlith]* mixed up, topsy-turvy
bloc/-iau (m) *[blok]* block
   bloc o fflatiau block of flats
blodeuo (v) *[blode-eeo]* to flower
blodfresychen/blodfresych (f) *[blodvresuhchen]* cauliflower
blodyn/blodau (m) *[blodin]* flower
bloedd/-iadau (fm) *[bloeedd]* shout, cry
bloeddio (v) *[bloeeddyo]* to shout
blows/-ys (fm) *[blo-oos]* blouse
blwch/blychau (m) *[blooch]* box
blwydd/-i (f) *[blooeedd]* year
   un flwydd oed one year old
   tri deg un flwydd oed thirty-one years old

   dwy flwydd oed two years old
   tair blwydd oed three years old
   pedair blwydd oed four years old
   pum mlwydd oed five years old
   deng mlwydd oed ten years old
   babi blwydd year old baby
blwyddyn/blynyddoedd/blynedd (f) *[blooeeddin]* year
   blynedd is used after numbers
   un flwyddyn one year
   dwy flynedd two years
   pum mlynedd five years
   deng mlynedd ten years
blychau (pl) *[bluhchaee]* boxes
   see **blwch**
blynyddol (adj) *[bluhnuhddol]* annual
bo (v) *[bo]* may be
   3rd person present subjunctive of **bod**
   da bo good-bye
   pawb at y peth y bo everyone has his own interest
   pan fo... when (there) is...
bocs/-ys (m) *[box]* box
bocsio (v) *[boxyo]* to box
bocsiwr/bocswyr (m) *[boxyoor]* boxer
boch/-au (f) *[boch]* cheek
bod (v) *[bod]* to be
   er bod although
   er fy mod i'n dost although I'm ill
   achos bod because
   achos dy fod ti because you are
   oherwydd bod because
   oherwydd ei fod e because he is
   fy mod i, dy fod ti, ei fod e, ei bod hi, ein bod ni, eich bod chi, eu bod nhw
bodiau (pl) *[bodyaee]* thumbs
   see **bawd**
bodio (v) *[bodyo]* to thumb, to thumb a lift
bodlon (adj) *[bodlon]* content, satisfied, happy
bodlondeb (m) *[bodlondeb]* satisfaction
bodloni (v) *[bodlonee]* to satisfy
bodlonrwydd (m) *[bodlonrooeedd]* satisfaction
bodolaeth (f) *[bodolaeeth]* existence
bodoli (v) *[bodolee]* to exist
bodd/-au (m) *[bodd]* pleasure, consent
   usually used in phrases such as:

rydw i wrth fy modd I'm in my element

wrth fy modd, wrth dy fodd, wrth ei fodd, wrth ei bodd, wrth ein bodd, wrth eich bodd, wrth eu bodd in my element etc.

boddhad (m) *[bodd'had]* satisfaction

boddhaol (adj) *[boddhaol]* satisfactory

boddi (v) *[boddee]* to drown

boddlon (adj) *[boddlon]* content, satisfied, happy
see **bodlon**

boed (v) *[boyd]* be he/she/it, may he/she/it be, let there be
from **bod**
boed felly so be it

bogail/bogeiliau (fm) *[bogaeel]* navel

bol/–iau (m) *[bol]* belly, stomach

bola/boliau (m) *[bola]* belly, stomach
see **bol**

bolgi/bolgwn (m) *[bolgee]* glutton

bol(a)heulo (v) *[bol(a)he-eelo]* to sunbathe

bom/–iau (fm) *[bom]* bomb
bom atomig atomic bomb

bomio (v) *[bomyo]* to bomb

bôn/bonau/bonion (m) *[bon]* base, trunk, counterfoil

bonclust/–iau (m) *[bonklist]* box on the ear

boned/–i/–au (f) *[boned]* bonnet

bonedd (m) *[bonedd]* nobility, gentry

boneddiges/–au (f) *[boneddeeges]* lady

boneddigion (pl) *[boneddigyon]* gentlemen
foneddigion a boneddigesau ladies and gentlemen

bones (f) *[bonehs]* miss
Y fones... Miss, Ms or Mrs

bonheddig (adj) *[bonheddig]* courteous, kind, gentle

bonheddwr/bonheddwyr (m) *[bonheddoor]* gentleman

bord/–ydd/–au (f) *[bord]* table, board

bore/–au (m) *[bore]* morning
bore da good morning
codi'n fore early
yn y bore in the morning
bore Sul Sunday morning
bore ddoe yesterday morning
bore 'ma this morning

yn y bore bach in the early morning

botaneg (fm) *[botaneg]* botany

botwm/botymau (m) *[botoom]* button

botymu (v) *[botuhmee]* to button up

bowlen/–ni (f) *[bo-oolen]* bowl

bowlio (v) *[bo-oolyo]* to bowl

bowliwr/bowlwyr (m) *[bo-oolyoor]* bowler

bowls (f) *[bo-ools]* SPORT bowls

brad (m) *[brad]* treason, betrayal

bradwr/bradwyr (m) *[bradoor]* traitor

bradychu (v) *[braduhchee]* to betray

braf (adj) *[brav]* fine
does not mutate
mae hi'n braf it's fine

bragdy/bragdai (m) *[bragdee]* brewery

braich/breichiau (f) *[braeech]* arm

braidd (adv) *[braeedd]* almost, just, scarcely
o'r braidd hardly

braint/breintiau (f) *[braeent]* honour, privilege

braith (adj) *[braeeth]* speckled
see **brith**
siaced fraith coat of many colours

brân/brain (f) *[bran]* crow, rook

brandi (m) *[brandee]* brandy

bras (adj) *[bras]* thick, fat, coarse, rough, approximate
yn fras approximately

brasgamu (v) *[brasgamee]* to stride

braslun/–iau (m) *[braslin]* sketch

braster/–au (m) *[braster]* fat

brathu (v) *[brathee]* to bite, to sting

braw/–iau (m) *[braoo]* terror, fear

brawd/brodyr (m) *[braood]* brother
mae e'n frawd i mi he's my brother

brawddeg/–au (f) *[braooddeg]* GRAMMAR sentence

brawychwr/brawychwyr (m) *[braoouhchoor]* terrorist

brêc/breciau (m) *[brek]* brake

brecio (v) *[brekyo]* to brake

brecwast/–au (m) *[brekooast]* breakfast
i frecwast for breakfast

brech/–au (f) *[brech]* vaccination, pox
y frech goch measles
y frech wen smallpox
y frech Almaenig German measles

brechdan/–au (f) *[brechdan]* sandwich

brefu (v) *[brevee]* to bleat
breichiau (pl) *[bre-eechyaee]* arms
see **braich**
breichled/-au (f) *[bre-eechled]* bracelet
breintiau (pl) *[bre-eentyaee]* honours,
privileges
see **braint**
brenhines/breninesau (f) *[brenheenes]*
queen
brenhinoedd (pl) *[brenheenoeedd]* kings
see **brenin**
brenhinol (adj) *[brenheenol]* royal
brenin/brenhinoedd (m) *[brenin]* king
brest/-iau (f) *[brest]* chest
bresychen/bresych (f) *[bresuchen]* cabbage
brethyn/-nau (m) *[brethin]* cloth
breuddwyd/-ion (fm) *[bre-eeddooeed]*
dream
breuddwyd gwrach wishful thinking
breuddwydio (v) *[bre-eeddooeedyo]* to
dream
briallen/briallu (f) *[breeallen]* primrose
bric/-iau (f) *[brik]* brick
brifo (v) *[breevo]* to hurt, to wound
brig/-au (m) *[breeg]* summit, twig
glo brig open cast (surface) coal
brigâd/brigadau (f) *[bri'gad]* brigade
y frigâd dân the fire brigade
brigdonni (v) *[breegdonee]* to surf, surfing
brigyn/brigau (m) *[breegin]* branch
brith (adj) *[breeth]* speckled
mae brith gof 'da fi I have a faint
memory
brithyll/-od (m) *[brithill]* trout
briw/-iau (m) *[brioo]* wound, cut
briwgig/-oedd (m) *[brioogig]* MEAT mince
briwsionyn/briwsion (m) *[briooshonin]*
crumb
bro/-ydd (f) *[bro]* region
y fro Gymraeg the Welsh speaking
region, the Welsh heartland
brodor/-ion (m) *[brodor]* native
brodorol (adj) *[brodorol]* native
brodyr (pl) *[brodir]* brothers
see **brawd**
broga/-od (m) *[broga]* frog
brolio (v) *[brolyo]* to boast
bron[1] (adv) *[bron]* almost
bron[2]/-nau (f) *[bron]* breast

bron[3]/-nydd (f) *[bron]* breast of hill
broncitis (m) *[bronkeetis]* bronchitis
bronfraith/bronfreithod (f) *[bronvraeeth]*
song thrush
bronglwm/bronglymau (m) *[brongloom]*
brassière
brown (adj) *[bro-oon]* brown
brownio (v) *[bro-oonyo]* to brown
brwd (adj) *[brood]* fervent
brwd dros yr iaith enthusiastic for
the language
brwdfrydedd (m) *[broodvruhdedd]*
enthusiasm
brwdfrydig (adj) *[broodvruhdig]*
enthusiastic
brwnt (adj) *[broont]* dirty
brws/-ys (m) *[broosh]* brush
brwsio (v) *[broosho]* to brush
brwydr/-au (f) *[brooeedr]* battle
brwynen/brwyn (f) *[brooeenen]* rush
brychni (m) *[bruhchnee]* freckles
bryd/-iau (m) *[breed]* mind
mae ei fryd e ar ennill he's intent on
winning
bryn/-iau (m) *[brin]* hill
brys (m) *[brees]* haste
buan (adj) *[beean]* soon, fast
yn fuan soon, quickly
buarth/-au (m) *[beearth]* yard, farmyard
buchod (pl) *[beechod]* cows
see **buwch**
budr (adj) *[bidr]* dirty
budreddi (m) *[bidreddee]* dirt
budd-dal (m) *[bidd-dal]* benefit, payment
buddsoddi (v) *[biddsoddee]* to invest
buddsoddiad/-au (m) *[biddsoddyad]*
investment
buddugol (adj) *[biddeegol]* victorious
buddugwr/buddugwyr (m) *[biddeegoor]*
winner, victor
bugail/bugeiliaid (m) *[beegaeel]* shepherd
busnes/-au (m) *[bisnes]* business
busnesa (v) *[bisnesa]* to interfere (in
someone else's business)
bustachu (v) *[bistachee]* to flounder
buwch/buchod (f) *[biooch]* cow
bwa/bwâu (m) *[booa]* arch, bow
bwced/-i (fm) *[booked]* bucket
bwci/bwcïod (m) *[bookee]* ghost, bogey

bwgan/–od (m) *[boogan]* ghost, bogey
   bwgan brain scarecrow
bwlch/bylchau (m) *[boolch]* gap, pass
bwled/–i (f) *[booled]* bullet
bwli/bwlïod (m) *[boolee]* bully
bwncer/–i (m) *[boonker]* bunker
   bwncer niwclear nuclear bunker
bwnglera (v) *[boonglera]* to bungle
bwrdeistref/–i (f) *[boorde-eestrev]* borough
bwrdd/byrddau (m) *[boordd]* table, board
   bwrdd du blackboard
   bwrdd sglefrio skate board
   wrth y bwrdd at the table
bwriad/–au (m) *[booryad]* intention
bwriadol (adj) *[booryadol]* intentional
bwrlwm/byrlymau (m) *[boorloom]* bubble
bwrw (v) *[booroo]* to hit, to rain, to imagine
   bwrw glaw to rain
   bwrw eira to snow
   bwrw hen wragedd a ffyn to rain cats and dogs
bws/bysys/bysiau (m) *[boos]* bus
bwthyn/bythynnod (m) *[boothin]* cottage
   caws bwthyn cottage cheese
bwyell/bwyeill (f) *[booee-ell]* axe
bwyd/–ydd (m) *[booeed]* food
bwydlen/–ni (f) *[booeedlen]* menu
bwydo (v) *[booeedo]* to feed
bwyta (v) *[booeeta]* to eat
bwytawr/bwytawyr (m) *[booeetaoor]* eater
bwyty/bwytai (m) *[booeetee]* café, restaurant
bychan (adj) *[buhchan]* small
bychanu (v) *[buhchanee]* to belittle
byd/–oedd (m) *[beed]* world
   dim byd nothing
   y byd a'r betws lit.: the world and the chapel, people everywhere
   beth yn y byd? what on earth?
bydwraig/bydwragedd (f) *[buhdooraeg]* midwife
bydysawd (m) *[buhduhsaood]* universe
bydd (v) *[beedd]*
   from **bod**
   bydd e he will
   bydd hi she will,
   bydd yes
   na fydd no

bydda(f) (v) *[buhdda(v)]*
   from **bod**
   bydda i I will be
   bydda yes
   na fydda no
byddai (v) *[buhddaee]*
   from **bod**
   byddai fe he would be
   byddai hi she would be
   byddai yes
   na fyddai no
byddan (v) *[buhddan]*
   from **bod**
   byddan nhw they will
   byddan yes
   na fyddan no
byddar (adj) *[buhddar]* deaf
byddarol (adj) *[buhddarol]* deafening
byddaru (v) *[buhddaree]* to deafen
byddech (v) *[buhddech]*
   from **bod**
   byddech chi you would be
   byddech yes
   na fyddech no
bydden (v) *[buhdden]*
   from **bod**
   bydden ni we would be
   bydden nhw they would be
   bydden yes
   na fydden no
byddet (v) *[buhddet]*
   from **bod**
   byddet ti you would be
   byddet yes
   na fyddet no
byddi (v) *[buhddee]*
   from **bod**
   byddi di you will
   byddi yes
   na fyddi no
byddin/–oedd (f) *[buhddin]* army
byddwch (v) *[buhddooch]*
   from **bod**
   byddwch chi you will
   byddwch yes
   na fyddwch no
   byddwch chi you will,
byddwn (v) *[buhddoon]*
   from **bod** to be

byddwn ni we shall be
byddwn i I would be
byddwn yes
na fyddwn no
bygwth (v) *[buhgooth]* to threaten
bygythiad/–au (m) *[buhguhthyad]* threat
bylb/–iau (m) *[buhlb]* bulb
bylchau (pl) *[buhlchaee]* gaps
see **bwlch**
bylchu (v) *[buhlchee]* to go through gap
byngalo/–s (m) *['buhn-galo]* bungalow
bynnag (pron) *[buhnag]* ever
beth bynnag whatever
beth bynnag yw e whatever it is
pa... bynnag whichever ....
pa lyfr bynnag whichever book
pwy bynnag whoever
pwy bynnag sy'n dod whoever is
coming
bynnen/byns (f) *[buhnen]* bun
byr/–ion (adj) *[bir]* short
byrbryd/–au (m) *[birbreed]* snack
byrbwyll (adj) *[buhrbooeell]* rash,
impulsive
byrfodd/–au (m) *[birvodd]* abbreviation
byrfyfyr (adj) *[birvuhvir]* impromptu
byrhau (v) *[bir'haee]* to shorten
byrlymau (pl) *[buhrluhmaee]* bubbles
see **bwrlwm**
byrlymu (v) *[buhrluhmee]* to gurgle, to
bubble
bys/–edd (m) *[bees]* finger
byseddu (v) *[buhseddee]* to finger, to
handle
bysell/–au (f) *[buhsell]* KEYBOARD key
bysellfwrdd/bysellfyrddau (m)
[buhsellfyrddoordd] keyboard
bysiau (pl) *[buhsyaee]* buses
see **bws**
bysys (pl) *[buhsis]* buses
see **bws**
byth (adv) *[bith* or *beeth]* ever, never
Cymru am byth Wales for ever
dyw e byth yn canu he never sings
bythgofiadwy (adj) *[bithgovyadooee]*
memorable
bythol (adj) *[buhthol]* everlasting
bythwyrdd (adj) *[bithwirdd]* evergreen
bythynnod (pl) *[buhthuhnod]* cottages

see **bwthyn**
byw (v) *[bioo]* to live
has no other verb forms
ble rydych chi'n byw? where do you
live?
rydw i'n byw yn Aberystwyth I live
in Aberystwyth
bywgraffiad/–au (m) *[bioografphyad]*
biography
bywiog (adj) *[biooyog]* lively
bywyd/–au (m) *[buhooid]* life
bywydeg (fm) *[buhoouhdeg]* biology

Mutated words beginning with **G**, **CH** or **NG**
can derive from **C** (e.g. **gadair**, **chadair**,
nghadair from **cadair**) so look them up here.

ca(f) (v) *[ka(v)]*
from **cael** to have
ca(f) i I have, I shall have, I may, I am
allowed
ga i losin? can I have a sweet?
ga i ddod? may I come?
cha i ddim mynd I'm not allowed to
go
caban/–au (m) *[kaban]* cabin
cabinet/–au (m) *[kabinet]* cabinet
cacen/–nau (f) *[kaken]* cake
cacen gri Welsh cake
cacynen/cacwn (f) *[kakuhnen]* wasp
yn (wyllt) gacwn furious
cachgi/cachgwn (m) *[kachghee]* coward
cachu¹ (m) *[kachee]* excrement
cachu² (v) *[kachee]* to defecate
cadach/–au (m) *[kadach]* cloth, rag
cadach poced handkerchief
cadach llestri dish-cloth
cadair/cadeiriau (f) *[kadaeer]* chair, udder
cadarn/–ion (adj) *[kadarn]* strong, firm
cadarnhau (v) *[kadarn'haee]* to confirm,
to strengthen
cadeirio (v) *[kade-eeryo]* to chair
cadeirio'r bardd the chairing of the
bard (at an **eisteddfod**)

cadeiriol (adj) *[kade-eeryol]* chairing, chaired
   eglwys gadeiriol cathedral
   eisteddfod gadeiriol eisteddfod that awards a chair to the winning poet
   bardd cadeiriol a poet who has won a chair

cadeirydd/–ion (m) *[kade-eeridd]* chairman

cadno/–id (m) *[kadno]* fox

cadw (v) *[kadoo]* to keep, to save
   cadw'n gynnes to keep warm
   cadw rhan rhywun to support someone
   rhoi i gadw to put away

cadwyn/–i/–au (f) *[kadooeen]* chain, MOUNTAINS range

cae/–au (m) *[kaee]* field

caead/–au (m) *[kaeead]* cover, lid

cael (v) *[kaeel]* to have, to obtain, to find, to be allowed to
   1. rydw i'n cael cot newydd I'm having a new coat
   rydw i wedi cael lle i eistedd I've found a place to sit
   rydw i'n cael dod I'm allowed to come
   2. used to form passive voice of verbs
   mae'r tŷ'n cael ei adeiladu the house is being built
   cafodd y lleidr ei weld the thief was seen
   3. ar gael available
   cael a chael oedd hi it was touch and go

caer/–au/ceyrydd (f) *[kaeer]* fort, castle
   many place names begin with **caer**

caeth/–ion (adj) *[kaeeth]* captive
   caeth i gyffuriau addicted to drugs

cafodd (v) *[kavodd]*
   from **cael** to have
   cafodd e/hi he/she had

caffe/–s (m) *[kaphe]* café

cangen/canghennau (f) *[kangen]* branch, bough

canghellor/cangellorion (m) *[kanghellor]* chancellor
   canghellor y trysorlys chancellor of the exchequer

caiff (v) *[kaeeph]*
   from **cael** to have
   caiff e/hi he/she has, he/she will have

cainc[1]/ceinciau (f) *[kaeenk]* tune, branch, bough

cainc[2]/cangau (f) *[kaeenk]* branch, bough

cais[1]/ceisiadau (m) *[kaees]* attempt, application, request
   gwneud cais am swydd apply for a job

cais[2]/ceisiau (m) *[kaees]* RUGBY try
   sgorio cais score a try

calch (m) *[kalch]* lime

calchen (f) *[kalchen]* limestone
   yn wyn fel y galchen white as a sheet

caled (adj) *[kaled]* hard, severe

caledi (m) *[kaledee]* hardship

caledu (v) *[kaledee]* to harden, (SW) CLOTHES to air

calendr/–au (m) *[kalendr]* calendar

calon/–nau (f) *[kalon]* heart
   cod dy galon cheer up

calonogi (v) *[kalonogee]* to encourage

call (adj) *[kall]* wise, sensible

cam[1]/–au (m) *[kam]* step, stage
   bob cam all the way
   un cam ar y tro one step at a time
   y cam nesaf the next step/stage

cam[2] (adj) *[kam]* crooked, false

camarwain (v) *[kamarooaeen]* to mislead

cam-drin (v) *[kam´dreen]* to abuse, to ill-treat
   normally only used in verb-noun form
   mae hi wedi cael ei cham-drin she has been abused

camddeall (v) *[kamddeall]* to misunderstand

camel/–od (m) *[kamel]* camel

camera/camerâu (m) *[´kamera]* camera

camgymeriad/–au (m) *[kamghumeryad]* mistake

camlas/camlesi (f) *[kamlas]* canal

camochri (v) *[kamochree]* SPORTS to be offside

camp/–au (f) *[kamp]* feat
   y campau sports

campfa/campfeydd (f) *[kampva]* gymnasium

campus (adj) *[kampis]* excellent
camsyniad/-au (m) *[kamsuhnyad]* mistake
    gwneud camsyniad to make a
    mistake
camu (v) *[kamee]* to step, to stride, to
    bend
cân[1]/**caneuon** (f) *[kan]* song, poem
    gwlad y gân land of song (Wales)
    cân werin folk song
cân(t)[2] (v) *[kan(t)]*
    from **cael** to have
    cân nhw they have, they will have,
    they are allowed
can[1] (num) *[kan]* hundred
    see **cant**; + N.M. in **blwydd, blynedd**
    can punt £100
    can mlwydd oed a hundred years
    old
    can mlynedd a hundred years
can[2] (m) *[kan]* flour
can[3]/-**iau** (m) *[kan]* tin
cancr (m) *[kankr]* cancer
canfed (ord) *[kanved]* hundredth
caniad/-au (m) *[kanyad]* song, ring
    rho ganiad give (me) a ring
caniatâd (m) *[kanyat'aed]* permission
caniatáu (v) *[kanyat'aee]* to allow, to
    permit
canlyn (v) *[kanlin]* to follow, to court
canlyniad/-au (m) *[kanluhnyad]* result
canlynol (adj) *[kanluhnol]* following
canllaw/-iau (fm) *[kanllaoo]* handrail,
    guidelines
canmlwyddiant (m) *[kanmlooeeddyant]*
    centenary
canmol (v) *[kanmol]* to praise
canmoliaeth (f) *[kanmolyaeeth]* praise
cannoedd (pl) *[kanooeedd]* hundreds
    see **can, cant**
cannwyll/canhwyllau (f) *[kanooeell]* candle
canol/-au (m) *[kanol]* middle
    yr oesoedd canol the middle ages
    canol y ddinas city centre
canolbarth/-au (m) *[kanolbarth]* midland
    Y Canolbarth Mid Wales
canolbwynt/-iau (m) *[kanolbooeent]*
    centre point
canolbwyntio (v) *[kanolbooeentyo]* to
    concentrate

canoldir/-oedd (m) *[kanoldir]* inland area
    Y Môr Canoldir The Mediterranean
    Sea
canolfan/-nau (fm) *[kanolvan]* centre
    canolfan hamdden leisure centre
canolig (adj) *[kanolig]* middling, average
canolog (adj) *[kanolog]* central
canolwr/canolwyr (m) *[kanoloor]* SPORTS
    centre (half), mediator
canradd/-au (f) *[kanradd]* centigrade
canran/-nau (m) *[kanran]* percentage
canrif/-oedd (f) *[kanriv]* century
cant (num) *[kant]* hundred
    see **can; can** is the usual form before a
    noun
    can punt a hundred pounds
    cant a deg a hundred and ten
    cant ac un one hundred and one
    cant o fechgyn a hundred boys
    un y cant one per cent
cant (m) *[kant]* hundredweight
    cant o lo a hundredweight of coal
cantor/-ion (m) *[kantor]* singer
cantores/-au (f) *[kantores]* female singer
canu (v) *[kanee]* to sing, to ring
    canu gwerin folk singing
    canu'n iach to bid farewell
    canu'r piano to play the piano
    mae'r gloch yn canu the bell rings
    mae'r ffôn yn canu the telephone is
    ringing
canwaith (adv) *[kanooaeeth]* hundred
    times
canŵ/-s (m) *[kan'oo]* canoe
canwr/canwyr/cantorion (m) *[kanoor]*
    singer, MUSICAL INSTRUMENT player
cap/-iau (m) *[kap]* cap
capel/-i (m) *[kapel]* chapel
    mynd i'r capel to go to chapel
capten/capteiniaid (m) *[kapten]* captain
    capten Cymru the Welsh captain
car/ceir (m) *[kar]* car
carafán/carafannau (f) *[kara'van]* caravan
carchar/-au (m) *[karchar]* prison
    yn y carchar in prison
carcharor/-ion (m) *[karcharor]* prisoner
carcharu (v) *[karcharee]* to imprison
carden/cardiau (f) *[karden]* card
    carden Nadolig Christmas card

cardon pen blwydd birthday card
cardigan/–au (f) *['kardeegan]* cardigan
cardota (v) *[kardota]* to beg
cardotyn/cadotwyr (m) *[kardotin]* beggar
caredig (adj) *[karedig]* kind
   bod yn garedig wrth Ann to be kind to Ann
carfan/–au (mf) *[karvan]* squad, group, faction
cariad¹/–au (m) *[karyad]* love, affection
cariad²/–on (m) *[karyad]* sweetheart, lover, darling
   fy nghariad my sweetheart
cariadus (adj) *[karyadis]* loving
cario (v) *[karyo]* to carry
carlam/–au (m) *[karlam]* gallop
   ar garlam swiftly, at full speed
   cwrs carlam crash course
carlamu (v) *[karlamee]* to gallop
carnifal (m) *['karnival]* carnival
carol/–au (fm) *[karol]* carol
   carol Nadolig Christmas carol
carped/–i (m) *[karped]* carpet
carreg/cerrig (f) *[kareg]* stone, pip
cart/ceirt/certi (fm) *[kart]* cart
cartref(f)/cartrefi (m) *[kartre(v)]* home
   gartre(f) at home
   oddi cartref away
cartrefol (adj) *[kartrevol]* homely, intimate, comfortable
cartŵn/cartwnau (m) *[kar'toon]* cartoon
carthen/–ni (f) *[karthen]* quilt, blanket
caru (v) *[karee]* to love, to like, to court
   rwy'n dy garu di I love you
carw/ceirw (m) *[karoo]* deer, stag
carwr/carwyr (m) *[karoor]* lover
cas (adj) *[kas]* nasty, hateful
   mae'n gas gen i foron I hate carrots
casáu (v) *[cas'aee]* to hate
casét/casetiau (m) *[kas'et]* cassette
casgen/–ni (f) *[kasgen]* barrel, cask
casgliad/–au (m) *[kasglyad]* collection, gathering, conclusion
casglu (v) *[kasglee]* to collect, to gather, to conclude
casglwr/casglwyr (m) *[kasgloor]* collector
casineb (m) *[kaseeneb]* hate
cast/–iau (m) *[kast]* trick, prank, PLAY cast
castell/cestyll (m) *[kastell]* castle

catalog/–au (m) *['katalog]* catalogue
cath/–od (f) *[kath]* cat
catholig (adj) *[katholig]* catholic
   yr Eglwys Gatholig the Catholic Church
cau (v) *[kaee]* shut, close, fasten
   ar gau closed
   wedi cau closed
   caewch y drws close the door
cawell/cewyll (m) *[kaoell]* cage, basket
cawl/–iau (m) *[kaool]* soup, broth
   gwneud cawl o rywbeth to make a mess of something
cawlach (m) *[kaoolach]* mess
cawn (v) *[kaoon]*
   from **cael**
   cawn ni we have, we shall have, we may
   cawn i I used to have
   pe cawn if I had
cawod/–ydd (f) *[kaoo-od]* shower
cawr/cewri (m) *[kaoor]* giant
caws/–iau (m) *[kaoos]* cheese
cawsoch (v) *[kaoosoch]*
   from **cael**
   cawsoch chi you had
cawson (v) *[kaooson]*
   from **cael**
   cawson ni we had
   cawson nhw they had
cebl/–au (m) *[kebl]* cable
cedwir (v) *[kedooir]* is kept
   from **cadw**
   cedwir y bwyd yn y cwpwrdd the food is kept in the cupboard
cedyrn (adj) *[kedirn]* firm
   see **cadarn**; used with pl. nouns
cefais (v) *[kevaees]*
   see **ces i**; from **cael**
   cefais i I had
cefaist (v) *[kevaeest]*
   see **cest ti**; from **cael**
   cefaist ti you had
cefn/–au (m) *[kevn]* back, MOUNTAINS ridge
   bod yn gefn i rywun to give moral support to someone
   cefn dydd middle of the day
   cefn gwlad the countryside

cefn nos dead of night
tu cefn i'r tŷ behind the house
wrth gefn in reserve
cefnder/–oedd/cefndyr/cefndryd (m) *[kevnder]* male cousin
cefndir/–oedd (m) *[kevndir]* background, setting
cefnog (adj) *[kevnog]* wealthy
cefnogaeth (f) *[kevnogaeeth]* support, backing
cefnogi (v) *[kevnogee]* to support, to encourage
cefnogwr/cefnogwyr (m) *[kevnogoor]* supporter
cefnu (v) *[kevnee]*
  cefnu ar +S.M. to turn one's back on, to desert
cefnwr/cefnwyr (m) *[kevnoor]* back, full-back
ceffyl/–au (m) *[keffil]* horse
  mae e ar gefn ei geffyl he's on his high horse
ceg/–au (f) *[keg]* mouth
  gweiddi nerth ei geg to shout as loud as possible
cegin/–au (f) *[kegin]* kitchen
  yn y gegin in the kitchen
cei[1]/–au (m) *[ke-ee]* quay
cei[2] (v) *[ke-ee]*
  from **cael**
  cei di you will have, you may have, you may, you can
  fe gei di ddod fory you can come tomorrow
ceidwad/ceidwaid (m) *[ke-eedooad]* keeper, guardian
  gôl-geidwad goalkeeper
ceidwadol (adj) *[ke-eedooadol]* conservative
  y Blaid Geidwadol the Conservative Party
Ceidwadwr/Ceidwadwyr (m) *[ke-eedooadoor]* Conservative
ceiliog/–od (m) *[ke-eelyog]* cockerel
ceinciau (pl) *[ke-eenkyaee]* branches, tunes
  see **cainc**[1]
ceiniog/–au (f) *[ke-eenyog]* penny
  pum ceiniog five pence
ceir[1] (pl) *[ke-eer]* cars

see **car**
ceir[2] (v) *[ke-eer]* is to be had, is available, there is, there are, is allowed, are allowed
  from **cael**
  ceir problemau there are problems
  ceir ysmygu smoking is allowed
ceirch (f) *[ke-eerch]* oats
ceiriosen/ceirios (f) *[ke-eeryosen]* cherry
ceirt (pl) *[ke-eert]* carts
  see **cart**
ceirw (pl) *[ke-eeroo]* deer, stags
  see **carw**
ceisiau (pl) *[ke-eesyaee]* RUGBY tries
  see **cais**[2]
ceisiadau (pl) *[ke-eesyadaee]* requests, applications
  see **cais**[1]
ceisio (v) *[ke-eesyo]* to try, to seek
celf (f) *[kelv]* art
  amgueddfa gelf art museum
celficyn/celfi (m) *[kelvikin]* (piece of) furniture
  siop gelfi furniture shop
celfyddyd/–au (f) *[kelvuhddid]* art
  y celfyddydau the arts
  Cyngor y Celfyddydau Arts Council
Celt/–iaid (m) *[kelt]* Celt
Celtaidd (adj) *[keltaeedd]* Celtic
celwydd/–au (m) *[kelooidd]* lie, untruth
  celwydd golau white lie
  celwydd noeth bare-faced lie
  dweud celwydd to lie, to tell lies
celwyddgi/celwyddgwn (m) *[kelooiddgee]* liar
celynnen/celyn (f) *[keluhnen]* holly
cell/–oedd (f) *[kell]* cell
cemeg (fm) *[kemeg]* chemistry
cemegol (adj) *[kemegol]* chemical
cenedl/cenhedloedd (f) *[kenedl]* nation
  cenedl enw gender of a noun
  y Cenhedloedd Unedig the United Nations
cenedlaethol (adj) *[kenedlaeethol]* national
  Amgueddfa Genedlaethol National Museum
  y tîm cenedlaethol the national team
  Llyfrgell Genedlaethol National Library

y Blaid Genedlaethol national party, Plaid Cymru

cenedlaetholdeb (m) *[kenedlaetholdeb]* nationalism

cenedlaetholwr/cenedlaetholwyr (m) *[kenedlaetholoor]* nationalist

cenedligrwydd (m) *[kenedligrooeedd]* nationality, nationhood

cenfigen/–nau (f) *[kenveegen]* jealousy, envy

cenfigennu (v) *[kenvigenee]*
cenfigennu wrth rywun to envy someone, to be jealous of someone

cenfigennus (adj) *[kenvigenis]* jealous, envious

cenhadaeth (mf) *[kenhadaeeth]* mission

cenhadwr/cenhadon (m) *[kenhadoor]* missionary

cenhedlaeth/cenedlaethau (f) *[kenhedlaeeth]* generation

cenhinen/cennin (f) *[kenheenen]* leek
cennin Pedr daffodils

centimetr/–au (m) *['kentimetr]* centimetre

cerbyd/–au (m) *[kerbid]* vehicle, carriage
cerbyd bwyd restaurant car

cerdyn/cardiau (m) *[kerdin]* card
cerdyn post post card

cerdd/–i (f) *[kerdd]* music, song, poem
offeryn cerdd musical instrument

cerdded (v) *[kerdded]* to walk
ar gerdded afoot

cerddor/–ion (m) *[kerddor]* musician

cerddorfa/cerddorfeydd (f) *[kerddorva]* orchestra

cerddoriaeth (f) *[kerddoryaeeth]* music
cerddoriaeth glasurol classical music
cerddoriaeth bop pop music

cerddorol (adj) *[kerddorol]* musical

cerddwr/cerddwyr (m) *[kerddoor]* walker, pedestrian

cerfio (v) *[kervyo]* to carve

cerflun/–iau (m) *[kervlin]* sculpture, statue

cerrig (pl) *[kerig]* stones, testicles
see **carreg**

cerrynt (m) *[kerint]* ELECTRIC, WATER current

cert/–i/ceirt (m) *[kert]* cart

ces (v) *[kes]*
see **cefais**; from **cael**

ces i I had, I was allowed
ces (or **cefais**) **i fy ngeni** I was born
ces i fynd I was allowed to go

cesail/ceseiliau (f) *[kesaeel]* armpit, recess

cesair (pl) *[kesaeer]* hail (stones)
mae hi'n bwrw cesair it's hailing

cest (v) *[kest]*
see **cefaist**; from **cael**

cest ti you had, you were allowed

cestyll (pl) *[kestill]* castles
see **castell**

cewch (v) *[keooch]*
from **cael**
1. **cewch chi** you have, you will have, you may
fe gewch chi ei weld e fory you can see it tomorrow
2. yes, no: short form of present tense used in answer to a question
Ga i ddod? Cewch Can I come? Yes
Ga i ddod? Na chewch Can I come? No

cewri (pl) *[keooree]* giants
see **cawr**

cewyll (pl) *[keooill]* cages, baskets
see **cawell**

cewyn/–nau (m) *[keooin]* napkin, nappy

ceyrydd (pl) *[ke-eeridd]* forts, castles
see **caer**

ci/cŵn (m) *[kee]* dog

cic/–iau (mf) *[kik]* cic
cic adlam RUGBY drop kick
cic gosb RUGBY free kick, penalty
cic o'r smotyn FOOTBALL penalty
cic rydd FOOTBALL free kick

cicio (v) *[kikyo]* to kick

ciciwr/cicwyr (m) *[kikyoor]* kicker

cig/–oedd (m) *[keeg]* meat
cig eidion beef
cig moch bacon
cig mochyn pork
cig oen lamb

cigydd/–ion (m) *[keegidd]* butcher

cildwrn (m) *[kildoorn]* MONEY tip, bribe

cilio (v) *[kilyo]* to recede, to retreat

cilogram/–au (m) *['kilogram]* kilogram

ciniawa (v) *[kinyaooa]* to dine

cinio/ciniawau (fm) *[kinyo]* dinner, lunch
cinio dydd Sul Sunday lunch

cip/-iau (m) *[kip]* glance, glimpse
   cael cip ar rywbeth to have a glance at something, to catch a glimpse of something
cipio (v) *[kipyo]* to snatch
   cipio'r wobr to win the prize
cipolwg/cipolygon (m) *[kipoloog]* glance, glimpse
cist/-iau (f) *[kist]* chest, coffer
   cist car car boot
   sêl cist car car boot sale
ciwb/-iau (m) *[kioob]* cube
claddu (v) *[kladdee]* to bury
claf[1]/cleifion (m) *[klav]* patient, a sick person
claf[2] (adj) *[klav]* ill, sick
clai/cleiau (m) *[klaee]* clay
clais/cleisiau (m) *[klaees]* bruise
clapio (v) *[klapyo]* to clap
clarc/-od (m) *[klark]* clerk
clasur/-on (m) *[klasir]* classic
clasurol (adj) *[klaseerol]* classical
clau (adj) *[claee]* (SW) quick
   pronounced *cloy*
   yn glou quickly
clawdd/cloddiau (m) *[klaoodd]* hedge
clawr/cloriau (m) *[klaoor]* cover, lid
   clawr caled hard cover
   llyfr clawr papur paperback
clebran (v) *[klebran]* to chatter, to prattle
cleddyf/-au (m) *[kleddiv]* sword
clefyd/-au (m) *[klevid]* illness, disease, infection
   y clefyd melyn jaundice
   clefyd y gwair hay fever
cleiau (pl) *[kle-eeaee]* clays
   see **clai**
cleifion (pl) *[kle-eevyon]* patients, sick people
   see **claf**
cleisiau (pl) *[kle-eesyaee]* bruises
   see **clais**
clem (f) *[klem]* notion, gumption
   does dim clem 'da fi I've no idea
clemau (pl) *[klemaee]* looks, grimaces
   gwneud clemau to make faces, to grimace
clerc/-od (m) *[klerk]* clerk
clinig/-au (m) *[klinig]* clinic

clir (adj) *[kleer]* clear
clirio (v) *[kliryo]* to clear
clo/-eon (m) *[klo]* lock, RUGBY lock-forward
   ar glo locked
   dan glo under lock and key
cloc/-iau (m) *[klok]* clock
clocsen/clocsiau (f) *[kloksen]* clog
   dawns y glocsen clog dance
cloch/clychau (f) *[kloch]* bell
   faint o'r gloch yw hi? what time is it?
   un o'r gloch one o'clock
   mae'r gloch yn canu the bell is ringing
cloddfa/cloddfeydd (f) *[kloddva]* quarry
cloddiau (pl) *[kloddyaee]* hedges
   see **clawdd**
cloddio (v) *[kloddyo]* to dig, to mine, to quarry
cloff (adj) *[kloph]* lame
cloffi (v) *[klophee]* to become lame, to make lame
cloffni (m) *[klophnee]* lameness
clogwyn/-i (m) *[klogooeen]* cliff, precipice
clogyn/-nau (m) *[klogin]* cloak, cape
cloi (v) *[cloy]* to lock
   ac i gloi and to conclude
clonc/-iau (f) *[klonk]* gossip
clorian/-nau (fm) *[kloryan]* scales, balance
cloriau (pl) *[kloryaee]* covers, lids
   see **clawr**
closio (v) *[kloshyo]* to draw near
   closio at rywun to snuggle up to someone
clown/-iaid (m) *[klo-oon]* clown
cludiant/cludiannau (m) *[klidyant]* transport
cludo (v) *[kleedo]* to transport, to carry
clun/-iau (f) *[kleen]* hip
clust/-iau (fm) *[klist]* ear
   mae clust dost 'da fi I have earache
clustog/-au (m) *[klistog]* cushion, pillow
clwb/clybiau (m) *[kloob]* club
   Clwb Ifor Bach Cardiff's Welsh club
   Clwb yr Hen Bont Welsh club at Pontypridd
   Clwb Tŷ Tawe Welsh club at Swansea
   Clwb Brynmenyn Welsh club at

Bryhmenyn, near Bridgend
clwm/clymau (m) *[kloom]* knot, tie
see **cwlwm**
clwt/clytiau (m) *[kloot]* rag, cloth
clwyd/-i (f) *[klooeed]* gate, ATHLETICS hurdle
clwyf/-au (m) *[klooeev]* wound
clwyfo (v) *[klooeevo]* to wound
clybiau (pl) *[kluhbyaee]* clubs
see **clwb**
clyd (adj) *[kleed]* cosy
clymu (v) *[kluhmee]* to knot, to tie, to bind
clymau (pl) *[kluhmaee]* knots
see **cwlwm**
clytiau (pl) *[kluhtyaee]* rags, cloths
see **clwt**
clyw (m) *[klioo]* hearing, earshot
trwm fy (dy etc) nghlyw hard of hearing
o fewn clyw within earshot
clywed (v) *[kluhooeed]* to hear
cnaf/-on (m) *[knav]* rascal
cnawd (m) *[knaood]* flesh
cneuen/cnau (f) *[kne-ee-en]* nut
cnewyllyn/cnewyll (m) *[kneoouhllin]* kernel, crux
cnoc/-iau (m) *[knok]* knock
cnocio (v) *[knokyo]* to knock
cnoi (v) *[knoee]* to chew, to bite, to gnaw
cnoi cil to chew the cud
cnwd/cnydau (m) *[knood]* crop
coban/-au (m) *[koban]* night-shirt, night-dress
coblyn/-nod (m) *[koblin]* goblin, imp
be' goblyn? (NW) what on earth?
coco (m) *[koko]* cocoa
cneuen goco coconut
cocosen/cocos/cocs (f) *[kokosen]* cockle
coch[1]/-ion (adj) *[koch]* red
Crysau Cochion Welsh rugby team (Red Shirts)
pridd coch brown earth
gwallt coch auburn hair
canu coch very poor singing
ffilm goch blue film
coch[2] (m) *[koch]* (the colour) red
cochni (m) *[kochnee]* redness, ruddiness
cochi (v) *[kochee]* to redden, to blush
cod/-au (m) *[kod]* code

codi (v) *[kodee]* to get up, to arise, to increase, to pick up, to raise, to lift, to charge
codi arian at achos da to collect for a good cause
codi canu to lead the singing (in chapel)
codi llaw ar rywun to wave to someone
codwch e! pick it up!
codwch eich breichiau! raise your arms!
faint mae e'n (ei) godi? how much does he charge?
mae e'n codi am saith he gets up at seven
mae 'na broblem wedi codi a problem has arisen
mae'r pris wedi codi the price has increased, the price has gone up
codiad/-au (m) *[kodyad]* rise, elevation
codwm/codymau (m) *[kodoom]* fall, tumble
ymaflyd codwm to wrestle
codwr/codwyr (m) *[kodoor]* riser, raiser, lifter
codwr canu leader of the singing in chapel
codwr pwysau weight lifter
coed (pl) *[koeed]* forest, trees, wood, timber
see **coeden**
coed tân firewood
coedydd (double plural) forests, woods, timbers
coeden/coed (f) *[koeeden]* tree
coeden afalau (or **afallen**) apple tree
coeden geirios cherry tree
cof/-ion (m) *[kov]* memory
dysgu ar fy nghof (dy gof etc.) to learn by heart
er cof am in remembrance of
At end of letter:
cofion cynnes best wishes, regards
cofiadwy (adj) *[kovyadooee]* memorable
cofiant/cofiannau (m) *[kovyant]* biography
cofio (v) *[kovyo]* to recall, to remember
cofio at rywun to send one's regards to someone

cofiwch fi at Ann give Ann my regards

coflaid/cofleidiau (f) *[kovlaeed]* armful

cofleidio (v) *[kovle-eedyo]* to embrace

cofnod/–ion (m) *[kovnod]* record, MEETING minute, memorandum
    cofnodion cyfarfod the minutes of a meeting

cofnodi (v) *[kovnodee]* FACTS to record, to make a note of

cofrestr/–i/–au (f) *[kov'restr]* register

cofrestru (v) *[kuvrestree]* to register, to enrol
    swyddfa gofrestru registry office

cofrestrydd/–ion (m) *[kovrestridd]* registrar

cofrodd/–ion (m) *[kovrodd]* souvenir

coffa (m) *[kopha]* memorial, remembrance
    carreg goffa memorial

coffáu (v) *[koph'aee]* commemorate

coffi (m) *[kophee]* coffee

cog/–au (f) *[cog]* cuckoo
    usually seen as **y gog**

coginio (v) *[koginyo]* to cook

cogydd/–ion (m) *[kogidd]* cook

cogyddes/–au (f) *[koghddes]* cook

côl (f) *[koil]* lap, bosom

coleg/–au (m) *[koleg]* college
    Coleg Prifysgol Cymru University College of Wales
    coleg technegol technical college
    coleg trydyddol tertiary college

coler/–i/–au (fm) *[koler]* collar

colofn/–au (f) *[kolovn]* column, pillar

colomen/–nod (f) *[kolomen]* pigeon, dove

colur/–au (m) *[kolir]* make-up

coluro (v) *[koleero]* to put on make-up

coll (adj) *[koll]* lost, missing
    mae'r llyfr ar goll the book is missing

colled/–ion (f) *[kolled]* loss

colledig (adj) *[kolledig]* lost

collen/cyll (f) *[kollen]* hazel

colli (v) *[kollee]* to lose, to miss, to spill
    mae Lloegr wedi colli'r gêm England have lost the game
    rydw i wedi colli'r bws I've missed the bus
    rydw i wedi colli te ar y lliain bwrdd I've spilt tea on the table-cloth

collwr/collwyr (m) *[kolloor]* looser

comed/–au (f) *[komed]* comet

comedi/comedïau (f) *[komedee]* comedy

comin (m) *[komin]* LAND common
    tir comin common land

comisiwn/comisiynau (m) *[komishoon]* commission

Comiwnydd/–ion (m) *[komioonidd]* Communist

comiwnyddiaeth (f) *[komioonuhddyaeeth]* communism

comiwnyddol (adj) *[komioonuhddol]* communist

concrit (m) *[konkrit]* concrete

concro (v) *[konkro]* to conquer

concwerwr/concwerwyr (m) *[konkooeror]* conqueror

concwest/–au (f) *[konkooeest]* conquest

condemnio (v) *[kondemnyo]* to condemn

conseslwn/conseslynau (m) *[konseshoon]* concession

consol/–au (m) *[konsol]* console

consurio (v) *[konsiryo]* to conjure

consuriwr/consurwyr (m) *[konsiryoor]* conjurer

conswl/–iaid (m) *[konsool]* consul

copa/–on/copâu (m) *[kopa]* summit, crown (of head)
    pob copa walltog everyone

copi/copïau (f) *[kopee]* copy, imitation

copïo (v) *[kopeeo]* to copy, to imitate

copïwr/copïwyr (m) *[kopeeoor]* copier

copor (m) *[kopor]* copper

copr (m) *[kopr]* copper
    see **copor**

côr/corau (m) *[kor]* choir, pew
    côr cymysg mixed choir
    côr meibion male voice choir
    côr merched female choir

corachod (pl) *[korachod]* dwarfs
    see **corrach**

corcyn/cyrcyn (m) *[korkin]* cork
    sych fel corcyn dry as a bone

corden/–ni (f) *[korden]* cord

corff/cyrff (m) *[korph]* body, corpse

corfforol (adj) *[korphorol]* physical

corgi/corgwn (m) *[korgee]* corgi

corgimwch/corgimychiaid (m) *[korgeemooch]* prawn

coridor/-au (m) *['kɔrɪdɔr]* corridor

corn/cyrn (m) *[kɔrn]* horn, antler, trumpet, hooter, corn, callus
   canu corn to hoot, to sound the horn
   corn gwddw throat, gullet
   corn gwlad ceremonial trumpet used in National Eisteddfod ceremonies
   corn simne chimney stack
   sefyll ar gyrn rhywun to tread on someone's toes

cornel/-i (fm) *[kornel]* corner

coron/-au (f) *[koron]* crown, garland

corrach/corachod (m) *[korach]* dwarf

corryn/corynnod (m) *[korin]* spider

cors/-ydd (f) *[kors]* bog, swamp

cortyn/-nau (m) *[kortin]* cord, string

corws (m) *[koroos]* chorus

corwynt/-oedd (m) *[korooint]* hurricane, whirlwind, tornado

corynnod (pl) *[koruhnod]* spiders
   see **corryn**

cosb/-au (f) *[kosb]* punishment, penalty

cosbi (v) *[kosbee]* to punish, to penalize

cosfa/cosfeydd (f) *[kosva]* thrashing, itch
   cael cosfa to receive a thrashing

cosi (v) *[kosee]* to tickle, to itch

cost/-au (f) *[kost]* cost
   beth yw'r gost? what does it cost?

costio (v) *[kostyo]* to cost
   faint mae e'n (ei) gostio? how much does it cost?

costus (adj) *[kostis]* expensive

cot/-iau (f) *[kot]* coat
   cot fawr overcoat
   cot law raincoat

côt/cotiau (f) *[kot]* coat
   see **cot**

cotwm (m) *[kotoom]* cotton

cownter/-au/-i (m) *[ko-oonter]* counter

crac[1]/-iau (m) *[krak]* crack

crac[2] (adj) *[krak]* angry

cracio (v) *[krakyo]* to crack

crach (pl) *[krach]* snobs, gentry
   see **crachach**

crachach (pl) *[krachach]* snobs, gentry
   see **crach**

crachen/crach (f) *[krachen]* scab

craen/-iau (m) *[kraeen]* crane

crafanc/crafangau (f) *[kravank]* claw,

talon, clutch
   mynd i grafangau rhywun to fall into the clutches of someone

crafiad/-au (m) *[kravyad]* scratch

crafwr/crafwyr (m) *[kravoor]* LIT. AND FIG. scraper

craff (adj) *[kraph]* observant, wise

craffu (v) *[kraphee]* to look closely

cragen/cregyn (f) *[kragen]* shell

crai (adj) *[kraee]* raw, crude
   defnydd crai raw materials
   olew crai crude oil

craidd/creiddiau (m) *[kraeedd]* centre, crux, essence

craig/creigiau (f) *[kraeeg]* rock, crag, boulder
   mae e'n graig o arian he's made of money

craith/creithiau (f) *[kraeeth]* scar

cranc/-od (m) *[krank]* crab, crank

crand (adj) *[krand]* grand

crap/-iau (m) *[krap]* grasp, understanding
   cael crap ar yr iaith to have a grasp of the language

cras (adj) *[kras]* baked, harsh, aired
   dillad cras aired clothes

crasboeth (adj) *[krasboeeth]* scorching, extremely hot

crasfa/crasfeydd (f) *[krasva]* hiding, thrashing

crasu (v) *[krasee]* to bake, to dry, to air

crawc/-iau (f) *[kraook]* croak

cread (m) *[kread]* creation

creadigol (adj) *[kreadeegol]* creative

creadur/-iaid (m) *[kreadir]* creature

cred/-au (f) *[kred]* belief

credadwy (adj) *[credadooee]* credible

credo/-au (fm) *[kredo]* creed, credo, belief

credu (v) *[kredee]* to believe

credwr/credwyr (m) *[kredoor]* believer

credyd/-on (m) *[kredid]* credit

crefydd/-au (f) *[krevidd]* religion

crefyddol (adj) *[krevuhddol]* religious

crefft/-au (f) *[krepht]* craft, trade

crefftus (adj) *[krephtis]* skilled

crefftwr/crefftwyr (m) *[krephtoor]* craftsman

cregyn (pl) *[kregin]* shells
   see **cragen**

creiddiau (pl) *[kre-eeddyaee]* centres
  see craidd

creigiau (pl) *[kre-eegyaee]* rocks, crags, boulders
  see craig

creigiog (adj) *[kre-eegyog]* rocky, craggy

creision (pl) *[kre-eeshyon]* crisps
  creision ŷd corn flakes

creithiau (pl) *[kre-eethyaee]* scars
  see craith

crempog/–au (f) *[hrrmpog]* pancake

creu (v) *[kre-ee]* to create, to make
  creu gwaith to make work
  cynllun creu gwaith work creation scheme

creulon (adj) *[kre-eelon]* cruel

creulondeb/–au (m) *[kre-eelondeb]* cruelty

crëwr/crewyr (m) *[kreeoor]* creator

cri/–au (fm) *[kree]* cry

crib/–au (f) *[kreeb]* comb, crest, ridge

cribo (v) *[kreebo]* to comb

criced (v) *[kriked]* cricket

cricedwr/cricedwyr (m) *[krikedoor]* cricketer

crin (adj) *[kreen]* withered

crino (v) *[kreeno]* to wither

crintachu (v) *[krintachee]* to moan

crintach(lyd) (adj) *[krintach(lid)]* mean, complaining

crio (v) *[kreeo]* (SW) to cry, to weep, (NW) to shout

cripian (v) *[kripyan]* to creep

crisial¹/–au (m) *[krisyal* or *krishal]* crystal

crisial² (adj) *[krisyal* or *krishal]* crystal

crisialu (v) *[krisyalee* or *krishalee]* to crystallize

Crist (m) *[krist]* Christ

Cristion/Crist(io)nogion (m) *[kristyon]* Christian

Crist(io)nogaeth (f) *[kristyonogaeth]* Christianity

Crist(io)nogol (adj) *[kristyonogol]* Christian

Cristnogion (pl) *[kristnogyon]* Christians
  see Cristion

criw/–iau (m) *[krioo]* crew

croch (adj) *[kroch]* loud, harsh, strident

crochan/–au (m) *[krochan]* pot, cauldron

crochenwaith/crochenweithiau (m)

[krochennoaeeth] pottery

crochenydd/–ion (m) *[krochenidd]* potter

croen/crwyn (m) *[kroeen]* skin, hide, peel, rind
  mae e'n mynd dan fy nghroen he gets right up my nose
  mae e'n llond ei groen he looks well

croes¹/–au (f) *[kroees]* cross
  croes Geltaidd a Celtic cross
  croes Treforys Morriston cross
  y Groes Goch the Red Cross

croes² (adj) *[kroees]* cross, adverse, perverse

croesair/croeseiriau (m) *[kroeesaeoor]* crossword

croesawgar (adj) *[kroeesaoogar]* welcoming, hospitable

croesawu (v) *[kroeesaooee]* to welcome

croes-ddweud (v) *[kroeesddooe-eed]* to contradict

croesfan/–nau (f) *[kroeesvan]* crossing

croesffordd/croesffyrdd (f) *[kroeesphordd]* cross-roads, junction

croeshoelio (v) *[kroeeshoeelyo]* to crucify

croesi (v) *[kroeesee]* to cross, to thwart
  croesi'r bont to cross the bridge
  gofalwch rhag croesi'r bòs heddiw! beware of annoying the boss today!

croeso (m) *[kroeeso]* welcome, hospitality
  â chroeso with pleasure, be my guest

crog (adj) *[krog]* hanging, suspended
  pont grog suspension bridge

crogi (v) *[krogee]* to hang, to suspend

croglofft/–ydd (f) *[kroglopht]* garret

crombil/–iau (fm) *[krombil]* bowels, depths
  yng nghrombil y ddaear in the depths of the earth

cromfach/–au (m) *[kromvach]* bracket

cromiwm (m) *[kromyoom]* chromium

cromlech/–i (f) *[kromlech]* cromlech, ancient burial stones

cronfa/cronfeydd (f) *[kronva]* reservoir, fund
  cronfa dŵr water reservoir
  cronfa goffa memorial fund

croten/crotesi (f) *[kroten]* (SW) girl

croth/–au (f) *[kroth]* womb
  croth y goes calf of leg

croyw (adj) *[broooo]* clear, plain, unleavened
  dwr croyw clear water
  iaith groyw plain language
  bara croyw unleavened bread

crud/-iau (m) *[creed]* cradle

crwban/-od (m) *[krooban]* tortoise

crwm (adj) *[kroom]* curved
  grom is used with f. nouns

crwn (adj) *[kroon]* round, circular, rotund, whole
  gron is used with f. nouns

crwner/-iaid (m) *[krooner]* coroner

crwst/crystiau (m) *[kroost]* crust, BAKING pastry

crwstyn/crystiau (m) *[kroostin]* crust

crwydr/-adau (m) *[krooeedr]* wandering
  mynd ar grwydr to wander around, to roam

crwydro (v) *[krooeedro]* to wander, to digress

crwydryn/crwydraid (m) *[krooeedrin]* wanderer, tramp

crwyn (pl) *[krooin]* skins, hides, rinds
  see croen
  tatws trwy'u crwyn jacket potatoes

crychu (v) *[kruhchee]* to crease, to pucker, to ripple

cryd/-iau (m) *[kreed]* shiver, fever

crydd/-ion (m) *[kreedd]* cobbler

cryf/-ion (m) *[kreev]* strong, powerful, flourishing

cryfder/-au (m) *[kruhvder]* strength, power, might

cryfhau (v) *[kruw'haee]* to strengthen, to become powerful

cryg (adj) *[kreeg]* hoarse

cryman/-au (m) *[kruhman]* sickle

crymion (adj) *[kruhmyon]* curved
  see crwm, crom

cryn (adj) *[krin]* quite a, a fair + S.M.
  cryn dipyn quite a lot
  cryn nifer a fair number

cryndod/-au (m) *[kruhndod]* shivering, trembling

crynedig (adj) *[kruhnedig]* trembling, shaky

crynhoi (v) *[kruhn'hoee]* to gather, to summarize

crynion (adj) *[kruhnyon]* round, circular, rotund
  used with pl. nouns; see crwn

cryno (adj) *[kruhno]* brief, concise, compact, neat

crynodeb/-au (m) *[kruhnodeb]* summary

cryno-ddisg (m) *[kruhno'ddisg]* compact disc, CD

Crynwr/Crynwyr (m) *[kruhnoor]* Quaker

crys/-au (m) *[krees]* shirt
  crys nos night-shirt
  crys T T shirt

cu (adj) *[kee]* dear, beloved
  mam-gu grandmother
  tad-cu grandfather

cudd (adj) *[keedd]* hidden
  heddlu cudd secret police, MI5

cuddfan/-nau (f) *[kiddvan]* hiding-place

cuddiedig (adj) *[kiddee-edig]* hidden

cuddio (v) *[kiddyo]* to hide, to obscure

cul/-ion (adj) *[keel]* narrow

culfor/-oedd (m) *[kilvor]* sea channel, strait

culhau (v) *[kil'haee]* to (become) narrow

culni (m) *[kilnee]* narrowness, intolerance

cur (m) *[keer]* pain, ache, throbbing
  cur pen (NW) headache (SW = pen tost)
  mae cur pen gen i I have a headache

curad/-iaid (m) *[keerad]* curate

curfa/curfeydd (f) *[kirva]* hiding, thrashing, beating
  cafodd gurfa gan ei dad am ddweud celwydd his father gave him a hiding for telling lies
  cafodd y tîm cartref gurfa gan yr ymwelwyr the home team was well beaten by the visitors

curiad/-au (m) *[kiryad]* beat, pulse, throb

curo (v) *[keero]* to hit, to knock, to beat
  curo dwylo to clap
  curo traed to stamp
  curo wrth y drws to knock at the door

cusan/-au (fm) *[kisan]* kiss

cusanu (v) *[kisanee]* to kiss

cwar/-rau (m) *[kooar]* quarry

cwarel/-i (m) *[kooarel]* pane (of glass)

cwart/-au (m) *[kooart]* quart
see **chwart**

cwarter/-i (m) *[kooarter]* quarter
see **chwarter**
cwarter i dri a quarter to three
cwarter call mad
dydy e ddim cwarter call he's mad

cwb(w)l[1] (m) *[koobool]* all, everything
always preceded by **y** or **'r**
y cwbl o'r bechgyn all the boys
rydw i wedi gweld y cwbl I've seen
the lot
wedi'r cwbl after all

cwb(w)l[2] (adv) *[koobool]* completely
+ S.M.
cwbl angenrheidiol completely
necessary
cwbl ddiniwed completely innocent
dim o gwbl not at all, nothing at all

cwblhau (v) *[koobl'haee]* to finish, to
complete

cwcw/cwcwod (f) *[kookoo]* cuckoo

cwch/cychod (mf) *[kooch]* boat
cwch gwenyn bee-hive
cwch hwylio sailing boat

cwd(yn)/cydau (m) *[kood(in)]* bag, pouch
prynu cath mewn cwd to buy a pig
in a poke

cweir/-iau (m) *[kooe-eer]* thrashing

cweryl/-on (m) *[kooeril]* quarrel

cwest/-au (m) *[kooest]* inquest

cwestiwn/cwestiynau (m) *[kooestyoon]*
question

cwffio (v) *[koophyo]* to fight, (NW) to box

cwilt/-iau (m) *[kooilt]* quilt

cwlwm/cylymau (m) *[kooloom]* knot,
tangle, bond

cwm/cymoedd (m) *[koom]* valley, vale

cwmni/cwmnïau (m) *[koomnee]* company,
companion
cwmni cyfyngedig cyhoeddus (ccc)
public limited company (plc)
cwmni drama drama company
dw i eisiau cwmni i fynd ar wyliau
I want a holiday companion
mae e'n gwmni da he's good
company

cwmpas/-au (m) *[koompas]* GENERAL

compass (not directional), scope
**defnyddiwch gwmpas i wneud
cylch** use a compass to draw a circle
cwmpas ei ddyletswyddau the
scope of his duties
o gwmpas y dre around town

cwmpawd/cwmpodau (m) *[koompaood]*
DIRECTIONAL compass

cwmwl/cymylau (m) *[koomool]* cloud

cŵn (pl) *[koon]* dogs
see **ci**
codi cyn cŵn Caer to get up very
early indeed

cwningen/cwningod (f) *[kwooningen]* rabbit

cwnstabl/-iaid (m) *['koonstabl]* constable

cwota/cwotâu (m) *[koo-ota]* quota
cwota llaeth milk quota

cwpan/-au (fm) *[koopan]* cup
cwpan wy egg cup
cwpan y byd world cup

cwp(w)l/cyplau (m) *[koopl]* couple

cwpla (v) *[koopla]* to finish

cwpled/-i (m) *[koopled]* couplet

cwpwrdd/cypyrddau (m) *[koopoordd]*
cupboard
cwpwrdd cornel corner cupboard
cwpwrdd dillad wardrobe

cwr/cyrrau/cyrion (m) *[koor]* edge, fringe
ar gwr y goedwig at the edge of the
forest

cwrcwd (m) *[koorkood]*
yn fy nghwrcwd (dy gwrcwd etc.)
squatting, crouching
roedd merch yn ei chwrcwd there
was a girl squatting

cwrdd/cyrddau (m) *[koordd]* meeting,
CHAPEL service

cwrdd[1] **â** (v) *[koordd]* to meet
+A.M
cwrdd â chyfaill to meet a friend
cwrdd â ffrind to meet a friend

cwricwlwm/cwricwla (m) *[koorikooloom]*
curriculum
y Cwricwlwm Cenedlaethol the
National Curriculum

cwrs/cyrsiau (m) *[koors]* course
cwrs cadarnhau consolidation
course
cwrs carlam crash course

cwrs estyn extension course
cwrs gloywi polishing course
cwrs pontio bridging course
cwrs golff golf course
cwrs cyntaf MEAL first course
gwaith cwrs coursework
prif gwrs MEAL main course
wrth gwrs of course

cwrsio (v) *[koorsyo]* to drive off, to chase, to hunt
cwrt/cyrtiau (m) *[koort]* court
cwrtais (adj) *[koortaees]* courteous
cwrteisi (m) *[koorte-eesee]* courtesy
cwrw (m) *[kooroo]* beer
   cwrw chwerw bitter beer
   cwrw golau light beer
   cwrw tywyll dark beer
   cwrw cartref home brew
cwrwgl/cyryglau (m) *[kooroogl]* coracle
cwsg[1] (m) *[koosg]* sleep
cwsg[2] (v) *[koosg]*
   from **cysgu**
   cwsg ef/hi he/she sleeps, he/she will sleep
   cwsg! sleep!
cwsmer/–iaid (m) *[koosmer]* customer
cwstard (m) *[koostard]* custard
cwt[1]/cytiau (m) *[koot]* hut, shed, cut, wound
   cwt glo coal shed
   cwt ar ei fys a cut on his finger
cwt[2]/cytau (mf) *[koot]* (SW) tail, queue
   cwt y gath the cat's tail
   Dai bach y sowldiwr a chwt 'i grys e mas Dai bach, the soldier, with his shirt tail hanging out
   aros yn y gwt to stand in the queue, to queue
cwta (adj) *[koota]* short
   ateb cwta a curt reply
cwtogi (v) *[kootogee]* to shorten, to cut down, to cut back
   cwtogi sgert to shorten a skirt
   cwtogi ar gyflogau to cut back on salaries
   y cwtogi the cutbacks
cwymp (m) *[kooimp]* fall, collapse
cwympo (v) *[kooimpo]* to fall, to take a tumble

cwyn/–ion (fm) *[kooeen]* complaint
   gwrando ar fy nghwyn to listen to my complaint
   gwrando ar ei gŵyn to listen to his complaint
   gwrando ar ei chŵyn to listen to her complaint
cwynfan (v) *[kooeenvan]* to moan
cwynfanllyd (adj) *[kooeenvanllid]* moaning, grumbling
cwyno (v) *[kooeeno]* to complain
cwyr/–au (m) *[kooeer]* wax
   cannwyll gŵyr wax candle
   canhwyllau cwyr wax candles
cybydd/–ion (m) *[kuhbidd]* miser
cybydd-dod (m) *[kuh'buhdd-dod]* miserliness
cybyddlyd (adj) *[kuhbuhddlid]* mean, miserly
cychod (pl) *[kuhchod]* boats
   see **cwch**
cychwyn (v) *[kuhchooin]* to start, to set off
   cychwynnodd ar ei daith yn gynnar he set off early on his journey
cyd-[1] (pref) *[keed]* co-, joint, fellow
   cydweithio to work together, to co-operate
   cyd-weithiwr fellow-worker, colleague
   cyd-weld to agree
cyd[2] (m) *[keed]* union
   gwneud rhywbeth ar y cyd to do something together
CYD movement for Welsh learners and speakers
cydbwysedd (m) *[keedbooeesedd]* balance, equilibrium
cyd-destun/–au (m) *[keed-destin]* context
cyd-fyw (v) *[keed'vioo]* to live together, has no other verb forms
cydio (v) *[kuhdyo]* to join, to grasp, to hold fast
   cydio rhywbeth wrth rywbeth to join something to something
   cydio yn llaw rhywun to take hold of someone's hand
   wnaiff e gydio? will it hold fast?
cydiwr/cydwyr (m) *[kuhdyoor]* CAR clutch
cydnabod[1] (m) *[kuhdnabod]* acquaintance

cydnabod² (v) *[kuhdnabod]* to acknowledge

cydnabyddiaeth/-au (f) *[kuhdnabuhddyaeeth]* acknowledgement, recognition, payment (when you don't want to mention money)

cydol (fm) *[kuhdol]*
seen only in certain phrases
trwy gydol y dydd all day long
trwy gydol y nos all night long
trwy gydol yr amser all the time
trwy gydol y mis the whole month

cydradd (adj) *[kuhdradd]* equal

cydraddoldeb/-au (m) *[kuhdraddoldeb]* equality

cydsyniad/-au (m) *[keedsuhnyad]* consent

cydsynio (v) *[keedsuhnyo]* to agree, to consent

cydweithrediad (m) *[keedooe-eethredyad]* co-operation

cydweithredu (v) *[keedooe-eethredee]* to co-operate

cydweithredol (adj) *[keedooe-eethredol]* co-operative
menter gydweithredol co-operative venture

cyd-weld (v) *[keed'ooeld]* to agree
cyd-weld â (A.M.) to agree with

cydwybod/-au (f) *[keedooeebod]* conscience

cydymdeimlad/-au (m) *[keeduhmde-eemlad]* sympathy

cydymdeimlo (v) *[keeduhmde-eemlo]* to sympathize

cyfadran/-nau (f) *[kuhvadran]* COLLEGE faculty

cyfaddawd/-au (m) *[kuhvaddaood]* compromise

cyfaddawdu (v) *[kuhvaddaoodee]* to compromise

cyfaddef (v) *[kuhvaddev]* to admit, to confess

cyfaddefiad/-au (m) *[kuhvaddevyad]* confession

cyfaill/cyfeillion (m) *[kuhvaeell]* friend
Cyfeillion y Ddaear Friends of the Earth

cyfaint/cyfeintiau (m) *[kuhvaeent]* volume

cyfalaf/-au (m) *[kuhvalav]* MONEY capital

cyfalafiaeth (f) *[kuhvalavyaeeth]* capitalism

cyfalafol (adj) *[kuhvalavol]* capitalist

cyfalafwr/cyfalafwyr (m) *[kuvalavoor]* capitalist

cyfamod/-au (m) *[kuhvamod]* covenant

cyfamodi (v) *[kuhvamodee]* to covenant

cyfamodwr/cyfamodwyr (m) *[kuhvamodoor]* covenanter
cyfamodwyr y Cymry rhydd covenanters of the free Welsh

cyfamser (m) *[kuhvamser]* meantime
yn y cyfamser in the meantime, meanwhile

cyfan¹ (m) *[kuhvan]* whole, total
always preceded by **y** or **'r**
rydw i wedi darllen y cyfan I've read everything
ar y cyfan on the whole
wedi'r cyfan after all
cyfan o wlad gyfan the whole land

cyfan²/**cyfain** (adj) *[kuhvan]* whole
y wlad gyfan the whole land
yn gyfan gwbl completely

cyfandir/-oedd (m) *[kuhvandir]* continent

cyfandirol (adj) *[kuhvandeerol]* continental

cyfansoddi (v) *[kuhvansoddee]* to compose

cyfansoddiad/-au (m) *[kuhvansoddyad]* composition, constitution
cyfansoddiadau'r eisteddfod eisteddfod compositions
cyfansoddiad y Gymdeithas Rieni constitution of the Parents' Association

cyfansoddiadol (adj) *[kuhvansoddyadol]* constitutional

cyfansoddwr/cyfansoddwyr (m) *[kuhvansoddoor]* composer

cyfanswm/cyfansymiau (m) *[kuhvansoom]* total, sum

cyfarch (v) *[kuhvarch]* to greet

cyfarchiad/cyfarchion (m) *[kuhvarchyad]* greeting
cyfarchion y tymor season's greetings
gyda chyfarchion with greetings

cyfarfod/-ydd (m) *[kuhvarvod]* meeting

cyfartal (adj) *[kuhvartal]* equal
Comisiwn Cyfle Cyfartal Equal Opportunities Commission

cyfartaledd/–au (m) *[kuhvartaledd]*
average
ar gyfartaledd on average
cyfarth (v) *[kuhvarth]* to bark
cyfarwydd (adj) *[kuhvarooeedd]* familiar
cyfarwyddo (v) *[kuhvarooeeddo]* to direct,
to become accustomed to
cyfarwyddwr/cyfarwyddwyr (m)
[kuhvarooeeddoor] director
cyfarwyddyd/cyfarwyddiadau (m)
[kuhvarooeeddid] guidance, instruction
cyfathrach/–au (f) *[kuhvathrach]* liaison,
intercourse
cyfathrach rywiol sexual intercourse
cyfathrebu (v) *[kuhvathrebee]* to
communicate
cyfeiliant/cyfeiliannau (m) *[kuhve-eelyant]*
MUSIC accompaniment
cyfeilio (v) *[kuhve-eelyo]* MUSIC to
accompany
cyfeiliorn (m) *[kuhve-eelyorn]*
mynd ar gyfeiliorn to go astray
cyfeilydd/–ion (m) *[kuhve-eelidd]* MUSIC
accompanist
cyfeillgar (adj) *[kuhve-eellgar]* friendly
cyfeillgarwch (m) *[kuhve-eellgarooch]*
friendship
cyfeiriad/–au (m) *[kuhve-eeryad]* address,
direction, reference
beth yw eich cyfeiriad? what's your
address
i'r cyfeiriad arall in the other
direction
mae cyfeiriad ato yn yr erthygl
there is a reference to it in the article
cyfeiriadur/–on (m) *[kuhve-eeryadir]*
directory
cyfeirio (v) *[kuhve-eeryo]* to direct, to
address, to refer
**cyfeirio rhywun ar hyd y ffyrdd
cefn** to direct someone along the
minor roads
cyfeirio amlen to address an envelope
wyt ti'n cyfeirio ata i? are you
referring to me?
cyfeirnod/–au (m) *[kuhve-eernod]*
reference (number)
eich cyf. your ref.
ein cyf. our ref.

cyfenw/–au (m) *[kuhvenoo]* surname
cyfer (m) *[kuhver]*
ar gyfer beth mae hwn? what is this
for?
siarad yn ei gyfer to talk rashly
cyferbyn (adj) *[kuhvehrbin]* opposite
gyferbyn â +A.M. opposite
cyfethol (v) *[kuhvethol]* to co-opt
cyfiawn (adj) *[kuhvyaoon]* just
cyfiawnder/–au (m) *[kuhvyaoonder]*
justice
cyfiawnhad (m) *[kuhvyaoon'had]*
justification
cyfiawnhau (v) *[kuhvyaoon'haee]* to justify
cyfieithiad/–au (m) *[kuhvye-eethyad]*
translation
cyfieithu (v) *[kuhvye-eethee]* to translate
cyfieithydd/cyfieithwyr (m)
[kuhvye-eethidd] translator
cyflaith (m) *[kuhvlaeeth]* toffee
cyfle/–oedd (m) *[kuhvle]* chance,
opportunity
cyfle cyfartal equal opportunity
cyflenwad/–au (m) *[kuhvlenooad]* supply
cyflenwi (v) *[kuhvlenooee]* to supply
athro cyflenwi supply teacher
athrawes gyflenwi supply teacher
cyfleus (adj) *[kuhvle-ees]* convenient
cyfleuster/–au (m) *[kuhvle-eester]*
convenience
cyfleusterau facilities
cyfleusterau cyhoeddus public
conveniences
cyfleustra (m) *[kuhvle-eestra]* convenience
cyflog/–au (fm) *[kuhvlog]* pay, salary, wage
cyflogi (v) *[kuhvlogee]* to employ
cyflogwr/cyflogwyr (m) *[kuhvlogoor]*
employer
cyflwr/cyflyrau (m) *[kuhvloor]* state,
condition
cyflwyno (v) *[kuhvlooeeno]* to present, to
introduce, to submit
cyflwyno rhaglen deledu to present
a television programme
cyflwyno adroddiad to submit a
report
ga i gyflwyno fy ngwraig? may I
introduce my wife?
cyflwynydd/–ion (m) *[kuhvlooeenidd]*

presenter

cyflym (adj) *[kuhvlim]* quick, fast
cyflymder (m) *[kuhvluhmder]* speed
cyflymu (v) *[kuhvluhmee]* to accelerate
cyfnewid (v) *[kuhvneooid]* to exchange
  ras gyfnewid relay race
  taith gyfnewid exchange visit
cyfnewidfa/cyfnewidfeydd (f) *[kuhvneooidva]* exchange
  cyfnewidfa ffôn telephone exchange
  cyfnewidfa stoc stock exchange
cyfnither/-oedd (f) *[kuhvneether]* (female) cousin
cyfnod/-au (m) *[kuhvnod]* period, era
cyfoes (adj) *[kuhvoees]* contemporary
cyfoeth (m) *[kuhvoeeth]* wealth
cyfoethog (adj) *[kuhvoeethog]* wealthy, rich
cyfoethogi (v) *[kuhvoeethogee]* to enrich, to make rich, to become rich
cyfog (m) *[kuhvog]* vomit, nausea
  mae e'n codi cyfog arna i he makes me sick
cyfogi (v) *[kuhvogee]* to be sick, to vomit
cyfradd/-au (f) *[kuhvradd]* rate
  cyfradd cyfnewid exchange rate
  cyfradd llog rate of interest
cyfraith/cyfreithiau (f) *[kuhvraeeth]* law
  mam-yng-nghyfraith mother in law
  cyfraith trosedd criminal law
cyfranddaliad/-au (m) *[kuhvranddalyad]*
  STOCKS & SHARES share
cyfraniad/-au (m) *[kuhvranyad]* contribution
cyfrannu (v) *[kuhvranee]* to contribute
  cyfrannodd bunt at y gronfa he contributed a pound to the fund
cyfrannwr/cyfranwyr (m) *[kuhvranoor]* contributor
cyfredol (adj) *[kuhvredol]* current
  cyfrif cyfredol current account
cyfreithiol (adj) *[kuhvre-eethyol]* legal, judicial
cyfreithiwr/cyfreithwyr (m) *[kuhvre-eethyoor]* solicitor, lawyer
cyfreithlon (adj) *[kuhvre-eethlon]* lawful, legal, legitimate
cyfres/-i (f) *[kuhvres]* series, list
cyfrif[1]/-on (m) *[kuhvriv]* account
  ar bob cyfrif by all means

  a i ddim ar unrhyw gyfrif I won't go on any account
cyfrif[2] (v) *[kuhvriv]* to count, to calculate
  cyfrif y gost to count the cost, to calculate the cost
  dydy hynny ddim yn cyfrif that doesn't count, that's of no significance
cyfrifiad/-au (m) *[kuhvrivyad]* census
cyfrifiadur/-on (m) *[kuhvrivyadir]* computer
cyfrifiadureg (f) *[kuhvrivyadeereg]* computer science
cyfrifol (adj) *[kuhvreevol]* responsible
cyfrifoldeb/-au (m) *[kuhvrivoldeb]* responsibility
cyfrifydd/-ion (m) *[kuhvreevidd]* accountant
cyfrinach/-au (f) *[kuhvreenach]* secret
cyfrinachol (adj) *[kuhvrinachol]* secret, confidential
cyfrinfa/cyfrinfeydd (f) *[kuhvrinva]*
  MINERS, FREEMASONS lodge
cyfrol/-au (f) *[kuhvrol]* volume
cyfrwng/cyfryngau (m) *[kuhvroong]* means, medium
  cyfryngau torfol mass media
  trwy gyfrwng by means of
  trwy gyfrwng y Saesneg through the medium of English
cyfrwy/-au (m) *[kuhvrooee]* saddle
cyfrwys (adj) *[kuhvrooees]* cunning
cyfrwystra (m) *[kuhvrooeestra]* cunning
cyfryw (adj) *[kuhvrioo]* such
  + S.M.
  y cyfryw berson such person
cyfun (adj) *[kuhvin]* comprehensive, united
  ysgol gyfun comprehensive school
cyfuwch (adj) *[kuhveeooch]*
  see **uchel**
  cyfuwch â +A.M. as high as
cyf-weld (v) *[kuhv'ooeld]* to interview
cyfweliad/-au (m) *[kuhvooelyad]* interview
cyfyng (adj) *[kuhving]* narrow, confined
  mewn cyfyng-gyngor in a quandary
cyfyl/cyfylon (m) *[kuhvil]* vicinity
  usually seen in a phrase such as:
  doedd neb ar gyfyl y lle there was no-one in the vicinity

cyfystyr/-on (m) *[kuhvuhstir]* synonym

cyfystyr² (adj) *[kuhvuhstir]* synonymous

cyffaith/-cyffeithiau (m) *[kuhphaeeth]* jam, preserve

cyffes/-ion (f) *[kuhphes]* confession, admission

cyffesu (v) *[kuhphesee]* to confess, to admit

cyffordd/cyffyrdd (f) *[kuhphordd]* junction

cyfforddus (adj) *[kuhphorddis]* comfortable

cyffredin (adj) *[kuhphredin]* common, ordinary, mediocre
  Tŷ'r Cyffredin House of Commons
  diwrnod cyffredin ordinary day
  cyffredin iawn oedd y perfformiad
  it was a mediocre performance

cyffredinol (adj) *[kuhphredeenol]* general

cyffro/-adau (m) *[kuhphro]* excitement

cyffroi (v) *[kuhph'roee]* to excite

cyffrous (adj) *[kuhph'roees]* exciting

cyffur/-iau (m) *[kuhphir]* drug

cyffwrdd (v) *[kuhphoordd]* to touch, to touch on
  cyffwrdd â +A.M. to touch
  cyffyrddodd â hynny yn ei ddarlith
  he touched on that in his lecture

cyffyrddiad/-au (m) *[kuhphuhrddyad]* touch

cyffyrddus (adj) *[kuhphuhrddis]* comfortable
  see **cyfforddus**

cynganeddu (v) *[kuhnganeddee]* to write
  cynghanedd; MUSIC to harmonize

cyngerdd/cyngherddau (fm) *[kuhngerdd]* concert

cynghanedd/cynganeddion (f) *[kuhnghaneedd]* strict system of writing poetry in Welsh

cynghori (v) *[kuhnghoree]* to advise, to counsel

cynghorwr/cynghorwyr (m) *[kuhnghoroor]* adviser, counsellor, councillor
  cynghorwr sir county councillor

cynghorydd/cynghorwyr (m) *[kuhnghoridd]* councillor

cynghrair/cynghreiriau (mf) *[kunghraeer]* league, alliance

cyngor¹/cynghorau (m) *[kuhngor]* council

cyngor²/cynghorion (m) *[kuhngor]* advice,

counsel

cyngres/-au (f) *[kungres]* congress

cyhoedd (m) *[kuhoeedd]* public
  y cyhoedd the public

cyhoeddi (v) *[kuh-hoeeddee]* to publish, to announce
  cyhoeddwyd gan published by

cyhoeddiad/-au (m) *[kuh-hoeeddyad]* publication, announcement

cyhoeddus (adj) *[kuhoeeddis]* public

cyhoeddusrwydd (m) *[kuhoeeddisrooeedd]* publicity

cyhoeddwr/cyhoeddwyr (m) *[kuhoeeddoor]* publisher, announcer

cyhuddiad/-au (m) *[kuhiddyad]* accusation, LAW charge

cyhuddo (v) *[kuheeddo]* to accuse

cyhyd (adj) *[ku'heed]* so long, as long
  cyhyd ag y bo modd as far as possible

cyhydedd/-au (m) *[kuhuhdedd]* equator

cyhyr/-au (m) *[kuh-hir]* muscle

cyhyrog (adj) *[kuh-huhrog]* muscular, robust
  iaith gyhyrog robust language

cylch/-oedd (m) *[kilch]* circle, hoop, orbit
  cylch chwarae play group
  cylch Meithrin Welsh play group

cylchgrawn/cylchgronau (m) *[kuhlchgraoon]* magazine

cylchlythyr/-au/-on (m) *[kilchluhthir]* LETTER circular

cylchredeg (v) *[kilchredeg]* to circulate

cylchrediad/-au (m) *[kilchredyad]* circulation
  cylchrediad y gwaed circulation of the blood

cylymau (pl) *[kuhluhmaee]* knots, tangles, bonds
  see **cwlwm**

cyll (pl) *[kill]* hazels
  see **collen**

cylla/-on (m) *[kuhlla]* (NW) stomach

cyllell/cyllyll (f) *[kuhllell]* knife
  cyllell boced penknife
  cyllell fara bread knife

cyllid/-au (m) *[kuhllid]* revenue

cyllideb/-au (f) *[kuhlleedeb]* budget

cymaint (adj) *[kuhmaeent]* as/so large, as/

so much, as/so many
cymaint o blant so many children
cymaint â +A.M. as big as
cymal/–au (m) *[kuhmal]* joint, clause
  crydcymalau rheumatoid arthritis
  cymal cyntaf the first leg (of two games)
cymanfa/–oedd (f) *[kuhmanva]* assembly, festival (usually religious)
  cymanfa ganu hymn-singing festival
cymar/cymheiriaid (m) *[kuhmar]* partner
cymdeithas/–au (f) *[kuhmde-eethas]* society, association
  Cymdeithas yr Iaith Gymraeg Welsh Language Society
cymdeithaseg (fm) *[kuhmde-eethaseg]* sociology, social science
cymdeithasol (adj) *[kuhmde-eethasol]* social
cymdeithasu (v) *[kuhmde-eethasee]* to socialize
cymdogaeth/–au (f) *[kuhmdogaeeth]* neighbourhood
cymedrol (adj) *[kuhmedrol]* moderate
cymedroldeb (m) *[kuhmedroldeb]* moderation
cymer[1]/–au (m) *[kuhmer]* confluence
cymer[2] (v) *[kuhmer]* from **cymryd** to take
  cymer di you take, you will take
  cymer ef/hi he/she/it takes
  cymer e! take it!
cymeradwyaeth (f) *[kuhmeradooeeaeeth]* approval, applause
cymeradwyo (v) *[kuhmeradooeeo]* to approve, to recommend, to applaud
cymeriad/–au (m) *[kuhmeryad]* character
cymhariaeth/cymariaethau (f) *[kuhmharyaeeth]* comparison
  cymhariaeth â +A.M. a comparison with
cymharol (adj) *[kuhmharol]* comparative
  yn gymharol dda comparatively good
cymharu (v) *[kuhmharee]* to compare
  cymharu â to compare to
  o'i gymharu â compared to
cymhelliad/cymelliadau (m) *[kuhmhellyad]* motive

cymhleth (adj) *[kuhmleth]* complicated
cymhlethdod/–au (m) *[kuhmlethdod]* complication
cymhlethu (v) *[kuhmlethee]* to complicate
cymhorthdal/cymorthdaliadau (m) *[kuhmorthdal]* subsidy, grant
cymhwyster/cymwysterau (m) *[kuhmhooeester]* qualification, suitability
cymodi (v) *[kuhmodee]* to reconcile, to conciliate
cymoedd (pl) *[kuhmoeedd]* valleys, vales
  see **cwm**
  y cymoedd the (Welsh) valleys
  cymoedd y de the South Wales valleys
cymorth/cymhorthion (m) *[kuhmorth]* assistance, aid
  cymorth cyntaf first aid
Cymraeg (adj) *[kuhm'raeeg]* Welsh
  yr iaith Gymraeg the Welsh language
Cymraeg (f) *[kuhm'raeeg]* Welsh language used as m. noun when qualified
  mewn Cymraeg da in good Welsh
  beth yw...yn Gymraeg? what is...in Welsh?
  dywedwch e yn Gymraeg say it in Welsh
  y Gymraeg LANGUAGE Welsh
  yn Gymraeg in Welsh
  yng Nghymraeg y de in the Welsh of South Wales
Cymraes/Cymräesau (f) *[kuhm'raees]* Welsh woman
Cymreictod (m) *[kuhmre-eektod]* Welshness
Cymreig (adj) *[kuhm're-eeg]* Welsh (Welsh in nature not in language)
Cymreigio (v) *[kuhmre-eegyo]* to make Welsh, to translate into Welsh
Cymro/Cymry (m) *[kuhmro]* Welshman
Cymro Cymraeg A Welsh speaking Welshman
Cymru (f) *[kuhmree]* Wales
  Cymru rydd Free Wales
  Plaid Cymru National Party of Wales
  Urdd Gobaith Cymru Welsh League of Youth
Cymry (pl) *[kuhmree]* Welshmen, Welsh

people
see **Cymro**
cymryd (v) *[kuhmrid]* to take
  cymryd ar +S.M. to pretend
  cymerodd arno gysgu he pretended
  to sleep
cymun(deb) (m) *[kuhmindeb]*
  communion
cymwynas/–au (f) *[kuhmooeenas]* favour
  gwneud cymwynas â (rhywun)
  +A.M. to do (someone) a favour
  gwnewch gymwynas â fi do me a
  favour
cymwynasgar (adj) *[kuhmooeenasgar]*
  obliging, helpful
cymwys (adj) *[kuhmooees]* suitable, exact
  often pronounced as goomoos when it
  means 'exact'
  yn gymwys! exactly!
  yn gymwys wyth exactly eight
cymydog/cymdogion (m) *[kuhmuhdog]*
  neighbour
cymylau (pl) *[kuhmuhlaee]* clouds
  see **cwmwl**
cymylog (adj) *[kuhmuhlog]* cloudy
cymylu (v) *[kuhmuhlee]* to cloud, to
  become cloudy
cymysg (adj) *[kuhmisg]* mixed
cymysgedd/–au (m) *[kuhmuhsgedd]*
  mixture
cymysgfa (f) *[kuhmuhsgva]* muddle,
  jumble
cymysglyd (adj) *[kuhmuhsglid]* muddled,
  confused
cymysgu (v) *[kuhmuhsgee]* to mix, to mix
  up, to confuse
cymysgwch (m) *[kuhmuhsgooch]* muddle,
  jumble, confusion
cymysgwr/cymysgwyr (m) *[kuhmuhsgoor]*
  mixer, blender
cymysgwy (m) *[kuhmuhsgooee]* scrambled
  egg
cyn[1] (prep) *[kin]* before
  cyn cinio before dinner
  cyn mynd before going
cyn-[2] (pref) *[kin]* previous, former
  +S.M.
  cyn-brifweinidog former prime-
  minister

cyn[3] (particle) *[kin]* as
  + S.M. except for **ll** and **rh**
  cyn goched â +A.M. as red as
  cyn gynted â phosib as soon as
  possible
  cyn lased â +A.M. as blue as
  cyn llawned â +A.M. as full as
  cyn rhated â +A.M. as cheap as
cyndad/–au (m) *[kindad]* forefather
cynderfynol (adj) *[kindervuhnol]* semi-
  final
  y gêm gynderfynol the semi-final
  (game)
cynddrwg (adj) *[kuhnddroog]* as bad
  cynddrwg â +A.M. as bad as
cynefino (v) *[kuhneveeno]* to grow
  accustomed
  cynefino â +A.M. to become familiar
  with, to become used to
cynffon/–nau (f) *[kuhmphon]* tail
cynffonna (v) *[kuhmphona]* to grovel, to
  fawn
cyn-geni (adj) *[kin-genee]* ante-natal
cynhadledd/cynadleddau (f)
  [kuhmhadledd] conference
cynhaeaf/cynaeafau (m) *[kuhmhaeeav]*
  harvest
  cynhaeaf gwair hay making
cynhaliaeth/cynaliaethau (f)
  [kuhmhaleeaeeth] maintenance,
  sustenance, support
cynhesu (v) *[kuhmhesee]* to warm
cynhorthwy/cynorthwyon (m)
  [kuhmhorthooee] aid
cynhwysyn/cynhwysion (m)
  [kuhmhooeesin] ingredient
cynhyrchiad/cynyrchiadau (m)
  [kuhmhyrchyad] production
cynhyrchydd/cynhyrchwyr (m)
  [kuhmhyrchidd] producer, generator
cynhyrfu (v) *[kuhmhurvee]* to excite, to
  become agitated
  mae e wedi cynhyrfu he's in a tizzy
  peidiwch â chynhyrfu! don't lose
  your head!
cynhyrfus (adj) *[kuhmhuhrvis]* exciting,
  thrilling
cynifer (adj) *[kuhmeever]* as many, so
  many

cynifer â +A M as many as

cynigiad/–au (m) [kuhnigyad] proposal, motion

cynigydd/cynigwyr (m) [kuhneegidd] proposer

cynilion (pl) [kuhnilyon] savings

cynilo (v) [kuhneelo] to save, to economize

cynllun/–iau (m) [kuhnllin] plan, design

cynllunio (v) [kuhnllinyo] to plan, to design

cynllunydd/cynllunwyr (m) [kuhnlleenidd] designer, planner

cynllwyn/–ion (m) [kuhnllooeen] plot, conspiracy

cynllwynio (v) [kuhnllooeenyo] to conspire, to plot

cynnal (v) [kuhnal] EVENT to hold, to keep, to maintain, to support
  cynhaliwyd cyngerdd yn y neuadd a concert was held in the hall
  cynhelir y gerddi mewn cyflwr da the gardens are kept in good order
  cynnal y teulu to support the family

cynnar (adj) [kuhnar] early
  mae'r bws yn gynnar the bus is early

cynnau (v) [kuhnaee] FIRE ETC. to light
  cyneuodd gannwyll he lit a candle

cynnes (adj) [kuhnes] warm, affectionate
  tŷ cynnes a warm house
  cofion cynnes LETTER affectionately yours, warm regards

cynnig[1]/cynigion (m) [kuhnig] offer, bid, proposal, motion, attempt

cynnig[2] (v) [kuhnig] to offer, to bid, to propose, to move, to attempt

cynnwys[1] (m) [kuhnooees] content(s)

cynnwys[2] (v) [kuhnooees] to contain, to consist of, to include

cynnydd (m) [kuhnidd] increase, progress
  cynnydd yn nifer yr ymgeiswyr increase in the number of candidates
  mae e wedi gwneud cynnydd sylweddol eleni he has mad considerable progress this year

cynnyrch/cynhyrchion (m) [kuhnirch] produce, product, production

cynorthwyo (v) [kuhnorthooeeo] to help

cynorthwyol (adj) [kuhnorthooeeol] auxiliary

cynorthwywr/cynorthwywyr (m) [kuhnorthooeeoor] helper, assistant

cynradd (adj) [kuhnradd] primary
  ysgol gynradd primary school

cynrychiolaeth/–au (f) [kuhnruhchyolaeeth] representation, delegation

cynrychioli (v) [kuhnruhchyolee] to represent

cynrychiolwr/cynrychiolwyr (m) [kuhnruhchyoloor] representative, delegate

cynt[1] (adj) [kint] quicker, earlier

cynt[2] (adv) [kint] formerly, previous, before, that was, past, gone by
  undergoes S.M. when it means 'formerly' and 'that was/were', 'past',or 'gone by'
  roedd e gynt yn athro he was formerly a teacher
  y noson cynt the night before, the previous night
  yr amser gynt the time that was, times past
  yn y dyddiau gynt in days past, in days gone by

cynta(f) (adj) [kuhnta(v)] first
  y dyn cynta the first man

cynta(f) (adv) [kuhnta(v)] first
  mae hi'n dod yma gynta she's coming here first

cyntedd/–au/–oedd (m) [kuhntedd] porch, hall

cynulleidfa/–oedd (f) [kuhnille-eedva] congregation

cynyddu (v) [kuhnuhddee] to increase

cyplau (pl) [kuhplaee] couples
  see **cwpwl**

cypyrddau (pl) [kuhpuhrddaee] cupboards
  see **cwpwrdd**

cyrc (pl) [kirk] corks
  see **corcyn**

cyrchfan/–nau (f) [kuhrchvan] resort, destination

cyrddau (pl) [kuhrddaee] meetings, services
  see **cwrdd**

cyrff (pl) [kirph] bodies

cyrhaeddiad

cyrhaeddiad/cyraeddiadau (m)
[kuhrhaeeddyad] attainment, arrival

cyrliog (adj) *[kuhrlyog]* curly

cyrn (pl) *[kirn]* horns, antlers, trumpets,
hooters, corns
see **corn**

cyrnol/-iaid (m) *[kuhrnol]* colonel

cyrraedd (v) *[kuhraeedd]* to arrive

cyrri (m) *[kuhree]* curry

cyrsiau (pl) *[kuhrsyaee]* courses
see **cwrs**

cyrtiau (pl) *[kuhrtyaee]* courts
see **cwrt**

cyrydiad (m) *[kuhruhdyad]* corrosion

cyrydu (v) *[kuhruhdee]* to corrode

cyryglau (pl) *[kuhruhglaee]* coracles
see **cwrwgl**

cysawd/cysodau (m) *[kuhsaood]*
constellation

cysegredig (adj) *[kuhsegredig]* sacred

cysglyd (adj) *[kuhsglid]* sleepy

cysgod/-ion (m) *[kuhsgod]* shadow, shelter

cysgodi (v) *[kuhsgodee]* to shelter

cysgodol (adj) *[kuhsgodol]* sheltered

cysgu (v) *[kuhsgee]* to sleep

cyson (adj) *[kuhson]* consistent, regular

cysondeb/-au (m) *[kuhsondeb]*
consistency, regularity

cysoni (v) *[kusonee]* to reconcile, to
standardize

cystadleuaeth/cystadlaethau (f)
[kuhstadle-eeaeeth] competition

cystadleuydd/cystadleuwyr (m)
[kuhstadle-eeidd] competitor

cystadlu (v) *[kuhstadlee]* to compete
tends not to have any other verb forms

cystal (adj) *[kuhstal]* as good as, so good
cystal â +A.M. as good as
rydw i cystal â fe I am as good as he

cystal (adv) *[kuhstal]* as well, so well
cystal â +A.M. as well as

cysur/-on (m) *[kuhsir]* comfort,
consolation

cysuro (v) *[kuhseero]* to comfort, to
console

cysurus (adj) *[kuhseeris]* comfortable

cyswllt/cysylltiadau (m) *[kuhsoollt]*
connection

swyddog cyswllt liaison officer

cysylltiad/-au (m) *[kuhsuhlltyad]*
connection

cysylltu (v) *[kuhsuhlltee]* to connect

cysylltydd/cysylltwyr (m) *[kuhsuhlltidd]*
connector, co-ordinator

cytau (pl) *[kuhtaee]* tails
see **cwt²**

cytbwys (adj) *[kuhtbooees]* balanced

cytgan/-au (fm) *[kuhtgan]* chorus

cytgord/-iau (m) *[kuhtgord]* co-ordination,
concord

cytiau (pl) *[kuhtyaee]* huts, sheds, cuts,
wounds
see **cwt¹**

cytsain/cytseiniaid (f) *[kuhtsaeen]*
consonant

cytûn (adj) *[kuh'teen]* agreed, unanimous

cytundeb/-au (m) *[kuhtindeb]* agreement,
contract

cytuno (v) *[kuhteeno]* to agree
cytuno â +A.M. to agree with

cythraul/cythreuliaid (m) *[kuhthraeel]*
devil

cythreulig (adj) *[kuhthre-eelig]* devilish,
awful

cyw/-ion (m) *[kioo]* chick, chicken

cywair/cyweiriau (m) *[kuhooaeer]* MUSIC
key, pitch

cywaith/cyweithiau (m) *[kuhooaeeth]*
project

cyweirio (v) *[kuhoo-eeryo]* to repair, to
prepare

cywilydd (m) *[kuhooeelidd]* shame

cywilyddio (v) *[kuhooiluhddyo]* to shame,
to be ashamed

cywilyddus (adj) *[kuhooiluhddis]*
shameful, disgraceful

cywir (adj) *[kuhooir]* correct, true

cywiriad/-au (m) *[kuhooiryad]* correction

cywiro (v) *[kuhooeero]* to correct

cywydd/-au (m) *[kuhooidd]* poem of
rhyming couplets, with lines of 7
syllables, written in **cynghanedd**

CH

Mutated words beginning with **CH** derive from **C** (e.g. **chadair** from **cadair**), so look up **C**.

chi (pron) *[chee]* you
ydych chi'n dod? are you coming?

chithau (pron) *[chithaee]* you also

chwaer/chwiorydd (f) *[chooaeer]* sister
chwaer-yng-nghyfraith sister-in-law

chwaeth (f) *[chooaeeth]* ARTS taste
mae chwaeth dda 'da hi she's got good taste

chwaethus (adj) *[chooaeethis]* in good taste, tasteful

chwaith (adv) *[chooaeeth]* either, neither
see **ychwaith**
dydw i ddim wedi gweld y ffilm chwaith I haven't seen the film either
na finnau chwaith neither have I

chwalu (v) *[chooalee]* to break into pieces, to scatter
mae'r gwynt wedi chwalu'r gwydr the wind has shattered the glass
mae'r gwydr wedi chwalu the glass has shattered
mae'r gwynt wedi chwalu'r dail the wind has scattered the leaves

chwant/-au (m) *[chooant]* desire
mae chwant bwyd arna i I want some food, I'm hungry
oes chwant mynd am dro arnat ti? do you feel like going for a walk?

chwarae/-on (m) *[chooaraee]* play
chwaraeon games, sport
chwarae teg fair play

chwarae (v) *[chooaraee]* to play
cae chwarae playing field
cylch chwarae play group

chwaraewr/chwaraewyr (m) *[chooaraeeoor]* player

chwarel/-i (f) *[chooarel]* quarry

chwart/-au/-iau (m) *[chooart]* quart
see **cwart**

chwarter/-i (m) *[chooarter]* quarter
see **cwarter**

mae hi'n chwarter i dri it's a quarter to three
mae hi'n chwarter wedi pedwar it's a quarter past four

chwe (num) *[chooe]* six
+A.M.; **chwech** is used before a vowel
chwe chân six songs
chwe blwydd oed, chwe mlwydd oed six years old

chwech (num) *[chooech]* six
used on its own and before a word beginning with a vowel; **chwe** is used before a consonant
chwech ysgol six schools
chwech o ganeuon six songs
chwech o'r gloch six o'clock
chwech oed six years old
Faint yw hanner dwsin? Chwech. How many is half a dozen? Six.
lle chwech toilet

chweched (ord) *[chooeched]* sixth
+S.M. with f. nouns
y chweched dafarn the sixth public house
y chweched tîm the sixth team
chweched dosbarth sixth form

chwedl/-au (f) *[chooeedl]* tale, fable

Chwefror (m) *[chooevror]* February
ym mis Chwefror in February

chwerthin (v) *[chooerthin]* to laugh
chwerthin yn uchel to laugh loudly
chwerthin am ben y dyn to make fun of the man

chwerw (adj) *[chooeroo]* bitter
cwrw chwerw bitter beer

chwi (pron) *[chee]* you
see **chi**

chwiban (mf) *[chooeeban]* whistle

chwibanu (v) *[chooeebanee]* to whistle

chwifio (v) *[chooiyo]* to wave, to brandish

chwil (adj) *[chooeel]* reeling, blind drunk
mae e'n chwil he's blind drunk

chwilen/chwilod (f) *[chooeelen]* beetle

chwilfrydedd (m) *[chooeelvruhdedd]* curiosity, inquisitiveness

chwilfrydig (adj) *[chooilvruhdig]* inquisitive

chwilio (v) *[chooilyo]* to look for, to search
mae hi'n chwilio am y ferch she's

chwim

looking for the **girl**

chwim (adj) *[chooim]* fast

chwiorydd (pl) *[chooeeoridd]* sisters
see **chwaer**

chwip/–iau (f) *[chooip]* whip

chwipio (v) *[chooipyo]* to whip

chwit-chwat (adj) *[chooit'chooat]* not
dependable, fickle
mae hi'n chwit-chwat iawn you
can't depend on her

chwith (adj) *[chooeeth]* left, sad
ar y chwith on the left
i'r chwith to the left
trowch i'r chwith turn left
mae'n chwith 'da fi glywed I'm
sorry to hear

chwithig (adj) *[chooithig]* embarrassed,
awkward
ro'n i'n teimlo'n chwithig I felt
awkward

chwydu (v) *[choohdee]* to vomit, to be
sick

chwyddo (v) *[chooeeddo]* to swell, to
enlarge

chwyldro/–adau (m) *[chooildro]* revolution

chwyldroadol (adj) *[chooildroadol]*
revolutionary

chwyn (pl) *[chooin]* weeds

chwynnu (v) *[choouhnee]* to weed

chwyrnu (v) *[choouhrnee]* to snore

chwys (m) *[chooees]* sweat
yn chwys domen in a lather of
sweat, soaking with sweat

chwysu (v) *[choouhsee]* to sweat, to
perspire

chwythu (v) *[choouhthee]* to blow

D

Mutated words beginning with **D** can derive
from **T** (e.g. **dŷ** from **tŷ**) so look up **T**. Mutated
words beginning with **DD** or **N** (e.g. **ddant,
nant** from **dant**) can derive from **d** so look
up here.

da[1] (m) *[da]* cattle, goods

da[2] (adj) *[da]* good
merch dda a good girl
mae'n dda 'da fi 'ch gweld chi I'm
glad to see you
os gwelwch yn dda please
dda gen i mo'r dyn I don't like the
man

'da (prep) *[da]* with, have *see* **gyda**
Mae car 'da fi I have a car

dacw (v) *[dakoo]* there (he) is
+S.M.
dacw fe there he is
dacw gar Mair there's Mair's car

dad[1] (m) *[dad]* daddy

dad-[2] (pref) *[dad]* used before verbs,
similar to 'un' in English

dadansoddi (v) *[dadansoddee]* to analyse

dadeni (v) *[dadenee]* renaissance

dadfeilio (v) *[dadve-eelyo]* to fall into ruin

dadflino (v) *[dadvleeno]* to refresh

dadl/–euon (f) *[dadl]* argument, debate

dadlaith (v) *[dadlaeeth]* to thaw

dadlau (v) *[dadlaee]* to argue

dadlwytho (v) *[dadloeeetho]* to unload

dadrithio (v) *[dadrithyo]* to disillusion

dadwisgo (v) *[dadwisgo]* to undress

dad-wneud (v) *[dad'oone-ead]* undo

daear (f) *[daeear]* earth
beth ar y ddaear? what on earth?

daeth (v) *[daeeth]*
from **dod** to come
daeth e or **fe ddaeth e** he came
daeth hi she came

daethoch (v) *[daeethoch]*
from **dod** to come
daethoch chi you came

daethon (v) *[daeethon]*
from **dod** to come
daethon ni we came
daethon nhw they came

dafad/defaid (f) *[davad]* sheep

dafaden/–nau (f) *[davaden]* wart

dagr (m) *[dagr]* dagger

dagrau (pl) *[dagraee]* tears
see **deigryn**

dail (pl) *[daeel]* leaves
see **deilen**

daioni (m) *[daeeoonee]* goodness

dal (v) *[dal]* to catch, to hold, to continue

dal y bws to catch the bus
maen nhw wedi dal y dyn they've caught the man
mae hi'n dal i fwrw glaw it's still raining
dw i ddim yn gallu dal rhagor I can't stand any more
see **dal**

dala (v) *[dal]* (SW) to catch, to hold, to continue
see **dal**

dalfa (f) *[dalva]* police custody
mae e'n cael ei gadw yn y ddalfa he's being kept in police custody

dalgylch/–oedd (m) *[dalgilch]* catchment area

dalier (v) *[dalyer]*
from **dal**
dalier e/hi hold him/her/it
dalier sylw (D.S.) take note (N.B.)

dall/deillion (adj) *[dall]* blind

dallt (v) *[dallt]* (NW) to understand
see **deall**

dallu (v) *[dallee]* to blind

dameg/damhegion (f) *[dameg]* parable

damnio (v) *[damnyo]* to damn

damwain/damweiniau (f) *[damooaeen]* accident, chance
mae hi wedi cael damwain she's had an accident
ar ddamwain by chance

dan (prep) *[dan]* under
+S.M.; also **o dan**
dan y bwrdd under the table
dan sang packed
mae hi'n dod dan ganu she's coming, singing the same time
dana i, danat ti, dano fe/fo, dani hi, danon ni, danoch chi, danyn nhw under me etc.

danadl (pl) *[danadl]* nettles

danfon (v) *[danvon]* to send

dangos (v) *[dan-gos]* to show

dannedd (pl) *[daneedd]* teeth
see **dant**

dannoedd (f) *[danodd]* toothache
mae'r ddanno'dd arna i I've got toothache

dant/dannedd (m) *[dant]* tooth
dannedd gosod, (SW) dannedd dodi

false teeth
dant y llew dandelion

darfod (v) *[darvod]* to come to an end

darfu (v) *[darvee]* he/she/it came to an end
from **darfod**

darganfod (v) *[darganvod]* to discover

darganfu (v) *[darganvee]* he/she discovered
see **darganfyddodd**; from **darganfod**

darganfyddiad/–au (m) *[darganvuhddyad]* discovery

darganfyddodd (v) *[darganvuhddodd]* he/she discovered
see **darganfu**; from **darganfod**

darlith/–iau/–oedd (f) *[darlith]* lecture

darlithydd/darlithwyr (m) *[darlithidd]* lecturer

darlun/–iau (m) *[darlin]* picture

darlunio (v) *[darlinyo]* to draw, to depict

darl_ediad/–au (m) *[darlledyad]* broadcast

darlledu (v) *[darlledee]* to broadcast

darlledwr/darlledwyr (m) *[darlledoor]* broadcaster

darllen (v) *[darllen]* to read

darllenadwy (adj) *[darllenadooee]* readable

darllenydd/darllenwyr (m) *[darllenidd]* reader

darn/–au (m) *[darn]* piece, part
darn o fara a piece of bread

darpar (adj) *[darpar]* prospective
+S.M.
darpar ymgeisydd prospective candidate
darpar wraig intended wife

darparu (v) *[darparee]* to provide

darpariaeth/–au (f) *[darparyaeeth]* provision

datblygiad/–au (m) *[datbluhgyad]* development

datblygu (v) *[datbluhgee]* to develop

datganiad/–au (m) *[datganyad]* announcement, rendering

datgloi (v) *[datgloee]* to unlock

datod (v) *[datod]* to untie

datrys (v) *[datris]* to solve
has no other verb forms

dathliad/–au (m) *[dathlyad]* celebration

dathlu (v) *[dathlee]* to celebrate

dau (num) *[daee]* two
+S.M. except for **can** (hundred); used

wlth m. nouns; **dwy** is used with f.
nouns

dau ddyn two men

dau gant o lo two hundredweight of
coal

dau can mlynedd two hundred years

y ddau (m) both

y ddau ddyn both men

ill dau both

daw (v) *[daaoo]*
from **dod** to come
fe ddaw e/hi he/she will come
Ddaw hi heno? Daw Will she come
tonight? Yes

dawn/doniau (mf) *[daoon]* talent

dawns/–feydd (f) *[daoons]* dance
dawns werin folk dance

dawnsio (v) *[daoonsyo]* to dance

dawnsiwr/dawnswyr (m) *[daoonsyoor]*
dancer

dawnus (adj) *[daoonis]* talented

de[1] (adj) *[de]* right
ar y dde on the right
i'r dde to the right
trowch i'r dde turn right

de[2] (m) *[de]* south
yn y de in the south

deall (v) *[deall]* understand

dealladwy (adj) *[dealladooee]* intelligible

deallus (adj) *[deallis]* intelligent

dechrau (v) *[dechraee]* begin, start

dechreuwr/dechreuwyr (m) *[dechre-eeoor]*
beginner

dedfryd/–au (f) *[dedvrid]* verdict

dedwydd (adj) *[dedooidd]* happy

deddf/–au (f) *[deddv]* law, act
deddf iaith language act

deellais (v) *[de-ellaees]* I understood
from **deall** to understand

defaid (pl) *[devaeed]* sheep
see **dafad**

defnydd/–iau (m) *[devnidd]* material, use

defnyddio (v) *[devnuhddyo]* to use

defnyddiol (adj) *[devnuhddyol]* useful

deffro (v) *[dephro]* to wake up

deg (num) *[deg]*
deng +N.M is used with **blwydd** and
blynedd
deg ceiniog ten pence

deg punt ten pounds

deng mlynedd ten years

deng mlwydd oed ten years old

degfed (ord) *[degved]* tenth
+S.M. with f. nouns
y ddegfed mis the tenth month
y ddegfed flwyddyn the tenth year

deheuig (adj) *[dehe-eeig]* skilful

dehongli (v) *[dehonglee]* to interpret

deial/–au (m) *[de-eeal]* dial

deigryn/dagrau (m) *[de-eegrin]* tear

deilen/dail (f) *[de-eelen]* leaf

deillion (adj) *[de-eellyon]* blind
see **dall**
y deillion the blind (people)

deiseb/–au (f) *[de-eeseb]* petition

del (adj) *[dell]* pretty

delfryd/–au (m) *[delvrid]* ideal

delfrydol (adj) *[delvruhddol]* ideal

delio (v) *[delyo]* to deal
delio â +A.M. to deal with

delwedd/–au (f) *[delooedd]* image

democratiaeth (f) *[demokratyaeeth]*
democracy

deniadol (adj) *[denyadol]* attractive

denu (v) *[denee]* to attract

der(e) (v) *[der(e)]* come!
from **dod** to come

derbyn (v) *[derbin]* to accept, to receive
mae hi wedi derbyn y llythyr she's
received the letter
mae e wedi derbyn y swydd he's
accepted the post

derbynneb/derbynebau (f) *[derbuhneb]*
receipt

derwen/derw (f) *[derooen]* oak

derwydd/–on (m) *[derooeedd]* druid

des (v) *[des]*
from **dod** to come
des i I came
des i adre I came home

desg/–iau (f) *[desk]* desk

dest (v) *[dest]*
from **dod** to come
dest ti you came

destlus (adj) *[destlis]* tidy

dethol (v) *[dethol]* to select

deuawd/–au (mf) *[de-eeaood]* duet

deuddeg (num) *[de-eeddeg]* twelve

also **un deg dau** but **deuddeg** is used with time, age and money; **deuddeng** +N.M. is used with **blwydd** and **blynedd**

deuddeg dyn twelve men
deuddeg o'r gloch twelve o'clock
deuddeg oed twelve years old
deuddeng mlwydd oed twelve years old
deuddeng mlynedd twelve years

deuddegfed (ord) *[de-eeddegved]* twelfth
+ S.M. with f. nouns
y deuddegfed mis the twelfth month
y ddeuddegfed flwyddyn the twelfth year

deugain (num) *[de-eegaeen]* forty
usually **pedwar deg**
+ N.M. with blwydd and blynedd
deugain mlynedd forty years
deugain mlwydd oed forty years old

deunaw (num) *[de-eenaoo]* eighteen
usually **un deg wyth**; +N.M. with **blwydd** and **blynedd**
deunaw mlwydd oed eighteen years old
deunaw mlynedd eighteen years

deunawfed (ord) *[de-eenaooved]* eighteenth
+S.M. with f. nouns
y deunawfed tro the eighteenth time
y ddeunawfed flwyddyn the eighteenth year

deunydd/–iau (m) *[de-eenidd]* material

dewch (v) *[deooch]* come!
from **dod** to come

dewis (v) *[deoois]* to choose

dewr (adj) *[deoor]* brave

dewrder (m) *[deoorder]* bravery

di- (pref) *[dee]*
put before words and is similar to 'un-' or '-less' or 'dis-' in English

diacon/–iaid (m) *['deeakon]* deacon

diafol (m) *[deeavol]* devil

diangen (adj) *[deeangen]* unnecessary

dial¹ (v) *[dee-al]* to revenge

dial² (m) *[dee-al]* vengeance

diamddiffyn (adj) *[deeamddiphin]* defenceless

dianc (v) *[deeank]* to escape

diarddel (v) *[deearddel]* to disown

diarfogi (v) *[deearvogee]* to disarm

diarhebion (pl) *[deearhebion]* proverbs
see **dihareb**

diawl/–iaid (m) *[deeaool]* devil
diawl erioed! hell's bells!

diawledig (adj) *[deeaooledig]* awful

di-baid (adj) *[dee' baeed]* without stop

di-ben-draw (adj) *[deeben'draoo]* endless

dibennu (SW) *[dibenee]* to finish

di-blant (adj) *[dee' blant]* childless

diboblogi (v) *[deeboblogee]* depopulate

dibriod (adj) *[deebreeod]* unmarried

dibwys (adj) *[dibooees]* unimportant

dibyn (m) *[deebin]* precipice

dibynnu (v) *[dibuhnee]* to depend
mae e'n dibynnu arni hi he depends on her

dicter (m) *[dikter]* anger

di-chwaeth (adj) *[dee' chooaeeth]* in bad taste

di-dâl (adj) *[dee' dal]* without payment

didaro (adj) *[deedaro]* unconcerned

dideimlad (adj) *[deede-eemlad]* without feeling

diderfyn (adj) *[deedervin]* endless

didrafferth (adj) *[deedrapherth]* without trouble

didwyll (adj) *[didooeell]* sincere
yn ddidwyll yours sincerely

diddan (adj) *[deeddan]* amusing

diddanu (v) *[diddanee]* to amuse

diddig (adj) *[deeddig]* contented

diddiolch (adj) *[deeddeeolch]* thankless

diddordeb/–au (m) *[diddordeb]* interest
mae diddordeb 'da fi yn y ffilm I'm interested in the film

diddori (v) *[diddoree]* to interest

diddorol (adj) *[diddorol]* interesting

dieithr (adj) *[dee-e-eethr]* strange

dieithryn/dieithriaid (m) *[dee-e-eethrin]* stranger

diemwnt/–au (m) *[dee-emunt]* diamond

dienaid (adj) *[dee-enaeed]* discompassionate

dienw (adj) *[dee-enoo]* anonymous

dieuog (adj) *[dee-e-eeog]* innocent

di-fai (adj) *[dee'vaee]* blameless

difater (adj) *[deevater]* unconcerned

difeddwl (adj) *[deeveddool]* thoughtless
diferu (v) *[diveree]* to drip
   yn wlyb diferu soaking wet
diferyn/diferion (m) *[diverin]* drop
difetha (v) *[divetha]* to destroy
diflannu (v) *[divlanee]* to disappear
diflas (adj) *[divlas]* miserable, boring
difri (adj) *[divreee]* serious
   rydw i o ddifri I'm serious
difrifol (adj) *[divreevol]* serious
difrod (m) *[divrod]* damage
difrodi (v) *[divrodee]* to destory
di-fudd (adj) *[dee'veedd]* useless
difyr (adj) *[deevir]* pleasant, amusing
difyrru (v) *[deevuhree]* to amuse
difywyd (adj) *[deevuhooid]* lifeless
diffaith (adj) *[diphaeeth]* barren
diffeithwch (m) *[diphe-eethooch]* desert
diffinio (v) *[diphinyo]* to define
diffodd (v) *[diphodd]* to extinguish, to put
   out
   diffoddwch y tân put out the fire
diffrwyth (adj) *[diphrooeeth]* fruitless
diffuant (adj) *[dipheeant]* sincere
   yn ddiffuant yours sincerely
diffyg/-ion (m) *[diphig]* lack
   mae diffyg anadl arna i I'm short of
   breath
diffygio (v) *[diphuhgyo]* to become tired
diffygiol (adj) *[diphuhgyol]* defective
dig (adj) *[deeg]* angry
   mae e'n ddig iawn â fi he's very
   angry with me
digalon (adj) *[deegalon]* depressed,
   disheartened
digalonni (v) *[deegalonee]* to lose heart
digartref (adj) *[deegartrev]* homeless
   y digartref the homeless
digio (v) *[digyo]* to be angry, to offend
   mae e wedi fy nigio i he's offended
   me
   mae e wedi digio ata i he's angry
   with me
di-glem (adj) *[dee'glem]* inept
digon (m) (adj) *[deegon]* enough
   mae hi wedi cael digon she's had
   enough
   digon da good enough
   digon o fwyd enough food

digonol (adj) *[digonol]* sufficient
digri(f) (adj) *[digree(v)]* funny
digroeso (adj) *[deegroeeso]* without
   welcome
digwmwl (adj) *[deegoomool]* cloudless
di-gwsg (adj) *[dee'goosg]* sleepless
   ces i noson ddi-gwsg I had a
   sleepless night
digyffro (adj) *[deeguhphro]* tranquil
digysur (adj) *[deeguhsir]* without comfort
digywilydd (adj) *[deeguhooeelidd]*
   shameless
dihangais (v) *[deehangaees]* I escaped
   from **dianc** to escape
dihangfa/dihangfeydd (f) *[deehangva]*
   escape
   bwch dihangol scapegoat
dihangodd (v) *[deehangodd]* he/she/it
   escaped
   from **dianc** to escape
dihalog (adj) *[deehalog]* pure
dihareb/diarhebion (f) *[deehareb]* proverb
diheintydd/-ion (m) *[deehe-eentidd]*
   disinfectant
di-hid (adj) *[dee'heed]* heedless
dihiryn/dihirod (m) *[deehirin]* rascal
di-hun (adj) *[dee'heen]* awake
   ar ddi-hun awake
dihuno (v) *[deeheeno]* (mainly in SW) to
   wake up
di-hwyl (adj) *[deehooeel]* miserable
dileer (v) *[deele-er]* delete
   from **dileu**
   dileer yn ôl yr angen delete as
   necessary
dileu (v) *[del'e-ee]* to delete
di-liw (adj) *[dee-lioo]* colourless
di-lol (adj) *[dee'lol]* without nonsense
dilyn (v) *[deelin]* to follow
dilynwr/dilynwyr (m) *[deeluhmoor]*
   follower
dilys (adj) *[deelis]* genuine, valid
dilysrwydd (m) *[deeluhsrooeedd]* validity,
   genuineness
   dilysrwydd cyfartal equal validity
dilyw (m) *[deelioo]* flood
dillad (pl) *[dillad]* clothes
dilledyn/dillad (m) *[dilledin]* garment
dim (num) *[dim]* naught, zero

dim (m) *[dim]* nothing
  dim byd nothing
  pob dim everything
  does dim byd 'da fi I've got nothing
  i'r dim exact, perfect
  dydw i ddim yn mynd I'm not going
dimai/dimeiau (f) *[dimaee]* halfpenny
  does dim dimai 'da fi I haven't got
  any money
dimensiwn/dimensiynau (m)
  [deemenshoon] dimension
dinas/—oedd (f) *[deenas]* city
  prifddinas capital city
  canolfan ddinesig civic centre
dinesig (adj) *[deenesig]* civic
dinistr (m) *[dinistr]* destruction
dinistrio (v) *[dinistryo]* to destroy
diniwed (adj) *[diniooed]* harmless,
  innocent
di-nod (adj) *[dee'nod]* unimportant
diobaith (adj) *[deeobaeeth]* hopeless
diod/—ydd (f) *[deeod]* drink
  diod gadarn alcoholic drink
dioddef (v) *[deeoddev]* to suffer
dioddefaint (m) *[deeoddevaeent]* suffering
di-oed (adj) *[dee'oeed]* without delay
diofal (adj) *[deeoval]* careless
diog (adj) *[deeog]* lazy
diogel (adj) *[deeogel]* safe
diogelu (v) *[deeogelee]* to safeguard
diogelwch (m) *[deeogeloooch]* safety,
  security
diogi¹ (m) *[deeogee]* laziness
diogi² (v) *[deeogee]* to be lazy
diogyn (m) *[deeogin]* idler
diolch¹ (m) *[deeolch]* thanks
  diolch yn fawr thank you very much
diolch² (v) *[deeolch]* to thank
  mae hi'n diolch i fi am y gwaith
  she thanks me for the work
diolchgar (adj) *[deeolchgar]* thankful
diolchgarwch (m) *[deeolchgarooch]*
  gratitude
  cwrdd diolchgarwch thanksgiving
  service
di-os (adj) *[dee' os]* without doubt
diosg (v) *[deeosg]* to undress
diota (v) *[deeota]* to drink
  has no other verb forms

diraddio (v) *[deeraddyo]* to degrade
direidi (m) *[deere-eedee]* mischievousness
direidus (adj) *[deere-eedis]* mischievous
dirgel (adj) *[dirgel]* secret
dirgelwch (m) *[dirgelooch]* mystery
di-rif (adj) *[dee'reev]* countless
dirmyg (m) *[dirmig]* contempt, scorn
dirmygu (v) *[dirmuhgee]* to scorn
dirprwy/—on (f) *[dirprooee]* deputy
  dirprwy brifathro deputy headmaster
dirwasgiad/—au (m) *[dirooasgyad]*
  depression
dirwest (f) *[dirooest]* temperance
dirwestwr/dirwestwyr (m) *[dirooestoor]*
  teetotaller
dirwy/—on (f) *[deerooee]* LAW fine
dirwyn (v) *[deerooeen]* to wind
  dirwyn i ben to come to an end
dirwyo (v) *[deerooeeo]* to fine
dirybudd (adj) *[deeruhbidd]* without
  warning
dirywiad/—au (m) *[deeriooyad]*
  deterioration
dirywio (v) *[deeriooyo]* to deteriorate
di-sail (adj) *[dee' saeel]* unfounded
disgen/disgiau (f) *[disgen]* disk, discus
  taflu'r ddisgen to throw the discus
disglair (adj) *[disglaeer]* bright
disgleirio (v) *[disgle-eeryo]* to shine
disgownt (m) *[disgo-oont]* discount
disgrifiad/—au (m) *[disgrivyad]* description
disgrifio (v) *[disgrivyo]* to describe
disgwyl (v) *[disgooeel]* to expect, to wait, to
  watch
  mae hi'n disgwyl she's expecting
  rydw i'n disgwyl ar y gêm I'm
  watching the game
  rydw i'n disgwyl Alun unrhyw
  funud I'm expecting Alun any minute
disgybl/—ion (m) *[disgibl]* pupil, disciple
disgyblu (v) *[disguhblee]* to discipline
disgyn (v) *[disgin]* to descend
disgyrchiant (m) *[disguhrchyant]* gravity
disodli (v) *[deesodlee]* to take the place of
distaw (adj) *[distaoo]* quiet
distawrwydd (m) *[distaoorooeedd]*
  quietness
distewi (v) *[disteooee]* to silence, to become
  silent

distrywio (v) *[distrooyo]* to destroy

diswyddo (v) *[disooeddo]* to make unemployed

disychedu (v) *[deesuhchedee]* to quench thirst

ditectif/-s (m) *[deetektiv]* detective

diwedd (m) *[diooedd]* end

diweddar (adj) *[diooeddar]* recent, late
  y diweddar John Jones the late John Jones

diweddaru (v) *[diooeddaree]* to modernize

diwerth (adj) *[diooerth]* useless

diwetha(f) (adj) *[diooetha(v)]* last
  y tro diwetha the last time

diwinyddiaeth (f) *[diooinuhddyaeeth]* divinity

diwrnod/-au (m) *[diooornod]* day

diwyd (adj) *[diooid]* busy, diligent

diwydiannol (adj) *[diooidyanol]* industrial

diwydiant/diwydiannau (m) *[diooidyant]* industry

diwygiad/-au (m) *[diooigyad]* revival

diwylliannol (adj) *[diooillyanol]* cultural

diwylliant/diwylliannau (m) *[diooillyant]* culture

diymadferth (adj) *[diuhmadverth]* helpless

diymhongar (adj) *[deeuhmhon-gar]* unassuming

diystyr (adj) *[deeuhstir]* meaningless

dlos (adj) *[dlohs]* pretty
  see **tlws**; used with f. noun
  y ferch dlos the pretty girl

do (adv) *[do]* yes, in answer to question in the past tense, short form:
  Est ti i'r dre? Do Did you go to town? Yes

doctor/-iaid (m) *[doktor]* doctor

dod (v) *[dohd]* to come
  dod â +A.M. to bring
  dod o hyd i +S.M. to find
  dod i ddeall to come to understand

dodi (v) *[dodee]* to put

dodrefn (pl) *[dodrevn]* (NW) furniture

dodwy (v) *[dodooee]* to lay an egg
  has no other verb forms

doedd (v) *[doydd]* was not
  Doedd e ddim yno He was not there

doeth/-ion (adj) *[doeeth]* wise
  y doethion the (three) wise men

doethineb (m) *[doeetheeneb]* wisdom

do(f) (v) *[dov]*
  from **dod**
  do(f) i I'll come

dof (adj) *[dohv]* tame

dogfen/-nau (f) *[dogven]* document
  rhaglen ddogfen documentary programme

dogn/-au (m) *[dogn]* share

doi (v) *[doee]*
  from **dod** to come
  doi di you come

dôi (v) *[doee]*
  from **dod** to come
  dôi ef/hi he/she used to come, he/she would come

dol/-iau (f) *[dol]* doll

dôl/dolydd (f) *[dohl]* meadow

dôl (m) *[dohl]* without work
  ar y dôl on the dole

dolen/-ni (f) *[dolen]* handle

dolur/-iau (m) *[dolir]* pain

doniol (adj) *[donyol]* funny

dôn(t) (v) *[don(t)]*
  from **dod**
  dôn nhw they come

dos¹ (m) *[dos]* dose

dos² (v) *[dos]*
  from **mynd**
  dos! go!
  dos di you go

dosbarth/-iadau (m) *[dosbarth]* class

dosbarthu (v) *[dosbarthee]* to distribute

dot/-iau (m) *[dot]* dot

dowch (v) *[do-ooch]*
  from **dod** to come
  fe ddowch chi you come, you will come
  dowch! come!

down (v) *[do-oon]*
  from **dod** to come
  down ni we come, we'll come
  down i I used to come, I would come

drach ei gefn (adv) *[drach e-ee gevn]* backwards

draen(en)/drain (f) *[draeen(en)]* thorn

draig/dreigiau (f) *[draeeg]* dragon
  y ddraig goch the red dragon

drain (pl) *[draeen]* thorns

see **draen(en)**

drama/dramâu (f) *[drama]* drama

drannoeth (adv) *[dranoeth]* the next day

draw (adv) *[draoo]* (over) there

draw fan'na over there

yma a thraw here and there

dreigiau (pl) *[dre-eegyaee]* dragons
see **draig**

dresel/–i (m) *[dresel]* FURNITURE dresser

drewdod (m) *[dreoodod]* stink

drewi (v) *[dreooee]* to stink

dringo (v) *[dringo]* to climb

ffa dringo runner beans

dringwr/dringwyr (m) *[dringoor]* climber

drom (adj) *[drom]* heavy
see **trwm**; used with f. nouns

â chalon drom with heavy heart

drôr/drorau (m) *[dror]* drawer

dros (prep) *[dros]* over, for
+S.M.

dros fynyddoedd Eryri over the
mountains of Snowdonia

dros y lle everywhere

da dros ben very good

mae e drosodd it's over

mae e'n gwneud hyn dros Siân
he's doing this for Siân

**droso i, drosot ti, drosto fe/fo,
drosti hi, droson ni, drosoch chi,
drostyn nhw**

druan/druain (adj) *[dreean]* pitiful,
wretched

y bachgen druan the poor boy

y ferch druan the poor girl

y plant druain the poor children

druan â fe! poor fellow!

drud (adj) *[dreed]* expensive

drwg (adj) *[droog]* bad
see **gwaeth, gwaethaf**

drwgdybio (v) *[droogduhbyo]* to suspect

drwm/drymiau (m) *[droom]* drum

drws/drysau (m) *[droos]* door

carreg y drws door step

drwy (prep) *[drooee]*
also **trwy**; +S.M.

1. through

drwy ddŵr through water

2. throughout

drwy'r haf throughout the summer

3. by, by means of

**fe ges i'r swydd trwy wneud cais
amdani** I got the job by applying for
it

4. tatws trwy'u crwyn jacket
potatoes

**drwyddo i, drwyddot ti, drwyddo
fe/fo, drwyddi hi, drwyddon ni,
drwyddoch chi, drwyddyn nhw**

drycin/–oedd (f) *[druhkin]* stormy weather

drych/–au (m) *[dreech]* mirror

drygioni (m) *[druhgyonee]* wickedness

dryll/–iau (m) *[drill]* gun

drymiau (pl) *[druhmyaee]* drums
see **drwm**

drysau (pl) *[druhsaee]* doors
see **drws**

drysu (v) *[druhsee]* to confuse

rydw i wedi drysu I'm confused

dryswch (m) *[druhsooch]* confusion

dryw (m) *[drioo]* wren

du (adj) *[dee]* black

dug/–iaid (m) *[deeg]* duke

dull/–iau (m) *[dill]* method

duo (v) *[deeo]* to blacken

dur (m) *[deer]* steel

gwaith dur steel works

duw/–iau (m) *[dioo]* god

duwiol (adj) *[diooyol]* godly

dwbl (adj) *[doobl]* double

dweud (v) *[dooe-eed]* to say

dweud wrth Huw to tell Huw

dwfn (adj) *[doovn]* deep

dwl (adj) *[dool]* dull

dwlu (v) *[doolee]* to dote
has no other verb forms

mae hi'n dwlu arno fe she dotes on
him

dŵr/dyfroedd (m) *[door]* water

dwrn/dyrnau (m) *[doorn]* fist

dwsin/–au (m) *[dusin]* dozen

dwy (num) *[dooee]* two
+S.M.; used with f. nouns; **dau** is used
with m. nouns

dwy ferch two girls

y ddwy both

y ddwy ferch both girls

dwyfol (adj) *[dooeevol]* divine

dwyieithog (adj) *[dooeye-eethog]* bilingual

ysgol ddwyieithog bilingual school
addysg ddwyieithog bilingual education

dwylo (pl) *[dooeelo]* hands
see **llaw**

dwyn (v) *[dooeen]* to steal, to bring
dwyn y maen i'r wal (lit.= to bring the stone to the wall) to complete the task

dwyrain (m) *[dooeeraeen]* east
gwynt o'r dwyrain wind from the east

dwyreiniol (adj) *[dooeere-eenyol]* easterly, oriental

dwys (adj) *[dooees]* intense, grave
cwrs dwys intensive course

dwywaith (adv) *[dooeeooaeeth]* twice
does dim dwywaith amdani there's no doubt about it

dy (pron) *[duh]* your, you
+S.M.; used with a person you know well
dy lyfr (**di**) your book
dy dad your father
mae'n dy garu (**di**) he/she loves you

dyblu (v) *[duhblee]* to double

dyblygu (v) *[duhbluhgee]* to duplicate

dychan (m) *[duhchan]* satire

dychmygol (adj) *[duhchmuhgol]* imaginary

dychmygu (v) *[duhchmuhgee]* to imagine

dychryn[1]/**-iadau** (m) *[duhchrin]* fright

dychryn[2] (v) *[duhchrin]* to frighten, to be frightened

dychrynllyd (adj) *[duhchruhmllid]* awful

dychwelyd (v) *[duhchooelid]* to return

dychymyg (m) *[duhchuhmig]* imagination

dydy (v) *[duhdy]* is not
Dydy hi ddim yma She isn't here

dydyn (v) *[duhdin]* are not
Dydyn ni ddim yn gwybod We don't know
Dydyn nhw ddim gartre They're not at home

dydd/**-iau** (m) *[deedd]* day
canol dydd midday
dydd Llun (on) Monday
ar ddydd Llun on Mondays

dyddiad/**-au** (m) *[duhddyad]* date

dyddiadur/**-on** (m) *[duhddyadir]* diary

dyddio (v) *[duhddyo]* to date, to dawn

dyddiol (adj) *[duhddyol]* daily
papur dyddiol daily paper

dyfais/**dyfeisiadau** (f) *[duhvaees]* invention, device

dyfal (adj) *[duhval]* diligent
dyfal donc a dyr y garreg constant knocking breaks the stone

dyfalbarhad (m) *[duhvalbar'had]* perseverance

dyfalu (v) *[duhvalee]* to guess

dyfarnu (v) *[duhvarnee]* to judge

dyfarnwr/**dyfarnwyr** (m) *[duhvarnoor]* umpire, referee

dyfeisio (v) *[duhve-eesyo]* to invent

dyfnder/**-oedd** (m) *[duhvnder]* depth

dyfnhau (v) *[duhvn'haee]* to deepen

dyfnion (adj) *[duhvnyon]* deep
see **dwfn**; used with pl. nouns
dyfroedd dyfnion deep waters

dyfod (v) *[duhvod]* to come
see **dod**

dyfodol (m) *[duhvodol]* future
yn y dyfodol in (the) future

dyfrhau (v) *[duhvr'haee]* to irrigate

dyfrllyd (adj) *[duhvrllid]* watery

dyfroedd (pl) *[duhvroeedd]* waters
see **dŵr**

dyfyniad/**-au** (m) *[duhvuhnyad]* quotation

dyfynnu (v) *[duhvuhnee]* to quote

dyffryn/**-noedd** (m) *[duhphrin]* vale

dyges (v) *[duhges]*
from **dwyn** to take, to steal
dyges i I took, I stole

dylanwad/**-au** (m) *[duhlanooad]* influence

dylanwadol (adj) *[duhlanooadol]* influential

dylanwadu (v) *[duhlanooadee]* to influence
mae hi wedi dylanwadu arna i she's influenced me

dyleb/**-on** (f) *[duhleb]* invoice

dyled/**-ion** (f) *[duhled]* debt
mae dyled arna i iddo fe I'm in debt to him

dyledus (adj) *[duhledis]* owing, due
faint sy'n ddyledus how much is due?

dyletswydd/**-au** (f) *[duhletsooeedd]* duty

dylunio (v) *[duhlinyo]* to design

dyma (v) *[duhma]* here is/are
+ S.M.
 dyma fe here it is
 dyma waith! here's work!
 dyma lot o waith! what a lot of work!

dymuniad/–au (m) *[duhminyad]* wish
 dymuniadau gorau best wishes
 gyda phob dymuniad da with best wishes

dymuno (v) *[duhmeeno]* to wish

dymunol (adj) *[duhmeenol]* pleasant

dyn/–ion (m) *[deen]* man

dyna (v) *[duhna]* there is
+S.M.
 dyna fe that's it
 dyna ddigon! that's enough!
 dyna wirion! how silly!
 dyna nonsens! what nonsense!

dynes (f) *[duhnes]* (NW) woman

dynladdiad (m) *[deenladdyad]* manslaughter

dynol (adj) *[duhnol]* human

dynoliaeth (f) *[duhnolyaeeth]* humanity

dynwared (v) *[duhnooared]* to imitate

dyrchafiad/–au (m) *[duhrchavyad]* promotion

dyrchafu (v) *[durchavee]* to promote

dyrnaid/dyrneidiau (m) *[duhrnaeeed]* handful

dyrnau (pl) *[duhrnaee]* fists
see **dwrn**

dyrys (adj) *[duhris]* complicated

dysg (fm) *[disg]* learning

dysgl/–au (f) *[disgl]* bowl, dish
 dysgled o de (SW) a cup of tea

dysgu (v) *[duhsgee]* to learn, to teach

dysgwr/dysgwyr (m) *[duhsgoor]* learner
 dysgwr y flwyddyn learner of the year

dysgwraig/dysgwragedd (f) *[duhsgooraeeg]* learner

dywediad/–au (m) *[duhooedyad]* saying

dyweddïo (v) *[duhooeddeeo]* to become engaged
 maen nhw wedi dyweddïo they're engaged

DD

Mutated words beginning with **DD** derive from **D** (e.g. **ddant** from **dant**) so look up **D**.

ddim (adv) *[ddim]* not
 dydy e ddim yn dod he's not coming
 doedd hi ddim yma she wasn't here

ddoe (adv) *[ddoee]* yesterday

ddofn (adj) *[ddovn]* deep
 see **dwfn**; used with f. noun
 afon ddofn deep river

Some words beginning with **H** can derive from **E** (e.g. **henw** from **enw**) so look up here. Mutated words beginning with **e** could derive from **G** (e.g. **enedigaeth** from **genedigaeth**) so look up **G**.

e(f) (pron) *[eh(v)]* he, him
also **fe**, (NW) **fo**
 mae e'n dod he's coming

eang (adj) *[eang]* wide

ebe (v) *[ebe]*
 ebe fe he said, he says

ebol/–ion (m) *[ebol]* colt

ebost/ebyst (m) *[ebhost]* e-mail

Ebrill (m) *[ebrill]* April
 ym mis Ebrill in April

economaidd (adj) *[ekonomaeedd]* economic

economeg (f) *[ekonomeg]* economics

echrydu (v) *[echruhdee]* to horrify

echrydus (adj) *[echruhdis]* awful

edau/edafedd (f) *[edaee]* thread

edifar (adj) *[edeevar]* sorry

edmygu (v) *[edmuhgee]* to admire

edmygwr/edmygwyr (m) *[edmuhgoor]* admirer

edrych (v) *[edrich]* to look
 edrych ar +S.M. to look at
 edrych ar y teledu to watch TV

efallai (adv) *[evallaee]* perhaps
followed by noun clause; +S.M.
  efallai fod y bws yn dod perhaps the
bus is coming
  efallai ei bod hi'n mynd perhaps
she's going

efengyl/–au (f) *[evengil]* gospel

efengylwr/efengylwyr (m) *[evenguhloor]* evangelist

efelychu (v) *[eveluhchee]* to imitate

efo (prep) *[ehvo]* with
  +A.M.; mainly NW

efô (pron) *[ehv' oh]* (NW) he, him

efydd (m) *[efidd]* bronze
  yr Oes Efydd the Bronze Age

effaith/effeithiau (f) *[ephaeeth]* effect

effeithio (v) *[ephe-eethyo]* to affect
  effeithio ar y gwaith to affect the
work

effeithiol (adj) *[ephe-eethyol]* effective

effro (adj) *[ephro]* awake

eglur (adj) *[eglir]* clear

eglurhad (m) *[eglir'had]* explanation

egluro (v) *[egleero]* to explain

eglwys/–i (f) *[eglooees]* church
  eglwys gadeiriol cathedral

eglwyswr/eglwyswyr (m) *[eglooeesoor]* churchgoer

egni/egnïon (m) *[egnee]* energy

egnïol (adj) *[egneeol]* vigorous

egwyddor/–ion (f) *[egooeddor]* principle
  er enghraifft for example

enghraifft/enghreifftiau (f) *[enghraeepht]* example

englyn/–ion (m) *[englin]* four line stanza,
written in **cynghanedd**

ehangder (m) *[ehangder]* expanse

ehangu (v) *[ehangee]* to expand

ei¹ (pron) *[ee]*
  1. his, him, it
  +S.M
  ei dad (e) his father
  rydw i'n ei garu I love him
  rydw i'n ei hoffi I like it
  2. her, it
  +A.M., or **+h** before vowel
  ei thad (hi) her father
  ei hefaill hi her twin
  rydw i'n ei charu I love her

**dyma'r amlen; rydw i wedi ei
hagor** here's the envelope; I've opened
it

ei² (v) *[e-ee]*
from **mynd**
  ei di you go, you will go

eich (pron) *[e-eech* or *uhch]* your, you
  **byddaf yn galw i weld eich mam a
gobeithiaf eich gweld chi hefyd** I
shall be calling to see your mother and
I hope to see you as well

Eidalaidd (adj) *[e-eedalaeedd]* Italian

Eidaleg (f) *[e-eedaleg]* Italian (language)

Eidales (f) *[e-eedales]* Italian (woman)

Eidalwr (m) *[e-eedaloor]* Italian (man)

eidion/–nau (m) *[e-eedyon]* bullock
  cig eidion beef

eiddew (m) *[e-eeddeoo]* ivy

eiddgar (adj) *[e-eeddgar]* eager

eiddigedd (m) *[e-eeddeegedd]* jealousy

eiddigeddus (adj) *[e-eeddigeddis]* jealous

eiddo (m) *[e-eeddo]* property

Eifftaidd (adj) *[e-eephtaeedd]* Egyptian

Eifftes (f) *[e-eephtes]* Egyptian (woman)

Eifftiwr/Eifftwyr (m) *[e-eephtyoor]*
Egyptian

eiliad/–au (mf) *[e-eelyad]* TIME second
  aros eiliad wait a moment

eilio (v) *[e-eelyo]* to second

eilradd (adj) *[e-eelradd]* secondary

eilwaith (adv) *[e-eelooaeeth]* again, for the
second time

eillio (v) *[e-eellyo]* to shave

ein (pron) *[e-een* or *uhn]* our, us
  + h before vowel
  ein hathro our teacher
  **wnewch chi ein hateb os gwelwch
yn dda** will you answer us please

einioes (f) *[e-eenyoes]* life

eira (m) *[e-eera]* snow
  bwrw eira to snow

eirin (pl) *[e-eerin]* plums
  eirin gwlanog peaches

eirinen/eirin (f) *[e-eereenen]* plum

eirlaw (m) *[e-eerrlaoo]* sleet

eirlys/–iau (m) *[e-eerlis]* snowdrop

eisiau (m) *[e-eeshaee]* want
  mae eisiau bwyd arna i I want food
  mae e eisiau dod he wants to come

eisoes (adv) *[e-eesoys]* already
   mae hi yma eisoes she's already here
eistedd (v) *[e-eestedd]* to sit
   eisteddwch! sit down!
eisteddfod/–au (f) *[e-eesteddvod]*
   eisteddfod, cultural competition
   festival
   yr eisteddfod genedlaethol the
   national eisteddfod
   eisteddfod yr Urdd the Urdd
   eisteddfod
eisteddfodwr/eisteddfodwyr (m)
   [e-eesteddvodoor] eisteddfod goer
eitem/–au (f) *[e-eetem]* item
eitha(f)[1]/eithafoedd (m) *[e-eetha(v)]*
   extremity
   eithafoedd y ddaear the extremities
   of the earth
eitha(f)[2] (adj) *[e-eetha(v)]* quite, utmost,
   very
   used before the noun it means 'quite'
   mae eitha pen arno fe he's got quite
   a (good) head on his shoulders
   pen eitha the utmost end, the very
   end
eitha(f)[3] (adv) *[e-eetha(v)]* quite
   eitha da quite good
eithafol (adj) *[e-eethavol]* extreme
eithafwr/eithafwyr (m) *[e-eethavoor]*
   extremist
eithin (pl) *[e-eethin]* gorse
eithriad/–au (m) *[e-eethryad]* exception
   ac eithrio with the exception of
eithriadol (adj) *[e-eethreeadol]* exceptional
eithrio (v) *[e-eethryo]* to opt out
electroneg (f) *[elektroneg]* electronics
eleni (adv) *[elenee]* this year
elfen/–nau (f) *[elven]* element
elfennol (adj) *[elvenol]* elementary
   ysgol elfennol elementary school
eli/eliau (m) *[elee]* ointment
eliffant/–od (m) *[eliphant]* elephant
elusen/–nau (f) *[elisen]* charity
elw (m) *[eloo]* profit
elwa (v) *[elooa]* to profit
emosiwn/emosiynau (m) *[emoshoon]*
   emotion
emyn/–au (m) *[emin]* hymn
enaid/eneidiau (m) *[enaeed]* soul

enfawr (adj) *[envaoor]* huge
enfys/–au (f) *[envis]* rainbow
enillydd/enillwyr (m) *[enillidd]* winner
enllib/–ion (m) *[enllib]* libel
ennill (v) *[enill]* to win
ennyd (m) *[enid]* moment
   am ennyd for a moment
enw/–au (m) *[enoo]* name
   beth yw'ch enw chi? what's your
   name?
enwad/–au (m) *[enooad]* denomination
enwebu (v) *[enooebee]* to nominate
enwi (v) *[enooee]* to name
enwog (adj) *[enoo-og]* famous
enwogion (pl) *[enoo-ogyon]* famous people
enwogrwydd (m) *[enoo-ogrooeedd]* fame
eofn (adj) *[eovn]* fearless
eog/–iaid (m) *[eog]* salmon
eos/–iaid (f) *[eos]* nightingale
epa/–od (m) *[epa]* ape
epistol/–ion (m) *[epistol]* epistle
er (prep) *[er]* although, since, for the sake
   of
   er mwyn dod in order to come
   er iddo ddod although he came
   er mwyn dyn! for goodness' sake!
   er 1946 since 1946
   er gwaethaf popeth in spite of
   everything
   er hynny in spite of that
   er gwell, er gwaeth for better, for
   worse
eraill (adj) *[eraeell]* other
   see **arall**
erbyn (prep) *[erbin]* against, by
   yn erbyn Cymru against Wales
   erbyn dau o'r gloch by two o'clock
erchyll (adj) *[erchill]* awful
erfin (pl) *[ervin]* turnips
erfyn (v) *[ervin]* to beseech, (SW) to
   expect
ergyd/–ion (fm) *[ergid]* shot, blow
erioed (adv) *[er'yoeed]* ever, never, at all
   dydw i erioed wedi gweld y fenyw
   I've never seen the woman
   fuoch chi yno erioed have you ever
   been there?
erlid (v) *[erlid]* to persecute
erlyn (v) *[erlin]* to prosecute

E

ers (prep) *[chss]* since
erthygl/–au (fm) *[erthigl]* article
erthyliad/–au (m) *[erthihlyad]* abortion
erw/–au (m) *[eroo]* acre
erydu (v) *[eruhdee]* to erode
eryr/–od (m) *[erir]* eagle
es (v) *[es]*
　from **mynd** to go
　es i I went
esboniad/–au (m) *[esbonyad]* explanation
esbonio (v) *[esbonyo]* to explain
esgeulus (adj) *[esge-eelis]* careless,
　negligent
esgeuluso (v) *[esge-eeluso]* to neglect
esgid/–iau (f) *[esgid]* shoe
　see **sgidiau**
esgob/–ion (m) *[esgob]* bishop
esgor (v) *[esgor]* to give birth
　esgor ar faban to give birth to a
　baby
esgus/–odion (m) *[egis]* excuse
esgyn (v) *[esgin]* to ascend
esiampl/–au (f) *[e'shampl]* example
esmwyth (adj) *[esmooeeth]* comfortable
est (v) *[est]*
　from **mynd** to go
　est ti you went
estron (adj) *[estron]* foreign
estroniad (pl) *[estronyaeed]* foreigners
estyn (v) *[estin]* to reach, to pass
　estynnwch y bara pass the bread
estyniad/–au (m) *[estuhnyad]* extension
etifedd/–ion (m) *[eteevedd]* heir
etifeddiaeth (f) *[etiveddyaeeth]* inheritance
etifeddu (v) *[etiveddee]* to inherit
eto (adv) *[eto]* again, yet
　mae hi'n dod eto she's coming again
　eto, mae'n dda yet, it's good
ethol (v) *[ethol]* to elect
etholaeth/–au (f) *[etholaeeth]* constituency
etholiad/–au (m) *[etholyad]* election
　etholiad cyffredinol general election
eu (pron) *[e-ee]* their, them
　+ **h** before vowel
　eu hysgol nhw their school
　rydw i yn eu hedmygu I admire
　them
euog (adj) *[e-eeog]* guilty
euraid (adj) *[e-eeraeed]* golden

ewch (v) *[eeooh]*
　from **mynd**
　ewch chi you go, you will go
　ewch! go!
ewin/–edd (m) *[eeooin]* (finger) nail
ewyllys/–iau (f) *[eeoouhllis]* will
ewyn (m) *[eeoin]* froth
ewythr/–edd (m) *[eeoithr]* uncle

F

Mutated words beginning with **F** can be
mutated from **B** (e.g. **flwyddyn** from
blwyddyn) or **M** (e.g. **fam** from **mam**), so
look up under **B** and **M**.

faint? (interrog) *[vaeent]* how many?
　faint sy'n mynd? how many are
　going?
　faint yw'r gost? how much is the
　cost?
　faint yw e? how much is it?
fan/–iau (f) *[van]* van
fandal (m) *[vandal]* vandal
fandaliaeth (f) *[vandalyaeeth]* vandalism
fe (pron) *[veh]* he, him
　fe sy'n chwarae it's he who's playing
fe (particle) *[veh]*
　+S.M.; word introducing positive verb
　fe ddaeth e he came
fechan (adj) *[vechan]* small
　see **bychan**; used with f. noun
fel (conj) *[vehl]* like, as
　fel menyw like a woman
　fel hyn like this
　fel arfer usually, as usual
felen (adj) *[velen]* yellow
　see **melyn**; used with f. noun
felly (adv) *[vellee]* therefore
fer (adj) *[vehr]* short
　see **byr**; used with f. noun
fersiwn/fersiynau (m) *[vershoon]* version
fest/–ys (f) *[vest]* vest
festri/festrioedd (f) *[vestree]* vestry
fi (pron) *[vee]* I, me
　pwy sy 'na? Fi. who's there? Me.

81

rhowch e i fi give it to me

ficer/-iaid (m) *[vicer]* vicar

ficerdy/ficerdai (m) *[vikerdee]* vicarage

fideo/-s (m) *[videeo]* video

finegr (m) *[vinegr]* vinegar

fiola (f) *[veeola]* viola

fioled/-au (f) *[veeoled]* violet

firws (m) *[veeroos]* virus

fitamin/-au (m) *['vitamin]* - vitamin

fôt/fotiau (m) *[voht]* vote

rhowch fôt i'r Blaid give a vote for Plaid Cymru

fraith (adj) *[vraeth]* speckled

see **brith**; used with f. noun

siaced fraith coat of many colours

front (adj) *[vront]* dirty

see **brwnt**; used with f. noun

fy (pron) *[vuh]* my

+N.M.

fy nhref my town

fyny, i (adv) *[ee vuhnee]* up

FF

ffa (pl) *[pha]* beans

ffa pob baked beans

ffactor/-au (fm) *[phaktor]* factor

ffaelu (v) *[phaelee]* (SW) to fail

ffafr/-au (f) *[phavr]* favour

gwna ffafr â fi do me a favour

ffair/ffeiriau (f) *[phaeer]* fair

ffaith/ffeithiau (f) *[phaeth]* fact

ffanatig/ffanaticiaid (m) *[phanatig]* fanatic

ffansïo (v) *[phanseeo]* to fancy

ffars/-iau (f) *[phars]* farce

ffarwél (f) *[phar'wel]* farewell

ffarwelio (v) *[pharwoelyo]* to bid farewell

ffasgydd/ffasgwyr (m) *[phasgidd]* fascist

ffasiwn/ffasiynau (m) *[phashoon]* fashion

ffasiynol (adj) *[phashuhnol]* fashionable

ffatri/ffatrïoedd (f) *[phatree]* factory

ffawd (f) *[phaood]* fate

ffederal (adj) *['phederal]* federal

ffefryn/-nau (m) *[phevrin]* favourite

ffeil/-iau (f) *[phe-eel]* file

ffeindio (v) *[phe-eendyo]* to find

ffeiriau (pl) *[phe-reryare]* fairs

see **ffair**

ffeithiau (pl) *[phe-eethyae]* facts

see **ffaith**

ffenestr(r)/ffenestri (f) *[phenest(r)]* window

fferi/fferïau (f) *[pheree]* ferry

fferm/-ydd (f) *[pherm]* farm

fferm ddefaid sheep farm

ffermdy/ffermdai (m) *[phermdee]* farmhouse

ffermio (v) *[phermyo]* to farm

ffermwr/ffermwyr (m) *[phermoor]* farmer

fferyllfa/fferyllfeydd (f) *[pheruhllva]* pharmacy

fferyllydd/fferyllwyr (m) *[pheruhllidd]* chemist

ffi/-oedd (f) *[phee]* fee

ffiaidd (adj) *[phee-aeedd]* obnoxious

ffidil/-au (f) *[phidil]* fiddle, violin

ffigur/-au (m) *[phigir]* figure

ffilm/-iau (f) *[philm]* film

ffilmio (v) *[philmyo]* to film

ffiseg (f) *[phiseg]* physics

ffit (adj) *[phit]* fit

fflach/-iau (f) *[phlach]* flash

fflachiau matches

fflachio (v) *[phlachyo]* to flash

fflachiwr/fflachwyr (m) *[phlachyoor]* flasher

fflam/-au (f) *[phlam]* flame

fflat/-iau (f) *[phlat]* flat

ffliwt/-iau (f) *[phliloot]* flute

fflwcs (pl) *[phlooks]* rubbish

ffoadur/-iaid (m) *[phoadir]* refugee

ffodus (adj) *[phodis]* fortunate

ffoi (v) *[pho-ee]* to escape

ffôl (adj) *[phol]* foolish

ffolineb/-au (m) *[pholeeneb]* foolishness

ffôn/ffonau (m) *[phon]* telephone

ffon/ffyn (f) *[phon]* stick

ffonio (v) *[phonyo]* to telephone

os ffoniwch chi if you phone

fforc/ffyrc (f) *[phork]* fork

ffordd/ffyrdd (f) *[phordd]* way, road

ffordd fawr main road

fforddio (v) *[phorddyo]* to afford

fforest/-ydd (f) *[phorest]* forest

ffortiwn/ffortïynau (f) *[phortshoon]* fortune

ffos/-ydd (f) *[phos]* ditch

ffowlyn/ffowls (m) *[pho-ooln]* chicken, fowl

ffrae/–au (f) *[phrae]* quarrel

ffraeo (v) *[phraeo]* to quarrel

ffraeth (adj) *[phraeeth]* witty

Ffrainc (f) *[phraeenk]* France

ffrâm/fframiau (f) *[phrahm]* frame

Frances/–au (f) *[phrankes]* Frenchwoman

Ffrancwr/Ffrancwyr (m) *[phrankoor]* Frenchman

Ffrangeg (f) *[phrangeg]* LANGUAGE French

Ffrengig (adj) *[phrengig]* French

ffres (adj) *[phresh]* fresh

ffrind/–iau (m) *[phrind]* friend

ffrio (v) *[phreeo]* to fry
wy wedi'i ffrio fried egg

ffroen/–au (f) *[phroeen]* nostril

ffroesen/ffroes (f) *[phroeesen]* pancake

ffrog/–iau (f) *[phrog]* frock

ffrwd/ffrydiau (f) *[phrood]* stream

ffrwgwd/ffrygydau (m) *[phroogood]* affray

ffrwydrad/–au (m) *[phrooeedrad]* explosion

ffrwydro (v) *[phrooeedro]* to explode

ffrwyn/–au (f) *[phrooeen]* bridle

ffrwyno (v) *[phrooeeno]* to restrain

ffrwyth/–au (m) *[phrooeeth]* fruit

ffrwythlon (adj) *[phrooeethlon]* fruitful

ffrwythlondeb (m) *[phooeethlondeb]* fruitfulness

ffrwythloni (v) *[phrooeethlonee]* to fertilize

ffrydiau (pl) *[phruhdyaee]* streams
see **ffrwd**

ffrygydau (pl) *[phruhguhdaee]* affrays
see **ffrwgwd**

ffrynt[1] (m) *[phruhnt]* front

ffrynt[2] (adj) *[phruhnt]* front
drws ffrynt front door

ffug (adj) *[pheeg]* false

ffugbasio (v) *[pheegbasyo]* RUGBY to dummy

ffugenw/–au (m) *[pheegenoo]* pseudonym

ffugio (v) *[phigyo]* to pretend

ffuglen (f) *[phiglen]* fiction

ffurf/–iau (f) *[phirv]* form

ffurfafen (f) *[phirvaven]* sky

ffurfiad (m) *[phirvyad]* formation

ffurfio (v) *[phirvyo]* to form

ffurfiol (adj) *[phirvyol]* formal

ffurflen/–ni (f) *[phirvlen]* form

ffwdan (f) *[phoodan]* fuss

ffwdanus (adj) *[phoodanis]* fussy

ffŵl/ffyliaid (m) *[phool]* fool

ffwr (m) *[phoor]* fur

ffwrdd (adv) *[phoordd]*
i ffwrdd away
mynd i ffwrdd to go away
i ffwrdd â chi off you go

ffwrn/ffyrnau (f) *[phoorn]* oven

ffws (m) *[phoos]* fuss

ffydd (f) *[pheedd]* faith

ffyddiog (adj) *[phuhddyog]* confident

ffyddlon (adj) *[phuhddlon]* faithful

ffyddlondeb (m) *[phuhddlondeb]* faithfulness

ffyliaid (pl) *[phuhlyaeed]* fools
see **ffŵl**

ffyn (pl) *[phin]* sticks
see **ffon**

ffynhonnau (pl) *[phuhnhonaee]* fountains
see **ffynnon**

ffynhonnell/ffynonellau (f) *[phuhnhonell]* source

ffynnon/ffynhonnau (f) *[phuhmon]* fountain

ffyrc (pl) *[phirk]* forks
see **fforc**

ffyrdd (pl) *[phirdd]* roads
see **ffordd**

ffyrnig (adj) *[phuhrnig]* fierce

ffyrnigo (v) *[phuhrneego]* to become fierce

ffyrnigrwydd (m) *[phuhrnigrooeedd]* ferocity

G

Mutated words beginning with **G** derive from **C** (e.g. **gath** from **cath**) so look up **C**. Mutated words beginning with **NG** or with a vowel could be derived from **G** (e.g. **ngafr** or **afr** from **gafr**) so look here.

gadael (v) *[gadaeel]* to leave, to leave
gadewch iddo fe yfed let him drink
gadael y gwaith to leave work

gaeaf/–au (m) *[gaeeav]* winter

gaeafol (adj) *[gaeeavol]* wintry

gafael (v) *[gavaeel]* to hold, to grasp
  gafael yn yr olwyn to hold the wheel

gafr/geifr (f) *[gavr]* goat
  Oes gafr eto? Is there another goat?

gair/geiriau (m) *[gaeer]* word

galar (m) *[galar]* grief

galaru (v) *[galaree]* to moan

galw (v) *[galoo]* to call
  galw ar Huw to call on Huw

galwad/–au (f) *[galooad]* demand, call

galwedigaeth/–au (f) *[galooedeegaeeth]* profession

galwyn/–i (m) *[galooeen]* gallon

gallu (v) *[gallee]* to be able to
  gallu mynd to be able to go

gallu (m) *[gallee]* ability

galluog/–ion (adj) *[galleeog]* able

gan (prep) *[gan]*
  +S.M.
  1. by
    gan wthio by pushing
    gan bwyll! careful!
  2. with
    merch a chanddi wallt hir a girl with long hair
  3. gan mwyaf for the most part
    gen i, gen(nyt) ti, ganddo fe/fo, ganddi hi, gennym ni or gynnon ni, gennych chi or gynnoch chi, ganddyn nhw

ganed (v) *[ganehd]*
  from **geni**
  ganed e he/it was born
  ganed hi she/it was born

ganwyd (v) *[ganooeed]*
  from **geni**
  ganwyd e he/it was born
  ganwyd hi she/it was born

gardd/gerddi (f) *[garddy]* garden

garddio (v) *[garddyo]* to garden

garddwr/garddwyr (m) *[garddoor]* gardener

garej/–ys (m) *[garej]* garage

gartre(f) (adv) *[gartre(v)]* at home
  aros gartre to stay home

garw/geirwon (adj) *[garoo]* rough

gât/gatiau (f) *[gat]* gate

geifr (pl) *[ge-eevr]* goats

see **gafr**

geirfa/geirfâu (f) *[ge-eerva]* vocabulary

geiriau (pl) *[ge-eeryae]* words

see **gair**

geiriadur/–on (m) *[ge-eeryadir]* dictionary

geirwon (adj) *[ge-eeroo-on]* rough

see **garw**; used with plural noun
  creigiau geirwon rough crags

gelwais (v) *[gelooaees]* I called

from **galw** to call

gelyn/–ion (m) *[gelin]* enemy

gelyniaeth (f) *[geluhnyaeeth]* enmity

gelyniaethus (adj) *[geluhnyaeethis]* hostile

gellygen/gellyg (f) *[gelluhgen]* pear

gem/–au (f) *[gem]* gem, jewel

gêm/gemau (f) *[gem]* game

gen (prep) *[gen]* with, have
  Mae car gen i I have a car

genedigaeth/–au (f) *[genedeegaeeth]* birth

genedigol (adj) *[genedeegol]* born, native
  rydw i'n enedigol o'r Bala I'm a native of Bala

geneth/–od (f) *[geneth]* girl

geni (v) *[genee]* to give birth
  ces i fy ngeni yn 1988 I was born in 1988

ger (prep) *[ger]* near

gêr/gerau (fm) *[ger]* gear

gerddi (pl) *[gerddee]* gardens

see **gardd**

gerllaw¹ (prep) *[ger'llaoo]* near

gerllaw² (adv) *[ger'llaoo]* nearby

gilydd, ei *[e-ee geelidd]* each other
  gyda'i gilydd together

gitâr/gitarau (m) *[gi'tar]* guitar

glân (adj) *[glan]* clean

glanhau (v) *[glan'haee]* to clean

glanio (v) *[glanyo]* to land

glas (adj) *[glas]* blue, green
  awyr las blue sky

glaslanc/–iau (m) *[glaslank]* youth

glasu (v) *[glasee]* to turn green, to turn blue

glaswelltyn/glaswellt (m) *[glasooelltin]* grass

glaw/–ogydd (m) *[glaoo]* rain
  glaw mân drizzle
  bwrw glaw to rain

glawio (v) *[glaooyo]* to rain
glendid (m) *[glendid]* cleanliness
glew (adj) *[gleoo]* brave
glin/–iau (m) *[gleen]* knee
  pen-lin knee
glo (m) *[glo]* coal
  glo brig open cast mining
  pwll glo coal mine
glofa/glofeydd (f) *[glova]* colliery
glöyn byw/glöynnod byw (m) *[gloin bioo]* butterfly
gloyw/–on (adj) *[gloeeoo]* shiny
glud/–ion (m) *[gleed]* glue
glud(i)o (v) *[gleed(y)o]* to glue
glyn/–noedd (m) *[glin]* vale
glynu (v) *[gluhnee]* to stick
go (adv) *[go]* rather, quite
  +S.M.
  go dda quite good
  go lew not bad
  go ryfedd rather strange
  go lawn quite full
gobaith/gobeithion (m) *[gobaeeth]* hope
gobeithio (v) *[gobe-eethyo]* to hope
gobeithiol (adj) *[gobe-eethyol]* hopeful
gobennydd (m) *[gobenidd]* pillow
godidog (adj) *[godeedog]* splendid
godineb (m) *[godeeneeb]* adultery
godinebu (v) *[godinebee]* to commit adultery
godinebwr/godinebwyr (m) *[godeeneboor]* adulterer
godre/–on (m) *[godre]* bottom, border
  godre'r mynydd the bottom of the mountain
godro (v) *[godro]* to milk
godde(f) (v) *[godde(v)]* to suffer
  dydw i ddim yn gallu godde'r ferch I can't bear the girl
goddefgar (adj) *[goddevgar]* tolerant
goddrych/–au (m) *[goddrich]* subject
gof/–aint (m) *[gov]* blacksmith
gofal/–on (m) *[goval]* care
gofalu (v) *[govalee]* to look after
  gofalu am y gath to look after the cat
gofalwr/gofalwyr (m) *[govaloor]* caretaker
gofid/–iau (m) *[govid]* anxiety
gofidio (v) *[govidyo]* to worry

gofidio am rywun to worry about somebody
gofod (m) *[govod]* space
gofodwr/gofodwyr (m) *[govodoor]* spaceman
gofyn (v) *[govin]* to ask
  gofyn am rywbeth to ask for something
  gofyn i rywun to ask somebody
gofynnodd (v) *[govuhnodd]* he asked
gog, y (f) *[uh gog]* cuckoo
goglais (v) *[goglaees]* to tickle
gogledd (m) *[gogledd]* north
gogleddol (adj) *[gogleddol]* northerly
gogleddwr/gogleddwyr (m) *[gogleddoor]* northerner
gogoneddus (adj) *[gogoneddis]* glorious
gogoniant (m) *[gogonyant]* glory
gohebu (v) *[gohebee]* to correspond, to write letters
gohebydd/gohebwyr (m) *[gohebidd]* reporter
gohirio (v) *[gohiryo]* to delay, to postpone
  mae'r gêm wedi cael ei gohirio the game has been postponed
gôl/goliau (f) *[gol]* goal
golau[1]/goleuadau (m) *[golaee]* light
golau[2] (adj) *[golaee]* light
golch (m) *[golch]* wash
golchi (v) *[golchee]* to wash
golchydd/–ion (m) *[golchidd]* washing machine
goleudy/goleuadi (m) *[gole-eedee]* lighthouse
goleuni (m) *[gole-eenee]* light
goleuo (v) *[gole-eeo]* to lighten, to enlighten
golff (m) *[golph]* golf
golud (m) *[golid]* wealth
golwg/golygon (fm) *[goloog]* sight
  does dim golwg ohono fe it's nowhere to be seen
golwr/golwyr (m) *[goloor]* goalkeeper
golygfa/golygfeydd (f) *[goluhgva]* view
golygu (v) *[goluhgee]* to edit, to mean
  beth mae e'n ei olygu? what does it mean?
golygydd/–ion (m) *[goluhgidd]* editor
gollwng (v) *[goloong]* to drop, to let go

gonest (adj) *[gonest]* honest
gonestrwydd (m) *[gonestrooeedd]* honesty
goramser (m) *[goramser]* overtime
gorau (adj) *[goraee]* best
  o'r gorau all right
gorboblogi (v) *[gorboblogee]* to overpopulate
gorchfygu (v) *[gorchvuhgee]* to beat
gorchudd/-ion (m) *[gorchidd]* cover
gorchymyn¹/gorchmynion (m) *[gorchuhmin]* command
gorchymyn² (v) *[gorchuhmin]* to command, to order
  gorchymyn Huw i ddod to order Huw to come
gorchmynnodd (v) *[gorchmuhnodd]* he/she commanded, he/she ordered from **gorchymyn**
gorfod (v) *[gorvod]* to be obliged to, to have to
  rydw i'n gorfod mynd? I have to go
  wyt ti'n gorfod mynd? do you have to go?
gorfodi (v) *[gorvodee]* to compel
  gorfodi Siân i fynd to compel Siân to go
gorfoledd (m) *[gorvoledd]* joy
gorfoleddus (adj) *[gorvoleddis]* joyful, wonderful
gorffen (v) *[gorphen]* to end, to come to an end, to finish, to complete
  gorffennodd am ddeg it finished at ten
  wyt ti wedi ei orffen? have you completed it?
gorffenedig (adj) *[gorphenedig]* finished, well completed
Gorffennaf (m) *[gorphenav]* July
  ym mis Gorffennaf in July
gorffennol (adj) *[gorphenol]* past
gorffwys(o) (v) *[gorphooees]* to rest
gorlawn (adj) *[gorlaoon]* overcrowded
  mae'r lle'n orlawn the place is packed
gorlenwi (v) *[gorlenooee]* to overcrowd, to overfill
gorlifo (v) *[gorleevo]* to flood
gorliwio (v) *[gorliooyo]* to exaggerate
gorllewin (m) *[gorllewooin]* west

yn y gorllewin in the west
  Gorllewin Cymru West Wales
gorllewinol (adj) *[gorllewooeenol]* westerly, western
gormes (m) *[gormes]* oppression
gormesu (v) *[gormesee]* to oppress
gormeswr/gormeswyr (m) *[gormesoor]* oppressor
gormod (m) *[gormod]* too much
  gormod o fwyd too much food
gormodol (adj) *[gormodol]* excessive
gornest/-au (f) *[gornest]* contest
goroesi (v) *[gorocesee]* to survive
gorsaf/-oedd (f) *[gorsav]* station
  gorsaf yr heddlu police station
gorsedd/-au (f) *[gorsedd]* bardic circle, throne
gorthrwm (m) *[gorthroom]* oppression
goruchwylio (v) *[gorichooeelyo]* to supervise
goruchwyliwr/goruchwylwyr (m) *[gorichooeelwir]* supervisor
goruwchnaturiol (adj) *[gorioochnatiryol]* supernatural
gorwedd (v) *[gorooedd]* to lie down
gorwel/-ion (m) *[gorooel]* horizon
gorwyr/-ion (m) *[gorooeer]* great grandson
gorwyres/-au (f) *[gorooeeres]* great grand-daughter
gorymdaith/gorymdeithiau (f) *[goruhmdaeeth]* procession
gorymdeithio (v) *[goruhmde-eethyo]* to march
gosgeiddig (adj) *[gosge-eeddig]* graceful
gosod (v) *[gosod]* to put
  dannedd gosod false teeth
gosodiad/-au (m) *[gosodyad]* statement
gostwng (v) *[gostoong]* to lower
gostyngedig (adj) *[gostuhngedig]* humble
gostyngiad/-au (m) *[gostuhngyad]* reduction
gota (adj) *[gotta]* short
  see **cwta**; used with f. noun
  buwch goch gota ladybird
gradd/-au (f) *[gradd]* degree
graddedigion (pl) *[graddedigyon]* graduates
graddfa/graddfeydd (f) *[graddva]* scale
graddio (v) *[graddyo]* to graduate, to scale

graddol (adj) *[graddol]* gradual
  yn raddol gradually

graenus (adj) *[graeenis]* smart, of good quality
  Cymraeg graenus polished Welsh

gramadeg/–au (m) *[gramadeg]* grammar

gramoffôn/gramoffonau (m) *['gramophon]* gramophone

grant/–iau (m) *[grant]* grant

grât/gratiau (m) *[grat]* grate

grawnfwyd/–ydd (m) *[graoonvooeed]* cereal

grawnffrwyth/–au (m) *[graoonphrooeeth]* grapefruit

grawnwin (pl) *[graoonooin]* grapes

greddf/–au (f) *[greddv]* instinct

gref (adj) *[grev]* strong
  see **cryf**; used with f. nouns

grefi (m) *[grevee]* gravy

gril/–iau (m) *[gril]* grill

grilio (v) *[grilyo]* to grill

gris/–iau (m) *[grees]* step
  grisiau stairs

Groegaidd (adj) *[groeegaeedd]* Grecian

Groegwr/Groegwyr (m) *[groeegoor]* Greek, Grecian

grom (adj) *[grom]* curved
  see **crwm**; used with f. noun
  acen grom circumflex

gron (adj) *[kron]* round, circular, rotund, whole
  see **crwm**; used with f. nouns
  awr gron a whole hour
  wythnos gron a whole week
  blwyddyn gron a whole year
  bord gron round table
  y bêl gron football

groser/–iaid (m) *[groser]* grocer

grug (m) *[greeg]* heather

grwgnach (v) *[groognach]* to grumble

grŵp/grwpiau (m) *[groop]* group

grym/–oedd (m) *[grim]* force

grymus (adj) *[gruhmis]* powerful

gwacáu (v) *[gwak'aee]* to empty

gwacter (m) *[gwakter]* emptiness

gwadn/–au (m) *[gooadn]* sole

gwae/–au (fm) *[gwaee]* woe

gwaed (b) *[gooaeed]* blood

gwaedu (v) *[gwaeedee]* to bleed

gwaedd (f) *[gooaeedd]* shout

gwaedda (v) *[gwaeedda]* he/she shouts
  from **gweiddi**
  FAMILIAR **gwaedda!** shout!

gwaeddwch (v) *[gwaeeddooch]* to shout
  from **gweiddi**
  gwaeddwch! (pl. and polite) shout!

gwael (adj) *[gooaeel]* bad

gwaelod/–ion (m) *[gooaeelod]* bottom

gwaeth (adj) *[gooaeeth]* worse
  gwaeth na +A.M. worse than

gwaethaf (adj) *[gooaethav]* worst
  y gwaethaf yw... the worst thing is...

gwaethygu (v) *[gooaeethuhgee]* to worsen

gwag/gweigion (adj) *[gooag]* empty

gwahân (m) *[gooa'han]*
  ar wahân separate

gwahaniaeth/–au (m) *[gooahanyaeeth]* difference

gwahanol (adj) *[gooahanol]* different, various
  used before noun +S.M. it means 'various'
  am resymau gwahanol for different reasons
  am wahanol resymau for various reasons

gwahanu (v) *[gooahanee]* do separate

gwahardd (v) *[gooahardd]* to forbid, to prohibit

gwahodd (v) *[gooahodd]* to invite

gwahoddiad/–au (m) *[gooahoddyad]* invitation

gwair/gweiriau (m) *[gooaeer]* grass

gwaith/gweithiau (m) *[gooe-eethyaee]* work
  gwaith dur steel works
  gwaith cartref homework
  gwaith tŷ house work

gwaith²/gweithiau (f) *[gooaeeth]* occasion
  unwaith once
  dwy waith twice
  tair gwaith three times

gwall/–au (m) *[gooall]* mistake

gwallgof (adj) *[gooallgov]* mad

gwallgofi (v) *[gooallgovee]* to become insane
  has no other verb forms

gwallt/–au (m) *[gooallt]* hair

gwallus (adj) *[gooallis]* faulty

gwan (adj) *[gooan]* weak

gwangalonni (v) *[gooangalonee]* to lose heart

gwanhau (v) *[gooanhaee]* to weaken

gwanwyn/–au (m) *[gooanooeen]* spring

gwâr (adj) *[gooar]* civilized

gwarantu (v) *[gooarantee]* to guarantee

gwarchod (v) *[gooarchod]* to defend, to guard

gwarchodfa/gwarchodfeydd (f) *[gooarchódva]* reserve

 gwarchodfa natur nature reserve

gwarchodwr/gwarchodwyr (m) *[gooarchodoor]* guardian

gwared (v) *[gooared]*

 cael gwared â to get rid of

gwaredu (v) *[gooared]* to rid, to save

gwaredwr/gwaredwyr (m) *[gooaredoor]* saviour

gwareiddiad/–au (m) *[gooare-eeddyad]* civilization

gwariant/gwariannau (m) *[gooaryant]* expenditure

gwario (v) *[gooaryo]* to spend

 gwario arian to spend money

gwartheg (pl) *[gooartheg]* cattle

gwarthus (adj) *[gooarthis]* shameful

gwas/gweision (m) *[gooas]* servant

gwasaidd (adj) *[gooasaeedd]* servile

gwasanaeth/–au (m) *[gooasanaeeth]* service

gwasanaethu (v) *[gooasanaeethee]* to serve

gwasg¹/gweisg (f) *[gooasg]* PRINTING press

gwasg² (mf) *[gooasg]* waist

gwasgaru (v) *[gooasgaree]* to scatter

gwasgfa/gwasgfeydd (f) *[gooasgva]* squeeze

gwasgod/–au (f) *[gooasgod]* waistcoat

gwastad (adj) *[gooastad]* flat

 wastad always

gwastadedd/–au (m) *[gooastadedd]* plain

gwastraff (m) *[gooastraph]* waste

gwastraffu (v) *[gooastraphee]* to waste

gwastraffus (adj) *[gooastraphis]* wasteful

gwau (v) *[gwaee]* to knit

gwaun/gweunydd (f) *[gwaeen]* meadow, moor

gwawdio (v) *[gooaoodyo]* to scorn

gwawdlyd (adj) *[gooaoodlid]* scornful

gwawr (f) *[gooaoor]* dawn

 y wawr the dawn

gwawrio (v) *[gooaooryo]* to dawn

gwaywffon/gwaywffyn (f) *[gooaeeooffon]* spear, javelin

gwdihŵ/–s (m) *[goodee'hoo]* (SW) owl

gwddf/gyddfau (m) *[gooddv]* neck

gwe/–oedd (f) *[gooe]* web

gweddi/gweddïau (f) *[gooeeddee]* prayer

gweddill/–ion (m) *[gooeeddill]* remainder

 gweddillion remains

gweddïo (v) *[gooeddeeo]* to pray

gweddol (adj) *[gooeeddol]* fair, all right

 yn weddol, diolch all right, thank you

gweddus (adj) *[gooeeddis]* proper, decent

gweddw/–on (f) *[gooeeddoo]* widow

gwefr/–au (m) *[gooevr]* thrill

gwefreiddiol (adj) *[gooevre-eeddyol]* thrilling

gwefus/–au (f) *[gooevis]* lip

gweigion (adj) *[gooe-eegyon]* empty

 see **gwag**; used with plural nouns

 llestri gweigion empty dishes

gweiddi (v) *[gooe-eeddee]* to shout

gweini (v) *[gooe-eenee]* to serve

gweinidog/–ion (m) *[gooe-eenedog]* minister

gweinydd/–ion (m) *[gooe-eenidd]* waiter

gweinyddes/–au (f) *[gooe-eenuhddes]* waitress, nurse

gweinyddiaeth/–au (f) *[gooe-eenuhddyaeeth]* administration

gweinyddol (adj) *[gooe-eenuhddol]* administrative

gweinyddu (v) *[gooe-eenuhddee]* to administer

gweinyddwr/gweinyddwyr (m) *[gooe-eenuhddwyr]* administrator

gweiriau (pl) *[gwe-eeryaee]* grasses

 see **gwair**

gweisg (pl) *[gwe-eesk]* PRINTING presses

 see **gwasg**

gweision (pl) *[gwe-eeyon]* servants

 see **gwas**

gweithdy/gweithdai (m) *[gooe-eethdee]* workshop

gweithgar (adj) *[gooe-eethgar]* hard working

gweithgaredd/–au (m) *[gooe-eethgaredd]* activity

gweithiau (pl) *[gooe-eethyaee]* works
see **gwaith**

gweithio (v) *[gwe-eethyo]* to work

gweithiwr/gweithwyr (m) *[gooe-eethyoor]* worker

gweithlu (pl) *[gooe-eethlee]* labour force

gweithred/–oedd (f) *[gooe-eethred]* act, deed

gweithredol (adj) *[gooe-eethredol]* active

gweithredu (v) *[gooe-eethredee]* to act, to operate

gweld (v) *[gooeld]* to see

gweledig (adj) *[gooeledig]* visible

gweledigaeth/–au (f) *[gooeledegaeeth]* vision

gweledol (adj) *[gooeledol]* visual

gwelw (adj) *[gooeloo]* pale

gwelwi (v) *[gooeclooee]* to pale

gwely/–au (m) *[gooelee]* bed
ystafell wely bedroom
mynd i'r gwely to go to bed

gwell (adj) *[gooell]* better
gwell na better than

gwellhad (m) *[gooell had]* improvement
gwellhad buan get well soon

gwelliant/gwelliannau (m) *[gooellyant]* improvement

gwelltyn/gwellt (m) *[gooellt]* grass

gwên/gwenau (f) *[gooen]* smile

gwendid/–au (m) *[gooendid]* weakness

Gwener (f) *[gooener]* Venus
dydd Gwener Friday
nos Wener Friday night

gwenith (pl) *[gooenith]* wheat

gwennol/gwenoliaid (f) *[gooenol]* swallow

gwenu (v) *[gooenee]* to smile
gwenu ar +S.M. to smile at

gwenwyn (m) *[gooenooin]* poison

gwenyn (pl) *[gooenin]* bees

gwenynen/gwenyn (f) *[gooenuhnen]* bee

gwerin (pl) *[gooerin]* folk
y werin the people
amgueddfa werin folk museum
dawns werin folk dance
cân werin folk song

gweriniaeth/–au (f) *[gooerinyaeeth]* republic

gwerinwr/gwerinwyr (m) *[gooereenoor]* one of the **gwerin**

gwers/–i (f) *[gooers]* lesson
gwers Gymraeg a Welsh lesson

gwersyll/–oedd (m) *[gooersill]* camp

gwersylla (v) *[gooersuhlla]* to camp

gwerth/–oedd (m) *[gooerth]* value
ar werth for sale
gwerth dim valueless

gwerthfawr (adj) *[gooerthvaoor]* valuable

gwerthiant/gwerthiannau (m) *[gooerthyant]* sale

gwerthu (v) *[gooerthee]* to sell

gwerthuso (v) *[gooerthiso]* to evaluate

gwerthwr/gwerthwyr (m) *[gooerthoor]* seller

gwestai/gwesteion (m) *[gooestaee]* guest

gwestai² (pl) *[gooestaee]* hotels

gwesty/gwestai (m) *[gooestee]* hotel

gweunydd (pl) *[gooe-eenidd]* heaths
see **gwaun**

gwg (m) *[gooog]* frown

gwgu (v) *[googee]* to frown

gwialen/gwiail (f) *[gooeealen]* rod
gwialen bysgota fishing rod

gwibdaith/gwibdeithiau (f) *[gooibdaeeth]* trip

gwib/–iau (f) *[gooeeb]* sprint, flash
ar wib at full speed

gwibio (v) *[gooibyo]* to dart

gwichian (v) *[gooichyan]* to squeal

gwifren/gwifrau (f) *[gooivren]* wire

gwingo (v) *[gooingo]* to be in pain

gwin/–oedd (m) *[gooeen]* wine

gwinllan/–nau/–noedd (f) *[gooinllan]* vineyard

gwir¹ (adj) *[gooeer]* true, real
used before a noun +S.M. it means **real**
ateb gwir true answer
y gwir reswm the real reason
yn wir really

gwir² (m) *[gooeer]* truth
y gwir i gyd the whole truth

gwireddu (v) *[gooireddee]* to become true, to realize

gwirfoddol (adj) *[gooirvoddol]* voluntary
mae e'n gwneud hyn o'i wirfodd he's doing this voluntarily

gwirfoddolwr/gwirfoddolwyr (m)
[gooirvoddoloor] volunteer
gwirion (adj) *[gooiryon]* foolish
gwirionedd/–au (m) *[gooiryonedd]* truth
gwirioneddol (adj) *[gooiryoneddol]* actual,
real
gwisg/–oedd (f) *[gooisg]* dress
gwisgo (v) *[gooisgo]* to wear, to dress
gwiw (adj) *[gooioo]* fit, fine
gwiwer/–od (f) *[gooiooer]* squirrel
gwlad/gwledydd (f) *[goo'lad]* country
cefn gwlad countryside
gwladfa/gwladfeydd (f) *[gooladva]* colony
Y Wladfa the Welsh colony in
Patagonia
gwladgarol (adj) *[gooladgarol]* patriotic
gwladgarwch (m) *[gooladgarooch]*
patriotism
gwladgarwr (m)/gwladgarwyr (m)
[gooladgaroor] patriot
gwladol (adj) *[gooladol]* of the country/
state, national
ysgrifennydd gwladol secretary of
state
gwladoli (v) *[gooladolee]* to nationalize
gwladwriaeth/–au (f) *[gooladooryaeeth]*
state
gwladychu (v) *[gooladuhchee]* to colonize
gwlân (m) *[goo'lan]* wool
gwlanog (adj) *[goolanog]* woolly
gwlatgar (adj) *[goolatgar]* patriotic
gwledig (adj) *[gooledig]* rural
gwledydd (pl) *[gooledidd]* countries
see **gwlad**
gwledd/–oedd (f) *[goo'ledd]* feast
gwleidydd/–ion (m) *[goole-eedidd]*
politician
gwleidyddiaeth (f) *[goole-eeduhddyaeeth]*
politics
gwleidyddol (adj) *[goole-eeduhddol]*
political
plaid wleidyddol political party
gwlith/–oedd (m) *[goo'leeth]* dew
gwlyb/–ion (adj) *[goo'leeb]* wet
gwlychu (v) *[gooluhchee]* to wet, to get wet
gwlychwch eich gwallt wet your
hair
paid â gwlychu don't get wet
gwn[1]/gynnau (m) *[goon]* gun

gwn[2] (v) *[goon]*
from **gwybod**
mi wn i I know
wn i ddim I don't know
gŵn/gynau (m) *[goohn]* gown
gŵn nos night-gown
gwna(f) (v) *[goo'na(v)]*
from **gwneud**
mi wna i I'll do, I'll make
gwna (v) *[goo'na]*
see **gwnaiff**; from **gwneud**
gwna e he/it does, he/it makes
gwna hi she/it does, she/it makes
gwna fe! do it!
gwnaed (v) *[goo'naeed]* (it was) made, (it
was) done
from **gwneud**
gwnaeth (v) *[goo'naeeth]*
from **gwneud**
gwnaeth e he/it did, he/it makes
gwnaeth hi she/it did, she/it makes
gwnaethpwyd (v) *[goonaeethpooeed]* (it
was) made
from **gwneud**
gwnaiff (v) *[goo'naeeph]*
see **gwna**; from **gwneud**
gwnaiff e he/it makes, he/it does
gwnaiff hi she/it makes, she/it does
gwnân(t) (v) *[goo'nan(t)]*
from **gwneud** to do, to make
gwnân nhw they do, they make
gwnânt hwy theydo, they make
gwnawn (v) *[goo'naoon]*
from **gwneud** to do, to make
gwnawn ni we do, we make
gwnawn i I would do, I would make
gwnei (v) *[goo'ne-ee]*
from **gwneud**
gwnei di you make, you do
gwnes (v) *[goo'nes]*
from **gwneud** to do, to make
gwnes i I did, I made
mi wnes i I did, I made
gwneud (v) *[goo-need]* to do, to make, to do
gwneud cawl to make a mess
gwneud dim to do nothing
gwneuthurwr (m)/gwneuthurwyr (m)
[goone-eetheeroor] manufacturer
gwnewch (v) *[goo'neooch]*

from gwnoud to do, to make
gwnewch chi you do, you make
gwnewch e! do it!
gwniadur/-on (m) *[goonyadir]* thimble
gwnïo (v) *[gooneeo]* to sew
gwobr/-au (f) *[goo-'obr]* prize
gwobrwyo (v) *[goo-obrooeeo]* to award
gŵr/gwŷr (m) *[goor]* man, husband
gwrach/-od (f) *[goo'rach]* witch
gwragedd (pl) *[gooragedd]* women, wives
   see **gwraig**
gwraidd/gwreiddiau (m) *[goo'raeedd]* root
gwraig/gwragedd (f) *[goo'raeeg]* wife,
   woman
gwrandawr/gwrandawyr (m)
   [gooran'daoor] listener
gwrando (v) *[goorando]* to listen
   gwrando ar y radio to listen to the
   radio
gwrcath/-od (m) *[goorkath]* tom-cat
gwregys/-au (m) *[gooregis]* belt
   gwregys diogelwch seat belt
gwreichionen/gwreichion (f)
   [goore-eechyonen] spark
gwreiddiau (pl) *[gwre-eeddyaee]* roots
   see **gwraidd** and **gwreiddyn**
gwreiddio (v) *[goore-eeddyo]* to root
gwreiddiol (adj) *[goore-eeddyol]* original
gwreiddyn/gwreiddiau (m) *[goore-eeddin]*
   root
gwres (m) *[goo'res]* warmth
gwresog (adj) *[gooresog]* warm
gwresogi (v) *[gooresogee]* to warm
gwresogydd/-ion (m) *[gooresogidd]* heater
gwrido (v) *[gooreedo]* to blush
gwrol (adj) *[goorol]* brave
gwrtaith (m) *[gwrtaeethiau]*
   manure
gwrteithio (v) *[goorte-eethyo]* to manure
gwrth- (pref) *[goorth]* anti-
   +S.M.
gwrthblaid/gwrthbleidiau (f)
   [goorthblaeed] opposition party
gwrthbrofi (v) *[goorthbrovee]* to disprove
gwrthdaro (v) *[goorthdaro]* to clash
gwrthdystio (v) *[goorthduhstyo]* to protest
gwrth-ddweud (v) *[goorth'ddooe-eed]* to
   contradict
gwrthgenhedlu (v) *[goorthgenhedlee]*

offer gwrthgenhedlu contraception
   aids
gwrthgyferbyniad/-au (m)
   [goorthguhverbuhnyad] contrast
gwrthgyferbynnu (v) *[goorthguhverbuhnee]*
   to contrast
gwrthod (v) *[goorthod]* to refuse
   gwrthod mynd to refuse to go
gwrthrych/-au (m) *[goorthrich]* object
gwrthrychol (adj) *[goorthruhchol]* objective
gwrthryfel/-oedd (m) *[goorthruhvel]*
   rebellion
gwrthryfelgar (adj) *[goorthruhvelgar]*
   rebellious
gwrthryfelwr/gwrthryfelwyr (m)
   [goorthruhveloor] rebel
gwrthsafiad/-au (m) *[goorthsavyad]*
   resistance
gwrthsefyll (v) *[goorthsevill]* to resist
gwrthweithio (v) *[goorthooe-eethyo]* to
   counteract
gwrthwyneb (m) *[goorthooeeneb]* opposite
gwrthwynebiad/-au (m) *[goorthooinebyad]*
   opposition
gwrthwynebu (v) *[goorthooinebee]* to
   oppose
gwrthwynebwr/gwrthwynebwyr (m)
   [gwrthooinebwr] objector
   gwrthwynebwr cydwybodol
   conscientious objector
gwrych/-oedd (m) *[goo'reech]* hedge
gwryw (adj) *[goorioo]* male
gwrywaidd (adj) *[gooriooaeedd]* masculine
gwrywgydiaeth (f) *[gooriooguhdyaeeth]*
   homosexuality
gwrywgydiol (adj) *[goorioguhdyol]*
   homosexual
gwrywgydiwr/gwrywgydwyr (m)
   [goorioguhdyoor] homosexual
gwrywol (adj) *[gooruhoo-ol]* male
gwthio (v) *[goothyo]* to push
gwybedyn/gwybed (m) *[gooibedin]* gnat
gwybod (v) *[gooeebod]* to know
gwybodaeth (f) *[gooibodaeeth]* knowledge
gwych (adj) *[gooeech]* excellent
gwychder (m) *[gooichder]* splendour
gwydn (adj) *[gooidn]* tough
gwydr/-au (m) *[gooidr]* glass
gwydryn/gwydrau (m) *[gooidrin]* DRINK

glass

gwydddai (v) *[gooeeddaee]*
from **gwybod**
gwyddai e he knew
gwyddai hi she knew
gwyddan(t) (v) *[gooeeddan(t)]* they know
from **gwybod**
fe wyddan nhw they know
gwyddbwyll (f) *[gooiddbooeell]* chess
Gwyddel/-od (m) *[gooeeddel]* Irishman
Gwyddeleg (f) *[gooeeddeleg]* Irish language
Gwyddelig (adj) *[gooeeddelig]* Irish
gwyddech (v) *[gooeeddech]* you know
from **gwybod**
fe wyddech chi you knew
gwydden(t) (v) *[gooeedden]* they knew
from **gwybod**
fe wydden nhw they knew
gwyddet (v) *[gooeeddet]* you knew
from **gwybod**
fe wyddet ti you knew
gwyddfid (m) *[gooiddvid]* honeysuckle
gwyddoch (v) *[gooeeddoch]* you know
from **gwybod** to know
gwyddon (v) *[gooeeddon]*
from **gwybod** to know
gwyddon ni we know
gwyddoniaeth (f) *[gooiddonyaeeth]* science
gwyddonol (adj) *[gooiddonol]* scientific
gwyddonydd/gwyddonwyr (m)
[gooiddonidd] scientist
gwyddor/-au (f) *[gooeeddor]* science
gwyddor gwlad nature studies
yr wyddor the alphabet
gwyddost (v) *[gooeeddost]*
from **gwybod**
gwyddost ti you know
gwyddwn (v) *[gooeeddoon]* I knew
from **gwybod** to know
mi wyddwn i I knew
gwyfyn/-od (m) *[goouhvin]* moth
gŵyl/gwyliau (f) *[gooeel]* holiday, festival
gŵyl y banc bank holiday
yn y gwyliau in the holidays
gwylan/-od (f) *[gooeelan]* seagull
gwyliadwrus (adj) *[gooeelyadooris]*
watchful
gwylio (v) *[gooeelyo]* to watch

gwyll (m) *[gooill]* darkness
gwyllt/-ion (adj) *[gooillt]* wild
gwylltineb (m) *[gooillteeneb]* wildness
gwylltio (v) *[gooilltyo]* to madden
gwymon (m) *[gooeemon]* seaweed
gwyn/-ion (adj) *[gooin]* white
gwyn fyd y tlodion blessed are the
poor
gwynder (m) *[gooinder]* whiteness
gwynegon (m) *[gooinegon]* rheumatism
gwynegu (v) *[gooinegee]* to ache
gwynfyd/-au (m) *[gooinvid]* bliss, paradise
y gwynfydau the beatitudes
gwyngalch (m) *[gooingalch]* whitewash
gwynnu (v) *[goouhnee]* to whiten
gwynt/-oedd (m) *[gooint]* wind, smell
gwynt y gogledd north wind
gwynto (v) *[goointo]* (SW) to smell
gwyntog (adj) *[goointog]* windy
gwyntyll/-au (f) *[goointill]* fan
gŵyr (v) *[gooeer]*
from **gwybod**
gŵyr e/hi he/she/it knows
gŵyr (pl) *[gooeer]* men, husbands
see **gŵr**
gwyrdd/-ion (adj) *[gooirdd]* green
gwyrddni (m) *[gooirddnee]* greenness
gwyrth/-iau (f) *[gooirth]* miracle
gwyrthiol (adj) *[gooirthyol]* miraculous
gwyryf/-on (f) *[gooiriv]* virgin
gwyryfol (adj) *[gooiruhvol]* virgin
gwŷs/gwysion (f) *[gooees]* summons
gwyw (adj) *[gooioo]* withered
gwywo (v) *[gooioo-o]* to wither
gyda (prep) *[guhda]* with
+A.M.; often shortened to **'da** in SW
mae llyfr gyda fi I have a book
gyda theimlad with feeling
gyda ti with you
gydag (prep) *[guhdag]* with (used before a
vowel)
Mae car gydag e He has a car
gyddfau (pl) *[guhddvaee]* necks, throats
see **gwddf**
gyferbyn (prep) *[guhverbin]* opposite
gyferbyn â'r drws opposite the door
gymnasteg (f) *[gimnasteg]* gymnastics
gynau (pl) *[guhnaee]* gowns
see **gŵn**

gynnau[1] (pl) *[guhnnaee]* guns
  see **gwn**
gynnau[2] (adv) *[guhnnaee]* just now
gynt (adv) *[gint]* formerly
gyr (v) *[gir]*
  from **gyrru** to drive
  gyr e he drives
  gyr hi she drives
  pan yrr e when he drives
gyrfa/-oedd (f) *[guhrva]* career
gyrru (v) *[guhree]* to drive
gyrrwr/gyrwyr (m) *[guhroor]* driver

NG

Mutated words beginning with **NG** derive from **G** (e.g. **ngardd** from **gardd**) so look up **G**.

H

Mutated words beginning with **H** can start with one of these vowels: **A, E, I, O, U, W, Y**. If so, look up words beginning with the second letter of the word.

had (pl) *[had]* seeds
  see **hedyn**
hadau (pl) *[hadaee]* seeds
  see **hedyn**
hadu (v) *[hadee]* to seed
haearn (m) *[haee-arn]* iron
haeddiant (m) *[haeeddyant]* merit
haeddu (v) *[haeeddee]* to deserve
hael (adj) *[haeel]* generous
haen/-au (f) *[haeen]* layer
haerllug (adj) *[haeerllig]* impudent
haf/-au (m) *[hav]* summer
  yn ystod yr haf during the summer
  haf bach mihangel Indian summer
  tŷ haf summer house
hafal (adj) *[haval]* equal
  yn hafal i +S.M. equal to

hafaliad/-au (m) *[havalyad]* equation
hafan (f) *[havan]* haven, port, harbour
hafod/-ydd/-au (f) *[havod]* summer dwelling
hagr (adj) *[hagr]* ugly, unworthy
haid/heidiau (f) *[haeed]* swarm
  haid o wenyn a swarm of bees
haint/heintiau (f) *[haeent]* disease
  ces i haint! (SW) I had a fit!
hala (v) *[hala]* to send
halen (m) *[halen]* salt
  yn werth ei halen worth his salt
hallt (adj) *[hallt]* salty, severe
  talu'n hallt to pay dearly
hambwrdd/hambyrddau (m) *[hamboordd]* tray
hamdden (f) *[hamdden]* leisure
  canolfan hamdden leisure centre
  amser hamdden spare time
hamddenol (adj) *[hamddenol]* leisurely
hances/-i (f) *[hankes]* handkerchief
haneru (v) *[haneree]* to halve
hanes/-ion (m) *[hanes]* history
  dyna hanes diddorol ! there's an interesting story !
hanesydd/haneswyr (m) *[hanesidd]* historian
hanesyddol (adj) *[hanesuhddol]* historical
hanfodol (adj) *[hanvodol]* essential, integral
  mae'n hanfodol bwysig it's vitally important
hanner/haneri (m) *[haner]* half
  mae hi'n hanner awr wedi pump it's half past five
  hanner dydd midday
  hanner nos midnight
  does dim hanner digon yma there isn't half enough here
  hanner call half mad
hap (f) *[hap]* chance
  hapchwarae game of chance
  ar hap a damwain by accident
hapus (adj) *[hapis]* happy
hapusrwydd (m) *[hapisrooeedd]* happiness
harbwr (m) *[harboor]* harbour
hardd (adj) *[hardd]* beautiful
harddwch (m) *[harddooch]* beauty, handsomeness
hau (v) *[haee]* to sow

haul/heuliau (m) *[haeel]* sun
  i bob man dan haul to everywhere
  under the sun

hawdd (adj) *[hooodd]* easy

hawl/--iau (f) *[haool]* right, claim
  mae gen i'r hawl I have the right

hawlfraint/hawlfreintiau (f) *[haoolvraeent]*
copyright

hawlio (v) *[haoolyo]* to claim
  rwy'n hawlio hanner I claim half

haws (adj) *[haoos]* easier
  haws dweud na gwneud easier said
  than done

hawsa(f) (adj) *[haoosa(v)]* easiest
  see **hawdd**

heb (prep) *[heb]* without +S.M.
  heb ddim without anything
  heb ddarllen without reading
  hebddo i, hebddot ti, hebddo fe/o,
  hebddi hi, hebddon ni, hebddoch
  chi, hebddyn nhw without me etc.

heblaw (prep) *[heblaoo]* besides
  mae dau yma heblaw amdana i
  there are two here besides me

hebog/--au (m) *[hebog]* hawk

hedyn/hadau (m) *[hedin]* seed

heddiw (adv) *[heddioo]* today

heddlu/--oedd (m) *[heddlee]* police force

heddwas/heddweision (m) *[heddooas]*
policeman

heddwch (m) *[heddooch]* peace

heddychlon (adj) *[hedduhchlon]* peaceful

heddychwr/heddychwyr (m)
[hedduhchoor] peacemaker, pacifist

hefo (prep) *[hevo]* (NW) with +A.M.

hefyd (adv) *[hefid]* also, either
  rwy'n dod hefyd I'm coming also

heibio (adv) *[he-eebyo]* past, beyond
  mae amser yn mynd heibio time
  goes by
  mynd heibio i'r car to go past the car

heidiau (pl) *[he-eedyaee]* swarms
  see **haid**

heidio (v) *[he-eedyo]* to swarm

heini (adj) *[he-eenee]* active, agile, nimble
  cadw'n heini to keep fit

heintiad (m) *[he-eentyad]* infection

heintiau (pl) *[he-eentyaee]* diseases
  see **haint**

heintio (v) *[he-eentyo]* to infect

heintus (adj) *[he-eentis]* infectious,
contagious

hel (v) *[hel]* to gather
  hel meddyliau to brood

hela (v) *[hela]* to hunt
  cŵn hela foxhounds
  hela clecs (SW) tell tales (NW=**hel**
  straeon)

helaeth (adj) *[helaeeth]* extensive

helaethu (v) *[helaeethee]* to enlarge

helbul/--on (m) *[helbil]* trouble

helbulus (adj) *[helbeelis]* troubled,
distressed

helfa/helfeydd (f) *[helva]* a catch, a hunt

heliwr/helwyr (m) *[helyoor]* huntsman

helm/--au (f) *[helm]* helmet, SHIP helm

help (m) *[help]* help, assistance

helpu (v) *[helpee]* to help

helygen/helyg (f) *[heluhgen]* willow

helynt/--ion (f) *[helint]* course, state,
trouble, fuss

hem/--iau (f) *[hem]* hem

hemio (v) *[hemyo]* to hem

hen (adj) *[hen]* old, ancient +S.M.
  hen fenyw an old woman
  wedi hen fynd gone long ago
  yr hen oesoedd remote ages
  mae hi'n hen bryd i fi fynd it's high
  time for me to go

henaidd (adj) *[henaeedd]* old-fashioned

henaint (m) *[henaeent]* old age

heneiddio (v) *[hene-eeddyo]* to grow old

henffasiwn (adj) *[henphashoon]* old-
fashioned

henffych! (int) *[henphich]* hail !

heno (adv) *[heno]* tonight

henoed (m) *[henoeed]* old age

henwr/henwyr (m) *[henoor]* old man

heol/--ydd (f) *[heol]* road

hepgor (v) *[hepgor]* to spare, to omit

her (f) *[her]* challenge

herc (f) *[herk]* hop
  herc, cam a naid hop, skip and
  jump

hercian (v) *[herkyan]* to hop, to limp, to
stutter

heresi (f) *[heresee]* heresy

herio (v) *[heryo]* to challenge

herwhela

herwhela (v) *[heroõhela]* to poach
has no other verb forms
hesg (pl) *[hesg]* sedge
het/–iau (f) *[het]* hat
heuliau (pl) *[he-eelyaee]* suns
see **haul**
heulog (adj) *[he-eelog]* sunny
mae'n heulog heddiw it's sunny today
heuwr/heuwyr (m) *[he-eeoor]* sower
hewl/–ydd (f) *[heool]* (SW) road, way
hi (pron) *[hee]* she, her, WEATHER, TIME it
ydy hi'n dod? is she coming ?
mae hi'n bwrw glaw it's raining
mae hi'n amser cychwyn it's time to start
mae hi'n bump o'r gloch it's five o'clock
y gwir amdani hi the truth about it
hidlo (v) *[hidlo]* to filter
hil (f) *[heel]* race
hindda (f) *[hindda]* fair weather
hinsawdd/hinsoddau (f) *[hinsaoodd]* climate
hir/–ion (adj) *[heer]* long
mae'n amser hir it's a long time
hiraeth (m) *[heeraeeth]* longing, nostalgia,
hiraethu (v) *[heeraeethee]* to yearn
hiraethus (adj) *[heeraeethis]* longing, home-sick
hirbell (adj) *[hirbell]* distant
o hirbell from afar
hirgrwn (adj) *[hirgroon]* oval
hirhau (v) *[heer' haee]* to lengthen
has no other verb forms
hirwyntog (adj) *[heeroointog]* longwinded
hisian (v) *[hisyan]* to hiss
hithau (pron) *[hithaee]* she, her
used for emphasis
hiwmor (m) *[hioomor]* humour
hobi/hobïau (m) *[hobee]* hobby
hoe (f) *[hoee]* spell
roedd angen hoe arno he needed a spell
hoelen/hoelion (f) *[hoeelen]* nail
taro'r hoelen ar ei phen to hit the nail on the head
hoelion wyth 'big guns'-preachers
hoelio (v) *[hoeelyo]* to nail
hofran (adj) *[hovran]* to hover

cwch hofran hovercraft
hofren(n)ydd/hofrenyddion (m)
[hovrenidd] helicopter
hoff (adj) *[hoph]* fond, dear, favourite
mae e'n hoff ohoni he's fond of her
fy ffrind hoff my dear friend
fy hoff bethau my favourite things
hoffi (v) *[hophee]* to like
hoffus (adj) *[hophis]* likeable, loveable
dyna ferch hoffus there's a lovely girl
hogi (v) *[hogee]* to sharpen
hogyn/hogiau (m) *[hogin]* (NW) lad
hongian (v) *[hongyan]* to hang
holi (v) *[holee]* to ask, to inquire
holiadur/–on (m) *[holyadir]* questionnaire
holwr/holwyr (m) *[holoor]* asker
holl (adj) *[holl]* all, whole +S.M.
yr holl bapurau all the papers
hollalluog (adj) *[hollalleeog]* almighty
holliach (adj) *[hollyach]* perfectly well
hollol (adj) (adv) *[hollol]* wholly, entirely, completely +S.M.
hollol wir completely true
yn hollol! entirely, exactly !
hollt/–au (mf) *[hollt]* slit, split
hon¹ (pron) *[hon]* this
used with f. nouns; **hwn** is used with m. nouns
y ferch hon this girl
hon² (pron) *[hon]* this
used for f. nouns; **hwn** is used for m. nouns
mae hon yn dod hefyd this one is also coming
honiad/–au (m) *[honyad]* assertion, claim
honna (pron) (f) *[hona]* that one (f)
hwnna is used for m. nouns
ydy honna'n ddrud ? is that one expensive ?
honni (v) *[honee]* to assert, to pretend, to declare
honno¹ (adj) *[hono]* that
used with f. nouns; with m. nouns use
hwnnw
y ferch honno that girl
honno² (pron) (f) *[hono]* that one
used for f. nouns; **hwnnw** is used for m. nouns
dyw honno ddim yn dwp that one

isn't dull

hormon/-au (m) *[hormon]* hormone

hosan/-au/sanau (f) *[hosan]* sock, stocking
    yn nhraed ei sanau in his stockings

hoyw/-on (adj) *[hoyoo]* homosexual, lively, gay, active

hoywon (pl) *[hoyoo-on]* homosexuals, gays
    see **hoyw**

huawdl (adj) *[heeaoodl]* eloquent

hud (m) *[heed]* magic

hudo (v) *[heedo]* to charm

hudol (adj) *[heedol]* enchanting

huddygl (m) *[hiddigl]* soot

hufen (m) *[heeven]* cream

hun(an) (pron) *[heen(an)]* self
    (fi) fy hunan myself
    (ti) dy hunan yourself
    (fe) ei hunan himself, herself
    ei het ei hun his own hat
    ar ei ben ei hun on his own
    hunan-barch self respect

hunain (pron) *[heenaeen]* selves
    (ni) ein hunain ourselves
    (chi) eich hunain yourselves
    (nhw) eu hunain themselves

hunanladdiad/-au (m) *[heenanladdyad]* suicide

hunaniaeth (f) *[hinanyaeeth]* identity
    cerdyn hunaniaeth identity card, passport

hunanoldeb (m) *[heenanoldeb]* selfishness

hunllef/-au (f) *[hinllev]* nightmare

huno (v) *[heeno]* to sleep

hurt (adj) *[hirt]* stupid, dull, stunned

hwb, hwp (m) *[hoob]* push
    rho hwp i'r drws give the door a push

hwch/hychod (f) *[hooch]* sow

hwiangerdd/-i (f) *[hooeean-gerdd]* lullaby

hwn[1] (adj) *[hoon]*
    used with m. nouns; **hon** is used with f. nouns
    y bachgen hwn this boy

hwn[2] (pron) *[hoon]* this
    used for m. nouns; **hon** is used for f. nouns
    mae hwn yn dod hefyd this one's also coming

hwnna (pron) *[hoona]* that one

used for m. nouns; **honna** is used for f. nouns
    mae hwnna'n ddiddorol that one's interesting

hwnnw[1] (adj) *[hoonoo]* that
    used with m. nouns; **honno** is used with f. nouns
    y bachgen hwnnw that boy

hwnnw[2] (pron) *[hoonoo]* that one
    used for m. nouns; **honno** is used for f. nouns
    dyw hwnnw ddim yn dwp that one isn't dull

hwnt (adv) *[hoont]* yonder
    y tu hwnt beyond

hwntw (m) *[hoontoo]* South Walian

hwren (f) *[hooren]* whore

hwter/-i (f) *[hooter]* hooter

hwy (v) *[hooee]* they, them
    see **nhw**
    maent hwy'n dod they are coming

hwy (adj) *[hooee]* longer

hwyaden/hwyaid (f) *[hooeeaden]* duck

hwyl/-iau (f) *[hooeel]* fun, sail
    mae nofio'n hwyl swimming is fun
    hwyl (fawr) goodbye
    pob hwyl best of luck
    mewn hwyliau da in a good mood
    does dim hwyl arna i heddi I'm not feeling well today
    mae'r gwynt yn chwythu i mewn i'r hwyl the wind is blowing into the sail

hwylio (v) *[hooeelyo]* to sail

hwylus (adj) *[hooeelis]* healthy, convenient, easy
    roedd y daith yn hwylus the journey was trouble free
    dydw i ddim yn teimlo'n hwylus iawn I'm not feeling very well

hwylustod (m) *[hooeelistod]* convenience

hwyr (adj) *[hooeer]* evening, late
    gyda'r hwyr in the evening
    mae e'n hwyr yn dod adref ! he's late coming home !
    fe ddaw yn hwyr neu'n hwyrach he'll come sooner or later

hwyrach[1] (adv) *[hooeerach]* perhaps
    hwyrach bod angen arian arno perhaps he needs money

hwyrach² (adj) *[hooeeurach]* later
   fe ddaw yn hwyrach he'll come later
hy (adj) *[hee]* impudent
hychod (pl) *[huhchod]* sows
   see hwch
hyblyg (adj) *[huhblig]* flexible, pliable
   mae'r oriau gwaith yn hyblyg the
   working hours are flexible
hybu (v) *[huhbee]* to promote
hyd¹/–au (m) *[heed]* length
   ar hyd along
   ar hyd glan y môr along the sea
   shore
   o hyd always
hyd² (prep) *[heed]* until, up to, along
   + S.M.
hyder (m) *[huhder]* confidence
hyderus (adj) *[huhderis]* confident
hydref (m) *[huhdrev]* autumn
Hydref (m) *[huhdrev]* October
hyddysg (adj) *[huhddisg]* learned
hyfryd (adj) *[huhvrid]* pleasant
hyfrydwch (m) *[huhvruhdooch]* delight
hyfforddi (v) *[huhphorddee]* to instruct
hyfforddwr/hyfforddwyr (m)
   [huhphorddoor] instructor, guide
hylif/–au (m) *[huhliv]* liquid
hyll (adj) *[hill]* ugly
hyn¹ (adj) *[hin]* these
   see hwn, hon; used with pl. noun
   y bechgyn hyn these boys
   y merched hyn these girls
hyn² (pron) *[hin]* this
   dyw hyn ddim yn iawn this isn't
   right
   ar hyn o bryd at the moment
hŷn (adj) *[heen]* older
   see hen
hynaf (adj) *[huhnav]* oldest
   see hen
hynafol (adj) *[huhnavol]* ancient
hynaws (adj) *[huhnaoos]* genial
hynny¹ (adj) *[huhnee]* those
   see hwnnw, honno; used with pl.
   noun
hynny² (pron) *[huhnee]* that
   o ran hynny for that matter
hyrddio (v) *[huhrddyo]* to hurl
hyrwyddo (v) *[huhrooeeddo]* to promote

nysbys (adj) *[huhsbis]* known
hysbyseb/–ion (f) *[huhsbuhseb]*
   advertisement
hysbysebu (v) *[huhsbuhsebee]* to advertize
hysbysfwrdd/hysbysfyrddau (m)
   [huhsbuhsvoordd] notice-board
hysbysiad/–au (m) *[huhsbuhsyad]*
   announcement
hysbysrwydd (m) *[huhsbuhsrooeedd]*
   information
hysbysu (v) *[huhsbuhsee]* to inform
hytrach (adv) *[huhtrach]* rather
   yn hytrach na +A.M. rather than

I

Some words beginning with **H** could derive
from **I** (e.g. hieuenctid from ieuenctid) so
look up here. Mutated words beginning with
I could derive from **G** so look up **G**.

i (prep) *[ee]*
   +S.M.
   1. to
   pum munud i un five to one
   mynd i'r dre to go to town
   2. in order to
   mynd i'r ysbyty i wella to go to the
   hospital to get better
   3. for
   chwarae i Gymru playing for Wales
   i fi or imi, i ti or iti, iddo fe/fo, iddi
   hi, i ni or inni, i chi or ichi, iddyn
   nhw
i (pron) *[ee]* me
   es i adre I went home
iâ (m) *[ee-'a]* ice
   mynydd iâ iceberg
   hufen iâ ice cream
iach (adj) *[yach]* healthy
iacháu (v) *[yach'aee]* to heal
iachus (adj) *[yachis]* healthy
iaith/ieithoedd (f) *[yaeeih]* language
   yr iaith Gymraeg the Welsh
iâr/ieir (f) *[yar]* hen
iard/–au (f) *[yard]* yard

iarll/ieirll (m) *[yarll]* earl
ias/–au (f) *[yas]* thrill
iasoer (adj) *[yasoeer]* chilly
iasol (adj) *[yasol]* thrilling
iau (adj) *[yaee]* younger
see **ifanc**
iau (m) *[yaee]* liver
Iau (m) *[yaee]* Jupiter
dydd Iau Thursday
iawn (adj) *[yaoon]* right
mae e'n iawn he's right
iawn (adv) *[yaoon]* very
da iawn very good
iawndal/–iadau *[yaoondal]* compensation
Iddew/–on (m) *[eeddeoo]* Jew
Iddewig (adj) *[eeddeooig]* Jewish
ie (adv) *[ye]* yes
iechyd (m) *[yrchid]* health
iechyd da good health
ieir (pl) *[ye-eer]* hens
see **iâr**
ieirll (pl) *[ye-eerll]* earls
see **iarll**
ieithoedd (pl) *[ye-eethoeedd]* languages
see **iaith**
ieithydd/–ion (m) *[ye-eethidd]* linguist
ienga(f) (adj) *[yenga(v)]* youngest
see **ifanc**
ieuanc (adj) *[ye-eeank]* young
ieuenctid (m) *[ye-ee-enktid]* youth
mudiad ieuenctid youth movement
ifanc (adj) *[eevank]* young
yr ifanc the young
igam-ogam (adj) *[eegamogam]* zigzag
ing/–oedd (m) *[ing]* anguish
ildio (v) *[ildyo]* to yield
ill (pron) *[eell]*
ill dau both
imperialaeth (f) *[imperyalaeeth]* imperialism
imwneiddio (v) *[imoone-eeddyo]* to immunize
inc/–iau (m) *[ink]* ink
incwm/incymau (m) *[inkoom]* income
ionc (m) *[yonk]* idiot
iorwg (m) *[yoroog]* ivy
ir (m) *[eer]* fresh, green

iro (v) *[eero]* to grease
is (pref) *[ees]*
+S.M.
is-bwyllgor sub-committee
is (adj) *[ees]* lower
see **isel**
isa(f) (adj) *[eesa(v)]* lowest
see **isel**
isel (adj) *[eesel]* low
iselder/–au (m) *[eeselder]* depression
is-etholiad/–au (m) *[eesetholyad]* by-election
is-gadeirydd/–ion (m) *[eesgade-eeridd]* vice-chairman
is-gapten/–iaid (m) *[eesgapten]* vice-captain
islaw (adv) *[eeslaoo]* below, beneath
is-lywydd/–ion (m) *[eesluhooidd]* vice-president
isod (adv) *[eesod]* below
israddol (adj) *[eesraddol]* inferior

I
J
K

J

jac (m) *[jak]* jack
jac codi baw JCB
jac-y-do (m) *[jacuh'do]* jackdaw
jam/–iau (m) *[jam]* jam
jar/–iau (f) *[jar]* jar
jêl (f) *[jêl]* jail
jeli/jeliau (m) *[jelee]* jelly
jet/–iau (m) *[jet]* jet
jîns (pl) *[jeens]* jeans
jôc/–s (f) *[jok]* joke
jocan (v) *[jokan]* – to joke
jwg/jygiau (fm) *[joog]* jug
jyngl (m) *[juhn-gl]* jungle

K

kilogram/–au (m) *['kilogram]* kilogram
kilometr/–au (m) *['kilometr]* kilometre

L

Mutated words beginning with **L** can be derived from **LL** (e.g. *law* from **llaw**) so look up **LL**.

label/–i (f) *[label]* label
labelu (v) *[labelee]* to label
labordy/labordai (m) *[labordee]* laboratory
labrwr/labrwyr (m) *[labroor]* labourer
lafant (m) *[lavant]* lavender
lamp/–au (f) *[lamp]* lamp
lan (adv) *[lan]* (SW) up
   mynd lan y mynydd to go up the mountain
   edrych lan to look up
   lan a lawr up and down
   lan llofft upstairs
lansio (v) *[lansho]* to launch
larwm/larymau (m) *[laroom]* alarm
lawnt/–iau (fm) *[laoont]* lawn
lawr (adv) *[laoor]* down
   i lawr down
   lawr staer downstairs
   mynd lawr to go down
lefel/–au (f) *[level]* level
lefn (adj) *[levn]* smooth
   see **llyfn**; used with f. noun
le(i)cio (v) *[le-eekyo]* (NW) to like
leinin (m) *[le-eenin]* lining
lem (adj) *[lem]* sharp
   see **llym**; used with f. noun
lemon/–au (m) *[lemon]* lemon
lemwn/–au (m) *[lemoon]* lemon
lens/–ys (m) *[lens]* lens
les/–i (f) *[les]* lease
letysen/letys (f) *[letuhsen]* lettuce
lico (v) *[liko]* (SW) to like
lifft/–iau (m) *[lifht]* lift
lili/liliau (f) *[lilee]* lily
litr/–au (m) *[leetr]* litre
lodes/–i (f) *[lodes]* (NW) lass
loes (f) *[loys]* pain
loetran (v) *[loeetran]* to loiter
   used ony as verb-noun
lol (m) *[lol]* nonsense
lolfa/lolfeydd (f) *[lolva]* lounge

lolian (v) *[lolyan]* to lounge, to talk nonsense
lom (adj) *[lom]* bleak
   see **llwm**; used with f. noun
lôn/lonydd (f) *[lon]* lane
lorri/loriau (f) *[loree]* lorry
losin (pl) *[loshin]* (SW) sweets
lot (f) *[lot]* lot
   lot fawr very many, very much
lwc (f) *[look]* luck
   pob lwc good luck
lwcus (adj) *[lookis]* lucky
lwmp/lympiau (m) *[loomp]* lump
lympiau (pl) *[luhmpyaee]* lumps
   see **lwmp**

LL

Mutated words beginning with **L** could be mutated from **LL**, e.g. *law* from **llaw**, so look up here.

llac (adj) *[llak]* slack
llaca (m) *[llaka]* mud
llacio (v) *[llakyo]* to slacken
llacrwydd (m) *[llakrooeedd]* slackness
llach (f) *[llach]* slash
   mae e dan y lach he's being criticized
llachar (adj) *[llachar]* bright, brilliant
Lladin (f) *[lladin]* Latin
lladmerydd/–ion (m) *[lladmeridd]* interpreter
lladrad/–au (m) *[lladrad]* theft
lladrata (v) *[lladrata]* to steal
lladron (pl) *[lladron]* thieves
   see **lleidr**
lladd (v) *[lladd]* to kill
   lladd ar rywun to criticize someone
   lladd gwair to cut grass
lladd-dy/lladd-dai (m) *[lladd-dee]* slaughter-house
lladdfa/lladdfeydd (f) *[lladdva]* killing
   roedd e'n lladdfa it was murder (ie. hard work)
llaes (adj) *[llaees]* loose, long

treiglad llaes aspirate (or spirant) mutation

llaesu (v) *[llaeesee]* to loosen
  llaesu dwylo to stop working

llaeth (m) *[llaeeth]* milk.
  see **llefrith**

llaethdy/llaethdai (m) *[llaeethdee]* dairy

llaethygen/llaethyg (f) *[llaeethuhgen]* lettuce

llafar (adj) *[llavar]* oral
  llafar gwlad everyday language

llafariad/llafariaid (f) *[llavaryaid]* vowel

llafn/–au (m) *[llavn]* blade

llafur (m) *[llavir]* labour, corn
  llafur caled hard labour
  Y Blaid Lafur The Labour Party

llafurio (v) *[llaviryo]* to labour

llafurlu (m) *[llavirlee]* work force

llafurus (adj) *[llaveeris]* laborious

llafurwr/llafurwyr (m) *[llaveeroor]* labourer

llai¹ (adj) *[llaee]* smaller, less, fewer +A.M.
  llai na +A.M. smaller than, less than, fewer than
  llai na phum mil less than five thousand
  llai na chant fewer than a hundred
  mae e'n llai na fi he's smaller than me

llai² (adv) *[llaee]* less
  llai glân less clean

llaid (m) *[llaeed]* mud

llain/lleiniau (f) *[llaeen]* strip of land
  llain griced cricket strip

llais/lleisiau (f) *[llaees]* voice

llaith (adj) *[llaeeth]* damp

llall (pron) *[llall]* other
  y llall the other
  y naill a'r llall both the one and the other

llam/–au (m) *[llam]* leap

llamu (v) *[llamee]* to jump

llan/–nau (f) *[llan]* church
  used in many place names

llanc/–iau (m) *[llank]* youth

llances/–i (f) *[llankes]* young woman

llanw (m) *[llanoo]* tide, full tide
  llanw a thrai full tide and ebb
  penllanw high tide

llanw (v) *[llanoo]* to fill

llath/–au (f) *[llath]* yard

llathen/–ni (f) *[llathen]* yard

llau (pl) *[llaee]* lice
  see **lleuen**

llaw/dwylo (f) *[llaoo]* hand
  hen law an old hand
  ail law second hand
  llaw dde right hand
  llaw chwith left hand
  ar y naill law... ar y llaw arall on the one hand... on the other hand

llawen (adj) *[llaooen]* happy

llawenhau (v) *[llaooen'haee]* to rejoice

llawenydd (m) *[llaooenidd]* joy

llawer¹ (m) *[llaooer]* many
  llawer o bobl many people

llawer² (adv) *[llaooer]*
  ers llawer dydd a long time ago

llawer³ (adv) *[llaooer]*
  llawer iawn very many

llawes/llewys (f) *[llaooes]* sleeve

llawfeddyg/–on (m) *[llaooveddig]* surgeon

llawfeddygaeth (f) *[llaoovedduhgaeeth]* surgery

llawfeddygol (adj) *[llaoovedduhgol]* surgical

llaw-fer (f) *[llaoo'ver]* shorthand

llawlyfr/–au (m) *[llaoouhvr]* handbook

llawn¹ (adj) *[llaoon]* full
  tŷ llawn a full house
  llawn o bobl full of people
  llawn cerrig full of stones
  llawn hwyl full of fun
  dyw e ddim llawn llathen he's not all there

llawn² (adv) *[llaoon]* quite
  llawn digon quite enough

llawr/lloriau (m) *[llaoor]* floor
  llawr cyntaf first floor
  llawr gwaelod ground floor
  ail lawr second floor

llawysgrif/–au (f) *[llaoouhsgriv]* manuscript

llawysgrifen (f) *[llaoouhsgreeven]* handwriting

lle/–oedd/–fydd (m) *[lle]* place
  yn lle rhywun instead of someone
  yn y fan a'r lle in the very place

L
LL

lle da i fod a good place to be
lle tân fire place
llechen/llechi (f) *[llechen]* slate
llechi (pl) *[llechee]* slates
  see **llechen**
  chwarel lechi slate quarry
llechu (v) *[llechee]* to hide, to lurk
llechwedd/–au (m) *[llechooedd]* slope
llechwraidd (adj) *[llechooraeedd]* stealthy
lled[1] (m) *[lled]* width
  dweud ar led GOSSIP to spread
  ar hyd ac ar led everywhere
  lledled y byd in all parts of the world
lled[2] (adv) *[lled]* quite, rather
  lled dda quite good
lledaenu (v) *[lledaeenee]* to spread
lleden (f) *[lleden]* plaice
llediaith (f) *[lledyaeeth]* foreign accent
lledr (m) *[lledr]* leather
lledrith (m) *[lledrith]* magic
  byd hud a lledrith world of magic
  and mystery
lledu (v) *[lledee]* to spread
lleddf (adj) *[lleddv]* sad
  y cywair lleddf MUSIC the minor key
lleddfu (v) *[lleddvee]* to soothe
  lleddfu poen to soothe pain
llef/–au (f) *[llev]* cry
llefain (v) *[llevaeen]* to cry
llefaru (v) *[llevaree]* to speak
llefrith (m) *[llevrith]* (NW) milk
  see **llaeth**
lleng/–oedd (f) *[lleng]* legion
  Y Lleng Brydeinig The British
  Legion
lleia(f) (adj) *[lle-eea(v)]* lesser, least,
  smaller, smallest
  lleiaf oll least of all
  y peth lleiaf the smallest thing
  o'r ddau, fe yw'r lleiaf of the two,
  he is the smaller
  o leiaf at least
lleiafrif/–oedd (m) *[lle-eeavriv]* minority
  lleiafrifoedd ieithyddol linguistic
  minorities
lleian/–od (f) *[lle-eean]* nun
lleiandy/lleiandai (m) *[lle-eeandee]*
  nunnery
lleidiog (adj) *[lle-eedyog]* muddy

lleidr/lladron (m) *[lle-eedr]* thief
lleied (adj) *[lle-ee-ed]*
  see **bach**
  cyn lleied so/as little, so/as few
lleihau (v) *[lle-ee'haee]* to decrease
lleill (pron) *[lle-eell]* others
  see **llall**
  y lleill the others
lleiniau (pl) *[lle-eenyaee]* strips of land
  see **llain**
lleisiau (pl) *[lle-eesyaee]* voices
  see **llais**
lleisio (v) *[lle-eeyo]* to voice
  lleisio barn to voice an opinion
lleithder (m) *[lle-eethder]* damp
llen/–ni (f) *[llen]* curtain
  agorwch y llenni close the curtains
  caewch y llenni draw the curtains
llên (f) *[llen]* literature
llencyndod (m) *[llenkuhndod]* adolescence
llên-ladrad (m) *[llenladrad]* plagiarism
llenor/–ion (m) *[llenor]* literary figure
llenwi (v) *[llenooee]* to fill
llenydda (v) *[llenuhdda]* to write literature
llenyddiaeth/–au (f) *[llenuhddyaeeth]*
  literature
llenyddol (adj) *[llenuhddol]* literary
lleol (adj) *[lleol]* local
lleoli (v) *[lleolee]* to locate
lleoliad/–au (m) *[lleolyad]* location
lles (m) *[llehs]* benefit
  y wladwriaeth les the welfare state
  neuadd les welfare hall
  gwneud lles i rywun to benefit
  someone
  ddaw dim lles ohono fe no good
  will come of him/it
llesg (adj) *[llesg]* sluggish
llesgedd (m) *[llesgedd]* languor
llesmair/–au (m) *[llesmaeer]* faint, swoon
llesol (adj) *[llesol]* beneficial
llesteirio (v) *[lleste-eeryo]* to hinder
llestr/–i (m) *[llestr]* dish
  golchi'r llestri to wash the dishes
lleta(f) (adj) *[lleta(v)]* widest
  see **llydan**
lletach (adj) *[lletach]* wider
  see **llydan**
llety/–au (m) *[lletee]* lodging

lletya (v) *[lletee-a]* to lodge

lletygarwch (m) *[lleteegarooch]* hospitality

llethol (adj) *[llethol]* overwhelming, oppressive
    gwres llethol overwhelming heat

llethr/-au (fm) *[llethr]* slope

llethu (v) *[llethee]* to oppress, to crush

lleuad/-au (f) *[lle-eead]* moon
    lleuad lawn full moon

llew/-od (m) *[lleoo]* lion
    dant y llew dandelion

llewes/-au (f) *[lleooes]* lioness

llewyg (m) *[lleooig]* faint

llewygu (v) *[lleoouhgee]* to faint

llewyrch (m) *[lleooirch]* brightness, prosperity

llewyrchus (adj) *[lleoouhrchis]* prosperous

llewys (pl) *[lleoois]* sleeves
    see **llawes**

lleygwr/lleygwyr (m) *[lle-eegoor]* layman

lliain/llieiniau (m) *[lleeaeen]* linen, cloth
    lliain sychu cloth for wiping

llid (m) *[lleed]* wrath, inflammation
    llid yr ymennydd meningitis
    llid yr ysgyfaint pneumonia

llidiart/llidiardau (fm) *[llidyart]* gate

llidus (adj) *[lleedis]* inflamed

llieiniau (adj) *[llee-e-eenyae]* cloths, linens
    see **lliain**

llif/-iau (f) *[lleev]* saw

llif (m) *[lleev]* flow

llifogydd (pl) *[lleevogidd]* flood

llifddor/-au (f) *[lleevddor]* floodgate

llifeiriant/llifeiriaint (m) *[lleeve-eeryant]* flood

llifeirio (v) *[lleeve-eeryo]* to stream

llifio (v) *[llivyo]* to saw

llifo (v) *[lleevo]* to flow, to dye

llifolau/llifoleuadau (m) *[lleevolaee]* floodlight

llinach/-au (f) *[lleenach]* lineage

llinell/-au (f) *[lleenell]* line

llinellwr/llinellwyr (m) *[lleenelloor]* linesman

lliniaru (v) *[llinyaree]* to soothe

llinos/-od (f) *[lleenos]* linnet

llinyn/-nau (m) *[lleenin]* cord

llinynnol (adj) *[llinuhnol]* stringed
    offerynnau llinynnol stringed

instruments

llipa (adj) *[llipa]* limp

llipryn/-nod (m) *[lliprin]* weakling

llithren/-nau (f) *[llithren]* slide

llithrig (adj) *[llithrig]* slippery, fluent
    Cymraeg llithrig fluent Welsh

llithro (v) *[llithro]* to slip

lliw/-iau (m) *[llioo]* colour
    daeth liw dydd he came by day
    daeth liw nos he came by night

lliwdall (adj) *[llioоddall]* colour-blind

lliwgar (adj) *[llisagar]* colourful

lliwio (v) *[lliooyo]* to colour

llo/-i (m) *[llo]* calf

lloches/-au (f) *[lloches]* refuge

llochesu (v) *[llochesee]* to harbour

llodrau (pl) *[llodraee]* (NW) trousers

lloeren/-au (f) *[lloeeren]* satellite
    teledu lloeren satellite television

lloergan (m) *[lloeergan]* moonlight

lloerig (adj) *[lloeerig]* lunatic

llofnod/-ion (m) *[llovnod]* signature

llofnodi (v) *[llovnodee]* to sign

llofrudd/-ion (m) *[llovridd]* murderer

llofruddio (v) *[llovriddyo]* to murder

llofruddiaeth/-au (f) *[llovriddyaeethaee]* murder

lloffion (pl) *[llophyon]* gleanings
    llyfr lloffion scrap book

llofft/-ydd (f) *[llopht]* bedroom, upstairs
    lan llofft upstairs

llog/-au (m) *[llog]* FINANCE interest
    cyfradd llog rate of interest

llogell/-au (f) *[llogell]* (NW) pocket

llogi (v) *[llogee]* to hire

llong/-au (f) *[llong]* ship

llongddrylliad/-au (m) *[llongddruhllyad]* shipwreck

llongwr/llongwyr (m) *[llongur]* sailor

llon (adj) *[llon]* merry

llond (m) *[llond]* -ful
    llond llaw handful

llongyfarch (v) *[llonguhvarch]* to congratulate

llongyfarchiad/-au (m) *[llonguhvarchyad]* congratulation
    llongyfarchiadau congratulations

llonni (v) *[llonee]* to cheer

llonnod/llonodau (m) *[llonnod]* MUSIC sharp

llonydd (adj) *[llonidd]* still, calm

llonyddu (v) *[llonuhddee]* to calm

llonyddwch (m) *[llonuhddooch]* calm, stillness

lloriau (pl) *[lloryaee]* floors
see **llawr**

llorio (v) *[lloryo]* to floor
cafodd e ei lorio he was floored

llorweddol (adj) *[llorooeddol]* horizontal

llosg (adj) *[llosg]* burnt

llosgach (m) *[llosgach]* incest

llosgfynydd/–oedd (m) *[llosgvuhnidd]* volcano

llosgi (v) *[llosgee]* to burn

llu/–oedd (m) *[llee]* host
llu o bobl a crowd of people

llucheden/lluched (f) *[llicheden]* (SW) lightening

lluchio (v) *[llichyo]* to throw

lludw (m) *[llidoo]* ashes

lluddedig (adj) *[lliddedig]* tired

llugoer (adj) *[lligoer]* lukewarm

llumanwr/**llumanwyr** (m) *[llimanoor]* linesman

llun/–iau (m) *[lleen]* picture
tynnu llun to draw a picture

Llun (m) *[lleen]* Monday
dydd Llun (on) Monday
nos Lun Monday night
ar ddydd Llun on Mondays

lluniad/–au (m) *[llinyad]* drawing

lluniaidd (adj) *[llinyaeedd]* graceful

llunio (v) *[llinyo]* to draw, to form

llunnir (v) *[llinir]* is formed
from **llunio**

lluosi (v) *[lleeosee]* to multiply

lluosog (adj) *[lleeosog]* plural, numerous

lluosogi (v) *[lleeosogee]* to multiply

llus (pl) *[llees]* winberries

llusern/–au (f) *[lleesern]* lamp

llusgo (v) *[llisgo]* to drag

llw/–on (m) *[lloo]* oath
ar fy llw on my oath

llwch (m) *[llooch]* dust

llwfr (adj) *[lloovr]* cowardly

llwgr (adj) *[lloogr]* corrupt

llwgrwobrwyo (v) *[lloogroo-obrooeeo]* to bribe

llwgu (v) *[lloogee]* to starve

llwm (adj) *[lloom]* poor

lom is used with f. nouns

llwnc (m) *[llwnk]* throat, swallow
mae llwnc tost arna i I've got a sore throat

llwncdestun/–au (m) *[lloonkdestin]* DRINK toast

llwy/–au (f) *[llooee]* spoon
llwy de tea spoon
llwy gawl soup spoon

llwyaid (f) *[llooeeaeed]* spoonful

llwybr/–au (m) *[llooeebr]* path
llwybr cyhoeddus public footpath

llwyd (adj) *[llooeed]* grey

llwydni (m) *[llooeednee]* mildew

llwydo (v) *[llooeedo]* to turn grey, to become mouldy

llwydrew (m) *[llooeedreoo]* frost

llwyddiant/llwyddiannau (m) *[llooeeddyant]* success

llwyddiannus (adj) *[llooeeddyanis]* successful

llwyddo (v) *[llooeeddo]* to succeed

llwyfan/–nau (f) *[llooeevan]* stage

llwyfannu (v) *[llooeevanee]* to stage

llwyfen/llwyf (f) *[llooeeven]* elm

llwyn/–i (m) *[llooeen]* bush

llwynog/–od (m) *[llooeenog]* fox

llwyr, yn (adv) *[uhn llooeer]* completely, entirely
cytuno'n llwyr to agree entirely
wedi gwella'n llwyr completely cured

llwyrymatal (v) *[llooeeruhmatal]* to abstain completely

llwyth/–au (m) *[llooeth]* tribe

llwyth/–i (m) *[llooeth]* load

llwytho (v) *[llooeetho]* to load

llwythog (adj) *[llooeethog]* burdened

llychlyd (adj) *[lluhchlid]* dusty

llydan/llydain (adj) *[lluhdan]* wide

llydanu (v) *[lluhdanee]* to broaden

llyfn/–ion (adj) *[llivn]* smooth
lefn used with f. nouns

llyfnhau (v) *[lluhn'haee]* to smooth, to level

llyfr/–au (m) *[lluhvr]* book

llyfrgell/–oedd (f) *[lluhvrgell]* library
llyfrgell y dre town library
llyfrgell gyhoeddus public library

llyfrgellydd/llyfrgellwyr (m) *[lluhvrgellidd]* librarian

llyfryn/–nau (m) *[lluhvrin]* booklet

llyfu (v) *[lluhvee]* to lick

llyffant/–od (m) *[lluhphant]* toad

llygad/llygaid (m) *[lluhgad]* eye

   llygad dyst eye witness

   llygad du black eye

llygadu (v) *[lluhgadee]* to eye

llygoden/llygod (f) *[lluhgoden]* mouse

   llygoden Ffrengig rat

   llygoden fawr rat

llygredig (adj) *[lluhgredig]* corrupt

llygredd (m) *[lluhgredd]* corruption

llygru (v) *[lluhgree]* to corrupt

llynges/–au (f) *[lluhnges]* navy

llyngyren/llyngyr (f) *[lluhnguhren]* tape-worm

llym/ ion (adj) *[llim]* sharp, severe

   lem used with f. nouns

llymeitian (v) *[lluhme-eetyan]* to sip (an alcoholic drink)

llymion (adj) *[lluhmyon]* poor, sharp, severe

   see **llwm** and **llym**; used with pl. noun

llyn/–noedd (m) *[llin]* lake

llynciad/–au (m) *[lluhnkyad]* gulp

llyncu (v) *[lluhnkee]* to swallow

llynedd (f) *[lluhnedd]* last year

   y llynedd last year

llyo (v) *[lleeo]* (SW) to lick

llys/–oedd (m) *[llees]* court

   llys barn law court

   llys y goron crown court

   llys ynadon magistrates court

llysenw/–au (m) *[lleesenoo]* nickname

llysfam/–au (f) *[lleesvam]* step-mother

llysfwytâwr/llysfwytawyr (m) *[lleesvooeetaoor]* vegetarian

llysgenhadaeth/llysgenadaethau (f) *[lleesgenhadaeth]* embassy

llysgennad/llysgenhadon (m) *[lleesgenad]* ambassador

llysiau (pl) *[lluhsyaee]* vegetables

llystad/–au (m) *[lleestad]* step-father

llythrennog (adj) *[lluhthrenog]* literate

llythyr/–au/–on (m) *[lluhthir]* letter

llythyrdy/llythyrdai (m) *[lluhthuhrdee]* post office

llythyren/llythrennau (f) *[lluhthuhren]* letter

llyw/–iau (m) *[llioo]* steering wheel, helm

llywaeth (adj) *[lluhooaaeth]* tame

llywio (v) *[lliooyo]* to steer

llywodraeth/–au (f) *[lluhoo-odraeeth]* government

llywodraethol (adj) *[lluhoo-odraeethol]* governing

llywodraethu (v) *[lluhoo-odraeethee]* to govern

   corff llywodraethu governing body

llywodraethwr/llywodraethwyr (m) *[lluhoo-odraeethoor]* governor

llywydd/–ion (m) *[lluhooidd]* president

   llywydd y blaid president of the party

llywyddu (v) *[lluhoouhddee]* to preside

M

Mutated words beginning with **M** could be derived from **B** (e.g. **maban** from **baban**) and **P** (e.g. **mhen** from **pen**) so look up **B** and **P**. Mutated words beginning with **F** could be derived from **M** (e.g. **fab** from **mab**) so look up here.

mab/meibion (m) *[mab]* son, boy

mabinogi (m) *[mabinogee]* early Welsh tales

mabolgampau (pl) *[mabolgampaee]* sports

mabsant (m) *[mabsant]* patron saint

   gŵyl mabsant festival of patron saint

mabwysiadu (v) *[mabooeesyadee]* to adopt

macsu (v) *[maksee]* to brew

macyn/–nau (m) *[makin]* handkerchief

machlud[1] (m) *[machlid]* sunset

machlud[2] (v) *[machlid]* SUN to set

madam (f) *[madam]* madam

   annwyl fadam dear madam

madarchen/madarch (f) *[madarchen]* mushroom

maddau (v) *[maddaee]* to forgive

maddeuant (m) *[madde-eeant]* forgiveness

mae (v) *[maee]* is

   from **bod** to be

mae hi'n dod she is coming

maen/meini (m) *[maeen]* stone

maer/meiri (m) *[maeer]* mayor

maeres/–au (f) *[maerees]* mayoress

maes/meysydd (m) *[maees]* field

   maes llafur syllabus

   maes o law shortly

   mas out

maestref/–i (f) *[maeestrev]* suburb

maesu (v) *[maeesee]* to field

maeth (m) *[maeeth]* nutrition

maethlon (adj) *[maeethlon]* nourishing

mafon (pl) *[mavon]* raspberries

magnet/–au (m) *[magnet]* magnet

magu (v) *[magee]* to rear, to breed

   magu plant to bring up children

mai (conj) *[maee]* that

   mae e'n gwybod **mai** fe sy'n iawn
he knows that he is right

Mai (m) *[maee]* May

   mis Mai month of May

   calan Mai May 1st

main (adj) *[maeen]* thin

mainc/meinciau (f) *[maeenk]* bench

maint/meintiau (f) *[maeent]* size

maip (pl) *[maeep]* turnips
see **meipen**

maith/meithion (adj) *[maeeth]* long

   amser maith a long time

malais (m) *[malaees]* malice

maldod (m) *[maldod]* the act of pampering

maldodi (v) *[maldodee]* to pamper

maleisus (adj) *[male-eesis]* malicious

malio (v) *[malyo]* (NW) to heed

   pwy sy'n malio? who cares?

malu (v) *[malee]* to grind

   malu awyr to talk nonsense

malwoden/malwod (f) *[maloo-oden]* snail

mam/–au (f) *[mam]* mother

mam-gu/mamau cu (f) *[mam'gee]* (SW) grandmother

mamiaith/mamieithoedd (f) *[mamyaeeth]* mother tongue

man/–nau (fm) *[man]* place, spot

   ymhobman everywhere

   man a man i ni fynd we might as well go

   yn y fan a'r lle in the very place

   man gwyn man draw the grass is greener on the other side

   yn y man shortly

   fan hyn here

mân (adj) *[man]* small, minute

   glaw mân drizzle

   glo mân small coal

   mân siarad small talk

maneg/menig (f) *[maneg]* glove

manion (pl) *[manyon]* small items

mans (m) *[mans]* manse

mantais/manteision (f) *[mantaees]* advantage

manteisiol (adj) *[mante-eesyol]* advantageous

mantell/mentyll (f) *[mantell]* mantle

mantol/–ion (f) *[mantol]* balance

   yn y fantol in the balance

mantolen/–ni (f) *[mantolen]* balance sheet

manwl (adj) *[manool]* detailed, exact

   yn fanwl in detail

manylyn/manylion (m) *[manuhlin]* detail

map/–iau (m) *[map]* map

marc/–iau (m) *[mark]* mark

Marcsydd/Marcswyr (m) *[marksidd]* Marxist

march/meirch (f) *[march]* stallion

marchnad/–oedd (f) *[marchnad]* market

marchnata (v) *[marchnata]* to trade

marchog/–ion (m) *[marchog]* horse rider

margarin (m) *[marga'reen]* margarine

marmalêd (m) *[marma'led]* marmalade

marmor (m) *[marmor]* marble

mart (m) *[mart]* mart

marw[1]/meirw/meirwon (m) *[maroo]* dead

marw[2]/meirw (adj) *[maroo]* dead

marw[3] (v) *[maroo]* to die
has no other verb forms

   mae hi wedi marw she is dead

   bu(odd) hi farw she died

marwnad/–au (f) *['maroonad]* elegy

marwol (adj) *[maroo-ol]* deadly

marwolaeth/–au (f) *[maroo-olaeeth]* death

mas (adv) *[mas]* (SW) out

   mynd mas to go out

masgl/–au (m) *[masgl]* shell

masnach/–au (f) *[masnach]* trade

   y fasnach lyfrau the book trade

masnachol (adj) *[masnachol]* commercial

masnachu (v) *[masnachee]* to trade

masnachwr/masnachwyr (m) *[masnachoor]* trader

mast/–iau (m) *[mast]* mast

maswr/maswyr (m) *[masoor]* outside-half

mat/–iau (m) *[mat]* mat

mater/–ion (m) *[mater]* matter

materol (adj) *[materol]* materialistic

matras/matresi (m) *[matras]* mattress

math/–au (m) *[math]* kind
　pa fath? +S.M. what kind of?
　pa fath beth? what kind of thing?
　pa fath o? what kind of?
　yr un fath the same

mathemateg (m) *[mathemateg]* mathematics

mawl (m) *[maool]* praise

mawn (m) *[maoon]* peat

mawr/–ion (adj) *[maoor]* big

mawredd (m) *[maooredd]* greatness

mawrhydi (m) *[maoorhuhdee]* majesty
　her highness ei mawrhydi
　his highness ei fawrhydi

Mawrth (m) *[maoorth]* Mars, March, Tuesday
　dydd Mawrth (on) Tuesday
　mis Mawrth month of March
　nos Fawrth Tuesday night
　prynhawn Mawrth Tuesday afternoon
　ar ddydd Mawrth on Tuesdays

mecaneg (f) *[mekaneg]* mechanics

mecanyddol (adj) *[mekanuhddol]* mechanical

medal/–au (fm) *[medal]* medal

medi (v) *[medee]* to reap

Medi (m) *[medee]* September
　mis Medi month of September

medr/–au (m) *[medr]* skill

medru (v) *[medree]* to be able to
　medru'r Gymraeg to be able to speak Welsh

medd[1] (m) *[medd]* mead

medd[2] (v) *[medd]* he/she says, he/she said

meddai (v) *[meddaee]* he/she was saying

meddal (adj) *[meddal]* soft

meddalu (v) *[meddalee]* to soften

medden (v) *[medden]*
　medden ni we said
　medden nhw they said

meddiannol (adj) *[meddyannol]* possessive

meddiannu (v) *[meddyannee]* to possess

meddiant/meddiannau (m) *[meddyant]* possession
　yn ei feddiant in his possession

meddu (v) *[meddee]* to possess
　meddu ar rywbeth to possess something

meddw[1]/–on (adj) *[meddoo]* drunk

meddw[2]/–on (m) *[meddoo]* drunkards

meddwdod (m) *['meddoodod]* drunkenness

meddwi (v) *[meddooee]* to get drunk

meddwl/meddyliau (m) *[meddool]* mind

meddwl[1] (v) *[meddool]* to think
　beth mae e'n 'feddwl? what does it mean?

meddwn (v) *[meddoon]*
　meddwn ni we say
　meddwn i i said

meddwol (adj) *[meddoo-ol]* intoxicating
　diod feddwol intoxicating drink

meddwyn/meddwon (m) *[meddooin]* drunkard

meddyg/–on (m) *[meddig]* doctor

meddygaeth (f) *[medduhgaeeth]* medicine

meddygfa/meddygfeydd (f) *[medduhgva]* surgery

meddyginiaeth/–au (f) *[medduhginyaeeth]* medicine, remedy

meddygol (adj) *[medduhgol]* medical

meddylgar (adj) *[medduhlgar]* thoughtful

meddyliwr/meddylwyr (m) *[medduhlyoor]* thinker

mefusen/mefus (f) *[mevisen]* strawberry

megis (conj) *[megis]* as
　megis maen nhw'n gwneud yn Ffrainc as they do in France

megis (prep) *[megis]* as, like
　megis ddoe like yesterday

Mehefin (m) *[mehevin]* June
　mis Mehefin the month of June

meibion (pl) *[me-eebyon]* boys, sons
　see **mab**

meic/–iau (m) *[me-eek]* microphone

meiddio (v) *[me-eeddyo]* to dare

meim/–iau (fm) *[me-eem]* mime

meimio (v) *[me-eemyo]* to mime

meinciau (pl) *[me-eenkyaee]* benches

see **mainc**

meindio (v) *[me-eendyo]* to mind
  dw i ddim yn meindio I don't mind
  meindia dy fusnes mind your own
  business

meini (pl) *[me-eenee]* stones
see **maen**

meintiau (pl) *[me-eentyae]* sizes
see **maint**

meipen/maip (f) *[me-eepen]* turnip

meirch (pl) *[me-eerch]* stallions
see **march**

meiri (pl) *[me-eeree]* mayors
see **maer**

meirioli (v) *[me-eeryolee]* to thaw

meirw¹ (pl) *[me-eeroo]* dead
see **marw¹**

meirw² (adj) *[me-eeroo]* dead
see **marw²**; used with pl. noun
  cyrff meirw dead bodies

meirwon (pl) *[me-eeroo-on]* dead
see **marw¹**

meistr/-i (m) *[me-eestr]* master

meistres/-au (f) *[me-eestres]* mistress

meistrolaeth (f) *[me-eestrolaeeth]* mastery

meistrolgar (adj) *[me-eestrolgar]* masterly

meistroli (v) *[me-eestrolee]* to master
  cwrs meistroli master class

meitin, ers (m) *[ers me-eetin]* a while ago

meithion (adj) *[me-eethyon]* long
see **maith**; used with pl. noun
  oriau meithion long hours

meithrin (v) *[me-eethrin]* nursery
  ysgol feithrin nursery school
  Mudiad Ysgolion Meithrin Welsh
  playgroup movement

meithrinfa/meithrinfeydd (f)
[me-eethrinva] nursery, crèche

mêl (m) *[mel]* honey

melan (f) *[melan]* melancholia

melfed (adj) *[melved]* velvet

melin/-au (f) *[melin]* mill

melinydd/melinwyr (m) *[meleenidd]* miller

melodi/melodïau (f) *[melodee]* melody

melodrama (f) *[melodrama]* melodrama

melon/-au (m) *[melon]* melon

melyn/-ion (adj) *[melin]* yellow
  clefyd melyn jaundice

melynu (v) *[meluhnee]* to become yellow

melynwy (m) *[meluhnooee]* yolk of egg

melys (adj) *[melis]* sweet

melysion (pl) *[meluhsyon]* NW sweets

melyster (m) *[meluhster]* sweetness

melysu (v) *[meluhsee]* to sweeten

mellten/mellt (f) *[mellten]* lightening

melltigedig (adj) *[melltigedig]* cursed

melltithio (v) *[melltithyo]* to curse

mên (adj) *[men]* mean

mendio (v) *[mendyo]* to mend

menig (pl) *[menig]* gloves
see **maneg**

menter/mentrau (f) *[menter]* venture

mentro (v) *[mentro]* to venture

mentyll (pl) *[mentill]* mantles
see **mantell**

menyn (m) *[menin]* butter

menyw/-od (f) *[menioo]* woman

merch/-ed (f) *[merch]* girl, daughter

Mercher (m) *[mercher]* Mercury,
Wednesday
  dydd Mercher Wednesday
  nos Fercher Wednesday night
  prynhawn Mercher Wednesday
  afternoon

mercheta (v) *[mercheta]* to womanize

merchetaidd (adj) *[merchetaeedd]*
effeminate

merlota (v) *[merlota]* to go pony-trekking

merlyn/merlod (m) *[merlin]* pony

merthyr/-on (m) *[merthir]* martyr

mesen/mes (f) *[mesen]* acorn

mesur/-iadau (m) *[mesir]* measure

mesur²/-au (m) *[mesir]* PARLIAMENT bill

mesur³ (v) *[mesir]* to measure

metel/-au (m) *[metel]* metal

metr/-au (m) *[metr]* metre
  can metr hundred metres

methu (v) *[methee]* to fail

mewn (prep) *[meoon]* in
  used with indefinite words; **yn** is used
  with definite words e.g. **yn y car** in
  the car
  mewn car in a car
  i mewn i into

mewnforio (v) *[meoonvoryo]* to import

mewnfudwr/mewnfudwyr (m)
[meoonveedoor] immigrant

mewnol (adj) *[meoonol]* internal

M

mewnwr/mewnwyr (m) *[meoonoor]* scrum-half, inside-forward

meysydd (pl) *[me-eesidd]* fields see **maes**

mi[1] (pron) *[mee]* me
  i mi to me

mi[2] (particle) *[nee]*
  +S.M.; affirms verb
  mi welais i I saw

migwrn/migyrnau (m) *[meegoorn]* ankle

mil/-oedd (num) *[meel]* thousand
  dwy fil two thousand
  un fil naw cant naw deg naw 1999

milfed (ord) *[milved]* thousandth

milfeddyg/-on (m) *[meelveddig]* veterinary surgeon

milgi/milgwn (m) *[milgee]* greyhound

milimetr/-au (m) *[milimetr]* millimetre

miliwn/miliynau (num) (f) *[milyoon]* million
  dwy filiwn two million(s)

miliwnydd, miliynydd/miliynyddion (m) *[milyuhnidd]* millionaire

miliynfed (ord) *[milyuhnved]* millionth

milwr/milwyr (m) *[meeloor]* soldier

milwrol (adj) *[miloorol]* military

milltir/-oedd (f) *[milltir]* mile

min (m) *[meen]* edge, point

miniog (adj) *[minyog]* sharp

minlliw (m) *[minllioo]* lipstick

minnau (pron) *[minaee]* I also

miri (m) *[miree]* merriment, fun

mis/-oedd (m) *[mees]* month
  mis bach February

misol (adj) *[meesol]* monthly

miwsig (m) *[mioosig]* music

mo (prep) *[mo]* not, nothing of from **dim o**; +S.M. with nouns
  welais i mo fe, welais i mono fe I did not see him
  chafodd hi mo lyfr Delyth she did not have Delyth's book
  mono i, monot ti, mono fe/fo, moni hi, monon ni, monoch chi, monyn nhw

mochyn/moch (m) *[mochin]* pig

model/-au (m) *[model]* model

modern (adj) *[modern]* modern

modfedd/-i (f) *[modvedd]* inch

modrwy/-au (f) *[modrooee]* ring

modryb/-edd (f) *[mudrib]* aunt

modur/-on (m) *[modir]* motor, car

modurdy/modurdai (m) *[modirdee]* garage

modurwr/modurwyr (m) *[modeeroor]* motorist

modd/-ion (m) *[modd]* manner, means

moddion (pl) *[moddyon]* medicine

moel (adj) *[moeel]* bare, bald

moel (f) *[moeel]* hill

moelni (m) *[moeelnee]* bareness

moecol (adj) *[moeeol]* moral

moeth/-au (m) *[moeeth]* luxury

moethus (adj) *[moeethis]* luxurious

moethusrwydd (m) *[moeethisrooeedd]* luxury

mogi (v) *[mogee]* to suffocate

moli (v) *[molee]* to praise

moment/-au (f) *[moment]* moment
  ar y foment at the moment

môr/moroedd (m) *[mor]* sea

mor (adv) *[mor]* so
  +S.M. except for **ll** and **rh**
  mor goch â +A.M. as red as
  mor llawen as/so happy
  mor rhad as/so cheap

morfa/morfeydd (m) *[morva]* fen

morfil/-od (m) *[morvil]* whale

morgais/morgeisiau (m) *[morgaees]* mortgage

morgrugyn/morgrug (m) *[morgreegin]* ant

morio (v) *[moryo]* to travel by sea

môr-leidr/môr-ladron (m) *[mor' le-eedr]* pirate

morlo/-i (m) *[morlo]* seal

morthwyl/-ion (m) *[morthooeel]* hammer

morthwylio (v) *[morthooeelyo]* to hammer

morwr/morwyr (m) *[moroor]* sailor

morwyn/morynion (f) *[morooeen]* maid, maiden, virgin

mud/-ion (m) *[meed]* dumb
  mud a byddar deaf and dumb

mudiad/-au (m) *[midyad]* SOCIETY movement

mul/-od (m) *[meel]* donkey

munud/-au (f) (SW), (m) (NW) *[minid]* TIME minute

mur/-iau (m) *[meer]* wall

mwd (m) *[mood]* mud

mwg (m) *[moog]* smoke

mŵg/mygiau (m) *[moog]* mug

mwgwd/mygydau (m) *[moogood]* mask

mwll (adj) *[mooll]* WEATHER sultry, close

mwmian (v) *[moomyan]* to hum, to mumble

mwnci/mwncïod (m) *[moonkee]* monkey

mwsogl (m) *[moosogl]* moss

mwstard (m) *[moostard]* mustard

mwstro (v) *[moostro]* to get a move on

mwy (adj) *[mooee]* more
   mae e'n fwy na digon it's more than enough

mwy (adv) *[mooee]* more
   mwy prydferth more beautiful
   dyw e ddim yn dod yma mwyach he doesn't come here any more

mwyafrif/–au/–oedd (m) *[mooeeavriv]* majority
   yn y mwyafrif in the majority

mwyalchen/mwyalch (f) *[mooeealchen]* blackbird

mwyaren/mwyar (f) *[mooeearen]* blackberry

mwydyn/mwydod (m) *[mooeedin]* worm

mwyn[1]/–au (m) *[mooeen]* ore
   mwyn haearn iron ore

mwyn[2] (m) *[mooeen]* sake
   er mwyn popeth for goodness' sake
   er mwyn dyn for goodness' sake
   er mwyn Cymru for the sake of) Wales

mwyn[3] (adj) *[mooeen]* gentle, mild

mwyngloddio (v) *[mooeenglodyo]* to mine

mwynhad (m) *[mooeen'had]* enjoyment

mwynhau (v) *[mooeen'haee]* to enjoy

mwytho (v) *[mooeetho]* to pamper

myfi (pron) *[muh'vee]* I myself

myfyrio (v) *[muhvuhryo]* to study, to meditate

myfyriwr/myfyrwyr (m) *[muhvuhryoor]* student

mympwy/–on (m) *[muhmpooee]* whim

mymryn/–nau (m) *[muhmrin]* a little bit
   mymryn bach yn well a little bit better

mynach/–od (m) *[muhnach]* monk

mynachdy/mynachdai (m) *[muhnachdee]* monastery

mynachlog/–ydd (f) *[muhnachlog]* monastery

mynd (v) *[mind]* to go
   mynd â to take
   mynd i ennill going to win

mynedfa/mynedfeydd (f) *[muhnedva]* entrance

mynediad/–au (m) *[muhnedyad]* access
   cwrs mynediad access course

mynegai/mynegeion (m) *[muhmegaee]* index

mynegi (v) *[muhmegee]* OPINION to express

mynnu (v) *[muhnee]* to insist

mynwent/–ydd (f) *[muhnooent]* cemetery

mynwes/–au (f) *[muhnooes]* bosom

mynych (adj) *[muhnich]* often

mynychu (v) *[muhnuhchee]* to frequent

mynydd/–oedd (m) *[muhnidd]* mountain

mynydda (v) *[muhnuhdda]* mountaineering, to climb mountains

mynyddig (adj) *[muhnuhddig]* mountainous

myrdd (m) *[mirdd]* host

myth/–au (m) *[mith]* myth

mytholeg (f) *[mitholeg]* mythology

N

Mutated words beginning with **N** could derive from **D** (e.g. **nant** from **dant**) or **T** (e.g. **nhant** from **tant**) so look up **D** or **T**.

na[1] (conj) *[na]*
   1. nor, neither...nor
   +A.M.; **nac** is used before vowels
   aur nac arian gold nor silver
   na phen na chynffon neither head nor tail
   2. that...no, that...not
   + A.M., otherwise +S.M.; **nad** is used before vowels
   mae Mam yn dweud na chaf ddod Mother says (that) I can't come
   mae e'n dweud na fydd yn mynd he says (that) he will not be going
   3. than

+ A.M.; **nag** is used before vowels
**gwell cymryd tacsi na cholli'r
awyren** better take a taxi than miss
the plane
mwy na dim more than anything
gwell na chi better than you
mwy na thri more than three

na² (particle) */na/* no, not
+A.M., otherwise + S.M.; **nac** is used
used before vowels
Na, paid! No, don't!
na ladd thou shalt not kill
na cheisiwch don't try
na fydd no (he/she/it won't be)

na³ (rel pron) */na/* who...not,
whom...not, which...not, that...not
+A.M., otherwise +S.M.; **nad** is used
before vowels
y dyn na chafodd ginio the man
who did not have dinner
y fenyw na welais i mohoni the
woman whom I did not see

nabod (v) */bod/* to know (a person or
place), to recognize
rwy'n nabod Ann I know Ann
wnes i mo'ch nabod chi I didn't
recognize you

nabyddais (v) */nabuhddaees/* I recognized
from **nabod**

nac¹ (conj) */nag/* nor, neither...nor
see **na¹**; used instead of **na** before
vowels
nac yma nac acw neither here nor
there

nac² (particle) */nak/* no, not
see **na²**; used instead of **na** with vowels
nac ofnwch don't be afraid
nac oes no (there isn't)
nac ydw no (I'm not)
nac ydy no (he/she isn't)

nad¹ (conj) */nad/* that...no, that...not
see **na¹**; used instead of **na** before
vowels
**rydw i'n gwybod nad wyt ti'n
mynd** I know you're not going
mae e'n gwybod nad oes lle he
knows (that) there's no room

nad² (rel pron) */nad/* who... not,
whom...not, which...not, that...not

see **na³**; used instead of **na** before
vowels
y dyn nad yfodd the man who did
not drink
y trên nad yw byth ar amser the
train which is never on time

Nadolig (m) */nadolig/* Christmas
gwyliau'r Nadolig Christmas
holidays

nadredd (pl) */nadredd/* snakes
see **neidr**

naddion (pl) */naddyon/* shreds

naddo (adv) */naddo/* no
negative answer to a question in the
past
welaist ti fe? naddo did you see
him? no

nag (conj) */nag/* than
see **na¹**; used before vowels; **na** is used
before consonants
mwy nag awr more than an hour

nage (adv) */nag/* no, not so
in a negative answer when the question
does not begin with a verb
ai dyma'r ffordd? nage is this the
way ? no, it isn't
hi sy yma? nage is it she who's here?
no

nai/neiaint (m) */naee/* nephew

naid (f) */naeed/* a leap, jump

naill (pro) (adj) */naeell/* the one, the other
+S.M.
y naill beth a'r llall one thing and
another
y naill... y llall the one... the other
naill ai... neu either... or
**mae e naill ai yn y tŷ neu yn yr
ardd** he's either in the house or in the
garden

nain/neiniau (f) */naeen/* (NW)
grandmother

nam/–au (m) */nam/* defect
mae nam arno fe it's defective

nant/nentydd (f) */nant/* brook

natur (f) */natir/* nature
byd natur the world of nature/natural
history

naturiaethwr/naturiaethwyr (m)
/natiryaeethoor/ naturalist

naturiol (adj) *[natiryol]* natural
naturioldeb (m) *[natiryoldeb]* naturalness
naw (num) *[naoo]* nine
  +N.M. with **blwydd** and **blynedd**
  naw mlwydd oed nine years old
  naw mlynedd nine years
  lwcus ar y naw very lucky
nawdd (m) *[naoodd]* refuge, support
nawddsant/nawddsaint (m) *[naooddsant]* patron saint
nawfed (ord) *[naooved]* ninth
  + S.M.with f. nouns
  y nawfed fenyw the ninth woman
nawr (adv) *[naoor]* (SW) now
  also **yn awr**
naws/–au (f) *[naoos]* feeling, nature, atmosphere
neb (m) *[neb]* anyone, no one
  does neb yma there is no one here
nef/–oedd (f) *[nev]* heaven
neges/–euon (f) *[neges]* message
negyddol (adj) *[neguhddol]* negative
neiaint (pl) *[ne-eeaeent]* nephews
  see **nai**
neidio (v) *[ne-eedyo]* to jump
neidr/nadredd (f) *[ne-eedr]* snake
neilltuol (adj) *[ne-eellteeol]* special, particular
  roedd y sioe yn neilltuol o dda the show was extremely good
neiniau (pl) *[ne-eenyaee]* (NW) grandmothers
  see **nain**
neis (adj) *[ne-ees]* nice
nen (f) *[nen]* heaven
nenfwd/nenfydau (m) *[nenvood]* ceiling
nentydd (pl) *[nentidd]* brooks
  see **nant**
nerf/–au (m) *[nerv]* nerve
nerfus (adj) *[nervis]* nervous
nerth/–oedd (m) *[nerth]* strength, power
  nerth fy mhen as loud as I can
nerthol (adj) *[nerthol]* strong, powerful, mighty
nes[1] (adj) *[nes]* nearer, until
  yn nes ymlaen further on
  mae Nadolig yn dod yn nes Christmas is coming nearer
nes[2] (prep) *[nes]* until

rhaid i ni aros nes saith we have to wait until seven
nesaf (adj) *[nesav]* nearest, next
  drws nesaf next door
  y nesaf peth i ddim next to nothing
neu (conj) *[ne-ee]* or +S.M.
  dyn neu fenyw a man or a woman
neuadd/–au (f) *[ne-eeadd]* hall
  neuadd y dref town hall
  neuadd y pentref village hall
'neud (v) *[nayd]* to do, to make
  see **gwneud**
newid (v) *[neooid]* to change
newidiol (adj) *[neooidyol]* changeable
newydd[1]/–ion (adj) *[neooidd]* new
  newydd sbon brand new
newydd[2] (adv) *[neooidd]* just
  rydw i newydd werthu car I have just sold a car
newyddion (pl) *[neoouhddyon]* news
  does dim newyddion there is no news
  dyma'r newyddion here is the news
newyddiaduraeth (f) *[neooiddyadeeraeeth]* journalism
newyddiadurwr/newyddiadurwyr (m) *[neooiddyadeeroor]* journalist
newyn (m) *[neooin]* hunger, famine
newynu (v) *[neoouhnee]* to starve
nhw (pron) *[nhoo]* they, them
  maen nhw'n dod they are coming
ni[1] (pron) *[nee]* we, us
  rydyn ni'n mynd we are going
ni[2] (particle) *[nee]* not
  negates verb; used before consonants;
  +A.M. otherwise + S.M.; used before
  S.M. of verb beginning with **g**; **nid**
  used before vowels
  ni...erioed never
  ni ddaeth e he did not come
  ni chlywodd erioed he never heard
nid (particle) *[nid]* not
  used before vowels to negate verb;
  otherwise used before vowels and
  consonants
  nid...erioed never
  nid oes llyfr yma there isn't a book here
  nid aeth e he did not go
  nid felly not so

nid gwraig Dafydd ydy hi she is not Dafydd's wife

nid ddoe y ganed fi I wasn't born yesterday

nifer/-oedd (mf) *[neever]* number

mae'r nifer o bobl wedi cynyddu the number of people has increased

roedd nifer yn bresennol there were several there

nifer fawr a large number

niferus (adj) *[niveris]* numerous

ninnau (pron) *[ninaee]* we (also)

rydyn ninnau yn mynd we are also going

nith/-oedd (f) *[neeth]* niece

niwclear (adj) *[niooclear]* nuclear

niwcliws (m) *[nioocleoos]* nucleus

niwed/-iau (m) *[niooed]* harm

gwneud niwed i rywun to harm someone

niweidio (v) *[niooe-eedyo]* to harm

niweidiol (adj) *[niooe-eedyol]* harmful

niwl/-oedd (m) *[niool]* fog, mist

niwlog (adj) *[nioolog]* foggy, misty

niwmonia (m) *[nioomonya]* pneumonia

nod/-au (fm) *[nod]* aim

nodedig (adj) *[nodedig]* remarkable, noted, worthy, specified

nodi (v) *[nodee]* to mark, to note

nodwedd/-ion (f) *[nodooedd]* characteristic, feature

nodweddiadol (adj) *[nodooeddyadol]* characteristic

mae hyn yn nodweddiadol ohonot ti! this is typical of you!

nodweddu (v) *[nodooeddee]* to characterise

nodwydd/-au (f) *[nodooedd]* needle

nodyn/nodiadau (m) *[nodin]* note

noddfa/noddfeydd (f) *[noddva]* refuge, shelter

noddi (v) *[noddee]* to protect, to patronize, to sponsor

taith gerdded noddedig sponsored walk

noddwr/noddwyr (m) *[noddoor]* protector, patron, sponsor

noeth/-ion (adj) *[noeeth]* naked, bare

noethlymun (adj) *[noeethlubmin]* stark naked

nofel/-au (f) *[novel]* novel

nofelydd/nofelwyr (m) *[novelidd]* novelist

nofiad (m) *[novyaad]* a swim

mynd am nofiad going for a swim

nofio (v) *[novyo]* to swim, to float

nofiwr/nofwyr (m) *[novyoor]* swimmer

nôl (v) *[nol]* to fetch
has no other verb forms

'nôl (adv) *[nol]* back

dod 'nôl to come back

nos/-au (f) *[nos]* night

yng nghanol y nos in the middle of the night

ganol nos at midnight

nosi (v) *[nosee]* to become night

mae'n nosi it is getting dark

noson (f) *[noson]* evening

noson lawen variety evening

noswaith/nosweithiau (f) *[nosooaeeth]* evening

noswaith dda! good evening!

noswyl/-iau (f) *[nosooeel]* vigil, eve of festival

noswyl Nadolig Christmas eve

noswylio (v) *[nosooeelyo]* to go to bed

nwy/-on (m) *[nooee]* gas

nwyd/-au (m) *[nooeed]* passion, emotion

nwydus (adj) *[nooeedis]* passionate

nwyfus (adj) *[nooeevis]* lively, sprightly, vivacious

nyddu (v) *[nuhddee]* to spin, to twist

nyddwr/nyddwyr (m) *[nuhddoor]* spinner

nyni (pron) *[nuh'nee]* we, us

nyrs/-ys (f) *[nuhrs]* nurse

nyrsio (v) *[nuhrsyo]* to nurse

nyth/-od (fm) *[nueth]* nest

nythaid (f) *[nuhthaeed]* a nest of nests

nythu (v) *[nuhthee]* to nest, to nestle

N

O

Some words beginning with **H** can derive from **O** (e.g. **hochr** from **ochr**) so look up here. Mutated words beginning with **O** could derive from **G** (e.g. **ormod** from **gormod**) so look up **G**.

o (prep) *[o]* of, from
+S.M.
1. of
pwys o fenyn a pound of butter
2. from
o Gymru from Wales
3. o'r gorau all right
ohono i, ohonot ti, ohono fe, ohoni hi, ohonon ni, ohonoch chi, ohonyn nhw

ocsigen (m) *['oksigen]* oxygen
ocsiwn/ocsiynau (f) *[okshoon]* auction
ochneidio (v) *[ochne-eedyo]* to sigh
ochr/-au (f) *[ochr]* side
ochri (v) *[ochree]* to side
ochri â rhywun to side with someone
od (adj) *[od]* odd
odl/-au (f) *[odl]* rhyme
odli (v) *[odlee]* to rhyme
odrif/-au (m) *[odriv]* odd number
oddi (prep) *[oddee]* from
used with other prepositions
oddi wrth Huw from Huw
oddi ar y goeden from the tree
oed (m) *[oeed]* age, appointment
dwy flwydd oed two years old
trefnu oed to arrange an appointment
oedfa/-on (f) *[oeedva]* CHAPEL service
oedi (v) *[oeedee]* to delay
oedolyn/oedolion (m) *[oeedolin]* adult
oedran/-nau (m) *[oeedran]* age
beth yw oedran y plant? how old are the children?
oedrannus (adj) *[oeedranis]* elderly
oedd (v) *[oeedd]* was, were, was there, were there, yes
oedd hi yma? oedd was she here? yes
beth oedd e? what was it?
hi oedd yma it was she who was here

oen/ŵyn (m) *[oeen]* lamb
cig oen lamb's meat
oer (adj) *[oeer]* cold
oerfel (m) *[oeervel]* WEATHER cold
oergell/-oedd (f) *[oeergell]* refrigerator
oerllyd (adj) *[oeerllid]* chilly, cool
oes/-au/-oedd (f) *[oees]* age, lifetime
yn fy oes i during my life
yr oesoedd canol the middle ages
yr oes aur the golden age
oes (v) *[oees]* is, are, is there, are there, yes
oes is 'yes' in answer to questions
oes rhywun yma? oes is there someone here? yes
ofer (adj) *[over]* vain, wasteful
ofergoel/-ion (f) *[overgoeel]* superstition
ofergoelus (adj) *[overgoeelis]* superstitious
ofn/-au (m) *[ovn]* fear, terror
ofnadwy (adj) *[ovnadooee]* awful
drud ofnadwy terribly expensive
ofni (v) *[ovnee]* to fear
ofni mynd to be afraid of going
ofnus (adj) *[ovnis]* afraid
offeiriad/offeiriaid (m) *[ophe-eeryad]* priest
offer (pl) *[opher]* tools
offeren/-nau (f) *[opheren]* mass
offeryn¹/offer (m) *[opherin]* tool, instrument
offeryn²/-nau (m) *[opherin]* MUSICAL instrument
offeryn cerdd musical instrument
ogystal, yn (adv) *[uhn oguhstal]* as well, in additon
yn ogystal â as well as
ogof/-eydd/ogofâu (f) *[ogov]* cave
ongl/-au (f) *[ongl]* angle
onglydd/-ion (m) *[onglidd]* protractor
oherwydd (conj) *[oherooidd]* because
oherwydd bod rhywun yn dod because someone is coming
oherwydd (prep) *[oherooidd]* because
oherwydd y dyn because of the man
ôl/olion (m) *[ol]* trace, remain
ôl traed footprint
yn ôl according to, ago
yn ôl y papur according to the paper
wythnos yn ôl a week ago
does dim ôl ohono fe there's no trace of it

113

olaf (adj) *[olav]* last
olew/–on (m) *[oleoo]* oil
    maes olew oil field
ôl-nodyn/ôl-nodiadau (m) *[ohlnodin]* post
    script
    O.N. P.S.
olrhain (v) *[olrhaeen]* to trace
olwr/olwyr (m) *[oloor]* RUGBY back
olwyn/–ion (f) *[olooeen]* wheel
olynu (v) *[oluhnee]* to succeed
olynydd/olynwyr (m) *[oluhnidd]* successor
oll (adv) *[oll]* all
    dim oll none at all
    y wlad oll the whole country
    yr holl wlad the whole country
omlet (m) *[omlet]* omelette
ond (conj) *[ond]* but
    pawb ond un everyone except one
onest (adj) *[onest]* honest
oni[1] (particle) *[onee]*
    used to ask a question in the negative;
    +A.M., otherwise +S.M.; forms of **bod**
    do not mutate; **onid** is used before vowels
    oni chlywch chi? don't you hear?
    oni weli di e? don't you see it?
    oni byddi di'n dod? won't you be coming?
oni[2] (conj) *[onee]* unless
    +A.M., otherwise +S.M.; forms of
    bod do not mutate; **onid** is used before
    vowels
    oni ddaw e unless he comes
    ni fyddaf yn mynd oni bydd e'n
    gofyn imi I won't be going unless he
    asks me
onid[1] (particle) *[onid]* is it not?
    see oni[1]; used to ask a question in the
    negative
    onid hi sy yma? isn't it she who is
    here?
    mae gynnoch chi waith cartre,
    onid oes? you've got homework
    haven't you?
    ti sydd yna, onid e? it is you, isn't it?
    fe aeth hi gyda ti, onid do? she
    went with you, didn't she?
    onid Rhys ydi e? isn't it Rhys?
    onid ydi hi'n braf! isn't it fine
    weather!
onid[2] (conj) *[onid]* unless

    see oni[2]
    onid ydych chi'n gweithio unless
    you work
opera/operâu (f) *['opera]* opera
optegydd/optegwyr (m) *[optegidd]*
    optician
optimistig (adj) *[optimistig]* optimistic
oratorio/–s (f) *[oratoryo]* oratorio
ordeinio (v) *[orde-eenyo]* to ordain
oren[1]/–au (f) *[oren]* orange
oren[2] (ans) *[oren]* orange (in colour)
organ/–au (fm) *[organ]* organ
organydd/–ion (m) *[organidd]* organist
organyddes/–au (f) *[organuhddes]* organist
oriawr/oriorau (f) *[oryaoor]* watch
oriel/–au (f) *[oryel]* gallery
os (conj) *[os]* if
    os yw e'n dod if he comes
    os oedd e if he was
osgoi (v) *[os'goee]* to avoid
ots (m) *[ots]* odds
    does dim ots it doesn't matter
owns/–ys (f) *[o-oons]* ounce
    dwy owns o fenyn two ounces of
    butter

P

Mutated words beginning with **B** or **MH** or
PH can derive from **P** (e.g. **ben, mhen** and
phen from **pen**) so look up here.

pa? (interrog) *[pa]* which?
    +S.M.
    pa ddyn? which man?
    pa fath beth? what kind of thing
pab/–au (m) *[pab]* pope
pabell/pebyll (f) *[pabell]* tent
pabi/pabïau (m) *[pabee]* poppy
pabydd/–ion (m) *[pabidd]* papist
paced/–i (m) *[pakehd]* packet
pacio (v) *[pakyo]* to pack
padell/–au/–i (f) *[padell]* bowl
pader/–au (m) *[pader]* prayer
paent (m) *[paeent]* paint
pafiliwn (m) *[pavilyoon]* pavilion
pafin/–au (m) *[pavin]* pavement

paffio (v) *[pắphyo]* to box
paffiwr/paffwyr (m) *[pắphyoor]* boxer
pagan/–iaid (m) *[pắgan]* pagan
paham? (interrog) *[pa'ham]* why?
see **pam?**
   paham mae dicter, O Myfanwy?
   why is there anger, Oh Myfanwy?
   paham mae hi'n dod? why is she
   coming?
paill (m) *[paeell]* pollen
pais/peisiau (f) *[paees]* petticoat
   codi pais ar ôl piso crying over spilt
   milk
paith/peithiau (m) *[paeeth]* prairie
palas/–au (m) *[palas]* palace
palmant/palmentydd (m) *[palmant]*
pavement
palmwydden/palmwydd (f)
[palmooeedden] palm tree
palu (v) *[palee]* to dig
   palu celwyddau to tell a load of lies
pall (m) *[pall]* stop
   does dim pall arno fe there's no
   stopping him
pallu (v) *[pallee]* to refuse
   pallu mynd to refuse to go
pam? (interrog) *[pam]* why?
   pam wyt ti'n mynd? why are you
   going?
   pam mae hi yma? why is she here?
pamffled/–i (m) *[pamphled]* pamphlet
pan (conj) *[pan]* when +S.M.
   pan ddaw hi when she comes
   pan ddaeth e when he came
   pan fydd hi'n bwrw glaw when it
   rains
panasen/pannas (f) *[panasen]* parsnip
pancosen/pancos (f) *[pankosen]* pancake
panel/–i (m) *[panel]* panel
pannas (pl) *[pannas]* parsnips
pant/–iau (m) *[pant]* hollow, valley
pantomeim/–au (m) *['pantome-eem]*
pantomime
pantri/–au (m) *[pantree]* pantry
papur/–au (m) *[papir]* paper
   papur newyddion newspaper
   papur tŷ bach toilet paper
   papur wal wallpaper
papuro (v) *[papiro]* to paper

pâr/parau (m) *[par]* pair, couple
   pâr o esgidiau a pair of shoes
para (v) *[para]* to continue; to last
   mae hi'n para'n sych it's continuing
   to be dry
   am faint bydd e'n para? how long
   will it last?
parablu (v) *[parablee]* to speak
paradwys (f) *[paradooees]* paradise
paraffin (m) *[parắpheen]* paraffin
paragraff/–au (m) *['paragraph]* paragraph
parai (v) *[paraee]*
   from **peri** to cause
   parai e he/it used to cause
   parai hi she/it used to cause
paratoi (v) *[para'toee]* to prepare
parc/–iau (m) *[park]* park
parcio (v) *[parkyo]* to park
   maes parcio car park
parch (m) *[parch]* respect
   y Parch. the Rev.
parchu (v) *[parchee]* to respect
parchus (adj) *[parchis]* respectable
pardduo (v) *[parddeeo]* to vilify
parhad (m) *[par'had]* continuation
parhâi (v) *[par'haee]* he/she/it used to
continue/last
   from **parhau**
parhau (v) *[par'haee]* to continue
   parhau â'r gwaith to continue with
   the work
   parhau i fwrw glaw to continue to
   rain
parhaus (adj) *[par'haees]* continual
parlwr/parlyrau (m) *[parloor]* parlour
parlysu (v) *[parluhsee]* to paralyse
parod (adj) *[parod]* ready
   wyt ti'n barod? are you ready?
   bwyd parod ready-made or instant
   food
parodi/parodïau (m) *['parodee]* parody
parodrwydd (m) *[parodrooeedd]* readiness
parodd (v) *[parodd]*
   from **peri** to cause, and **para** to last
   parodd e/hi he/she/it caused,
   he/she/it lasted
parsel/–i (m) *[parsel]* parcel
parti/partïon (m) *[partee]* party
partner/–iaid (m) *[partner]* partner

partneriaeth (t) *[partneryaeeth]*
  partnership

pâs (m) *[pas]* whooping-cough

Pasg (m) *[pasg]* Easter
  Y Pasg Easter
  gwyliau'r Pasg Easter holidays

pasiant/pasiannau (m) *[pashant]* pageant

pasio (v) *[pasho]* to pass

pastai/pasteion (m) *[pastaee]* pasty, tart
  pastai 'fale (SW) apple tart

patrwm/patrymau (m) *[patroom]* pattern

pau/peuoedd (f) *[paee]* POETRY country,
  SOCIOLINGUISTICS domain

paun/peunod (m) *[paeen]* peacock

pawb (pron) *[paoob]* everyone

pawen/–nau (f) *[paooen]* paw

pe (conj) *[pe]* if
  used with conditional tense of verbs
  pe bai e'n mynd if he went
  petai e'n mynd if he went
  pe baswn i if I were
  pe bawn i if I were
  pe taswn i if I were

pebyll (pl) *[pebill]* tents
  see **pabell**

pecyn/–nau (m) *[pekin]* package

pechadur/–iaid (m) *[pechadir]* sinner

pechod/–au (m) *[pechod]* sin

pechu (v) *[pechee]* to sin

pedair (num) *[pedaeer]* four
  used with f. nouns; **pedwar** is used
  with m.nouns
  y pedair merch the four girls

pedal/–au (m) *[pedal]* pedal

pedol/–au (f) *[pedol]* horse-shoe

pedoli (v) *[pedolee]* to shoe a horse

pedwar (num) *[pedoar]* four
  used with m. nouns; **pedair** is used
  with f. nouns
  pedwar bachgen four boys

pedwarawd/–au (m) *[pedooaraood]*
  quartet

pedwaredd (ord) *[pedooaredd]* fourth
  +S.M.; used with f. nouns
  y bedwaredd wraig the fourth wife

pedwerydd (ord) *[pedooeridd]* fourth
  used with m. nouns
  y pedwerydd tîm the fourth team

pefrio (v) *[pevryo]* to sparkle

peg/–iau (m) *[peg]* peg

pegwn/pegynau (m) *[pegoon]* pole
  pegwn y de south pole
  pegwn y gogledd north pole

peidio (v) *[pe-eedyo]* to stop, not to (do)
  mae'r glaw wedi peidio the rain has
  stopped
  peidio â mynd not to go
  FAMILIAR **paid!** don't! (to someone you
  know well)
  POLITE **peidiwch!** don't!

peilon/–au (m) *[pe-eelon]* pylon

peilot/–iaid (m) *[pe-eelot]* pilot

peint/–iau (m) *[pe-eent]* pint
  peint o laeth a pint of milk
  hanner peint half a pint
  peint o gwrw a pint of beer

peintiad/–au (m) *[pe-eentyad]* painting

peintio (v) *[pe-eentyo]* to paint

peintiwr/peintwyr (m) *[pe-eentyoor]*
  painter

peirianneg (f) *[pe-eeryaneg]* engineering

peiriant/peiriannau (m) *[pe-eeryant]*
  machine, engine
  peiriant golchi washing machine
  peiriant gwnïo sewing machine

peisiau (pl) *[pe-eesyaee]* petticoats
  see **pais**

peithiau (pl) *[pe-eethyaee]* prairies
  see **paith**

pêl/–i (f) *[pel]* ball

pelawd/–au (f) *[pelaood]* CRICKET over

pêl-bluen (f) *[pelblee-en]* badminton

pêl-droed (f) *[pel'droid]* football

pelen/–ni (f) *[pelen]* ball, pill

pêl-fasged (f) *[pelvasged]* basket ball

pêl-rwyd (f) *[pel'rooid]* netball

pelydr/–au (m) *[peluhdr]* ray

pell (adj) *[pell]* far

pellhau (v) *[pell'haee]* to move further

pellter/–au/–oedd (m) *[pellter]* distance
  pellter mawr o rywle a great
  distance from somewhere

pen/–nau (m) *[pen]* head, end
  dod i ben come to an end
  ar ben finished
  mae hi ar ben arnon ni we are done
  for
  ar fy mhen fy hun on my own

ar dy ben dy hun on your own

ar ei ben ei hun on his own

ar ei phen ei hun on her own

penagored (adj) *[penagored]* wide open

penbleth (f) *[penbleth]* confusion

rydw i mewn penbleth I can't make my mind up, I'm confused

pen blwydd/pennau blwydd (m) *[pen' blooeedd]* birthday

dathlu pen blwydd to celebrate a birthday

pen blwydd hapus happy birthday

penboeth (adj) *[penboeeth]* fanatic

penbwl/penbyliaid (m) *[penbool]* tadpole

pencadlys/–oedd (m) *[penkadlis]* headquarters

pencampwr/pencampwyr (m) *[penkampoor]* champion

pencampwr y byd world champion

pendant (adj) *[pendant]* definite

pendefig/–ion (m) *[pendevig]* nobleman

penderfyniad/–au (m) *[pendervuhnyad]* decision

penderfynol (adj) *[pendervuhnee]* determined

penderfynu (v) *[pendervuhnee]* to decide

pendro (f) *[pendro]* giddiness

pendroni (v) *[pendronee]* to ponder

penelin/–oedd (fm) *[penelin]* elbow

penfras (m) *[penvras]* cod

pen-glin/pengliniau (m) *[pen' gleen]* knee

penglog/–au (f) *[penglog]* skull

peniad/–au (m) *[penyad]* FOOTBALL header

penio (v) *[penyo]* to head

peniog (adj) *[penyog]* clever

penisel (adj) *[peneesel]* miserable

pen-lin/penliniau (m) *[pen' leen]* knee

penlinio (v) *[penlinyo]* to kneel

pennaeth/penaethiaid (m) *[penaeeth]* chief, headmaster, headmistress

pennaf (adj) *[penav]* chief, yn bennaf mainly

pennawd/penawdau (m) *[penaood]* heading

pennill/penillion (m) *[penill]* verse

canu penillion singing to the harp

pennod/penodau (f) *[penod]* chapter

penodi (v) *[penodee]* to appoint

penodiad/–au (m) *[penodyad]* appointment

penrhyn/–nau (m) *[penrhin]* cape

pensaer/penseiri (m) *[pensaeer]* architect

pensaernïaeth (f) *[pensaerneeaeeth]* architecture

pensil/–iau (m) *[pensil]* pencil

pensiwn/pensiynau (m) *[penshoon]* pension

ar bensiwn on pension

pensiynwr/pensiynwyr (m) *[penshuhnoor]* pensioner

pentref/–i (m) *[pentrev]* village

pentwr/pentyrrau (m) *[pentoor]* heap

pentyrru (v) *[pentuhree]* to heap

penwisg/–oedd (f) *[penooisg]* JUDGE wig

pêr[1] (adj) *[per]* MUSIC sweet

pêr[2] (pl) *[per]* pears see peren

perarogl/–au (m) *[perarogl]* perfume

perchennog/perchenogion (m) *[perchenog]* owner

rydw i'n berchen ar rywbeth I own something

perchenogi (v) *[perchenogee]* to own

peren/pêr (f) *[peren]* pear

pererin/–ion (m) *[pererin]* pilgrim

pererindod/–au (m) *[pererindod]* pilgrimage

mynd ar bererindod to go on pilgrimage

perffaith (adj) *[perphaeeth]* perfect

perffeithio (v) *[perphe-eethyo]* to perfect

perfformiad/–au (m) *[perphormyad]* performance

perfformio (v) *[perphormyo]* to perform

perfformiwr/perfformwyr (m) *[perphormyoor]* performer

peri (v) *[peree]* to cause

peri i rywun wneud to cause someone to do

parodd e iddi hi fynd he caused her to go

perl/–au (m) *[perl]* pearl

perlysiau (pl) *[perluhsyaee]* herbs, spices

perllan/–nau/–noedd (f) *[perllan]* orchard

perllys *[perllis]* parsley

persain (adj) *[persaeen]* melodious

persawr/–au (m) *[persaoor]* perfume

persli (m) *[perslee]* parsley

person/ au (m) *[person]* person

personol (adj) *[personol]* personal

personoliaeth/-au (f) *[personolyaeeth]* personality

perswadio (v) *[perswaadyo]* to persuade

pert (adj) *[pert]* pretty

perth/-i (f) *[perth]* hedge

perthnasol (adj) *[perthnasol]* relevant

perthyn (v) *[perthin]* to belong

perthynas/perthnasau (f) *[perthuhnas]* relation, relative

peryg/-on (m) *[perig]* danger

peryglu (v) *[perughlee]* to endanger

peryglus (adj) *[peruhglis]* dangerous

pesimistaidd (adj) *[pesimistaeedd]* pessimist

peswch (m) *[pesooch]* cough

    mae peswch arna i I have a cough

pesychu (v) *[pesuhchee]* to cough

petai (v) *[pe'taee]* if it were

    from **bod** to be; see **pe**

    petai e'n dod if he came

petal/-au (m) *[petal]* petal

petrol (m) *[petrol]* petrol

petruso (v) *[petriso]* to hesitate

petryal[1] (m) *[petreeal]* rectangle

petryal[2] (adj) *[petreeal]* rectangular

peth/-au (m) *[peth]* thing, some

    beth sy'n bod? what's the matter?

    rhwng un peth a'r llall between one thing and another

    peth o'r bwyd some of the food

peunod (pl) *[pe-eenod]* peacocks

    see **paun**

peuoedd (pl) *[pe-eeoeedd]* countries, domains

    see **pau**

pia(u) (v) *[peea(oo)]*

    often seen as **bia(u)**

    pwy (sy) bia fe who owns it?

    fi (sy) bia fe I own it

    pwy oedd bia fe? who owned it?

piano/-s (m) *[pyano]* piano

pianydd/-ion (m) *[peeanidd]* pianist

pib/-au (f) *[peeb]* pipe

    smygu pib to smoke a pipe

picedu (v) *[pikedee]* to picket

picell/-au (f) *[pikell]* spear, dart

    chwarae picellau to play darts

picil (m) *[pikil]* pickle, trouble

    mewn picil in a pickle

pier/-i (m) *[pee-er]* pier

pigiad/-au (m) *[pigyad]* sting, injection

pigion (pl) *[pigyon]* highlights

pigo (v) *[peego]* to sting, to pick

pigog (adj) *[peegog]* prickly

piler/-i (m) *[piler]* pillar

pili-pala (f) *[pileepala]* butterfly

pin/pinnau (m) *[pin]* pin

pin (m) *[peen]* pine

    coed pin pine trees

pinafal/-au (m) *[peenaval]* pineapple

pinc (adj) *[pink]* pink

pinsio (v) *[pinsho]* to pinch

pinwydden/pinwydd (f) *[pinooeedden]* pine tree

pioden/piod (f) *[peeoden]* magpie

piso (v) *[pisho]* to pee

pistyll/-oedd (m) *[pistill]* waterfall

pistyllu (v) *[pistuhllee]* to gush

pisyn/-nau (m) *[peeshin]* piece

    pisyn deg ten pence piece

    mae hi'n bisyn she's fab

piti (m) *[pitee]* pity

    piti garw (NW) a great pity

pitw (adj) *[pitoo]* petty

Piwritan/-iaid (m) *[piooritan]* Puritan

piwritanaidd (adj) *[piooritanaeedd]* puritanical

Piwritaniaeth (f) *[piooritanyaeeth]* Puritanism

pla/plâu (m) *[pla]* plague, disease

plaen[1] (adj) *[plaeen]* plain

plaen[2]/-iau (m) *[plaeen]* plane

plaid/pleidiau (f) *[plaeed]* political party

    Plaid Cymru Party of Wales

    y Blaid Lafur the Labour Party

    y Blaid Geidwadol the Conservative Party

    Plaid y Democratiaid Rhyddfrydol the Liberal Democrat Party

    y Blaid Gomiwnyddol the Communist Party

    y Blaid Werdd the Green Party

    o blaid in favour (of)

planed/-au (f) *[planed]* planet

planhigyn/planhigion (m) *[planheegin]* plant

plannu (v) *[planee]* to plant

P

plant (pl *[plant]*) children
see **plentyn**

plantos (pl *[plantos]*) little children

plas/-au (m) *[plas]* mansion

plastig/-au (m) *[plastig]* plastic

plasty/plastai (m) *[plastee]* mansion

plât/platiau (m) *[plat]* plate

pleidiau (pl *[ple-eedyaee]*) political parties
see **plaid**

pleidiwr/pleidwyr (m) *[ple-eedyoor]*
supporter of **Plaid Cymru**

pleidlais/pleidleisiau (f) *[ple-eedlaees]* vote
rhoi pleidlais i +S.M. to vote for

pleidleisio (v) *[ple-eedle-eesyo]* to vote
pleidleisio dros to vote for

plentyn/plant (m) *[plentin]* child

plentyndod (m) *[plentuhndod]* childhood

plentynnaidd (adj) *[plentuhnaeedd]*
childish

pleser/-au (m) *[pleser]* pleasure

pleserus (adj) *[pleseris]* pleasurable,
pleasant

plet/-iau (m) *[plet]* pleat

pletio (v) *[pletyo]* to pleat

pleth (f) *[pleth]* plait

plethu (v) *[plethee]* to plait

plîs *[pleez]* please

plisgyn/plisg (m) *[plisgin]* shell

plismon/plismyn (m) *[plismon]* policeman

plith (m) *[pleeth]* midst
yn ein plith in our midst
ymhlith among

pluen/plu (f) *[ple-en]* feather

plwg/plygiau (m) *[ploog]* plug

plwm (m) *[ploom]* lead
gwaith plwm lead mine

plws (m) *[ploos]* plus

plwtoniwm (m) *[plootonyoom]* plutonium

plwyf/-i (m) *[plooeev]* parish

plwyfol (adj) *[plooeevol]* parochial

**plygain/pluhgaeen]* dawn, CHURCH
matins

plygiau (pl *[pluhgyaee]*) plugs
see **plwg**

plygu (v) *[pluhgee]* to bend, to fold

plymio (v) *[pluhmyo]* to dive

plymwr/plymwyr (m) *[pluhmoor]* plumber

po (particle) *[po]* the
+S.M.; always used with superlative of

adjective
gorau po gyntaf the sooner the better
gorau oll po fwyaf o ddynion the
more men the better
**po galetaf y gweithiwch, gorau
fydd eich canlyniadau** the harder
you work the better will be your results

pob (adj) *[pob]* every
pob un everyone
pob lwc best of luck
pob hwyl goodbye
pob menyw every woman

pobi (v) *[pobee]* to bake

pobl/-oedd (f) *[pobol]* people

poblogaeth/-au (f) *[poblogaeeth]*
population

poblogaidd (adj) *[poblogaeedd]* popular

pobydd/-ion (m) *[pobidd]* baker

poced/-i (f) *[poked]* pocket

pocer/-i (m) *[poker]* poker

poen/-au (f) *[poeen]* pain

poendod/-au (m) *[poeendod]* nuisance

poeni (v) *[poeenee]* to worry, to tease, to
cause pain

poenus (adj) *[poeenis]* painful

poer (m) *[poeer]* saliva, spit

poeri (v) *[poeeree]* to spit

poeth (adj) *[poeeth]* hot

poethi (v) *[poeethee]* to get hot

polisi/polisïau (m) *['polisee]* policy

politechnig (m) *[politechnig]*
polytechnic

politicaidd (adj) *[politikaeedd]* political

pont/-ydd (f) *[pont]* bridge

Pont movement for assimilating
newcomers to Wales

pontio (v) *[pontyo]* to bridge

pop (m) *[pop]* pop

popeth (m) *[popeth]* everything

popty/poptai (m) *[poptee]* oven, bakehouse

porc (m) *[pork]* pork

porfa/porfeydd (f) *[porva]* grass

porffor (m) *[porphor]* purple

pori (v) *[poree]* to graze

pornograffiaeth (f) *[pornographyaeeth]*
pornography

portread/-au (m) *[portread]* portrait

porth/pyrth (m) *[porth]* gate, door

porthladd/-oedd (m) *[porthladd]* harbour

pôs/posau (m) *[pohs]* puzzle
posibilrwydd/posibiliadau (m) *[posibilrooeedd]* possibility
posibl (adj) *['posibl]* possible
post (m) *[post]* mail
poster/–i (m) *[poster]* poster
postio (v) *[postyo]* to post
postmon/postmyn (m) *[postmon]* postman
postyn/pyst (m) *[postin]* post
potel/–i (f) *[potel]* bottle
praidd/preiddiau (m) *[praeedd]* flock
pram/–iau (m) *[pram]* pram
prancio (v) *[prankyo]* to prance
prawf/profion (m) *[praoov]* test, proof
    ar brawf on trial
pregeth/–au (f) *[pregeth]* sermon
pregethu (v) *[pregethee]* to preach
pregethwr/pregethwyr (m) *[pregethoor]* preacher
preifat (adj) *[pre-eevat]* private
preiddiau (pl) *[pre-eeddyaee]* flocks, herds
    see **praidd**
pren/–nau (m) *[pren]* wood, tree
    pren meddal softwood
    pren caled hardwood
prentis/–iaid (m) *[prentis]* apprentice
pres (m) *[prehs]* (NW) money, brass, bronze
presennol (adj) *[presenol]* present
presgripsiwn/presgripsiynau (m) *[presgripshoon]* prescription
preswyl (ans) *[presooeel]*
    neuadd breswyl hall of residence
preswylio (v) *[presooeelyo]* to reside
pridd/–oedd (m) *[preedd]* soil, earth
prif (adj) *[preev]* main, chief
    prif ferch head girl
    prif fachgen head boy
prifardd/prifeirdd (m) *[privardd]* bard who wins crown or chair in the national **eisteddfod**
prifathro/prifathrawon (m) *[preevathro]* headmaster
prifathrawes/–au (f) *[preevathraooes]* headmistress
prifddinas/–oedd (f) *[prevddeenas]* capital city
prifysgol/–ion (f) *[preevuhsgol]* university
    Prifysgol Cymru the University of

Wales
priffordd/priffyrdd (f) *[priphordd]* main road
prin (adj) *[prin]* rare, scarce
prinder (m) *[prinder]* scarcity, lack
    prinder arian a lack of money
prinhau (v) *[prin'haee]* to grow scarce
print (m) *[print]* print
    mewn print in print
    allan o brint out of print
printio (v) *[printyo]* to print
priod (adj) *[preeod]* married, proper
    gwraig briod a married woman
    enw priod a proper noun
priodas/–au (f) *[preeodas]* marriage
priod-ddull/–iau (m) *[preod-ddill]* idiom
priodfab/priodfeibion (m) *[preeodvab]* bridegroom
priodferch/–ed (f) *[preeodverch]* bride
priodi (v) *[preeodee]* to get married
priodol (adj) *[preeodol]* appropriate
pris/–iau (m) *[prees]* price
prisio (v) *[prisho]* to value, to price
problem/–au (f) *[problem]* problem
    dim problem no problem
profi (v) *[provee]* to prove, to taste
profiad/–au (m) *[provyad]* experience
profiadol (adj) *[provyadol]* experienced
profion (pl) *[provyon]* tests, proofs
    see **prawf**
proffesiynol (adj) *[propheshuhnol]* professional
proffwyd/–i (m) *[prophooeed]* prophet
proffwydo (v) *[prophooeedo]* to prophesy
project/–au (m) *[project]* project
propaganda (m) *[propaganda]* propaganda
proses/–au (m) *[proses]* process
prosesu (v) *[prosesee]* to process
protest/–iadau (f) *[protest]* protest
Protestannaidd (adj) *[protestanaeedd]* Protestant
Protestaniaeth (f) *[protestanyaeth]* Protestant
Protestant/Protestaniaid (m) *[protestant]* Protestant
protestio (v) *[protestyo]* to protest
prudd (adj) *[preedd]* sad
pryd[1]/–iau (m) *[preed]* time
    ar brydiau at times

pryd²/-au (m) *[preed]* meal
   pryd o fwyd meal
   pryd o dafod telling off
pryd³ (adv) *[preed]* when
   pryd bydd e yma when he'll be here
pryd⁴? (interrog) *[preed]* when?
   pryd bydd e yma? when will he be here?
Prydain (f) *[pruhdaeen]* Britain
Prydeindod (m) *[pruhde-eendod]* Britishness
Prydeinig (adj) *[pruhde-eenig]* British
Prydeiniwr/Prydeinwyr (m) *[pruhde-eenyoor]* Briton
pryder/-on (m) *[pruhder]* worry
pryderu (v) *[pruhderee]* to worry
pryderus (adj) *[pruhderis]* anxious
prydferth (adj) *[pruhdverth]* beautiful
prydferthwch (m) *[pruhdverthooch]* beauty
prydles/-i (f) *[pruhdles]* lease
prydlon (adj) *[pruhdlon]* punctual
prydlondeb (m) *[pruhdlondeb]* punctuality
prydydd/-ion (m) *[prudidd]* bard
pryddest/-au (f) *[pruhddest]* long poem
pryf/-ed (m) *[preev]* insect, gnat
prynhawn/-iau (m) *[pruhn'haoon]* afternoon
prynu (v) *[pruhnee]* to buy
prynwr/prynwyr (m) *[pruhnoor]* buyer
prysur (adj) *[pruhsir]* busy
prysurdeb (m) *[pruhsirdeb]* diligence, haste
prysuro (v) *[pruhseero]* to hurry
pulpud/-au (m) *[pilpid]* pulpit
pum (num) *[pim]* five
   used before consonants; **pump** is used otherwise
   +N.M. with **blwydd, blynedd**
   pum bachgen five boys
   pum mlwydd oed five years old
   pum mlynedd five years
pumed (ord) *[pimehd]* fifth
   +S.M. with f. nouns
   y bumed ferch the fifth girl
pump (num) *[pimp]* five
   pump o fechgyn five boys
   mae e'n bump oed he's five years old

punt/punnoedd (f) *[pint]* pound (£)
   dwy bunt two pounds
pupur/-au (m) *[pipir]* pepper
pur¹ (adj) *[peer]* pure
pur² (adv) *[peer]* quite
   + S.M.
   pur dda quite good, quite well
purfa/purfeydd (f) *[pirva]* refinery
   oil refinery purfa olew
puro (v) *[peero]* to refine, to purify
putain/puteiniaid (f) *[pitaeen]* prostitute
puteindra (m) *[pite-eendra]* prostitution
pwdin/-au (m) *[poodin]* pudding
pwdr (adj) *[poodr]* rotten
pwdu (v) *[poodee]* to sulk, to pout
pŵer/pwerau (m) *[pooehr]* power
pwerdy/pwerdai (m) *[pooerdee]* power station
pwerus (adj) *[pooeris]* powerful
pwl/pyliau (m) *[pool]* fit
pwll/pyllau (m) *[pooll]* pit, pool
   pwll glo coal mine
   pwll nofio swimming pool
pwmp/pympiau (m) *[poomp]* pump
pwmpio (v) *[poompyo]* to pump
pwnc/pynciau (m) *[poonk]* subject, topic
   pwnc llosg burning issue
pwped/-au (m) *[pooped]* puppet
pwrcasu (v) *[poorkasee]* to purchase
pwrpas/-au (m) *[poorpas]* purpose
pwrs/pyrsau (m) *[poors]* purse
pwt/pytiau (m) *[poot]* small piece
pwy (interrog) (pron) *[pooee]* who, whom
   +S.M.
   pwy sy'n dod? who's coming?
   pwy welaist ti? whom did you see?
   mae e'n gwybod pwy sy'n mynd he knows who's going
pwyll (m) *[pooell]* sense, restraint
   gan bwyll take it easy
   cymryd pwyll to take time/care
pwyllgor/-au (m) *[pooeellgor]* committee
   pwyllgor gwaith executive committee
pwynt/-iau (m) *[pooeent]* point
pwyntio (v) *[pooeentyo]* to point
pwys/-au (m) *[pooee]* pound (lb), weight
pwysig (adj) *[pooeesig]* important
pwysigrwydd (m) *[pooeesigrooeedd]* importance

pwyslais/pwysleisiau (m) *[pooeeslaees]*
stress, emphasis
pwysleisio (v) *[pooeesle-eesyo]* to emphasize
pwyth/–au (m) *[pooeeth]* stitch
talu'r pwyth yn ôl to avenge
pydredd (m) *[puhdredd]* rot
pydru (v) *[puhdree]* to rot
pyjamas (m) *[puhjamas]* pyjamas
pyliau (pl) *[puhlyaee]* fits
see **pwl**
pyllau (pl) *[puhllaee]* pits, pools
see **pwll**
pympiau (pl) *[puhmpyaee]* pump
see **pwmp**
pymtheg (num) *[puhmtheg]* fifteen
pymtheng is used before **blwydd** and
blynedd
pymtheg ceiniog fifteen pence
pymthegfed (ord) *[puhmthegved]* fifteenth
+S.M. with f. nouns
y bymthegfed fuwch the fifteenth
cow
pymtheng (num) *[puhmtheng]* fifteen
+N.M. with **blwydd** and **blynedd**
pymtheng mlwydd oed fifteen years
old
pynciau (pl) *[puhnkyaee]* subjects, topics
see **pwnc**
pyramid/–iau (m) *[piramid]* pyramid
pyrsau (pl) *[puhrsaee]* purses
see **pwrs**
pyrth (pl) *[pirth]* gates, doors
see **porth**
pysen/pys (f) *[peesen]* pea
pysgodyn/pysgod (m) *[puhsgodin]* fish
pysgota (v) *[puhsgota]* to fish
pysgotwr/pysgotwyr (m) *[puhsgotoor]*
fisherman
pyst (pl) *[pist]* posts
see **postyn**
pytiau (pl) *[puhtyaee]* small pieces
see **pwt**
pythefnos/–au (fm) *[puhthevnos]* fortnight

PH

Mutated words beginning with **PH** usually
derive from **P** (e.g. **phen** from **pen**) so look
up **P**.

Pharisead/Phariseaid (m) *[pharisead]*
Pharisee

R

Mutated words beginning with **R** could derive
from **RH** (e.g. **ryfedd** from **rhyfedd**) so look
up **RH**.

radar (m) *[radar]* radar
radical[1]/–iaid (m) *['radical]* radical
radical[2] (ans) *['radical]* radical
radio/setiau radio (m) *[radyo]* radio
radiws/radiysau (m) *[radyoos]* radius
rafft/–iau (f) *[rapht]* raft
ras/–ys (f) *[ras]* race
ras gyfnewid relay race
real (adj) *[real]* real
record/–iau (f) *[rekord]* record
recordio (v) *[rekordyo]* to record
recordydd/–ion (m) *[rekordidd]* recorder
recordydd tâp tape recorder
recriwtio (v) *[rekriootyo]* to recruit
refferendwm/refferenda (m)
[repherendoom] referendum
reis (m) *[re-ees]* rice
pwdin reis rice pudding
reit (adv) *[re-eet]* right, quite
reit dda (NW) quite good
reit 'te O.K. then
riwbob (m) *[rioobob]* rhubarb
roc (m) *[rok]* rock
canu roc rock singing
cerddoriaeth roc rock music
roced/–i (f) *[roked]* rocket
roedd (v) *[roeedd]* was, were
roedd e/hi he/she was
roedd dynion men were
roeddech (v) *[roeeddech]*

roeddech chi you were
roedden (v) *[roeedden]*
  roedden ni we were
  roedden nhw they were
roeddet (v) *[roeeddet]*
  roeddet ti you were
roeddwn (v) *[roeeddoon]*
  roeddwn i I was
rownd[1] (f) *[ro-oond]* round
  y rownd gyntaf the first round
rownd[2] (adv) *[ro-oond]* round, around
  mynd rownd to go round
ruban/–au (m) *[riban]* ribbon
rŵan (adv) *[rooan]* (NW) now
rwber/–i (m) *[roober]* rubber
rwy(f) (v) *[rooee(v)]* I am
  also **wi, dw i, rydw i** and **wy(f)**; from
  bod
  rwyf i yma I am here
  rwy'n mynd I am going
rwyt (v) *[rooeet]* you are
  from **bod**
  rwyt ti'n dod you are coming
rydw (v) *[ruhdoo]* I am
  also **wi, dw i, rwy(f)** and **wy(f)**; from
  bod
  rydw i'n mynd I am going
rydych (v) *[ruhdich]* you are
  from **bod**
  rydych chi'n cysgu you are sleeping
rydyn (v) *[ruhdin]* we are
  also **rydym**; from **bod**
  rydyn ni'n chwarae - we are playing
rygbi (m) *[rughby]* rugby
  gêm o rygbi a game of rugby
rysáit/ryseitiau (f) *[ruh'saeet]* recipe

RH

Mutated words beginning with **R** can derive
from **RH** (e.g. **raglen from rhaglen**) so look
up here.

rhaca (f) *[rhaka]* rake
rhaced/–i (f) *[rhaked]* racket
rhacs (pl) *[rhaks]* rags

rhacs (adj) *[rhaks]* in rags
rhad (adj) *[rhad]* cheap
rhaeadr/–au (f) *[rhaeeadr]* waterfall
rhaff/–au (f) *[rhaph]* rope
rhag[1] (prep) *[rhag]*
  1. from
  rhwystro rhywun rhag mynd to
  prevent someone from going
  2. lest, in case
  rhag iddo fe fynd in case he goes, lest
  he goes
  3. **rhag ofn** in case
**rhagdo i, rhagddot ti, rhagddo fe/
fo, rhagddi hi, rhagddon ni,
rhagddoch chi, rhagddyn nhw**
rhag-[2] (pref) *[rhag]* pre-
rhagair/rhageiriau (m) *[rhagaeer]* preface
rhagbrawf/rhagbrofion (m) *[rhagbraoov]*
  preliminary competition/test
rhagenw/–au (m) *[rhagenoo]* pronoun
rhagfarn/–au (f) *[rhaguarn]* prejudice
rhagfarnllyd (adj) *[rhagvarnllid]*
  prejudiced
rhagflas (m) *[rhagvlas]* foretaste
Rhagfyr (m) *[rhagvir]* December
  mis Rhagfyr month of December
rhaglen/–ni (f) *[rhaglen]* programme
rhagluniaeth/–au (f) *[rhaglinyaeeth]*
  providence
rhagolwg/rhagolygon (m) *[rhagoloog]*
  prospects, outlook
  rhagolygon y tywydd weather
  forecast
rhagor (m) *[rhagor]* more
  rhagor o fwyd more food
rhagorol (adj) *[rhagorol]* excellent
rhagrith (m) *[rhagrith]* hypocrisy
rhagrithiol (adj) *[rhagrithyol]* hypocritical
rhagymadrodd/–ion (m) *[rhaguhmadrodd]*
  introduction
rhai (pron) *[rhaee]* ones, some
  y rhai hyn these
  y rhai hynny those
  rhai plant some children
  mae rhai yma some are here
rhaid (m) *[rhaeed]* need
  mae rhaid i fi fynd I must go
rhain (pron) *[rhaeen]* these
  y rhain these

rhamant/-au (f) *[rhamant]* romance

rhamantus (adj) *[rhamantis]* romantic

rhan/-nau (f) *[rhan]* part

    rhan o Gymru a part of Wales

    chwarae rhan to play the part (of), to take part

rhanbarth/-au (m) *[rhanbarth]* district

rhanbarthol (adj) *[rhanbarthol]* regional

rhannu (v) *[rhanee]* to divide

rhaw/rhofiau (f) *[rhaoo]* spade

rhech/-od (f) *[rhech]* fart

rhechain (v) *[rhechain]* to fart

rhedeg (v) *[rhedeg]* to run

rhediad/-au (m) *[rhedyad]* CRICKET run

rhedwr/rhedwyr (m) *[rhedoor]* runner

rhedyn (pl) *[rhedin]* fern

rheg/-feydd (f) *[rheg]* swear

rhegi (v) *[rhegee]* to swear

rheiddiadur/-on (m) *[rhe-eeddyadir]* radiator

rheilen/rheiliau (f) *[rhe-eelen]* rail

rheilffordd/rheilffyrdd (f) *[rhe-eelphordd]* railway

rheini (pron) *[rhe-eenee]* those

    y rheini those

rheithfarn/-au (f) *[rhe-eethvarn]* verdict

rheithgor/-au (m) *[rhe-eethgor]* jury

rhemp (f) *[rhemp]* excess

    mynd yn rhemp to go to excess

rhent/-i (m) *[rhent]* rent

rhentu (v) *[rhentee]* to rent

rheol/-au (f) *[rheol]* rule

rheolaeth/-au (f) *[rheolaeeth]* management

rheolaidd (adj) *[rheolaeedd]* regular, constant

rheoli (v) *[rheolee]* to manage, to control

rheolwr/rheolwyr (m) *[rheoloor]* manager

rhes/-i (f) *[rhes]* row

rhestr/-i (f) *[rhestr]* list

rhestru (v) *[rhestree]* to list

rheswm/rhesymau (m) *[rhesoom]* reason

    rheswm dros a reason for

rhesymegol (adj) *[rhesuhmegol]* logical

rhesymol (adj) *[rhesuhmol]* reasonable

rhesymu (v) *[rhesuhmee]* to reason

rhew (m) *[rheoo]* frost, ice

rhewgell/-oedd (f) *[rheoogell]* freezer

rhewi (v) *[rheooee]* to freeze

rhiant/rhieni (m) *[rheeant]* parent

rhieni (pl) *[rhee-enee]* parents

    see **rhiant**

rhif/-au (m) *[rheev]* number

rhifo (v) *[rheevo]* to count

rhifyddeg (fm) *[rheevuhddeg]* arithmetic

rhifyn/-nau (m) *[rheevin]* MAGAZINE issue, number

rhigwm/rhigymau (m) *[rheegoom]* rhyme, nursery rhyme

rhingyll/-iaid (m) *[rhingill]* sergeant

rhiniog/-au (m) *[rhinyog]* threshold

rhinwedd/-au (f) *[rhinooedd]* virtue

rhisgl (pl) *[rhisgl]* TREE bark

rhiw/-iau (f) *[rhioo]* hill

rhiwbob (m) *[rhiooobob]* rhubarb

rhochain (v) *[rhochaeen]* to grunt

rhod/-au (f) *[rhod]* wheel, orbit

rhodfa/rhodfeydd (f) *[rhodva]* avenue, walk

rhodio (v) *[rhodyo]* to walk

rhodd/-ion (f) *[rhodd]* gift

rhoddi (v) *[rhoddee]* to give

rhoddwr/rhoddwyr (m) *[rhoddoor]* giver

rhofion (pl) *[rhovyon]* spades

    see **rhaw**

rhoi (v) *[rhoee]* to give

    rhoi'r gorau i rywbeth to give something up

    rhoi rhywbeth i rywun to give someone something

rholyn/rholiau (m) *[rholin]* roll

rholer/-i (m) *[rholer]* roller

rholio (v) *[rholyo]* to roll

rhos[1]/-ydd (f) *[rhohs]* moor, heath

rhos[2] (pl) *[rhos]* roses

rhost (adj) *[rhost]* roast

    cig rhost roast meat

rhostio (v) *[rhostyo]* to roast

rhuban/-au (m) *[rhiban]* ribbon

Rhufain (f) *[rheevaeen]* Rome

Rhufeinig (adj) *[rhive-eenig]* Roman

Rhufeiniwr/Rhufeinwyr (m) *[rhive-eenyoor]* Roman

rhugl (adj) *[rhigl]* fluent

rhuo (v) *[rheeo]* to roar

rhuthr (m) *[rhithr]* rush

rhuthro (v) *[rhithro]* to rush

rhwbio (v) *[rhoobyo]* to rub

RH

rhwd (m) *[rhood]* rust

rhwng (prep) *[rhoong]* between
   rhwng y tŷ a'r wal between the house and the wall
   rhyngddo i, rhyngddot ti, rhygddo fe/fo, rhyngddi hi, rhyngddon ni, rhyngddoch chi, rhyngddyn nhw

rhwyd/-au *[rhooeed]* net

rhwydo (v) *[rhooeedo]* to net

rhwydd (adj) *[rhooeedd]* easy

rhwyf/-au (f) *[rhooeev]* oat

rhwyfwr/rhwyfwyr (m) *[rhooeevoor]* oarsman

rhwygo (v) *[rhooeego]* to tear

rhwym (adj) *[rhooeem]* constipated, bound
   rydw i'n rhwym I'm constipated

rhwymo (v) *[rhooeemo]* to bind, to tie
   rhwymo wrth +S.M. to tie to

rhwystr/-au (m) *[rhooeestr]* hindrance, obstacle

rhwystro (v) *[rhooeestro]* to obstruct, to hinder
   rhwystro rhag to prevent from

rhy (adv) *[rhee]* too +S.M.
   rhy dda too good

rhybudd/-ion (m) *[rhuhbidd]* warning

rhybuddio (v) *[rhuhbiddyo]* to warn

rhych (m) *[rheech]* furrow, groove

rhyd/-au (f) *[rheed]* ford

rhydu (v) *[rhuhdee]* to rust

rhydd (adj) *[rheedd]* free
   Cymru rydd free Wales

rhyddfrydol (adj) *[rheeddvruhdol]* liberal

Rhyddfrydwr/Rhyddfrydwyr (m) *[rheeddvruhdoor]* Liberal

rhyddhau (v) *[rhidd'haee]* to free, to liberate

rhyddiaith (f) *[rhuhddyaeeth]* prose

rhyddid (m) *[rhuhddid]* freedom

rhyfedd (adj) *[rhuhvedd]* strange

rhyfeddod/-au (m) *[rhuhveddod]* wonder, marvel

rhyfeddu (v) *[rhuhveddee]* to wonder
   rhyfeddu at +S.M. to wonder at

rhyfel/-oedd (m) *[rhuhvel]* war
   Y Rhyfel Mawr the Great War
   y rhyfel byd cyntaf the first world war
   yr ail ryfel byd the second world war

rhyfela (v) *[rhuhvela]* to wage war

rhyfelwr/rhyfelwyr (m) *[rhuhveloor]* warrior

rhyng-golegol (adj) *[rhuhng-golegol]* inter college

rhyngwladol (adj) *[rhungooladol]* international

rhythm/-au (m) *[rhithm]* rhythm

rhyw¹ (f) *[rhioo]* sex, gender

rhyw² (adj) *[rhioo]* some, a certain + S.M.
   rhyw fachgen a certain boy
   rhyw ddydd one day

rhywbeth (m) *[rhioobeth]* something

rhywfaint (m) *[rhioovaeent]* some amount

rhywfodd (adv) *[rhioovodd]* somehow

rhywiol (adj) *[rhiooyol]* sexy

rhywle (adv) *[rhioolleh]* somewhere

rhywsut (adv) *[rhioosit]* somehow

rhywun/rhywrai (m) *[rhiooin]* someone

S

Sabath/-au (m) *[sabath]* Sabbath

sach/-au (f) *[sach]* sack

Sadwrn¹ (m) *[sadoorn]* Saturn

Sadwrn²/Sadyrnau (m) *[sadoorn]* Saturday
   dydd Sadwrn Saturday

saer/seiri (m) *[saeer]* carpenter

Saesneg (f) *[Saesneg]* English language

Saesnes/-i (f) *[Saesnes]* Englishwoman

Saeson (pl) *[saeson]* Englishmen
   see **Sais**

saeth/-au (f) *[saeth]* arrow

saethu (v) *[saeethee]* to shoot

saethwr/saethwyr (m) *[savbooeent]* shooter

safbwynt/-iau (m) *[savbooeent]* standpoint

safiad/-au (f) *[savyad]* stance

safio (v) *[savyo]* to save

safle/-oedd (m) *[savle]* position

safon/-au (f) *[savon]* standard

sangu (v) *[sangee]* to tread
   dan sang crowded

saib/seibiau (m) *[saeeb]* pause

sail/seiliau (f) *[saeel]* base, foundation

saim (m) *[saeem]* grease, fat

saint (pl) *[saeent]* saints
   see **sant**

Sais/Saeson (m) *[saees]* Englishman
saith (num) *[saeeth]* seven
sâl (adj) *[sal]* ill
salad/-au (m) *[salad]* salad
salm/-au (f) *[salm]* psalm
salw (adj) *[saloo]* ugly
salwch (m) *[salooch]* illness
sampl/-au (m) *[sampl]* sample
sanctaidd (adj) *[sanktaeedd]* holy
sandal/-au (f) *[sandal]* sandal
sant/saint/seintiau (m) *[sant]* saint
  Dewi Sant Saint David
santes/-au (f) *[santes]* female saint
  Santes Fair Saint Mary
sardîn/sardinau (f) *[sar'deen]* sardine
sarff/seirff (f) *[sarph]* serpent
sarhad/-au (m) *[sar'had]* insult
sarhau (v) *[sar'haee]* to insult
sarhaus (adj) *[sar'haees]* insulting
sarnu (v) *[sarnee]* to spill
sarrug (adj) *[sarig]* gruff
siarsiant/-au (m) *[sarshant]* sergeant
sathru (v) *[sathree]* to trample
sawdl/sodlau (fm) *[saoodl]* heel
sawl? (interrog) *[saool]* how many?
  sawl merch? how many girls?
sawl (ans) *[saool]* many
  sawl un many
  sawl merch many girls
saws/-iau (m) *[saoos]* sauce
sbageti (m) *[sbagetee]* spaghetti
sbaner/-i (m) *[sbaner]* spanner
sbâr (adj) *[sbar]* spare
sbario (v) *[sbaryo]* to spare
sbectol/-au (f) *[sbektol]* spectacles
sbeis (pl) *[sbe-ees]* spice
sbeitlyd (adj) *[sbe-eetlid]* spiteful
sbîo (v) *[sbeeo]* (NW) to look
sbon (adv) *[sbon]*
  newydd sbon brand new
sboncen (f) *[sbonken]* squash
sbort (m) *[sbort]* fun
sbri (m) *[sbree]* fun
sbring/-iau (m) *[sbring]* spring
sbwylio (v) *[sbooeelyo]* to spoil
sebon/-au (m) *[sebon]* soap
seboni (v) *[sebonee]* to flatter, to soap
sebonwr/sebonwyr (m) *[sebonoor]*
  flatterer

secondiad/-au (m) *[sekondyad]*
  secondment
sect/-au (f) *[sekt]* sect
sector/-au (m) *[sektor]* sector
secwlar (adj) *['sekoolar]* secular
sedd/-au (f) *[sedd]* seat
sef (conj) *[sev]* namely
sefydliad/-au (m) *[sevuhdlyad]*
  establishment
sefydlog (adj) *[sevuhdlog]* stable
sefydlu (v) *[sevuhdlee]* to establish
sefyll (v) *[sevill]* to stand
sefyllfa/-oedd (f) *[sevuhllva]* situation,
  position
segur (adj) *[segir]* idle
segura (v) *[segeera]* to idle
segurdod/-au (m) *[segirdod]* idleness
sengi (v) *[sengee]* to tread
sengl (adj) *[sengl]* single
  dyn sengl a single man
seibiant/seibiannau (m) *[se-eebyant]* pause
seibiau (pl) *[se-eebyaee]* pauses
  see **saib**
seiciatrydd/-ion (m) *[se-ekeeatridd]*
  psychiatrist
seicoleg (f) *[se-eekoleg]* psychology
seicolegol (adj) *[se-eekolegol]* psychological
seiliau (pl) *[se-eelyaee]* bases, foundations
  see **sail**
seilio (v) *[se-eelyo]* to base
seindorf (f) *[se-eendorf]* band
seinio (v) *[se-eenyo]* to sound
seintiau (pl) *[se-eentyaee]* saints
  see **sant**
seirff (pl) *[se-eerph]* serpents
  see **sarff**
seiri (pl) *[se-eeree]* carpenters
  see **saer**
Seisnig (adj) *[se-eesnig]* English (in nature)
Seisnigaidd (adj) *[se-eesnigaeedd]*
  anglicized, English
Seisnigeiddio (v) *[se-eesnige-eeddyo]* to
  anglicize
seithfed (ord) *[se-eethved]* seventh
  +S.M. with f. nouns
  y seithfed bachgen the seventh boy
  y seithfed ferch the seventh girl
sêl[1] (f) *[sel]* zeal
sêl[2]/seliau (f) *[sel]* seal

S

seld/-au (f) *[seld]* FURNITURE (kitchen) dresser

seler/-au/-ydd (f) *[seler]* cellar

selio (v) *[selyo]* to seal

selog (adj) *[selog]* zealous

selsigen/selsig (f) *[selseegen]* sausage

sêm/semau (f) *[sem]* seam

seml (adj) *[seml]* simple, plain
  see **syml**; used with f. nouns
  brawddeg seml simple sentence

senedd/-au (f) *[senedd]* parliament
  senedd i Gymru a parliament for
  Wales

seneddol (adj) *[seneddol]* parliamentary

sensoriaeth (f) *[sensoryaeeth]* censorship

serch/-iadau (m) *[serch]* love

serchog (adj) *[serchog]* affectionate

serchus (adj) *[serchis]* affectionate

seremoni/seremonïau (f) *['seremonee]* ceremony

seren/sêr (f) *[seren]* star
  seren y gogledd north star

serfio (v) *[servyo]* to serve

serth (adj) *[serth]* steep

sesiwn/sesiynau (m) *[seshoon]* session

set/-iau (f) *[set]* set

sêt/seti (f) *[seht]* seat

setlo (v) *[setlo]* to settle

sgarff/-iau (f) *[sgarph]* scarf

sgarmes/-au/-oedd (f) *[sgarmes]* RUGBY skirmish, maul

sgerbwd/sgerbydau (m) *[sgerbood]* skeleton

sgert/-iau (f) *[sgert]* skirt

sgi/-s (fm) *[sgee]* ski

sgidiau (pl) *[sgidyaee]* shoes
  see **esgid**

sgil/sgiliau (m) *[skil]* skill, craft

sgio (v) *[sgeeo]* to ski

sgipio (v) *[sgipyo]* to skip

sgïwr/sgïwyr (m) *[sgeeoor]* skier

sglefrio (v) *[sglevryo]* to skate

sglein (m) *[sgle-een]* polish, shine

sgleinio (v) *[sgle-eenyo]* to polish

sglodion (pl) *[sglodyon]* chips
  pysgod a sglodion fish and chips

sglodyn/sglodion (m) *[sglodin]* chip

sgôr/sgoriau (f) *[sgor]* score

sgorio (v) *[sgoryo]* to score

sgorwr/sgorwyr (m) *[sgoroor]* scorer

sgrech/-iadau (f) *[sgrech]* yell

sgrechain, sgrechian (v) *[sgrechaeen, sgrechyan]* to yell

sgrin/-iau (f) *[sgreen]* screen

sgript/-iau (f) *[sgript]* script

sgriw/-iau (f) *[sgrioo]* screw

sgriwio (v) *[sgriooyo]* to screw

sgrym/-iau (f) *[skruhm]* scrum

sgwâr/sgwariau (fm) *[sgoo'ar]* square

sgwrs/sgyrsiau (f) *[sgoors]* conversation, chat

sgwrsio (v) *[sgoorsyo]* to chat

sgyrsiau (pl) *[sguhrsyaee]* conversations, chats
  see **sgwrs**

shifft/-iau (f) *[shipht]* shift

shw? (interrog) *[shood]* how?
  see **sut?**
  shwd ych chi? (SW) how are you?

shw (interrog) *[shoo]* how see **sut**
  shw mae? how are you?

si/sion (m) *[see]* rumour

siaced/-i (f) *[shaked]* jacket

sialc/-iau (m) *[shalk]* chalk

siambr/-au (f) *[shambr]* chamber
  siambr fasnach chamber of commerce

sianel/-i (f) *[shanel]* channel
  Sianel 4 Channel 4
  S4C - Sianel 4 Cymru Channel 4 Wales

siâp/siapiau (m) *[shap]* shape

siarad (v) *[sharad]* to talk
  ydych chi'n siarad Cymraeg? do you speak Welsh?

siaradus (adj) *[sharadis]* talkative

siaradwr/siaradwyr (m) *[sharadoor]* talker

siart/-iau (m) *[shart]* chart

sibrwd (v) *[sibrood]* to whisper

sibwns (pl) *[shiboons]* spring onions

sicr (adj) *[sikr]* sure

sicrhau (v) *[sikr'haee]* to ensure

sicrwydd (m) *[sikrooedd]* certainty

sidan/-au (m) *[seedan]* silk

siec/-iau (f) *[shek]* cheque

sièd/siediau (f) *[shed]* shed

sieri (m) *[sheree]* sherry

sigâr/sigarau (f) *[sig'ar]* cigar

sigarét/–s (f) *[sigar'et]* cigarette

sigledig (adj) *[sigledig]* shaky

siglen/–ni (f) *[siglen]* swing

siglo (v) *[siglo]* to swing

signal/–au (m) *[signal]* signal

silff/–oedd (f) *[silph]* shelf

   silff ben tân mantelpiece

sillaf/–au (f) *[sillav]* syllable

sillafu (v) *[sillavee]* to spell

simnai/simneiau (f) *[shimnye]* chimney

simne/–iau (f) *[shimne]* chimney

simsan (adj) *[simsan]* unsteady

sinc/–iau (m) *[sink]* sink, zinc

sinema/sinemâu (f) *['sinema]* cinema

sioc/–iau (m) *[shok]* shock

sioe/–au (f) *[shoee]* show

siôl/siolau (f) *[shol]* shawl

siom (m) *[shom]* disappointment

siomedig (adj) *[shomedig]* disappointment

siomi (v) *[shomee]* to disappoint

sionc (adj) *[shonk]* nimble

siop/–au (f) *[shop]* shop

   siop fara baker's

   siop bapur newsagent's

   siop groser grocer's

siopa (v) *[shopa]* to shop

siopwr/siopwyr (m) *[shopoor]* shopkeeper

siorts (pl) *[shorts]* shorts

sir/–oedd (f) *[seer]* county

   sir Forgannwg Glamorgan

siriol (adj) *[siryol]* cheerful

sisial (v) *[sishal]* to whisper

siswrn/sisyrnau (m) *[seeshoorn]* scissors

siten/–ni (f) *[sheeten]* sheet

siwgr (m) *[shoogoor]* sugar

siwmper/–i (f) *[shoomper]* jumper, pullover

siŵr (adj) *[shoor]* sure

   siŵr o fod probably

siwrnai[1]/siwrneiau (f) *[shoorne]* journey

siwrnai[2] (adv) *[shoorne]* (SW) once, as soon as

siwt/–iau (f) *[sioot]* suit

slafaidd (adj) *[slavaeedd]* slavish

sleifio (v) *[sle-eetyo]* to slink

slic[1]/–iau (m) *[slik]* slick

slic[2] (adj) *[slik]* slick

slogan/–au (fm) *[slogan]* slogan

slym/–iau (m) *[sluhm]* slum

smalio (v) *[smalyo]* to joke

sment/–iau (m) *[sment]* cement

smôc/smociau (f) *[smok]* smoke

smocio (v) *[smokyo]* to smoke

smwddio (v) *[smooddyo]* to iron

smotyn/smotiau (m) *[smotin]* spot

smyglo (v) *[smuhglo]* to smuggle

snobyddiaeth (f) *[snobuhddyaeeth]* snobbery

sobr (adj) *[sohr]* sober

soced/–i (m) *[soked]* socket

soffa (f) *[sopha]* sofa

soffistigedig (adj) *[sophistigedig]* sophisticated

solet (adj) *[solet]* solid

sôn (v) *[son]* to mention

   sôn am rywun to mention someone, rumour about someone

soned/–au (f) *[soned]* sonnet

sosban/sosbenni (f) *[sosban]* saucepan

soser/–i (f) *[soser]* saucer

sosej/–ys (f) *[sosej]* sausage

sosialaeth (f) *[soshalaeeth]* socialism

sosialaidd (adj) *[soshalaeedd]* socialist

sosialydd/sosialwyr (m) *[soshalidd]* socialist

sownd (adj) *[so-oond]* stuck

stabl/–au (f) *[stabl]* stable

stad/–au (f) *[stad]* estate

   see **ystad**

stadiwm/–au (f) *[stadyoom]* stadium

staen/–iau (m) *[staeen]* stain

staer/–au (f) *[star]* stairs, staircase

   mynd lan sta'r (SW) to go upstairs

stafell/–oedd (f) *[stavell]* room

   see **ystafell**

stamp/–iau (m) *[stamp]* stamp

stampio (v) *[stampyo]* to stamp

statws (m) *[statoos]* status

   statws swyddogol i'r iaith official status for the language

stêc (f) *[stek]* steak

stecen (f) *[steken]* steak

stiwdio/–s (f) *[stioodyo]* studio

stoc/–iau (m) *[stok]* stock

   mewn stoc in stock

stof/–au (f) *[stov]* stove, oven

S

stôl/stolau (f) *[stoil]* stool

stôn/stonau (f) *[ston]* WEIGHT stone

stondin/–au (m) *[stondin]* stall

stop/–iau (m) *[stop]* stop

stopio (v) *[stopyo]* to stop

stordy/stordai (m) *[stordee]* warehouse

stori/storïau (f) *[storee]* story, tale

storio (v) *[storyo]* to store

storïwr/storïwyr (m) *[storeeoor]* story-teller

storm/–ydd (f) *[storm]* storm

straen (m) *[straeen]* strain

straeon (pl) *[straeeon]* stories, tales
  hel straeon (NW) to carry tales
  (SW=hela clecs)

streic/–iau (f) *[stre-eek]* strike

streicio (v) *[stre-eekyo]* to strike

strôc/st.rociau (f) *[strok]* stoke

stryd/–oedd (f) *[streed]* street

stumog/–au (f) *[stimog]* stomach

stwff (m) *[stooph]* stuff

stwffin/–au (m) *[stoophin]* stuffing

stwffio (v) *[stoophyo]* to stuff

stŵr (m) *[stoor]* noise, fuss
  cadw stŵr to make a noise
  rhoi stŵr i rywun to tell someone off

sudd (m) *[seedd]* juice
  sudd oren orange juice

sugno (v) *[signo]* to suck

Sul/–iau (m) *[seel]* Sunday
  dydd Sul (on) Sunday
  nos Sul Sunday night
  ar ddydd Sul on Sundays

Sulgwyn (m) *[silgooin]* Whitsun

sur (adj) *[seer]* sour

suro (v) *[seero]* to turn sour

sut? (interrog) *[sit]* how?, what kind of?
  sut gar yw e? what kind of car is it?
  sut ydych chi? how are you?
  sut byddwch chi'n mynd? how will
    you go?

sw (m) *[soo]* zoo

swil (adj) *[sooil]* shy

swildod (m) *[sooildod]* shyness

swits/–ys (m) *[swish]* switch

swllt/sylltau (m) *[soollt]* shilling

swm/symiau (m) *[soom]* sum

swmpus (adj) *[soompis]* bulky

swn (m) *[soon]* noise

swnllyd (adj) *[soonllid]* noisy

swper/–au (f/m) *[sooper]* supper
  i swper for supper

swrth (adj) *[soorth]* grumpy

sws/–ys (m) *[soos]* kiss

swta (adj) *[soota]* curt

swydd/–i (f) *[sooedd]* post

swyddfa/swyddfeydd (f) *[sooeeddva]* office

swyddog/–ion (m) *[sooeeddog]* officer

swyddogaeth/–au (f) *[sooeeddogaeeth]*
  function

swyddogol (adj) *[sooeeddogol]* official

swyn/–ion (m) *[sooeen]* charm

swyno (v) *[sooeeno]* to charm

swynol (adj) *[sooeenol]* charming

sy(dd) (v) *[see(dd)]* is, are
  pwy sy? who is?
  beth sy'n bod? what's the matter?

sy, sydd (rel pron) *[see(dd)]* who/that/
  which is/are
  hi sy'n dod it's she who's coming
  y llyfr sy ar y bwrdd the book that is
    on the table

sych/–ion (adj) *[seech]* dry
  esgyrn sychion dry bones

sychder (m) *[suhchder]* dryness

syched (m) *[suhched]* thirst
  mae syched arna i I'm thirsty

sychedig (adj) *[suchedig]* thirsty

sychu (v) *[suchee]* to dry

sydyn (adj) *[suhdin]* sudden

syfrdanol (adj) *[suhvrdanol]* amazing

syfrdanu (v) *[suhvrdanee]* to amaze

sylfaen/sylfeini (f) *[suhlvaeen]* foundation

sylfaenol (adj) *[suhlvaeenol]* basic

sylfaenu (v) *[suhlvaeenee]* to found

sylfaenydd/sylfaenwyr (m) *[suhlvaeenidd]*
  founder

sylw/–adau (m) *[suhloo]* observation

sylwadaeth (f) *[suhlooadaeeth]*
  observation

sylwebaeth (f) *[suhlooebaeeth]*
  commentary

sylweddol (adj) *[suhlooeddol]* substantial

sylweddoli (v) *[suhlooeddolee]* to realize

sylwgar (adj) *[suhloogar]* observant

sylwi (v) *[suhlooee]* to observe, to notice
  sylwi ar rywbeth to notice
    something

sylltau (pl) *[suhlltaee]* shillings
see **swllt**

syllu (v) *[suhllee]* to stare

sym/–iau (m) *[suhm]* sum

symbol/–au (m) *[simbol]* symbol

symboli (adj) *[simbolig]* symbolic

symffoni/symffoniau (m) *['symphonee]* symphony

symiau (pl) *[suhmyaee]* sums
see **swm** and **sym**

syml (adj) *[suhml]* simple

symud (v) *[suhmid]* to move

symudiad/–au (m) *[suhmidyad]* movement

syn (adj) *[sin]* surprised
roedd e'n syn he was surprised

synagog/–au (m) *['sinagog]* synagogue

syndod/–au (m) *[suhndod]* surprise
ces i syndod I had a surprise

synfyfyrio (v) *[sinvuhvuhryo]* to muse, to meditate

synhwyro (v) *[suhnhooeero]* to sense

synhwyrol (adj) *[suhnhooeerol]* sensible

synhwyrus (adj) *[suhnhooeeris]* sensuous

syniad/–au (m) *[suhnyad]* idea

synnu (v) *[suhnee]* to surprise, to marvel
synnu at +S.M. to be surprised at

synnwyr/synhwyrau (m) *[suhnooeer]* sense
synnwyr cyffredin common sense

syr (m) *[suhr]* sir
annwyl syr dear sir

syrcas/–au (f) *[suhrkas]* circus

syrthio (v) *[suhrthyo]* to fall

system/–au (f) *[sistem]* system

syth (adj) *[seeth]* straight

sythlyd (adj) *[suhthlid]* cold, freezing

sythu (v) *[suhthee]* to freeze, to straighten

T

Mutated words beginning with **D**, **TH** or **NH** can derive from **T** (e.g. **thad**, **dad**, **nhad** from **tad**) so look up here.

tabl/–au (m) *[tabl]* MATHS table

tabled/–i (m) *[tabled]* pill

taclau (pl) *[taklaee]* tools
see **teclyn**

taclo (v) *[taklo]* to tackle

taclu (v) *[taklee]* (SW) to dress

taclus (adj) *[taklis]* tidy

Tachwedd (m) *[tachooedd]* November
ym mis Tachwedd in November

tad/–au (m) *[tad]* father

tad-cu/tadau cu (m) *[tad kee]* (SW) grandfather

tadol (adj) *[tadol]* fatherly

taenu (v) *[taeenee]* to spread

taer (adj) *[taeer]* fervent

tafarn/–au (f) *[tavarn]* pub

tafarnwr/tafarnwyr (m) *[tavarnoor]* pub landlord

tafell/–au (f) *[tavell]* slice

taflen/–ni (f) *[tavlen]* leaflet

taflu (v) *[tavlee]* to throw

tafod/–au (m) *[tavod]* tongue

tafodiaith/tafodieithoedd (f) *[tavodyaeeth]* dialect

tafol (f) *[tavol]* scales

tagu (v) *[tagee]* to strangle

tangnefedd (mf) *[tangnevedd]* BIBLE peace

tai (pl) *[taee]* houses
see **tŷ**

taid/teidiau (m) *[taeed]* (NW) grandfather

tail (m) *[taeel]* manure

tair (ord) *[taeer]* three
used with f. nouns; **tri** is used with m. nouns
y tair merch the three girls

taith/teithiau (f) *[taeeth]* journey

tal (adj) *[tal]* tall

tâl/taliadau (m) *[tal]* pay

talaith/taleithiau (f) *[talaeeth]* province

talcen/–nau (m) *[talken]* forehead
talcen glo coal-face

taldra (m) *[taldra]* height

talent/–au (f) *[talent]* talent

talentog (adj) *[talentog]* gifted

talfyriad/–au (m) *[talvuhryad]* abbreviation

talu (v) *[talee]* to pay
talu rhywun am wneud rhywbeth to pay someone for doing something

tamaid/tameidiau (m) *[tamaeed]* piece

tan¹ (prep) *[tan]* till, until
+S.M.
  tan dri o'r gloch till three o'clock
  tan i ni gyrraedd till we arrive
tan² (prep) *[tan]*
  +S.M.; also **dan**
  1. under
  o dan under
  o dan fwrdd y gegin under the
    kitchen table
  o dan y bwrdd under the table
  2. while
  dan ganu while singing
  **tanaf i, tanat ti, tano fe/fo, tani hi,
    tanom ni, tanoch chi, tanyn nhw**
tân/tanau (m) *[tan]* fire
tanbaid (adj) *[tanbaeed]* fiery
tanchwa (f) *[tanchooa]* explosion
tanddaearol (adj) *[tanddaeearol]*
  underground
tanfor (adj) *[tanvor]* submarine
  llong danfor submarine
tanio (v) *[tanyo]* to ignite
tant/tannau (m) *[tant]* string of instrument
tanwydd (m) *[tanooeedd]* fuel
tanysgrifio (v) *[tanuhsgrivyo]* to subscribe
tap/–iau (m) *[tap]* tap
tâp/tapiau (m) *[tap]* tape
taran/–au (f) *[taran]* thunder
tarddiad/–au (m) *[tarddyad]* source
tarfu (v) *[tarvee]* to scare
  tarfu ar rywun to disturb someone
tarian/–au (f) *[taryan]* shield
taro (v) *[taro]* to hit, to strike
  band taro percussion band
tarten/–nau/–ni (f) *[tarten]* (SW) tart, pie
tas/teisi (f) *[tas]* rick
  tas wair hay-rick
tarw/teirw (m) *[taroo]* bull
tasg/–au (f) *[tasg]* task
tasgu (v) *[tasgee]* to splash
taten/tato/tatws (f) *[taten]* potato
taw¹ (conj) *[taoo]* that
  mae hi'n credu taw hi'n iawn
    she believes that it's she who is right
taw² (m) *[taoo]* silence
taw³ (int) *[taoo]* be quiet!, you don't say!
  from **tewi** to become quiet
tawel (adj) *[taooel]* quiet

tawelu (v) *[taooelee]* to calm
tawelwch (m) *[taooelooch]* silence
te (m) *[te]* tea
tebot/–au (m) *[tebot]* teapot
tebyg (adj) *[tebig]* like
teclyn/taclau (m) *[teklin]* tool
technegol (adj) *[technegol]* technical
  coleg technegol technical college
technoleg (f) *[technoleg]* technology
teg (adj) *[teg]* fair, beautiful, fine
  chwarae teg fair play
  merch deg a beautiful girl
  tywydd teg fine weather
  araf deg slowly
tegan/–au (m) *[tegan]* toy
tegell/–au (m) *[tegell]* kettle
tegwch (m) *[tegooch]* beauty, fair play
  er tegwch i bawb so that all have fair
    play
tei/–s (m) *[te-ee]* tie
teidiau (pl) *[te-eedyae]* (NW) grandfathers
  see **taid**
teigr/–od (m) *[te-eegr]* tiger
teilsen/teils (f) *[te-eelsen]* tiles
teilwng (adj) *[te-eeloong]* worthy
teimlad/–au (m) *[te-eemlad]* feeling
teimladol (adj) *[te-eemladol]* full o feeling,
  emotional
teimlo (v) *[te-eemlo]* to feel
teipiadur/–on (m) *[te-eepyadir]* typewriter
teipydd/–ion (m) *[te-eepidd]* typist
teirw (pl) *[te-eeroo]* bulls
  see **tarw**
teisen/–nau (f) *[te-eesen]* cake
teisi (pl) *[te-eesee]* ricks
  see **tas**
teitl/–au (m) *[te-eetl]* title
teitheb/–au (f) *[te-eetheb]* passport
teithiau (pl) *[te-eethyae]* journeys
  see **taith**
teithio (v) *[te-eethyo]* to travel
teithiwr/teithwyr (m) *[te-eethyoor]* traveller
teledu (m) *[teledee]* television
teliffon/–au (m) *['teliphon]* telephone
telyn/–au (f) *[telin]* harp
telyneg/–ion (f) *[teluhneg]* lyric poem
teml/–au (f) *[teml]* temple
temtasiwn/temtasiynau (m) *[temtashoon]*
  temptation

tenau (adj) *[tenaee]* thin

tennis (m) *[tenis]* tennis

tennyn (m) *[tenin]* tether
  ar ben fy nhennyn at the end of my tether

terfyn/–au (m) *[tervin]* end, boundary
  ar derfyn dydd at the end of day

terfynol (adj) *[tervuhnol]* final, terminal
  rownd derfynol final round
  salwch terfynol terminal illness

terfysg/–oedd (m) *[tervisg]* riot

tes (m) *[tes]* warm weather

testun/–au (m) *[testin]* text, subject
  yn ôl y testun according to the text
  fy hoff destun my favourite subject

teth/–au (f) *[teth]* teat

teulu/–oedd (m) *[te-eelee]* family

teuluol (adj) *[te eeleeol]* to do with the family

tew (adj) *[teoo]* fat

tewhau (v) *[teoo'haee]* to fatten

tewi (v) *[teooee]* to become quiet

teyrnas/–oedd (f) *[te-eernas]* kingdom

teyrngar (adj) *[te-eerngar]* loyal

teyrnged/–au (f) *[te-eernged]* tribute

ti (pron) *[tee]* you
  used with a person you know well
  sut wyt ti? how are you?

tila (adj) *[tila]* feeble

tîm/timau (m) *[teem]* team

tin/–au (f) *[teen]* bum
  twll dy din di! up yours!

tinc/–iau (m) *[tink]* tinkle

tipyn (m) *[tipin]* little
  tipyn bach a little

tir/–oedd (m) *[teer]* land, ground
  yn y tir in the ground
  ar y tir on the land

tirfeddiannwr/tirfeddianwyr (m) *[teerveddyanoor]* landowner

tiriogaeth/–au (f) *[tiryogaeeth]* territory

tiriogaethol (adj) *[tiryogaeethol]* territorial

tirion (adj) *[tiryon]* kind, gentle,
  Iesu tirion gentle Jesus

tirlun/–iau (m) *[tirlin]* landscape

tisian (v) *[tishan]* to sneeze

tithau (pron) *[tithaee]* FAMILIAR you also

tiwb/–iau (m) *[tioob]* tube

tlawd (adj) *[tlaood]* needy, poor

tlodi (m) *[tlodee]* poverty

tlodion (pl) *[tlodyon]* poor people

tloty/tlotai (m) *[tlotee]* poor-house

tlws[1]/tlysau (m) *[tloos]* jewel, medal

tlws[2] (adj) *[tloos]* beautiful
  used with m. nouns; **dlos** used with f.nouns

to[1]/–eau/–eon (m) *[to]* roof
  to y tŷ the roof of the house

to[2] (fm) *[to]* generation
  y to ifanc the younger generation

tocyn/–au (m) *[tokin]* ticket

toddi (v) *[toddee]* to melt

toes (m) *[toees]* dough

tolc/–(i)au (m) *[tolk]* dent

toll/–au (f) *[toll]* toll

tomen/–nydd (f) *[tomen]* heap

tôn/tonau (f) *[ton]* tune

ton/–au (f) *[ton]* wave

tonfedd/–i (f) *[tonvedd]* wavelength

tonsil (m) *[tonsil]* tonsil

top (m) *[top]* top

torcalonnus (adj) *[torkalonis]* heart-breaking

torch/–au (m) *[torch]* wreath
  torch o flodau a wreath of flowers

torchi (v) *[torchee]* to roll
  torchi llewys to work hard

toreth (f) *[toreth]* abundance

torf/–eydd (f) *[torv]* crowd

torheulo (v) *[torhe-eelo]* to sunbathe

toriad/–au (m) *[toryad]* a break, cutting

torri (v) *[toree]* to break, to cut
  torri braich break an arm
  torri papur to cut paper
  torri enw to sign
  torri cytundeb to break an agreement

torrwr/torroyr (m) *[toroor]* cutter, mower
  torrwr gwair grass mower

torsythu (v) *[torsuhthee]* to swagger

torth/–au (f) *[torth]* loaf (of bread)

tost[1] (adj) *[tost]* ill
  pen tost headache
  mae pen tost arna i, mae pen tost 'da fi I have a headache

tost[2] (m) *[tost]* toast

tostrwydd (m) *[tostrooeedd]* illness

tosturio (v) *[tostiryo]* to pity, to have mercy

T

tosturio wilh rywun to have pity on someone

tra[1] (adv) *[tra]* very +A.M.
   tra charedig very kind

tra[2] (conj) *[tra]* while
   tra oedd e yno while he was there
   tra cysgai whilst he was asleep

trachwant/–au (m) *[trachooant]* greed

tradwy (adv) *[tradooee]* in three days' time

traddodiad/–au (m) *[traddodyad]* tradition

traean (m) *[traeean]* one third

traed (pl) feet *see* **troed**

traeth/–au (m) *[traeeth]* beach

traethawd/traethodau (m) *[traeethaood]* essay

traethu (v) *[traeethee]* to speak, to deliver (a speech)

trafnidiaeth (f) *[travnidyaeeth]* traffic

trafod (v) *[travod]* to discuss

trafodaeth/–au (f) *[travodaeeth]* discussion

trafferth (m) *[trapherth]* trouble

traffordd/traffyrdd (f) *[traphordd]* motorway

tragwyddol (adj) *[tragooeeddol]* eternal

trahaus (adj) *[tra'haees]* haughty, arrogant

trai (m) *[traee]* ebb, decrease
   ar drai decreasing, ebbing
   trai a llanw ebb and flow

trais (m) *[traees]* rape, violence
   trais ar y strydoedd violence on the streets

trallod/–ion (m) *[trallod]* tribulation

tramor (adj) *[tramor]* overseas, foreign
   aeth e i wlad dramor he went overseas
   gwyliau tramor foreign holiday

tramgwydd/–iadau (m) *[tramgooeedd]* offence
   maen tramgwydd stumbling block

trannoeth (adv) *[tranoeeth]* next day

tras/–au (f) *[tras]* lineage

trasiedi/trasiedïau (m) *['trashedee]* tragedy

traul/treuliau (f) *[traeel]* expense, wear, consumption
   treuliau teithio travelling expenses
   diffyg traul indigestion

trawaf (v) *[traooav]* I hit, I shall hit from **taro** to hit

trawiad/–au (m) *[traooyad]* stroke

trawiad calon heart attack

trawiadol (adj) *[traooyadol]* striking

traws (prep) *[traoos]* across
   ar draws y bwrdd across the table

trawsblannu (v) *[traoosblanee]* to transplant

trawst/–iau (m) *[traoost]* rafter, beam

treblu (v) *[treblee]* to treble

trech[1] (adj) *[trech]* dominant

trech[2] (adj) *[trech]* stronger, superior

trechu (v) *[trechee]* to defeat

tref(f)/trefi (f) *[trev]* town, home
   yn y dre in the town
   tua thre towards home

trefedigaeth/–au (f) *[trevedeegaeeth]* colony

trefn/–iadau (f) *[trevn]* order, arrangement
   yn nhrefn yr wyddor in alphabetical order
   yn ôl y drefn according to the arrangement
   mewn trefn in order

trefnu (v) *[trevnee]* to arrange, to organize

trefnydd/–ion (m) *[trevnidd]* organizer

trefol (adj) *[trevol]* urban

treftadaeth (f) *[trevtadaeeth]* inheritance

treiddgar (adj) *[tre-eeddgar]* penetrating

treiddio (v) *[tre-eeddyo]* to penetrate

treiglad/–au (m) *[tre-eeglad]* mutation
   treiglad meddal soft mutation
   treiglad llaes aspirate mutation
   treiglad trwynol nasal mutation

treisio (v) *[tre-eeyo]* to rape
   cafodd hi ei threisio she was raped

trem/–au (f) *[trem]* look

trên/trenau (m) *[tren]* train

trennydd (adv) *[trenidd]* two days later

tresbasu (v) *[tresbasee]* to trespass

tresmasu (v) *[tresbasee]* to trespass

treth/–i (f) *[treth]* tax
   talu trethi to pay taxes
   treth incwm income tax
   treth ar werth (TAW) value added tax (VAT)

trethdalwr/trethdalwyr (m) *[trethdaloor]* ratepayer

treuliau (pl) *[tre-eelyaee]* expenses *see* **traul**

treulio (v) *[tre-eelyo]* to spend, to wear out,

to digest
treulio amser to spend time
treulio dillad to wear out clothes
treulio bwyd to digest food
tri (num) *[tree]* three
    +A.M.; used with m. nouns; **tair** is
    used with f. nouns
tri chi three dogs
triawd/–au (m) *[treeaood]* trio
triban/–nau (n) *[rrihan]* METRE triplet
tridiau (pl) *[tridyae]* three days
trigain (num) *[trigaeen]* sixty
    +N.M. with **blwydd** and **blynedd**
    trigain mlwydd oed sixty years old
    trigain mlynedd sixty years
trigeinfed (ord) *[trige-eenved]* sixtieth
trigfan/–nau (f) *[trigvan]* abode
trigo (v) *[treego]* to dwell, to die
    mae'r anifail wedi trigo the animal
    has died
    yn trigo yn y coed living in the
    wood
trigolion (pl) *[trigolyon]* inhabitants
trin (v) *[treen]* to treat
trindod (f) *[trindod]* trinity
    y Drindod the (holy) trinity
trio (v) *[treeo]* to try
triongl/–au (fm) *[treeongl]* triangle
trip/–iau (m) *[trip]* trip
trist (adj) *[trist]* sad
tro/–eon (m) *[tro]* turn, walk
    dy dro di your turn
    yn eich tro in your turn
    un ar y tro one at a time
    un tro once
    mynd am dro going for a walk
    ers tro for a while
troad/–au (m) *[troad]* bend
trobwynt/–iau (m) *[trobooeent]* turning
    point
trochi (v) *[trochee]* to immerse, to soil
    paid â throchi dy ddillad! don't get
    your clothes dirty!
    rhaid ei drochi mewn dŵr it must
    be immersed in water
troed/traed (f) *[troeed]* foot, base
    wrth droed yr Wyddfa at the foot of
    Snowdon
troedfedd/–i (f) *[troeedvedd]* MEASURE foot

troednoeth (adj) *[troeednoeth]* bare-
    footed
troelli (v) *[troeellee]* to spin
trofannau (pl) *[trovanae]* tropics
troi (v) *[troee]* to turn
    troi o amgylch to turn around
trôns (pl) *[trons]* drawers, pants
tros (prep) *[tros]* +S.M.; also **dros**
    1. over
    tros y wal over the wall
    2. for
    dros Gymru for Wales
    3. instead of
    mi wna i e drosot ti I'll do it instead
    of you
    **troso i, trosot ti, trosto fe/fo, trosti
    hi, troson ni, trosoch chi, trostyn
    nhw**
trosedd/–au (f) *[trosedd]* crime
troseddu (v) *[troseddee]* to transgress, to
    commit a crime
trosglwyddo (v) *[trosglooeeddo]* to hand
    over
trosi (v) *[trosee]* to convert, to translate
    troi a throsi to toss and turn
    trosi erthygl to translate an article
    trosi cais to convert a try
trosodd (adv) *[trosodd]* over, beyond
    mae'r gêm drosodd the game is over
    trosodd i'r ochr arall over to the
    other side
trotian (v) *[trotyan]* to trot
trothwy/–on (m) *[trothooee]* threshold
trowsus/–au (m) *[tro-oosis]* trousers
truan/truain/trueiniaid (mf) *[treean]*
    wretch
trueni (v) *[treeenee]* pity
trugaredd (f) *[treegaredd]* mercy
trugareddau (pl) *[treegareddae]* bits and
    pieces
trwbwl (m) *[troobool]* trouble
trwchus (adj) *[troochis]* thick
    siwmper drwchus a thick jumper
trwm (adj) *[troom]* heavy, sad
    with f. noun used **drom**
    llyfr trwm a heavy book
    diwydiannau trymion heavy
    industries
trwmgwsg (m) *[troomgoosg]* heavy sleep

trwsiadus (adj) *[trooshadis]* smart

trwsio (v) *[troosho]* (SW) to mend

trwy (prep) *[trooee]* through, by +S.M.
  trwy'r dydd all day
  trwy ddamwain by accident
  trwy fynd allan by going out

trwyadl (adj) *[trooeeadl]* thorough

trwydded/–au (f) *[trooeedded]* licence
  trwydded yrru driving licence

trwyn/–au (m) *[trooeen]* nose

trwynol (adj) *[trooeenol]* nasal

trwytho (v) *[trooeetho]* to saturate

trybini (m) *[trubeenee]* trouble

trychfilyn/trychfilod (m) *[truchcheveelin]* insect

trychineb/–au (mf) *[truhcheeneb]* disaster

trydan (m) *[truhdan]* electricity

trydanwr/trydanwyr (m) *[truhdanoor]* electrician

trydar (v) *[truhdar]* to chirp
  has no other verb forms

trydedd (ord) *[truhdedd]* third
  used with f. nouns; + S.M; **trydydd** is used with m.nouns
  y drydedd goeden the third tree

trydydd (ord) *[truhdidd]* third
  used with m. nouns; **trydedd** is used with f. nouns
  y trydydd tro the third time

tryloyw (adj) *[truhloeeoo]* transparent

trylwyr (adj) *[truhlooeer]* thorough

trymaidd (adj) *[truhmaeedd]* close, sultry

trysor/–au (m) *[truhsor]* treasure

trysorydd/–ion (m) *[truhsoridd]* treasurer

trywanu (v) *[truhooanee]* to stab

trywydd (m) *[truhooidd]* trail
  ar drywydd lleidr on a thief's trail

tu (mf) *[tee]* side
  (y) tu hwnt i beyond
  (y) tu allan i outside
  tu fas i (SW) outside
  o du ei fam on his mother's side
  ar bob tu on all sides

tua (prep) *[teea]* towards, about +A.M.
  tua phump about five
  tua thre homewards
  tua mis about a month

tudalen/–nau (fm) *[tidalen]* page

tuedd/–au (f) *[tee-edd]* tendency

tueddiad/–au (m) *[tee-eddyad]* tendency

tueddol (adj) *[tee-eddol]* inclined
  mae e'n dueddol o ddal annwyd he is prone to colds

tueddu (v) *[tee-eddee]* to tend to
  tueddu i wneud to tend to do

tunnell/tunelli (f) *[tinell]* ton

turio (v) *[tiryo]* to burrow

tusw/–au (m) *[tishoo]* posy

twba (m) *[tooba]* tub

twlc/tylcau (m) *[toolk]* sty

twll/tyllau (m) *[tooll]* hole
  twll y clo keyhole

twmpath/–au (m) *[toompath]* mound, pile
  twmpath dawns folk dance event

twndis (m) *[toondish]* funnel

twnnel/twnelau (m) *[toonel]* tunnel

twp (adj) *[toop]* stupid

twpdra (m) *[toopdra]* stupidity

twpsyn/twpsod (m) *[toopsin]* stupid person

tŵr/tyrau (m) *[toor]* tower

twr/tyrrau (m) *[toor]* heap, crowd

twrci/twrcïod (m) *[toorkee]* turkey

twrch/tyrchod (m) *[toorch]* boar

twrist/–iaid (m) *[toorist]* tourist

twrnai/twrneiod (m) *[toornaee]* lawyer

twrnamaint (m) *[toornament]* tournament

twt (adj) *[toot]* tidy
  tŷ bach twt Wendy house
  twt lol! nonsense!
  twt twt! tut tut!

twten/tatws (f) *[taten]* potato

twtio (v) *[tootyo]* (NW) to tidy

twyll (m) *[tooeell]* to deceive, to cheat

twyllodrus (adj) *[tooeellodris]* deceitful

twyllwr/twyllwyr (m) *[tooeelloor]* cheat

twym (adj) *[tooeem]* warm

twymo (v) *[tooeemo]* to warm

twymyn/–au (f) *[tooeemin]* fever
  y dwymyn doben mumps

tŷ/tai (m) *[tee]* house
  tŷ bach toilet

tyb (fm) *[teeb]* opinion
  yn fy nhyb i in my opinion

tybaco (m) *[tuhbako]* tobacco

tybed (adv) *[tuhbed]* I wonder

tybiedig (adj) *[tuhbyedig]* supposed

tycio (v) *[tuhkyo]* (NW) to avail
   does dim yn tycio nothing is of use
tydi (pron) *[tuh'dee]* you yourself
tyddyn/-nod (m) *[tuhddin]* small-holding
tyfiant (m) *[tuhvyant]* growth, increase
tyfu (v) *[tuhvy]* to grow, to increase
tynged/tynghedau (f) *[tuhnged]* destiny
tyngedfennol (adj) *[tuhngedvenol]* fateful, crucial
tyngu (v) *[tuhngee]* to swear
   tyngu llw to swear an oath
tylcau (pl) *[tuhlkaee]* sties
   see **twlc**
tyle/-au (m) *[tuhle]* (SW) hill
tylwyth/-au (m) *[tuhlooeeth]* family
   tylwyth teg fairies
tyllau (pl) *[tuhllaee]* holes
   see **twll**
tyllog (adj) *[tuhllog]* full of holes
tyllu (v) *[tuhllee]* to bore a hole
tylluan/-od (f) *[tuhlleean]* owl
tymer/tymherau (f) *[tuhmer]* temper
   mewn tymer dda in good humour
tymestl/tymhestloedd (f) *[tuhmestl]* tempest
tymheredd (m) *[tuhmheredd]* temperature
tymor/tymhorau (f) *[tuhmor]* season
   tymor y gwanwyn spring term, spring season
   tymor yr haf summer term, summer season
tyn (adj) *[tin]* tight
   yn dynn tightly
tyndra (adj) *[tuhndra]* tension
tyner (adj) *[tuhner]* tender
tynerwch (m) *[tuhnerooch]* tenderness
tynfa/tynfeydd (m) *[tuhnva]* attraction
tynhau (v) *[tuhn'haee]* to tighten
tyniant (m) *[tuhnyant]* tension
tynnu (v) *[tuhnee]* to pull
   tynnu llun to photograph, to take a picture, to draw
tyrau (pl) *[tuhraee]* towers
   see **tŵr**
tyrchod (pl) *[tuhrchod]* boars
   see **twrch**
tyrchu (v) *[tuhrchee]* to burrow
tyrfa/-oedd (f) *[tuhrva]* crowd
tyrfau (pl) *[tuhrveh]* (SW) thunder

tyrrau (pl) *[tuhraee]* heaps, crowds
   see **twr**
tyrru (v) *[tuhree]* to crowd together, to heap
tyst/-ion (m) *[tist]* witness
tysteb/-au (f) *[tuhsteb]* testimonial
tystio (v) *[tuhstyo]* to testify
tystiolaeth/-au (f) *[tuhstyolaeeth]* evidence
tystysgrif/-au (f) *[tistuhsgriv]* certificate
tywallt (v) *[tuhooallt]* to pour
   tywallt y glaw to pour with rain
lywel/- ion (m) *[tuhooel]* towel
tywod (pl) *[tuhoo-od]* sand
tywodfaen (m) *[tuhoo-odvaen]* sandstone
tywodlyd (adj) *[tuhoo-odlid]* sandy
tywydd (m) *[tuhooidd]* weather
   rhagolygon y tywydd weather forecast
   tywydd da good weather
tywyll (adj) *[tuhooill]* dark
tywyllu (v) *[tuhoouhllee]* to darken
tywyllwch (m) *[tuhoouhllooch]* darkness
tywynnu (v) *[tuhoouhnee]* to shine
tywys (v) *[tuhoois]* to guide
tywysog/-ion (m) *[tuhoouhsog]* prince
   tywysog Cymru the prince of Wales
   tywysog Llywelyn Prince Llywelyn
tywysogaeth/-au (f) *[tuhoouhsogaeeth]* principality
tywysydd/-ion (m) *[tuhoouhsidd]* guide

TH

Mutated words beginning with **TH** could be mutated from **T** (e.g. **thad** from **tad**) so look up **T**.

thema/themâu (f) *[thema]* theme
therapiwtig (adj) *[therapiootig]* therapeutic
thermomedr/-au (f) *['thermomedr]* thermometer
thermostat/-au (m) *['thermostat]* thermostat
thesis (m) *[thesis]* thesis
thrombosis (m) *[thrombosis]* thrombosis
thus (m) *[this]* frankincense

Some words beginning with **H** could derive from **U** so look up here (e.g. **hunig** from **unig**). Mutated words beginning with **U** could derive from **G** so look up **G**.

uchaf (adj) *[eechav]* highest
uchafbwynt/–iau (m) *[ichavbooeent]* climax
uchafswm (m) *[ichavsoom]* maximum
uchder (m) *[ichder]* height
uched (adj) *[iched]*
see **uchel**
cyn uched â +A.M. as high as, as loud as
uchel (adj) *[eechel]* high, loud
adeilad uchel a high building
siarad yn uchel speaking loudly
mor uchel â +A.M. as high as
uchelder/–au (m) *[ichelder]* height, highness
ucheldir/–oedd (m) *[icheldir]* highland
uchelgais (fm) *[ichelgaees]* ambition
uchelgeisiol (adj) *[ichelge-eesyol]* ambitious
uchelwr/uchelwyr (m) *[icheloor]* nobleman
uchelwydd (m) *[ichelooeedd]* mistletoe
uchod (adv) *[eechod]* above
udo (v) *[eedo]* to moan, to wail
ufudd (adj) *[eevidd]* obedient
ufudd-dod (m) *[ividd-dod]* obedience, submission
ufuddhau (v) *[eevidd haee]* to obey
uffern (f) *[iffern]* hell
uffern dân! bloody hell!
uffernol (adj) *[iffernol]* hellish, awful
ugain/ugeiniau (num) *[eegaeen]* twenty
ugain o blant twenty children
ugeinfed (ord) *[eege-eenved]* twentieth
ulw¹ (pl) *[eeloo]* ashes
ulw² (adv) *[eeloo]* utterly
wedi torri'n ulw broken to pieces
un¹ (num) *[een]* one
+S.M. with f. nouns except **ll** and **rh**;
+N.M. with **blwydd** and **blynedd** in numerals
un darn one piece
un ferch one girl

un llaw one hand
un rhaw one spade
un ar ddeg eleven
un llyfr ar ddeg eleven books
un mlynedd ar hugain twenty-one years
un² (adj) *[een]* same
+S.M. with f. nouns except **ll** and **rh**
yr un mis the same month
yr un flwyddyn the same year
yr un un the same one
yr un fath the same kind
yr un math o beth the same kind of thing
yr un llaw the same hand
yr un rhan the same part
un³ (mf) *[een]* one
+S.M. when used to replace f. nouns
mae'r llyfr yn un da the book is a good one
mae'r ffilm yn un dda the film is a good one
dydy hi ddim wedi gweld yr un ohonyn nhw she hasn't seen any of them
un ar ddeg (num) *[een ar ddeg]* eleven
un llyfr ar ddeg eleven books
unawd/–au (m) *[eenaood]* solo
unawdwr/unawdwyr (m) *[inaoodoor]* soloist
unawdydd/unawdwyr (m) *[inaoodidd]* soloist
unben/–iaid (m) *[inben]* dictator
unbennaeth (m) *[inbenaeeth]* dictatorship
undeb/–au (m) *[indeb]* union
undeb llafur trade union
Undeb Amaethwyr Cymru Farmers' Union of Wales
Undeb Cenedlaethol Athrawon Cymru National Association of Teachers of Wales
undebol (adj) *[indebol]* united
undebwr/undebwyr (m) *[indeboor]* unionist
undod/–au (m) *[indod]* unity
Undodiaeth (f) *[indodyaeeth]* Unitarianism
Undodwr/Undodiaid (m) *[indodoor]* Unitarian

undonedd (m) *[indonedd]* monotony

undonog (adj) *[indonog]* monotonous

undydd (adj) *[indidd]* one-day

uned/-au (f) *[eened]* unit

unedig (adj) *[inedig]* united

unfan (m) *[invan]* same place

  aros yn yr unfan to stay in the same place

unfarn (adj) *[invarn]* unanimous

unfed (ord) *[invehd]* + S.M. with f. nouns

  unfed ar ddeg eleventh

  yr unfed ddynes ar ddeg the eleventh woman

unfryd (adj) *[invrid]* unanimous

unfrydol (adj) *[invruhdol]* unanimous

unffurf (adj) *[inphirv]* uniform

unffurfiaeth (f) *[inphirvyaeeth]* uniformity

uniad/-au (m) *[inyad]* joint, a joining

uniaith (adj) *[inyaeeth]* monoglot

unieithog (adj) *[inye-eethog]* monoglot

unig (adj) *[eenig]* (when used before nouns) only; (when used after nouns) lonely

  unig blentyn only child

  plentyn unig lonely child

  rwy'n unig I'm lonely

unigedd (m) *[ineegedd]* solitude

unigol (adj) *[ineegol]* singular, individual

unigolyn/unigolion (m) *[inigrooeedd]* individual

unigrwydd (m) *[inigrooeedd]* loneliness

unigryw (adj) *[inigrioo]* unique

union (adj) *[inyon]* straight, direct

  cer ar dy union go at once

  yn union precisely

  llinell union straight line

uniongred (adj) *[inyongred]* orthodox

uniongyrchol (adj) *[inyongurhchol]* direct

unioni (v) *[inyonee]* to straighten, to rectify

  unioni'r ffordd to straighten the road

  unioni cam to rectify a wrong

unionsyth (adj) *[inyonseeth]* straight

unlliw (adj) *[inllioo]* of the same colour

  adar o'r unlliw birds of a feather

unllygeidiog (adj) *[eenlluhge-eedyog]* one-eyed

unman (m) *[inman]* nowhere, anywhere

  dyw e ddim yn unman he isn't anywhere

uno (v) *[eeno]* to unite or join

  y ddeddf uno act of union

unol (adj) *[eenol]* united, uniting

  yn unol â +A.M. in accordance with

unplyg (adj) *[inplig]* single-minded

unplygrwydd (m) *[inpluhgrooeedd]* sincerity, single-mindedness

unrhyw (adj) *[inrhioo]* some, any +S.M.

  unrhyw un any one

  unrhyw le any place

  unrhyw beth any thing

  unrhyw dri pheth any three things

unsain (adj) *[insaeen]* unison

unsill (adj) *[insill]* monosyllabic

unsillafog (adj) *[eensillavog]* monosyllabic

unswydd (adj) *[insooeedd]* of one purpose

  yn unswydd on the express purpose

unwaith (adv) *[inooaeeth]* once

  ar unwaith at once

urdd/-au (f) *[irdd]* MONKS order

  Urdd Gobaith Cymru Welsh League of Youth

urddas (m) *[irddas]* dignity

urddasol (adj) *[irddasol]* dignified

urddedig (adj) *[irddedig]* ordained, honoured

urddo (v) *[irddo]* to ordain

us (pl) (enc) *[iss]* chaff

ust (v) *[ist]* hush

ustus/-iaid (m) *[istis]* magistrate

  ustus heddwch justice of the peace

utgorn/utgyrn (m) *[itgorn]* trumpet

uwch (adj) *[iooch]* higher, louder

  addysg uwch higher education

  uwch na +A.M. higher than

uwchben (adv) *[iooch' ben]* above

uwch-fioled (m) *[iuchveeoled]* ultra-violet

uwchlaw (adv) *[iooch' laoo]* above

  uwchlaw pob dim above all else

uwchradd (adj) *[ioochradd]* secondary, higher

  ysgol uwchradd secondary school

uwchraddol (adj) *[ioochradd]* superior

uwd (m) *[iood]* porridge

W

Some words beginning with **H** could derive from **W** (e.g. **hwyneb** from **wyneb**) so look up here. Mutated words beginning with **W** could derive from **G** (e.g. **wên** from **gwên**) so look up under **G**.

wad (f) *[ooad]* slap
  rhoddodd wad iddi he slapped her

wado (v) *[ooado]* to beat, to slap, to thrash

wagen/-i (f) *[wagen]* truck, wagon

wal/-iau (f) *[ooal]* wall

warws/warysau (m) *[waroos]* warehouse

wats/-ys (m) *[watsh]* (wrist etc.) watch

wedi (prep) *[ooedee]* after, past, has
  hanner awr wedi un half past one
  wedi iddo fe ddod after he had come
  mae e wedi mynd he has gone
  mae e wedi blino he is tired
  mae e wedi marw he is dead

wedyn (adv) *[ooedin]* afterwards

weiren (f) *[ooe-eeren]* wire

weithiau (adv) *[ooe-eethyaee]* sometimes

wel! (int) *[ooel]* well!

wele (v) *[ooele]* behold! +S.M.
  wele fachgen! behold a boy!

wen (adj) *[ooen]* white
  see **gwyn**; used with f. noun
  gwisg wen white dress

werdd (adj) *[ooerdd]* green
  see **gwyrdd**; used with f. noun
  ystafell werdd green room

wfft! (int) *[oopht]* forget it!
  wfft iddi hi ! forget her !

wfftio (v) *[oophtyo]* to dismiss

whilber (fm) *[hooilber]* wheelbarrow

whit-what (adj) *[hooit-hooat]* fickle
  gwnaeth e'r gwaith yn whit-what he did the work without any shape
  mae e'n whit-what iawn there's no shape on him

wi (v) *[ooee]* I am
  also **dw i, rydw i, rwy(f)** and **wy(f)**;
  from **bod**

winc (f) *[ooink]* wink

wincian, wincio (v) *[ooinkyan]* to wink

winwns (pl) *[ooinoons]* (SW) onions

wleb (adj) *[ooleb]* wet
  see **gwlyb**; used with f. noun
  hosan wleb wet sock

wlser/-au (m) *[oolser]* ulcer

wnionyn/wynwyn/winwns (m) *[oonyonin]* onion

wrth (prep) *[oorth]* by, to, from +S.M.
  1. by
  wrth y siop by the shop
  wrth ddrws y siop by the shop door
  2. to
  bod yn garedig wrth to be kind to
  dweud wrth rywun to say to someone, to tell someone
  sibrwd wrth to whisper to
  3. whilst
  wrth fynd whilst going
  4. oddi wrth from
  rydw i wrth fy modd I am in my element
  gweithiodd wrth ei bwysau he worked without haste
  wrth gwrs of course
  wrtho i, wrthot ti, wrtho fe/fo, wrthi hi, wrthon ni, wrthoch chi, wrthyn nhw

wy/-au (m) *[ooee]* egg
  wy wedi'i ferwi boiled egg
  wy wedi'i ffrio fried egg
  wy wedi'i sgramblo scrambled egg

wy(f) (v) *[ooee(v)]* I am
  also **wi, dw i, rwy(f)** and **rydw i**;
  from **bod**

wybren/-nau (f) *[ooeebren]* sky

wylo (v) *[ooeelo]* to weep

wylofain (m) *[ooeelovaeen]* a wailing, to wail

ŵyn (pl) *[ooeen]* lambs
  see **oen**

wyna (v) *[ooeena]* to lamb

wyneb/-au (m) *[ooeeneb]* face, surface
  ar yr wyneb on the surface
  dangos wyneb to show one's face
  roedd ganddo'r wyneb i ddweud he had the cheek/nerve to tell
  wyneb yn wyneb face to face
  yn wyneb yr amgylchiadau considering the circumstances

wynebu (v) *[ooeenebee]* to face, to confront
winwns (pl) *[ooinoons]* (SW) onions
wynwyn (pl) *[ooinooin]* onions
ŵyr/wyrion (m) *[ooeer]* grandson
wyres/–au (f) *[ooeeres]* grand-daughter
wyt (v) *[ooeet]*
    wyt ti you are
wyth (num) *[ooeeth]* eight
    + N.M. with **blwydd, blynedd**
    wyth bachgen eight boys
    wyth mlynedd eight years
    wyth mlwydd oed eight years old
    wyth o fechgyn eight boys
    hoelion wyth 'big guns'
wythawd/–au (m) *[ooeethaood]* octave,
    octet
wythfed (ord) *[ooeethved]* eighth
    +S.M. with f. nouns
    yr wythfed dyn the eighth man
    yr wythfed wraig the eighth woman
wythnos/–au (f) *[ooeethnos]* week
    wythnos diwethaf last week
wythnosol (adj) *[ooeethnosol]* weekly

Y

Some words beginning with **H** could derive
from **Y** (e.g. **hysgwyd** from **ysgwyd**) so look
up here under **Y**. Mutated words beginning
with **Y** could derive from **G** (e.g. **ynnau** from
gynnau) so look up under **G**.

y¹ (definite article) *[uh]* the
    see **yr¹**; + S.M. with f. nouns except **ll**
    and **rh**; **yr** is used before vowels and **h**;
    'r used after vowels
    mae'r ferch yn dod the girl is
    coming
    ugain ceiniog y pwys twenty pence
    a pound
    y ferch the girl
    y llaw the hand
y² (rel pron) *[uh]* who, whom, which,
    whose, that
    see **yr¹**; can sometimes be omitted; **yr** is
    used before vowels and **h**
    dyma'r dyn (y) mae Dylan yn ei

adnabod this is the man (whom)
    Dylan knows
    dyma'r ferch y cefais i fenthyg i
    char this is the girl whose car I
    borrowed
y³ (particle) *[uh]* that
    see **yr³**; **yr** used before vowels and **h**
    roeddwn i'n gobeithio y byddai
    popeth yn iawn I was hoping (that)
    everything would be all right
ych! (int) *[uhch]* ugh!
    ych a fi! ugh!
ych/–en (m) *[eech]* ox
ychwaith (adv) *[uhchooaeeth]* either,
    neither
    see **chwaith**
    dydw i ddim yn ei hoffi ychwaith I
    don't like it either
    na fi ychwaith neither do I
ychwanegiad/–au (m) *[uhchooanegyad]*
    addition, supplement
ychwanegol (adj) *[uhchooanegol]*
    additional, supplementary
    pump afal yn ychwanegol five extra
    apples
    yn ychwanegol at + S.M. in
    addition to
    yn ychwanegol at fwyd in addition
    to food
    yn ychwanegol at hyn in addition
    to this
ychwanegu (v) *[uhchooanegee]* to add
    ychwanegu at +S.M. to add to, to
    supplement, to augment
    ychwanegu at gyflog y gŵr to
    supplement the husband's salary
ychydig¹ (m) *[uhchuhdig]* few
    ychydig o blant a few children
ychydig² (adj) *[uhchuhdig]* little, few
    + S.M. with nouns
    ychydig bach a very little, a very few
    ychydig blant a few children
    ychydig fenyn a little butter
    ychydig mwy a little more, a few
    more
ŷd/ydau (m) *[eed]* corn
    creision ŷd corn flakes
ydi (v) *[uhdee]*
    see **ydy, ydyw, yw**; from **bod**

iad Dafydd ydi e? Ie Is he Dafydd's
father? Yes
ydi e/hi he/she/it is
ydi yes
Ydi e'n iawn? ydi Is he all right? Yes
ydy (v) *[uhdee]*
see **ydi, ydyw, yw**; from **bod** to be
ydy e/hi he/she/it is
car Dafydd ydy e it is Dafydd's car
ydy yes
ydy e'n dod? ydy is he coming? yes
ydy hi'n braf? nac ydy/nag ydy is it
fine? no
ydyw (v) *[uhdioo]*
see **ydi, ydyw,yw**; from **bod** to be
ydyw ef/hi he/she/it is; yes
more literary than **ydy; yw** is used
more often but not for 'yes'
A ydyw hi'n braf? Ydyw is it fine?
yes
A ydyw'r ferch yma? Nac ydyw is
the girl present? No
pwy ydyw'r dyn? who is the man?
yf (v) *[eev]*
from **yfed**
yf e! drink it!
yfed (v) *[uhved]* to drink
yfory, fory (adv) *[uhvoree]* tomorrow
yfflon (pl) *[uhphlon]* fragments
yn yfflon in smithereens, wrecked
yng (prep) *[uhng]* in
see **yn**; used before N.M. of letters **c**
and **g** which change to **ngh** and **ng**
respectively
yng Nghaerdydd in Cardiff
yng Ngwent in Gwent
yngan (v) *[uhngan]* to utter, to speak, to
mention
paid ag yngan gair o hyn don't
mention a word of this
ynganu (v) *[uhnganee]* to pronounce
sut wyt ti'n ynganu hwnna ? how
do you pronounce that?
ynghanol (prep) *[uhnghanol]* in the
midst of
ynghyd (adv) *[uhng'heed]* together
casglu ynghyd to collect together
ynghyd â + A.M. (together) with
ynghylch (prep) *[uhnghilch]* about,

concerning
ynglŷn (prep) *[uhng'leen]*
ynglŷn â + A.M. about, in
connection with, regarding
ym (prep) *[uhm]* in
see **yn**; used before the letter **m** and
also N.M. of the letters **p** and **b** which
change to **mh** and **m** respectively:
ym Mangor in Bangor
ym Mhenarth in Penarth
ym mynwent y dref in the town
cemetery
yma¹ (adv) *[uhma]* here
rydw i yma I'm here
yma ac acw here and there
yma a thraw here and there
yma² (adj) *[uhma]* this, these
mae'r llyfr yma'n gyffrous this book
is exciting
ymadael (v) *[uhmadael]* to depart, to
leave
ymadael â +A.M. to depart from
(somewhere/someone), to leave
(somewhere/someone)
ymadael â chartref a chyfeillion
to leave home and friends
ymadawodd (v) *[uhmadaoo-odd]*
from **ymadael**
ymadawodd e he/it left
ymadawodd hi she/it left
ymadawiad/–au (m) *[uhmadaooyad]*
departure
ymadrodd/–ion (m) *[uhmadrodd]*
expression, phrase, saying
ymaelodi (v) *[uhmaeelodee]* to become a
member
ymaelodi â +A.M. to join
ymaelodi â chymdeithas to join a
society
ymaelodi â mudiad to join a
movement
ymaith (adv) *[uhmaeeth]* away
cerddodd ymaith he walked away
ymarfer¹/–ion (f) *[uhmarver]* practice,
rehearsal, exercise
ymarfer côr choir rehearsal
ymarfer corff physical exercise
ymarfer² (v) *[uhmarver]* to practise, to
train

mae'r tîm rygbi yn ymarfer ar nos Fawrth the rugby team trains on Tuesdays

ymarferiad/-au (m) *[uhmarveryad]* practice, exercise

ymarferiadau gramadeg grammar excercises

ymarferol (adj) *[uhmarverol]* practical, realistic

ymatal (v) *[uhmatal]* to refrain, to restrain oneself

ymatal rhag taro rhywbeth to refrain from hitting something

ymateb[1]**/-ion** (m) *[uhmateb]* reaction, response

dyw'r ymateb ddim yn dda the response is not good

ymateb[2] (v) *[uhmateb]* to respond

ymateb i + S.M. to respond to

ymbalfalu (v) *[uhmbalvalee]* to grope

ymbaratoi (v) *[uhmbara'toee]* to prepare oneself

ymbarél/ymbarelau (m) *[uhmbar'el]* umbrella

ymbelydredd (m) *[uhmbeluhdredd]* radioactivity

ymbelydrol (adj) *[uhmbeluhdrol]* radioactive

ymbellhau (v) *[uhmbell'haee]* to go further away

ymbil[1] (m) *[uhmbil]* entreaty

ymbil[2] (v) *[uhmbil]* to implore

ymbil ar +S.M. **rywun** to implore someone

ymbincio (v) *[uhmbinkyo]* to put on make-up

ymborth (m) *[uhmborth]* food

ymchwil (f) *[uhmchooil]* research

ymchwiliad/-au (v) *[uhmchooilyad]* inquiry, investigation

ymchwiliwr/ymchwilwyr (m) *[uhmchooilyoor]* investigator, explorer

ymchwyddo (v) *[uhmchooeeddo]* to surge, to swell

ymdebygu (v) *[uhmdebuhgee]* to resemble

ymdebygu i rywun to be like someone, to become like someone

ymdeimlad (m) *[uhmde-eemlad]* consciousness, feeling

ymdopi (v) *[uhmdopee]* to manage, to cope

wyt ti'n gallu ymdopi? can you manage?

ymdrech/-ion (f) *[uhmdrech]* effort, endeavour, attempt

ymdrechu (v) *[uhmdrechee]* to strive, to endeavour

ymdrin (v) *[uhm'dreen]*

ymdrin â + A.M. to deal with, to treat, discuss

ymdrin â phroblemau to deal with problems

ymdriniaeth/-au (f) *[uhmdriniaeeth]* discussion, treatment

ymdrochi (v) *[uhmdrochee]* to bathe

ymdrochwr/ymdrochwyr (m) *[uhmdrochoor]* bather

ymddangos (v) *[uhmddan-gos]* to appear, to seem

ymddangosiad/-au (m) *[uhmddan gosyad]* appearance

ymddengys (v) *[uhmdden-gis]* it seems, it appears

from **ymddangos**

ymddengys fod it seems that

ymddeol (v) *[uhmddeol]* to retire

ymddeoliad/-au (m) *[uhmddeolyad]* retirement

ymddiddan[1]**/-ion** (m) *[uhmddeeddan]* conversation

ymddiddan[2] (v) *[uhmddeeddan]* to talk, to converse

has no other verb forms

ymddiddanwr/ymddiddanwyr (m) *[uhmddiddanoor]* conversationalist

ymddiheuriad/-au (m) *[uhmddeehe-eeryad]* apology

ymddiheuro (v) *[uhmddeehe-eero]* to apologize

ymddiried (v) *[uhmddiryed]* to trust

ymddiried yn rhywun to trust someone

ymddiriedaeth (f) *[uhmddiryedaeeth]* trust, faith

ymddiriedolaeth (f) *[uhmddiryedolaeeth]* ESTABLISHMENT trust

Ymddiriedolaeth Genedlaethol National Trust

ymddiriedolwr/ymddiriedolwyr (m)

[ahmûûtryédoloor] trustee

ymddiswyddo (v) *[ymddeesooeeddo]* to
resign

ymddwyn (v) *[ymddooeen]* to behave
has no other verb forms

ymddygiad (m) *[ahmdduhgyad]*
behaviour, conduct

ymennydd (m) *[uhmennidd]* brain

ymerawdwr/ymerawdwyr (m)
[uhmeraoodoor] emperor

ymerodraeth/–au (f) *[uhmerodraeeth]*
empire

ymestyn (v) *[uhmehstin]* to stretch, to
extend
ymestyn am + S.M. to reach for

ymfalchïo (v) *[uhmvalcheeo]* to pride
oneself

ymfudo (v) *[uhmveedo]* to emigrate

ymfudwr/ymfudwyr (m) *[uhmveedoor]*
emigrant

ymffrost (m) *[uhmfhrost]* boast

ymffrostio (v) *[uhmfhrostyo]* to boast, to
brag

ymgais (f) *[uhmgaees]* attempt, endeavour,
effort
ymgais dda! good try!

ymgecru (v) *[uhmgekree]* to quarrel

ymgeisio (v) *[uhmge-eesyo]* to try
ymgeisio am swydd to apply for a
job

ymgeisydd/ymgeiswyr (m) *[uhmge-eesidd]*
candidate, applicant, competitor
ymgeisydd seneddol parliamentary
candidate

ymgom (fm) *[uhmgom]* conversation

ymgomio (v) *[uhmgomyo]* to converse, to
chat, to talk

ymgrymu (v) *[uhmgruhmee]* to bow

ymgynghori (v) *[uhmguhnghoree]* to
consult, to confer
ymgynghori â + A.M. **rhywun** to
consult someone, to confer with
someone

ymgynghorol (adj) *[uhmguhnghorol]*
advisory, consultative

ymgymerodd (v) *[uhmguhmerodd]* he/she/
it undertook
from **ymgymryd** to undertake

ymgymryd (v) *[uhmguhmrid]*

ymgymryd â + A.M. to undertake

ymgynnull (v) *[uhmguhmill]* to assemble

ymgyrch/–oedd (fm) *[uhmgirch]*
campaign, expedition

ymgyrchu (v) *[uhmguhrchee]* to campaign
ymgyrchu dros + S.M. to campaign
for

ymgysegru (v) *[uhmguhsegree]* to devote
oneself

ymhél (v) *[uhm' hel]*
has no other verb forms
ymhél â +A.M. to meddle with, to
be concerned with

ymhelaethu (v) *[uhmhelaeethee]*
ymhelaethu ar + S.M. to enlarge
upon

ymhell (adv) *[uhm' hell]* far, afar
ymhell i ffwrdd far away

ymhellach (adv) *[uhmhellach]* farther,
further, furthermore

ymholiad/–au (m) *[uhmholyad]* inquiry,
enquiry

ymhongar (adj) *[uhmhon-gar]* assertive,
self-opinionated

ymhyfrydu (v) *[uhmhuhvruhdee]*
ymhyfrydu yn rhywbeth to delight
in something, to revel in something

ymlacio (v) *[uhmlakyo]* to relax

ymladd (v) *[uhmladd]* to fight
ymladd â + A.M. **rhywun** to fight
someone

ymlâdd (v) *[uhml' add]* to wear oneself out
has no other verb forms
rydw i wedi ymlâdd I've worn
myself out completely

ymladdfa/ymladdfeydd (f) *[uhmladdva]*
fight, battle

ymladdgar (adj) *[uhmladdgar]* fond of
fighting

ymladdwr/ymladdwyr (m) *[uhmladdoor]*
fighter

ymlaen (adv) *[uhml'aeen]* on, onward, to
ahead
o hyn ymlaen henceforth
ymlaen llaw beforehand

ymledu (v) *[uhmledee]* to spread, to expand

ymlwybro (v) *[uhmlooeebro]* to make one's
way

ymlyniad (m) *[uhmluhnyad]* attachment,

143

ymyl

loyalty, dedication
ymlyniad at achos dedication to a
cause
ymneilltuaeth (f) *[uhmne-eellteeaeeth]*
nonconformity
ymneilltuo (v) *[uhmne-eellteeo]* to retire
ymneilltuol (adj) *[uhmne-eellteeol]*
nonconformist
ymneilltuwr/ymneilltuwyr (m)
[uhmne-eellteeooor] nonconformist
ymochel (v) *[uhmochel]* to shelter, to
avoid, to beware
ymochel rhag y glaw to shelter from
the rain
ymolchi (v) *[uhmolchee]* to wash oneself
ystafell ymolchi bathroom
ymollwng (v) *[uhmolloong]* to let oneself
go, to collapse
ymosod (v) *[uhmosod]* to attack
ymosod ar rywbeth to attack
something
ymosodiad/–au (m) *[uhmosodyad]* attack
ymosodol (adj) *[uhmosodol]* aggressive,
attacking
ympryd/–iau (m) *[uhmprid]* fasting
ymprydio (v) *[uhmpruhdyo]* to fast
ymprydiwr/ymprydwyr (m)
[uhmpruhdyoor] one who fasts
ymreolaeth (f) *[uhmreolaeeth]* self-
government
ymroddiad (m) (adj) *[uhmroddyad]*
devotion
gydag ymroddiad devotedly
ymroi (v) *[uhm'roy]* to devote oneself
ymroi i +S.M. to devote oneself to
ymrwymiad/–au (m) *[uhmrooeemyad]*
commitment, undertaking
ymrwymo (v) *[uhmrooeemo]* to commit
oneself
ymrwymo i +S.M. to undertake to
ymryson/–au (m) *[uhmruhson]*
contention, competition, contest
ymryson y beirdd bardic contest
ymryson² (v) *[uhmruhson]* to contend, to
contest, to compete
has no other verb forms
ymsefydlu (v) *[uhmsevuhdlee]* to settle
ymserchu (v) *[uhmserchee]* to cherish, to
dote

ymserchu yn rhywun to fall in love
with someone
ymson¹/–au (m) *[uhmson]* soliloquy,
monologue
ymson² (v) *[uhmson]* to soliloquize
ymuno (v) *[uhmeeno]* to join
ymuno â + A.M. to join
ymuno â mudiad to join a
movement
ymuno yn yr hwyl to join in the fun
ymweld (v) *[uhmoo'eld]* to visit
ymweld â (+ A.M.)
ymweld â chyfaill to visit a friend, to
call on a friend
ymweld â chartref cyfaill to visit a
friend's home
ymweliad/–au (m) *[uhmooeelyad]* visit, call
ymwelydd, ymwelwr/ymwelwyr (m)
[uhmooelidd, uhmweloor] visitor, caller
ymwneud (v) *[uhmwnu'ne-eed]*
has no other verb forms
ymwneud â +A.M. to do with, to
concern
**mae'n ymwneud â'ch swydd
newydd** it concerns your new job
ymwneud â rhywbeth to deal with
something, to be about something, to
do with something, to pertain to
something
ymwrthod (v) *[uhmoorthod]* to abstain
ymwrthod â +A.M. to abstain from
ymwthio (v) *[uhmoothyo]* to push oneself,
to squeeze, to assert oneself
ymwybodol (adj) *[uhmooibodol]*
conscious, aware
ymwybyddiaeth (adj)
[uhmooibuhddyaeeth] consciousness,
awareness
ymyl/–on (fm) *[uhmil]* edge, border, side,
margin
ar ymylon y ddinas on the outskirts
of the city
does dim ymyl iddo it hasn't got an
edge
ymyl y ffordd roadside
ymyl yr afon riverside
yn ymyl close by
yn/wrth ymyl ei fam next to his
mother, beside his mother

Y

yr **ymylon** the fringes

ysgrifennwch y rhif ar ymyl y
ddalen write the number in the
margin

ymylu (v) *[uhmuhlee]*

ymylu ar +S.M. to border on, to be
close to

ymyriad/–au (m) *[uhmuhryad]* intrusion,
intervention, interference

ymyrraeth (f) *[uhmuhraeeth]* interference,
meddling, intervention

ymyrryd (v) *[uhmuhrid]* to intervene, to
interfere, to intrude, to meddle

ymysg (prep) *[uhm'isg]* among, amongst

ymysgwyd (v) *[uhmuhsgooeed]* to bestir
oneself

yn[1] (prep) *[uhn]* in, at
see **yng, ym**; used with something
definite e.g. 'the car' but never with 'a
car'; does not shorten to '**n** after
vowels; + N.M. when it changes to **yng**
or **ym**

mae e yn y car he's in the car

mae e yn yr ysgol he's at school

yn Abertawe in Swansea

yn Nefyn in Nefyn

**ynof fi, ynot ti, ynddo fe, ynddi hi,
ynom ni, ynoch chi, ynddyn nhw**

yn[2] (particle) *[uhn]*
1. is used before a verb-noun; shortens
to '**n** after vowels

mi welais i e'n cyrraedd I saw him
coming

mae Alun yn mynd Alun is going

rydw i'n dod I am coming

2. is used before nouns and adjectives
where the main meaning is **bod**; +S.M.
except for **ll** and **rh**

mae e'n drydanwr he is an
electrician

mae hi'n gryf she is strong

roedd e'n rhad it was cheap

roedd hi'n llyfrgellydd she was a
librarian

3. introduces adverb; +S.M. except for
ll and **rh**

yn dda well

yn gyflym quickly

yn llawen cheerfully

yn rhwydd easily

yna[1] (adj) *[uhna]* that, those

y llyfr yna that book

y llyfrau yna those books

yna[2] (adv) *[uhna]* there, then

mae yna lawer there are many

yna rhedodd i ffwrdd then he ran
away

ynad/–on (m) *[uhnad]* magistrate

llys yr ynadon magistrates court

Ynad Heddwch Justice of the Peace

ynni (m) *[uhnee]* energy, vigour

ynni niwclear nuclear energy

yno (adv) *[uhno]* there

mae e'n sefyll yno he stands there

yntau (pron) *[uhntaee]* he, he too

Ynyd (m) *[uhnid]*

dydd Mawrth Ynyd Shrove Tuesday

ynys/–oedd (f) *[uhnis]* island, isle

ynysiad (m) *[uhmuhsyad]* insulation

ynysig (f) *[uhmuhsig]* isle, islet

ynysu (v) *[uhmuhsee]* to insulate, to isolate

ynysydd/–ion (m) *[uhmuhsidd]* insulator

yr[1] (definite article) *[uhr]*
see **y**[1]; used before vowels and **h**; after
vowels **'r** is used; + S.M. with f. nouns
and adjectives

can milltir yr awr a hundred miles
an hour

hi yw'r orau she's the best

yr ardd the garden

yr haf the summer

yr Wyddfa Snowdon

yr[2] (rel pron) *[uhr]* who, whom, which,
whose, that
see **y**[2]; used before vowels and **h**; **y** is
used before consonants

**dyma'r llyfr yr ydw i wedi clywed
amdano** this is the book (which/that)
I've heard about

dyma'r llyfr yr hoffwn i ei ddarllen
this is the book (which/that) I should
like to read

**dyma'r awdur yr ydw i wedi
darllen ei lyfr** this is the author
whose book I've read

**pwy yw'r ferch (yr) oedd yn rhaid
iddi fynd adref ar frys?** who is the
girl who had to hurry home?

yr¹ (particle) [*uhr*]
see **y**³; **y** is used before consonants
rydw i'n credu yr af i I think (that)
I shall go

ysbaid/ysbeidiau (mf) [*uhsbaeed*] short
space of time, respite, spell
arhosodd am ysbaid he stopped for
a minute
ysbeidiau heulog sunny periods

ysbail/ysbeiliau (f) [*uhsbaeel*] spoil, booty,
loot

ysbeilio (v) [*uhsbe-eelyo*] to plunder, to loot

ysblennydd (adj) [*uhsblenidd*] splendid,
resplendent

ysbryd¹/-ion (m) [*uhsbrid*] ghost, spirit

ysbryd²/-oedd (m) [*uhsbrid*] morale,
spirits

ysbrydol (adj) [*uhsbruhdol*] spiritual

ysbrydoledig (adj) [*uhsbruhdoledig*]
inspired

ysbrydoli (v) [*uhsbruhdolee*] to inspire

ysbrydoliaeth (f) [*uhsbruhdolyaeeth*]
inspiration

ysbyty/ysbytai (m) [*uhsbuhtee*] hospital

ysfa/ysfeydd (f) [*uhsva*] craving, itch,
scrapie

ysgafn (adj) [*uhsgavn*] light (in weight),
slight, gentle

ysgafnder (m) [*uhsgavnder*] lightness, levity

ysgafnhau (v) [*uhsgavn 'haee*] to lighten

ysgariad/-au (m) [*uhsgaryad*] divorce

ysgarmes/-au (f) [*uhsgarmes*] skirmish,
RUGBY ruck

ysgaru (v) [*uhsgaree*] to divorce

ysgawen/ysgaw (f) [*uhsgaooen*] TREE
elder

ysgewyll (pl) [*uhsgeooill*]
ysgewyll Brwsel Brussel sprouts

ysglyfaeth/-au (f) [*uhsgluhvaeeth*] prey,
victim

ysgol/-ion (f) [*uhsgol*] school
ysgol ddwyieithog bilingual school
ysgol feithrin nursery school
ysgol fonedd public school
ysgol gyfun comprehensive school
ysgol Gymraeg Welsh medium
school
ysgol gynradd primary school
ysgol Sul Sunday school

ysgol uwchradd secondary school

ysgolhaig/ysgolheigion (m) [*usgol'haeeg*]
scholar, intellectual

ysgrif/-au (f) [*uhsgriv*] essay

ysgrifbin/-nau (m) [*uhsgrivbin*] pen

ysgrifen (f) [*uhsgreeven*] writing,
handwriting

ysgrifenedig (adj) [*uhsgrivenedig*] written

ysgrifennu (v) [*uhsgrivenee*] to write

ysgrifennwr/ysgrifenwyr (m) [*uhsgrivenoor*]
writer

ysgrifennydd/ysgrifenyddion (m)
[*uhsgrivenidd*] secretary

ysgrifenyddes/-au (f) [*uhsgrivenuhddes*]
secretary

ysgrythur/-au (f) [*uhsgruhthir*] scripture

ysgub/-au (f) [*uhsgib*] sheaf, broom

ysgubol (adj) [*uhsgeebol*] sweeping,
marvellous

ysgubor/-iau (f) [*uhsgeebor*] barn

ysgutor/-ion (m) [*uhsgitor*] WILL executor

ysgwyd (v) [*uhsgooeed*] to shake, to vibrate,
to sway
mae'r ci'n ysgwyd ei gynffon the
dog wags its tail
ysgwyd llaw to shake hands

ysgwydd/-au (f) [*uhsgooeedd*] shoulder

ysgwyddo (v) [*uhsgooeeddo*] to shoulder

ysgydwodd (v) [*uhsguhdoo-odd*] he/she/it
shook
from **ysgwyd** to shake

ysgyfaint (pl) [*uhsguhvaeent*] lungs

ysgyfarnog/-od (f) [*uhsguhvarnog*] hare

ysgyrnygu (v) [*uhsguhrnuhgee*] to snarl

ysgytio (v) [*uhsguhtyo*] to shake

ysgytiad (m) [*uhsguhtyad*] shock, jolt

ysgytlaeth (m) [*uhsguhtlaeeth*] milkshake

ysgytwad (m) [*uhsguhtooad*] shake, jolt,
shock

ysmygu (v) [*uhsmuhgee*] to smoke

ysmygwr/ysmygwyr (m) [*uhsmuhgoor*]
smoker

ysol (adj) [*uhsol*] consuming

ystad/-au (f) [*uhs'tad*] estate
see **stad**

ystadegau (pl) [*uhstadegaee*] statistics

ystafell/-oedd (f) [*uhstavell*] room
see **stafell**
ystafell aros waiting room

ystafell fwyta dining room
ystafell fyw living room
ystafell wely bedroom
ystafell ymolchi bathroom
ystlum/–od (m) *[uhstlim]* bat
ystlys/–au (f) *[uhstlis]* side, flank, touch-line
ystlyswr/ystlyswyr (m) *[uhstluhsoor]*
  linesman, usher
ystod/–au (f) *[uhstod]* swath, range
  yn ystod during, in the course of
ystordy/ystordai (m) *[uhstordee]* warehouse
  see **stordy**
ystrydeb/–au (f) *[uhstruhdeb]* cliché
ystryw/–iau (f) *[uhstrioo]* trick, ruse
ystum/–iau (fm) *[uhstim]* gesture, pose,
  posture, stance
  gwneud ystumiau to make faces, to
  make signs, to gesture
ystwyth (adj) *[uhstooeeth]* flexible, supple,
  agile
ystwythder (m) *[uhstooeethder]* flexibility,
  suppleness, agility
ystyfnig (adj) *[uhstuhvnig]* stubborn,

obstinate
ystyr/–on (fm) *[uhstir]* meaning, sense
ystyried (v) *[uhstuhryed]* to consider, to ponder
ystyriol (adj) *[uhstuhryol]* considerate,
  thoughtful
ystyrlon (adj) *[uhstuhrlon]* meaningful
ysu (v) *[uhsee]* to consume, to crave, to
  yearn, to itch
yswiriant/yswiriannau (m) *[uhsooiryant]*
  insurance
  Yswiriant Gwladol National
  Insurance
yswirio (v) *[uhsooiryo]* to insure
yw (v) *[ioo]*
  see **ydyw, ydy, ydi**; from the verb **bod**;
  yw cannot be used as 'yes', or to begin
  questions
  yw e/hi he/she/it is
  athro yw e he's a teacher
  athrawes yw hi she's a teacher
  beth yw'r amser? what's the time?
  beth yw e what is it?
  llyfr yw e it's a book

English-
Cymraeg

A

a *no equivalent in Welsh*
  a cup cwpan
  a little ychydig
  a lot llawer
  50p a pound pum deg ceiniog y pwys
abbey abaty/abatai (m), mynachlog/–ydd (f)
ability gallu/–oedd (m)
able abl, galluog (adj); gallu (v)
  to be able gallu (v)
  I'm able to come rydw i'n gallu dod, rwy'n gallu dod
  I'm not able to come rydw i'n methu dod, dydw i ddim yn gallu dod
abolish gwaharddd (v)
about
  1. am (prep) +S.M.
  he's talking about the game mae e'n siarad am y gêm
  she's talking about me mae hi'n siarad amdana i
  how about a game? beth am gêm?
  how about a drink? beth am ddiod?
  2. tua (prep) +A.M.
  it's about five o'clock mae hi tua phump o'r gloch
  3. AROUND o gwmpas (prep)
  a walk about the town tro o gwmpas y dre
  there's nobody about does neb o gwmpas
  4. REGARDING ynglŷn â (prep) +A.M.
  a talk about your career sgwrs ynglŷn â'ch gyrfa
  5. ar (prep) +S.M.
  to be mad about dotio ar, ffoli ar
  WITH FUTURE INTENT **I'm about to go** rydw i ar fynd
  6. it's about time** mae hi'n hen bryd
above uwchben (prep)
  above the door uwchben y drws
  above all yn fwy na dim, yn anad dim
  from above oddi uchod
  heavens above! y nefoedd fawr!
  see above gweler uchod
abroad tramor (adj)

  a foreign country gwlad dramor
  to go abroad mynd dros y môr
absence absenoldeb/–au (m)
absent absennol (adj)
  absent-minded anghofus
absurd ffôl, abswrd (adj)
academy academi/academïau (f)
  The Welsh Academy Yr Academi Gymreig
accelerate cyflymu (v)
accelerator sbardun (m)
accent acen/–ion (f)
  South Wales accent acen y de
  North Wales accent acen y gogledd
accept RECEIVE derbyn (v)
  I've accepted the job rydw i wedi derbyn y swydd
  I accept your opinion rydw i'n derbyn eich barn chi
acceptable derbyniol (ajd)
accident damwain/damweiniau (f)
  accidentally, by accident ar ddamwain
accommodation llety/lletyau (m)
accompany PERSON: hebrwng, PIANO cyfeilio (v)
  I'm accompanying her home rydw i'n ei hebrwng hi adre
  she's accompanying me on the piano mae hi'n cyfeilio imi ar y piano
accomplish FINISH cyflawni, cwblhau (v)
  accomplished performance perfformiad caboledig
accordance
  in accordance with yn unol â +A.M.
according to yn ôl (prep)
  according to the paper yn ôl y papur
account FINANCE cyfrif/–on (m), STORY adroddiad/–au (m)
  bank account cyfrif banc
  current account cyfrif cyfredol
  deposit account cyfrif cadw
  by all accounts yn ôl y sôn
  to keep the accounts cadw'r llyfrau
  take something into account ystyried rhywbeth
  to account for EXPLAIN esbonio
accurate cywir, DETAILED manwl (adj)
accusation cyhuddiad/–au (m)

accuse cyhuddo (v)
accustomed cyfarwydd (adj)
   to be accustomed to bod yn gyfarwydd â +A.M.
   I'm accustomed to this rydw i'n gyfarwydd â hyn
   to grow accustomed to cynefino â +A.M.
ace CARDS as/–au (m), CHAMPION pencampwr/pencampwyr (m)
ache poen/–au (f); brifo (v)
achieve cyflawni (v)
achievement FEAT camp/–au (f), cyflawniad/–au (m)
   it's a great achievement mae'n gamp o bwys
acknowledge cydnabod (v)
acknowledgement cydnabyddiaeth/–au (f)
acquaintance FRIEND cyfaill/cyfeillion (m), PERSON KNOWN cydnabod (m)
   my acquaintants fy nghydnabod
acquire HAVE, RECEIVE cael, GAIN ennill, FOSTER meithrin, LEARN dysgu (v)
across ar draws (prep)
   across the table ar draws y bwrdd
   to go across the street croesi'r stryd
   10 metres across 10 metr o led
act DRAMA act/–au (f), DEED gweithred/–oedd (f), LAW deddf/–au (f); actio (v)
   the first act yr act gyntaf
   the second act yr ail act
   the last act yr act olaf
action (DEED) gweithred/–oedd (f), (FUN) hwyl (f)
   where's the action? ble mae'r hwyl?
   action replay ailddangos
active LIVELY bywiog, FULL OF WORK gweithgar, LIVING byw (adj)
   to lead an active life byw bywyd llawn
   active interest diddordeb byw
activity gweithgaredd (m)
actor actor/–ion (m)
actress actores/–au (f)
actual REAL gwirioneddol, EXACT union (adj)
   both +S.M.
   the actual day yr union ddydd

actually IN TRUTH mewn gwirionedd, TO SAY THE TRUTH a dweud y gwir (adv)
acute BAD, NASTY drwg, SERIOUS difrifol (adj)
   acute illness salwch drwg, salwch difrifol
   acute angle ongl lem
   acute danger perygl difrifol
add adio (v)
   to add up adio, cyfri
   it doesn't add up dyw e ddim yn gwneud synnwyr
addition ychwanegiad/–au (m)
   in addition to this yn ogystal â hyn
address POSTAL cyfeiriad/–au (m), SPEECH anerchiad/–au (m); TO REFER, TO WRITE AN ADDRESS cyfeirio, TO GIVE A SPEECH annerch (v)
adequate digonol (adj)
adhesive tape tâp glynu/tapiau glynu (m)
adjective ansoddair/ansoddeiriau (m)
adjust cymhwyso (v)
admiration edmygedd (m)
   great admiration edmygedd mawr
admire edmygu (v)
admission WAY IN mynediad/–au (m), CONFESSION cyfaddefiad/–au (m), SPEECH
   admission charge tâl mynediad
   to make an admission cyfaddef
   free admission mynediad am ddim
admit TO ALLOW AN ADMISSION cyfaddef, TO LET IN caniatáu mynediad, rhoi lle (v)
   to admit to someone cyfaddef wrth rywun
   he's been admitted to hospital mae e yn yr ysbyty
admittance mynediad (m)
   free admittance mynediad am ddim
adopt mabwysiadu (v)
adult oedolyn/oedolion (m)
   adult education addysg oedolion
advance TO GO FORWARD mynd ymlaen, TO PROPOSE cynnig (v); LOAN benthyciad/–au (m)
   he made advances to her fe driodd e 'i siawns 'da hi
advantage mantais/manteision (f)
   to take advantage of manteisio ar +S.M.

adventure antur/–iaethau (m)
    adventure story stori antur
adverb adferf/–au (f)
advertize hysbysebu (v)
advertisement hysbyseb/–ion (f)
advice cyngor/cynghorion (m)
    to give advice to someone cynghori rhywun
    citizens' advice centre canolfan cynghori dinasyddion
advise cynghori (v)
aeroplane awyren/–nau (f)
affair MATTER mater/–ion (m), LOVE AFFAIR carwriaeth/au (f)
    foreign affairs materion tramor
affect effeithio (v)
    to affect something effeithio ar rywbeth
affectionate hoffus (adj)
afford fforddio (v)
afraid ofnus (adj)
    I'm afraid mae ofn arna i
    I'm afraid of it rydw i'n ei ofni fe
Africa Affrica (f)
    South Africa De Affrica
African Affricanaidd (adj); Affricanwr/Affricanwyr (m), Affricanes/–au (f)
after ar ôl, wedi (prep)
    after the game ar ôl y gêm
    after I came ar ôl i mi ddod
    after all wedi'r cyfan, wedi'r cwbl
    it's after six o'clock mae hi wedi chwech o'r gloch
    one after the other y naill ar ôl y llall
    they are after him maen nhw ar ei ôl e
    she asked after you holodd hi amdanoch chi
afternoon prynhawn/–iau (m)
    good afternoon prynhawn da
    Saturday afternoon prynhawn Sadwrn
    this afternoon prynhawn 'ma
    tomorrow afternoon prynhawn yfory
afterwards wedyn (adv)
    I went afterwards fe es i wedyn
again eto (adv)
    once again unwaith eto
    again and again byth a hefyd, TIME

    AFTER TIME dro ar ôl tro
    now and again yn awr ac yn y man
    never again byth eto
against yn erbyn (prep)
    to fight against ymladd â +A.M.
age oed (m), OF PERSON oedran/–nau (m), PERIOD oes/–au/–oedd (f)
    five years of age pum mlwydd oed
    old age henaint
    under age dan oedran
    the old aged yr hen bobl
    ages ago oesoedd yn ôl
    The Stone Age Yr Oes Garreg
    The Iron Age Yr Oes Haearn
    The Middle Ages Yr Oesoedd Canol
agency asiantaeth/–au (f)
    Welsh Development Agency Awdurdod Datblygu Cymru
agile ystwyth (adj)
agility ystwythder (m)
agree cytuno (v)
    to agree with cytuno â +A.M.
agreement cytundeb/–au (m)
agriculture amaethyddiaeth (f)
ahead ymlaen (adv)
    I'm ahead rydw i ar y blaen
    I'm ahead of you rydw i ar y blaen i chi
    to go ahead with something mynd ymlaen â rhywbeth
    to look ahead edrych i'r dyfodol
aid cymorth/cymorthion (m); cynorthwyo (v)
    Christian Aid Cymorth Cristnogol
    in aid of something TO HELP SOMETHING i gynorthwyo rhywbeth, i roi help i rywbeth, FOR THE GOOD OF er lles rhywbeth
AIDS SDIC
aim TARGET nod/–au (m), PURPOSE amcan/–ion (m), INTENTION bwriad/–au(m); anelu, INTEND bwriadu (v)
    aims and objectives nodau ac amcanion
    to aim at anelu at +S.M.
air awyr (f); awyru, CLOTHES caledu (v)
    fresh air awyr iach
    air bed gwely awyr
    Air Force Llu Awyr

it's still in the air mae hi'n dal yn ansicr

alarm EQUIPMENT larwm (m), FEAR dychryn (m)

    alarm clock cloc larwm

    to cause alarm peri dychryn

    I'm alarmed rydw i wedi dychryn

alcohol alcohol (m)

alcoholic alcoholig (adj); alcoholig (m)

    alcoholic drink diod gadarn

A level Lefel/–au A, Safon A, Safon Uwch (f)

alike tebyg (adj)

alive byw (adj)

    he's alive mae e'n fyw

all EVERYONE pawb (m), EVERYTHING y cwbl, y cyfan (m); holl, i gyd (adj)

    holl *precedes noun* +S.M.

    all the things yr holl bethau

    all of his time yr holl amser

    all of us ni i gyd

    all right iawn

    all the girls y merched i gyd, yr holl ferched

    all the time trwy'r amser

    all year yr holl flwyddyn, trwy gydol y flwyddyn

    most of all mwyaf oll

    not at all dim o gwbl

    of all kinds o bob math

    once and for all unwaith ac am byth

    that's all dyna i gyd

    two all SCORE dau yr un

allow caniatáu, LEAVE, LET gadael (v)

    to allow someone to come caniatáu i rywun ddod

almost bron (adv)

    it's almost ten o'clock mae hi bron yn ddeg o'r gloch

    almost everyone bron pawb

alone ON HIS OWN ar ei ben ei hun (adv)

    on her own ar ei phen ei hun

    on my own ar fy mhen fy hun

    on your own ar dy ben dy hun, ar eich pen eich hun

along ar hyd (prep)

    along motorways ar hyd traffyrdd

aloud yn uchel (adv)

already yn barod (adv)

she's here already mae hi yma'n barod

also hefyd (adv)

alter newid (v)

although er (prep)

    although the bus is late er bod y bws yn hwyr

always bob amser (adv)

am (v)

    I am rydw i, rwy(f) i, wy(f), dw i, wi

    I'm coming rydw i'n dod, rwy'n dod etc.

    I am here rydw i'n yma

    I am not dydw i ddim, dw i ddim

A.M. A.C.

ambitious uchelgeisiol (adj)

ambulance ambiwlans/–ys (m)

America America (f)

    North America Gogledd America

    South America De America

American Americanaidd (adj); Americanwr/Americanwyr (m), Americanes/–au (f)

among ymhlith, ymysg (prep)

amount swm/symiau (m)

an *see* a

analyse dadansoddi (v)

ancestor hynafiad/hynafiaid (m)

ancient hen, hynafol (adj)

    hen *precedes noun* +S.M.

    ancient fortress hen gaer

    ancient monuments henebion

and a +A.M., ac (conj)

    ac *is used before vowels and* mae

    mother and father mam a thad

    old and young hen ac ifanc

    and he's won ac mae e wedi ennill

    and so on ac yn y blaen

angel angel/angylion (m)

anger dicter (m)

angle ongl/–au (f)

    acute angle ongl lem

    obtuse angle ongl aflem

    right angle ongl sgwâr

Anglo Eingl (adj)

    Anglo-Welsh Eingl-Gymreig

anglicize Seisnigo (v)

angry crac (adj)

animal anifail/anifeiliaid (m)

ankle migwrn/migyrnau (m)
announce cyhoeddi (v)
annoy poeni (v)
another arall (adj)
   another one un arall
   another person person arall
answer ateb/–ion (m); ateb (v)
ant morgrugyn/morgrug (m)
anxious pryderus (adj)
any unrhyw +S.M. (adj)
   any woman unrhyw fenyw
   have you any money? oes arian 'da
   chi?
   I don't have any time does dim
   amser 'da fi
   have you any? oes peth 'da chi?
   in any case beth bynnag
anybody SOMEONE rhywun (m), NO–ONE
neb (m)
anyone unrhyw un (m)
anything SOMETHING rhywbeth (m),
unrhyw beth (m)
   I haven't got anything does dim byd
   'da fi
anyway beth bynnag (conj)
anywhere SOMEWHERE rhywle, unrhyw le
(adv)
apart ar wahân (adv)
   apart from Huw ar wahân i Huw
apologize ymddiheuro (v)
   to apologize to someone for
   something ymddiheuro i rywun am
   rywbeth
appeal apelio (v)
   it appeals to me mae e'n apelio ata i
appear ymddangos (v)
appetite NEED FOR FOOD chwant bwyd (m),
archwaeth (mf)
   I have an appetite mae chwant bwyd
   arna i
apple afal/–au (mf)
   apple tree coeden afalau, afallen
apply ceisio, gwneud cais (v)
   to apply for a post gwneud cais am
   swydd
appreciate gwerthfawrogi (v)
appropriate SUITABLE priodol, addas (adj)
approve cymeradwyo (v)
approximately tua +A.M. (adv)

approximately a hundred tua chant
April Ebrill (m)
   in April ym mis Ebrill
   April the first Ebrill y cynta
apron ffedog/–au (f)
Arab Arab/–iaid (m)
arch bwa/bwâu (m)
archbishop archesgob/–ion (m)
   The Archbishop of Wales Archesgob
   Cymru
architect pensaer/penseiri (m)
are (v)
   you are FAMILIAR rwyt ti, POLITE rydych
   chi
   we are rydyn ni
   they are maen nhw
   we are coming rydyn ni'n dod
   you are kind rydych chi'n garedig
   they're here maen nhw yma
   are we ready? ydyn ni'n barod?
   are you going ydych chi'n mynd?
   are they on the train? ydyn nhw ar y
   trên?
   yes, you are FAMILIAR wyt, POLITE
   ydych
   no, you aren't FAMILIAR nag wyt,
   POLITE nag ydych
   no, you're not FAMILIAR nag wyt,
   POLITE nag ydych
   yes, we are ydyn
   no, we aren't nag ydyn
   yes, they are ydyn
   no, they aren't nag ydyn
area OF LAND arwynebedd/–au (m), TOPIC
maes/meysydd (m)
   area of study maes astudiaeth
Argentina Ariannin (f)
argue dadlau (v)
   to argue with dadlau â +A.M.
   to argue against dadlau yn erbyn
argument dadl/dadleuon (f)
arithmetic rhifyddeg (f)
arm braich/breichiau (f)
   arm in arm braich ym mraich
armpit cesail/ceseiliau (f)
arms MILITARY arf/–au (f)
army byddin/–oedd (f)
   Salvation Army Byddin yr
   Iachawdwriaeth

around

1. IN A CIRCLE, APPROXIMATELY o gwmpas (prep) (adv)
around the house o gwmpas y tŷ
is he around? ydy e o gwmpas?
2. APPROXIMATELY tua (prep) +A.M.
around six o'clock tua chwech o'r gloch
3. ABOUT am (prep) +S.M.
around her neck am ei gwddf
around her waist am ei chanol

arrange trefnu (v)

arrangement trefniant/trefniadau (m), MUSICAL trefniant/trefniannau (m)
arrangements for the party trefniadau i'r parti

arrest arestio (v)
he has been arrested mae e wedi cael ei arestio

arrive cyrraedd (v)
to arrive at the hotel cyrraedd y gwesty

art PAINTING ETC.celf (f), THE ARTS celfyddyd/-au (f)
art gallery oriel gelf

article ESSAY erthygl/-au (f), OBJECT gwrthrych/-au (m), THING peth/-au (m), EQUIPMENT offeryn/offer (m)

artificial artiffisial (adj)

artist artist/-iaid (m)

as

1. AS...AS mor...â (adv)
mor +S.M. except for ll and rh; â +A.M.
as full as mor llawn â
as black as coal mor ddu â glo
2. AS...AS cyn...â (adv)
cyn followed by comparative form of adj; +S.M. except for ll and rh; â +A.M.
as soon as possible cyn gynted â phosib
as cheap as possible cyn rhated â phosib
3. LIKE fel (conj) (adv)
as a rule fel rheol
as you know fel y gwyddoch
4. as well ALSO hefyd (conj) (adv)
as well as this IN ADDITION TO THIS yn ogystal â hyn

5. as it happens fel y mae'n digwydd
as good as me cystal â fi
as bad as London cynddrwg â Llundain
as big as he cymaint ag e(f)
as much as that cymaint â hynny

ash llwch (m)
ash tray blwch llwch

Asia Asia (f)

Asian Asiad/Asiaid (mf)

ask gofyn (v)
to ask someone for something gofyn i rywun am rywbeth

asleep ynghwsg (adj); SLEEPING yn cysgu (v)

assembly cynulliad/-au (m)
Welsh Assembly Cynulliad Cenedlaethol Cymru
Assembly Member Aelod/ au Cynulliad (m)

assist helpu, cynorthwyo, rhoi cymorth (v)
to help someone rhoi cymorth i rywun

assistant cynorthwywr/cynorthwywyr (m), cynorthwywraig/cynorthwywragedd (f)
shop assistant cynorthwywr siop, gwerthwr, gwerthwraig

association SOCIETY cymdeithas/-au (f), CONNECTION cysylltiad/-au (m)
housing association cymdeithas tai
in association with mewn cysylltiad â +A.M.

assume tybio (v)

assure sicrhau (v)

astonish syfrdanu, SURPRISE synnu (v)

astonishing syfrdanol (adj)

at

1. am (prep) +S.M.
at two o'clock am ddau o'r gloch
to laugh at someone chwerthin am ben rhywun
2. TOWARDS at (prep) +S.M.
to throw the ball at Huw taflu'r bêl at Huw
3. TO i (prep) +S.M.
to throw the ball to Huw taflu'r bêl i Huw
4. wrth (prep) +S.M.

at the table wrth y bwrdd
at hand wrth law
to be angry at someone bod yn ddig
wrth rywun
5. IN yn (prep) +N.M.
at college yn y coleg
at Bangor ym Mangor
at the hotel yn y gwesty
at work yn y gwaith
6. ar (prep) +S.M.
at the break of day ar doriad dydd
at the moment ar y funud
to look at her edrych arni hi
at fault ar fai
to shout at gweiddi ar
at worst ar y gwaetha
at the moment ar hyn o bryd
to look at edrych ar
7. mewn
good at sports da mewn chwaraeon
8. at home gartre
at all o gwbl
at last o'r diwedd
at any time unrhyw bryd
at any rate beth bynnag
athlete athletwr/athletwyr (m),
athletwraig/athletwragedd (f)
athletics athletau (pl)
Atlantic Iwerydd (m)
   Atlantic Ocean Cefnfor Iwerydd
atomic atomig (adj)
   atomic bomb bom atomig
attack ymosod (v)
   to attack someone ymosod ar rywun
attempt ceisio (v); ymgais/ymgeisiadau (f)
attend mynychu (v)
attention sylw (m)
   to pay attention to something rhoi
   sylw i rywbeth
attitude agwedd/-au (f)
attract denu (v)
attractive deniadol (adj)
auction arwerthiant/arwerthiannau (m),
   ocsiwn/ocsiynau (m)
audience cynulleidfa/-oedd (f)
August Awst (m)
   in August ym mis Awst
aunt modryb/-edd (f)
Australia Awstralia (f)

Australian Awstraliad/Awstraliaid (mf)
Austria Awstria (f)
Austrian Awstriad/Awstriaid (mf)
author awdur/-on (m)
authority awdurdod/-au (m)
   Local Education Authority
   Awdurdod Addysg Lleol
automatic awtomatig (m)
autumn hydref (m)
   in autumn yn yr hydref
available ar gael (adj) (adv)
   is it available? ydy e ar gael?
avenue rhodfa/rhodfeydd (f)
average cyfartalog, ORDINARY cyffredin (adj)
   on average ar gyfartaledd
avoid osgoi (v)
await aros (v)
   to await the news aros am y
   newyddion
awake effro, di-hun (adj)
   I'm awake rydw i ar ddi-hun
award gwobrwyo (v)
aware ymwybodol (adj)
   I'm aware of this rydw i'n
   ymwybodol o hyn
away i ffwrdd, (SW) bant (adv)
   go away! ewch i ffwrdd!
   right away ar unwaith
   to die away lleihau, TO STOP peidio â
   +A.M.
   to give away a secret datgelu
   cyfrinach
awful ofnadwy (adj)
awkward trwsgl, DIFFICULT anodd (adj)
axe bwyell/bwyeill (f); CUT torri (v)
axle echel/-au (f)

B

baby baban/-od (m)
baby sit gwarchod (v)
baby-sitter gwarchodwraig/
   gwarchodwragedd (f)
back cefn/-au (m); cefn, ôl (adj); yn ôl
   (adv); TO SUPPORT cefnogi, TO REVERSE
   bacio (v)
   back to front tu chwith

I have a bad back mae cefn tost 'da i
back numbers OF MAGAZINE ôl-rifynnau
back door drws cefn, drws y bac (SW)
back seat sedd gefn
he's back mae e'n ôl
back you go! yn ôl â chi!
background cefndir/-oedd (m)
backward SLOW araf (adj)
backwards tuag yn ôl (adv)
bacon cig moch, bacwn (m)
bad NAUGHTY, EVIL drwg, ILL, POOR gwael (adj)
a bad boy bachgen drwg
from bad to worse o ddrwg i waeth
to do badly gwneud yn wael
to go bad mynd yn ddrwg
as bad as cynddrwg â +A.M.
badminton pêl-bluen (f)
bag bag/-iau (m)
bake pobi (v)
baked beans ffa pob
baked potatoes tatws pob
baker pobydd/-ion (m)
bakery popty/poptai (m)
baker's shop siop fara
balance cydbwysedd (m), SCALES mantol/-ion (f)
balance sheet mantolen
in the balance yn y fantol
bald moel (adj)
ball pêl/peli (f), DANCE dawns/-iau/-feydd (f)
see **football, netball, basketball, rugby football**
ball-point
ball-point pen beiro/-s (m)
banana banana/-s (m)
band band/-iau (m)
brass band band pres
bandage rhwymyn/-nau/rhwymau (m)
bang bang/-iau (m), clec/-iadau (f); curo (v)
to bang the door curo'r drws yn galed
to bang the door shut cau'r drws â chlec
bank FINANCIAL banc/-iau (m), OF RIVER glan/-nau (f); bancio (v)
river bank glan yr afon

bank account cyfrif banc
bank note arian papur
bar bar/-rau (m); PROHIBIT gwahardd (v)
barely prin (adv)
bargain bargen/bargeinion (f)
barmaid barmed, barforwyn (f)
barman barman/barmyn (m), gweithiwr bar/gweithwyr bar (m)
barn ysgubor/-iau (f)
barrel casgen/-ni (f)
harrister bargyfreithiwr/bargyfreithwyr (m)
base sylfaen/sylfeini (f); seilio (v); LOW isel, BAD gwael (adj)
basic sylfaenol (adj)
basin basn/-au (m)
wash basin basn ymolchi
basket basged/-i (f)
basketball pêl-fasged (f)
bath bath (m), baddon/-au (m)
to have a bath cael bath
bathe ymdrochi, SWIM nofio (v)
bathing suit siwt nofio/siwtiau nofio (f)
bathroom ystafell ymolchi/ystafelloedd ymolchi (f)
battery batri/batrïau/batris (m)
battle brwydr/-au (f); brwydro (v)
into battle! i'r gad!
bay bae/-au (m)
be bod, TO HAVE SOMETHING DONE TO YOU cael (v)
to be free bod yn rhydd
to be afraid bod yn ofnus
he is being paid mae e'n cael ei dalu
beach traeth/-au (m)
beads gleiniau (pl)
beans ffa (pl)
runner beans ffa dringo
kidney beans ffa dringo, cidnabêns
French beans ffa Ffrengig
bear arth/eirth (f); SUFFER goddef, HOLD dal (v)
to bear in mind cadw mewn cof
to bear a grudge against dal dig yn erbyn
to bear a resemblance to bod yn debyg i
I can't bear him alla i ddim 'i oddef e

beard barf/–au (f)

beat DEFEAT, HIT, curo (v)
    Wales have beaten England mae Cymru wedi curo Lloegr

beautiful prydferth (adj)

because achos, oherwydd, am (conj)
    all followed by noun clause construction
    because he is here achos ei fod e yma
    because she's sleeping oherwydd ei bod hi'n cysgu

become dod yn, mynd yn +S.M.(v)
    to become a teacher mynd yn athro
    to become ill mynd yn sâl
    to become better dod yn well

bed gwely/–au (v)
    single bed gwely sengl
    double bed gwely dwbwl
    to go to bed mynd i'r gwely

bedroom ystafell wely/ystafelloedd gwely (f)

bee gwenynen/gwenyn (f)

beef cig eidion (m)

been wedi bod (v)
    I have been rydw i wedi bod
    I had been roeddwn i wedi bod
    he will have been bydd e wedi bod
    he would have been byddai fe wedi bod

beetroot betysen/betys (f)

before cyn (prep) (conj); o'r blaen (adv); IN FRONT OF o flaen (prep)
    before going cyn mynd
    before I go cyn i fi fynd
    before long cyn bo hir
    before Christ cyn Crist B.C. C.C.
    I've seen him before rydw i wedi ei weld e o'r blaen
    he came before her daeth e o'i blaen hi

beg TRAMPS cardota, BESEECH erfyn (v)
    I beg you to come rydw i'n erfyn arnat ti i ddod

beggar cardotyn/cardotwyr (m)

begin dechrau (v)

beginner dechreuwr/dechreuwyr (m)

beginning dechreuad/–au (m)
    from the beginning o'r dechrau

from the beginning of June o ddechrau mis Mehefin

behave ymddwyn (v)

behaviour ymddygiad (m)

behind tu ôl i (prep) +S.M.; ar ôl (adv); OF BODY pen-ôl (m)
    behind the door tu ôl i'r drws
    I've left the car behind rydw i wedi gadael y car ar ôl

behold! wele (v) +S.M.
    behold a boy! wele fachgen!

Belgian Belgiad/Belgiaid (mf)

Belgium Gwlad Belg (f)

belief cred (f)

believe credu (v)
    believe in God credu yn Nuw

bell cloch/clychau (f)
    to ring a bell canu cloch

belong perthyn, piau (v)
    it belongs to me mae e'n perthyn i fi, fi biau fe

belongings eiddo (m)

below dan (prep) +S.M.; isod (adv)
    below zero dan sero
    see below gweler isod

belt gwregys/–au (m); gwregysu (v)
    belt up cau dy geg

bench mainc/meinciau (f)

bend plygu (v); SHAPE tro/–adau (m)
    to bend down plygu
    a bend in the road tro yn yr heol

beneath dan (prep) +S.M.; isod (adv)

benefit budd (m), lles (m)
    unemployment benefit budd-dal diweithdra
    for your benefit er dy les di

beside ger (prep)

besides heblaw (adv)

best gorau (adj)
    the best team y tîm gorau
    best man WEDDING gwas priodas
    I like her best rydw i'n ei hoffi hi orau
    to do your best gwneud eich gorau glas
    to the best of my knowledge hyd y gwn i

better gwell (adj); gwella (ar +S.M.) (v)
    a better man gwell dyn
    better than ever gwell nag erioed

better late than never gwell hwyr na hwyrach
we had better leave mae'n well i ni adael
that's better! mae hynny'n well!
to get the better of someone ennill y blaen ar rywun
he is better off mae e ar ei ennill
to get better gwella
betray bradychu (v)
between rhwng (prep)
between you and me rhyngon ni'n dau
in between yn y canol
beware TAKE CARE cymryd gofal (v)
beware of the dog perygl! ci
beyond tu hwnt (adv); tu hwnt i +S.M., tu draw i +S.M. (prep)
beyond the town tu hwnt i'r dre
it's beyond belief mae'n anghredadwy
beyond doubt y tu hwnt i amheuaeth, yn ddi-os
it's beyond me I CAN'T UNDERSTAND IT alla i ddim deall y peth
Bible Beibl/–au (m)
bicycle beic/–iau (m)
motor bicycle beic modur
big mawr (adj)
a big girl merch fawr
as big as mor fawr â +A.M.
bigger mwy (adj)
bigger than mwy na +A.M.
the bigger of the two y mwya(f) o'r ddau
biggest mwya(f) (adj)
bike beic/–iau (m)
go on your bike cer ar dy feic
bill MONEY bil/–iau (m), PARLIAMENTARY mesur/–au (m)
to pay the bill talu'r bil
bilingual dwyieithog (adj)
a bilingual person person dwyieithog
billion biliwn/biliynau (m)
bin bin/–iau (m), basged/–i (f)
bind rhwymo (v)
to bind something to something rhwymo rhywbeth wrth rywbeth
biology bioleg (f)
birch bedwen/bedw (f)

silver birch bedwen arian
bird aderyn/adar (m)
birds of feather fly together adar o'r unlliw hedant i'r unlle
biro beiro/–s (m)
birth genedigaeth/–au (f)
to give birth to esgor ar +S.M.
birthday pen blwydd/pennau blwydd (m)
happy birthday pen blwydd hapus
biscuit bisgeden/bisgedi (f), bisgïen/bisgedi (f)
bishop esgob/–ion (m)
bit PIECE darn/–au (m), LITTLE BIT tamaid/tameidiau (m)
bite cnoi (v)
bitter chwerw (adj)
a pint of bitter beer peint o gwrw chwerw
black du (adj)
in black and white ar ddu a gwyn
black coffee coffi du
the Black Mountain y Mynydd Du
a black day diwrnod trist
blackberry mwyar duon (pl)
blackboard bwrdd du (m)
black-currant cyrens duon (pl)
blacken duo (v)
blacksmith gof/–aint (m)
blade llafn/–au (f)
blame bai/beiau (m); beio (v)
I'm to blame fi sydd ar fai
blank gwag (adj)
blanket blanced/–i (f)
blazer siaced/–i (f)
bleed gwaedu (v)
bless bendithio (v)
blessing bendith/–ion (f)
blind dall/deillion (adj)
the blind y deillion
blind drunk meddw gaib
blister pothell/–i (f)
block darn/–au (m), blocyn/blociau (m); IMPEDE rhwystro (v)
a block of wood blocyn o bren
a block of flats bloc o fflatiau
block capitals prif lythrennau
road block rhwystr ar y ffordd
blonde golau (adj)
blonde hair gwallt golau, gwallt melyn

blood gwaed (m)
   blood pressure pwysedd gwaed
blouse blows/–ys (f)
blow chwythu (v); ergyd/–ion (f)
blue glas (adj)
   blue film ffilm goch
blunt di-fin (adj)
blush gwrido (v)
board bwrdd/byrddau (m), LODGINGS llety/
   –au (m); TRANSPORT mynd ar +S.M. (v)
   Welsh Language Board Bwrdd yr
   Iaith
   black board bwrdd du
   half board llety brecwast a swper
   full board llety a phrydau
   across the board yn gyffredinol
   on board the ship ar fwrdd y llong
boast ymffrostio (v)
boat cwch/cychod (m)
   fishing boat cwch pysgota
body corff/cyrff (m)
bog cors/–ydd (f)
boil berwi (v)
   boiled egg wy wedi'i ferwi
   boiling water dŵr berw
bold BRAVE dewr, CHEEKY hyf (adj)
bomb bom/–iau (m); bomio (v)
   to cost a bomb costio ffortiwn
boob MISTAKE camsyniad/–au (m), BREAST
   bron/–nau (f)
book llyfr/–au (m); ORDER cadw (lle),
   TRANSPORT bwcio (v)
   book token tocyn llyfrau
   text book gwerslyfr
   book shop siop lyfrau
   booklet llyfryn
   to book a room cadw ystafell
   have you booked? ydych chi wedi
   cadw lle?
boot SHOE esgid/–iau (f), CAR cist/–iau (f);
   cicio (v)
   car boot sale sêl cist car
border OF COUNTRY ffin/–iau (f), OF PAGE
   ymyl/–on (f), OF GARDEN border/–i (m)
bored diflas (adj)
boring diflas, LONG-WINDED hirwyntog
   (adj)
born, to be geni (v)
   I was born ces i fy ngeni

he was born cafodd e ei eni
borough bwrdeistref/–i (f)
   Borough of Neath Bwrdeistref
   Castell-nedd
borrow benthyca (v)
boss bòs/bosys (m), pennaeth/penaethiaid
   (m)
botany botaneg (f)
both y ddau (m); ill dau (adj)
   both of you chi'ch dau
   both of them nhw ill dau
   both are coming mae'r ddau yn dod
bother trafferthu (v); trafferth/–ion (f)
   don't bother about me peidiwch â
   phoeni amdana i
   it's no bother popeth yn iawn
bottle potel/–i (f)
   to hit the bottle taro'r botel
   a bottle of wine potel o win
   bottle opener agorwr poteli
bottom gwaelod/–ion (m); gwaelod,
   LOWEST isaf (adj)
   bottom gear gêr isaf
   at the bottom of the class ar waelod
   y dosbarth
   bottoms up! iechyd da!
   who is at the bottom of this? pwy sy
   y tu ôl i hyn?
boundary ffin/–iau (f)
bowl bowlen/–ni (f); bowlio (v)
bowler CRICKET bowliwr/bowlwyr (m), HAT
   het galed/hetiau caled (f)
box blwch/blychau (m), bocs/–ys (m);
   paffio (v)
   box office swyddfa docynnau
   Boxing Day Dydd San Steffan (m)
   boxing match gornest baffio (f)
boy bachgen/bechgyn (m)
boyfriend cariad/–on (m)
bra bronglwm/bronglymau (m)
bracelet breichled/–au (f)
brain ymennydd (m)
brainy peniog (adj)
brake brêc/breciau (m); brecio (v)
branch cangen/canghennau (f)
   branch of a bank cangen banc
brave dewr (adj)
Brazil Brasil (f)
bread bara (m)

sliced bread bara tafell
wholemeal bread bara gwenith cyflawn
white bread bara gwyn
brown bread bara brown
our daily bread ein bara beunyddiol
breadth lle (m)
length and breadth hyd a lled
break torri (v); toriad/–au (m), SCHOOL egwyl/–iau (f)
to break in torri i mewn
to break down torri (i lawr)
after the break TELEVISION ar ôl y toriad
breakfast brecwast/–au (m)
for breakfast i frecwast
breast bron/–nau (f), CHEST, BREAST OF CHICKEN brest (f)
breath anadl (mf)
breathe anadlu (v)
breeze awel/–on (f)
Breton LANGUAGE Llydaweg (f), PERSON Llydawr/Llydawyr (m), Llydawes/–au (f)
brewery bragdy/bragdai (m)
brick bric/–iau (m); bricio (v)
bride priodferch/–ed (f)
the bride and groom y briodferch a'r priodfab
bridge pont/–ydd (f); pontio (v)
suspension bridge pont grog
bridging class dosbarth pontio
brief SHORT byr, CONCISE cryno (adj); LEGAL briff/briffiau (m)
briefly yn gryno
briefcase briffces/–ys (m)
briefs trôns (m), pans (m)
bright gloyw, disglair (adj)
brighten goleuo (v)
brilliant disglair (adj)
bring dod â +A.M. (v)
dod ag *before vowels*
to bring the children dod â'r plant
bring the food dewch â'r bwyd
to bring something forward tynnu rhywbeth ymlaen
to bring something back dod yn ôl â rhywbeth
Britain Prydain (f)

Great Britain Prydain Fawr
British Prydeinig (adj); LANGUAGE Brythoneg (f)
Britisher Prydeiniwr/Prydeinwyr (mf)
Brittany Llydaw (f)
broad eang, WIDE llydan (adj)
broadcast darlledu (v); darllediad/–au (m)
brochure LEAFLET taflen/–ni (f), HANDBOOK llawlyfr/–au (m), BOOKLET llyfryn/–nau (m)
bronchitis llid yr ysgyfaint (m), broncitis (m)
bronze pres (m), efydd (m)
the bronze age yr oes efydd
brooch tlws/tlysau (m)
brook nant/nentydd (f)
brother brawd/brodyr (m)
brother-in-law brawd-yng-nghyfraith/brodyr-yng-nghyfraith
brown brown (adj)
bruise clais/cleisiau (m); cleisio (v)
brush brws/–ys (m); brwsio (v)
bucket bwced/–i (m)
budget cyllideb/–au (f)
build adeiladu (v)
building adeilad/–au (m)
bulb bylb/–iau (m)
bull tarw/teirw (m)
bullet bwled/–i (f)
bump SWELLING chwydd/–i (m); TO HIT taro yn erbyn (v)
bun bynsen/byns (f)
burglar lleidr/lladron (m)
burial FUNERAL angladd/–au (mf)
burial ground mynwent
burn llosgi (v); llosgiad/–au (m)
burst EXPLODE ffrwydro, CUT torri (v)
bury claddu (v)
bus bws/bysys/bysiau (m)
bush llwyn/–i (m)
business busnes/–au (m)
business hours oriau busnes
businessman dyn busnes/dynion busnes (m)
busy prysur (adj)
to be busy bod yn brysur
but (conj)
I saw nothing but…welais i ddim ond…
had we but known pe baen ni ond

wedi gwybod

butcher cigydd/–ion (m)

butter menyn (m)

    Welsh butter menyn Cymru

button botwm/botymau (m); botymu (v)

buy prynu (v)

by

    1. NEAR wrth (prep) +S.M.

    by the table wrth y bwrdd

    2. NEAR yn ymyl (prep)

    near the riverbank yn ymyl y lan

    3. THROUGH trwy (prep) +S.M.

    by working hard trwy weithio'n galed

    4. DENOTES DOER gan (prep) +S.M.

    the work was done by the girl roedd y gwaith wedi ei wneud gan y ferch

    5. ON ar (prep) +S.M.

    by heart ar gof

    by myself ar fy mhen fy hun

    by train ar y trên

    6. **by night** liw nos

    by day liw dydd

    by the way gyda llaw

C

C.D. C.D. (m), cryno-ddisg/–iau (m)

cabbage bresychen/bresych (f)

cabin caban/–au (m)

cable cebl/ceblau (m)

    cable car cerbyd cebl

café caffe/–s (m)

cake teisen/–nau (f), cacen/–nau (f)

    chocolate cake teisen siocled

    Christmas cake teisen Nadolig

    birthday cake teisen pen blwyddyn

calculate cyfrif (v)

calculator cyfrifiannell/cyfrifiannellau (f)

calendar calendr/–au (m)

calf llo/–i (m)

call galw (v); galwad/–au (f)

    to call on someone galw ar rywun

    what's he called? beth yw ei enw?

    who's calling? pwy sy'n galw?

    I'll call in today fe alwa i heddiw

    to call the doctor out galw'r meddyg

    to pay a call on someone ymweld â rhywun

    that isn't called for does dim angen hynny

calm llonydd (adj); tawelu (v)

    to calm down tawelu, llonyddu

camera camera/camerâu (m)

camp gwersyll/–oedd (m); gwersylla (v)

    Welsh League of Youth camp Gwersyll yr Urdd

campaign ymgyrch/–oedd (f); ymgyrchu (v)

    to campaign for the language ymgyrchu dros yr iaith

can TIN tun/–iau (m), can/–iau (m); TO BE ABLE TO gallu (v)

    I can rwy i'n gallu, gallaf i

    you can FAMILIAR rwyt ti'n gallu, gelli di, POLITE rydych chi'n gallu, gallwch chi

    he/she can mae e/hi'n gallu, gall e/hi

    we can rydyn ni'n gallu, gallwn ni

    they can maen nhw'n gallu, gallan nhw

    she can swim mae hi'n gallu nofio

    I can't for the life of me remember rydw i'n methu'n lân â chofio

Canada Canada (f)

Canadian Canadiad/Canadiaid (mf)

canal camlas/camlesi (f)

cancel dileu (v)

cancer canser (m)

candidate ymgeisydd/ymgeiswyr (m)

    parliamentary candidate ymgeisydd seneddol

candle cannwyll/canhwyllau (f)

canoe canŵ/–s (m); canwio (v)

cap cap/–iau (m)

capable abl, galluog (adj)

    he is capable of doing the work mae e'n gallu gwneud y gwaith

capital prif (adj)

    capital city prifddinas/–oedd (f)

capitalist cyfalafwr/cyfalafwyr (m)

captain capten/capteiniaid (m)

car car/ceir (m)

    car park maes parcio

    car driver gyrrwr car

caravan carafán/carafanau (f)

card carden/cardiau (f), cerdyn/cardiau (m)
playing cards cardiau chwarae
post card cerdyn post

cardigan cardigan/-au (m)

care gofal/-on (m); gofalu (v)
to care for someone gofalu am rywun
to take care gofal, cymryd gofal
take care! cymerwch ofal!
would you care for a coffee? hoffech chi gael coffi?
I don't care does dim ots 'da fi

career gyrfa/-oedd (f)

careful gofalus (adj)

careless diofal (adj)

carnival carnifâl/carnifalau (m)

carpenter saer/seiri (m)

carpet carped/-i (m)

carriage cerbyd/-au (m)

carrot moronen/moron (f)

carry cario (v)
to carry a bag cario bag
to carry on with the work mynd ymlaen â'r gwaith, CONTINUE parhau â'r gwaith
to carry out the work gwneud y gwaith

cart cart/-iau (m), cert/-i (m)

carve cerfio (v)

case BAG cês/cesys (m), COURT achos/-ion (m), GRAMMAR cyflwr/cyflyrau (m)

cash arian parod (m)

cassette casét/casetiau (m)

castle castell/cestyll (m)

cat cath/-od (f)

catch dal (v)
to catch a cold dal annwyd
to catch fire mynd ar dân
to catch on dod yn boblogaidd
to catch up dal i fyny

cathedral eglwys gadeiriol/eglwysi cadeiriol (f)

catholic catholig (adj); Catholigwr/Catholigwyr (m), Pabydd/-ion (mf)

cattle gwartheg (pl)

cauliflower blodfresychen/blodfresych (f)

cause achosi, peri (v); achos/-ion (m)
for the cause dros yr achos
to cause someone to cry achosi i rywun lefain
a good cause achos da

caution DANGER gofal/-on (m)
caution! DANGER perygl!!, gofal!

cave ogof/-âu (f)

cease FINISH gorffen (v), COME TO AN END dod i ben (v)

ceiling nenfwd/nenfydau (m)

celebrate dathlu (v)

celery seleri (m), helogan (f)

cell cell/-oedd (f)
blood cells celloedd gwaed

cellar seler/-i (f)
wine cellar seler win

Celt Celt/-iaid (m)

Celtic Celtaidd (adj)

cement sment (m)

cemetery mynwent/-ydd (f)

centigrade canradd (m)

centimetre centimetr/-au (m)

central canolog (adj)
central heating gwres canolog

centre MIDDLE canol/-au (m), PLACE canolfan/-nau (f)
town centre canol y dre
shopping centre canolfan siopa
leisure centre canolfan hamdden

century 100 YEARS canrif/-oedd (f), CRICKET cant/cannoedd (100)

cereal grawnfwyd (m)

ceremony seremoni/seremonïau (f)

certain sicr, siŵr, rhyw +S.M. (adj)
I'm certain rydw i'n siŵr
a certain boy rhyw fachgen

certainly yn sicr, yn bendant (adv)

certificate tystysgrif/-au (m)
GCSE Tystysgrif Gyffredinol Addysg Uwchradd, TGAU

chain cadwyn/-au/cadwyni/cadwyni (f)

chair cadair/cadeiriau (f); cadeirio (v)
arm chair cadair freichiau

chairman cadeirydd/-ion (m)

chance siawns (m), OPPORTUNITY cyfle/-oedd (m)

change newid/-iadau (m); newid (v)
loose change newid mân

channel sianel/sianeli/sianelau (f)
  S4C Sianel Pedwar Cymru, S4C
  pronounced Es Pedooar Ek
chapel capel/–i (m)
character cymeriad/–au (m)
charge RUSH rhuthro, RAISE MONEY codi tâl,
  ACCUSE cyhuddo (v), ACCUSATION
  cyhuddiad/–au (m)
charity elusen/–nau (f)
charm swyn/–ion (m); swyno (v)
chart siart/–iau (m)
chase erlid, RUN AFTER rhedeg ar ôl (v)
chat cloncian, CHATTER clebran, sgyrsio (v);
  sgwrs/sgyrsiau (f)
cheap rhad (adj)
cheat twyllo (v); twyll (m)
check INSPECT archwilio, siecio (v)
  check-up archwiliad/–au (m)
cheek boch/–au (f), IMPUDENCE
  haerllugrwydd (m)
cheers! BEFORE DRINKING iechyd da!,
  THANKS diolch!
cheese caws/–iau (m)
  Caerphilly cheese Caws Caerffili
chef cogydd/–ion (m)
chemist fferyllydd/fferyllwyr (m)
chemistry cemeg (f)
cheque siec/–iau (f)
  cheque book llyfr sieciau
cherry ceiriosen/ceirios (f)
chew cnoi (v)
chicken cyw/–ion (m), COWARD llwfrgi/
  llwfrgwn (m)
chicken-pox brech yr ieir (m)
chief pennaeth/penaethiaid (m); prif (adj)
  prif *precedes noun* +S.M.
child plentyn/plant (m)
chill A COLD annwyd/anwydau (m), LOW
  TEMPERATURE oerfel (m)
chilly oer (adj)
chimney simnai/simneiau (f)
chin gên/genau (f)
Chinese Tsieiniad/Tsieineaid (m),
  LANGUAGE Tsieinëeg (f)
china tsieina (m) (adj), tsieni (m) (adj)
chip sglodyn/sglodion (m)
  fish and chips pysgod a sglodion
chocolate siocled/–i (m)
choice dewis/–iadau (m)

choir côr/corau (m)
  male voice choir côr meibion
  female choir côr merched
  mixed choir côr cymysg
choose dewis (v)
Christ Crist (m)
Christian Cristion/Crist(io)nogion (m);
  cristnogol (adj)
  Christian name enw bedydd
Christianity Cristnogaeth (f)
Christmas Nadolig (m)
  Happy Christmas Nadolig Llawen
  for Christmas i Nadolig
  Christmas eve noswyl Nadolig
  Christmas card carden Nadolig
church eglwys/–i (f)
cigar sigâr/sigarau (f)
cigarette sigarét/–s (f)
  would you like a cigarette?
  gymerwch chi sigarét?
  a packet of cigarettes pecyn o
  sigaréts
cinema sinema/sinemâu (f)
circle cylch/–oedd (m); cylchu (v)
circumstance amgylchiad/–au (m)
  under the circumstances yn yr
  amgylchiadau
circus syrcas (f)
citizen dinesydd/dinasyddion (m)
city dinas/–oedd (f)
  capital city prifddinas/–oedd (f)
civil servant gwas sifil/gweision sifil (m)
civilization gwareiddiad/–au (m)
claim hawlio (v); cais/ceisiadau (m)
  to put in a claim for gwneud cais am
  +S.M.
clap clapio (v)
clarify egluro (v)
class SCHOOL dosbarth/–iadau (m),
  STANDARD safon/–au (f)
  the working class y dosbarth
  gweithiol
  the upper class y dosbarth uwch
  second class DEGREE, TICKET ETC ail
  ddosbarth, SECOND RATE eilradd
classical clasurol (adj)
classroom dosbarth/–iadau (m), ystafell
  ddosbarth/ystafelloedd dosbarth (f)
clay clai/cleiau (m)

C

clean glanhau (v); glân (adj)

clear clir (adj); clirio (v)

clergyman offeiriad/–on (m)

clerk clerc/–od (m)

clever clyfar, ABLE galluog (adj)

client cleient/–au (m), CUSTOMER cwsmer/–iaid (m)

cliff clogwyn/–i (m)

climate hinsawdd/hinsoddau (f)

climb dringo (v)

climber dringwr/dringwyr (m)

clinic clinig/–au (m)

cloak clogyn/–nau (m)

clock cloc/–iau (m)

close cau (v); agos (prep), WEATHER trymaidd (adj)

   close to the house agos i'r tŷ

   closing time amser cau

closed ar gau, ynghau (adj)

cloth lliain/llieiniau (m)

   table cloth lliain bwrdd

   dishcloth lliain sychu llestri

clothes dillad (pl), dilledyn (m)

cloud cwmwl/cymylau (m); cymylu (v)

   it's cloudy mae hi'n gymylog

cloudy cymylog (adj)

club clwb/clybiau (m)

clumsy lletchwith (adj)

clutch cydiwr/cydwyr (m), clyts/–ys (m)

coach bws/bysys/bysiau (m)

coal glo (m)

   coal mine pwll glo

   anthracite coal glo carreg

   opencast coal glo brig

coarse garw (adj)

coast arfordir/–oedd (m)

   coast guard gwyliwr y glannau

coat cot/–iau (f) (SW), côt/cotiau (f) (NW)

   raincoat cot law

   overcoat cot fawr

cockles cocos (pl)

cockerel ceiliog/–od (m)

cocoa coco (m)

   a cup of cocoa cwpaned o goco

coconut cneuen goco/cnau coco (f)

cod penfras (m)

coffee coffi (m)

   a cup of coffee cwpaned o goffi

coin darn arian/darnau arian (m), MONEY arian (m)

coke côc (m)

   a bottle of coke poteled o gôc

cold oer (adj); annwyd/anwydau (m)

   to get cold oeri

   I have a cold mae annwyd arna i, mae annwyd 'da fi

collapse FALL cwympo, SHATTER chwalu (v)

collar coler/–i (m/f)

colleague cydweithiwr/cydweithwyr (m)

collect casglu (v)

collection casgliad/–au (m)

college coleg/–au (m)

   college of education coleg addysg

   sixth form college coleg chweched dosbarth

   tertiary college coleg trydyddol

   university college coleg prifysgol

   college of art coleg celf

collier glöwr/glowyr (m)

colliery pwll glo/pyllau glo (m), glofa/glofeydd (f)

collision gwrthdrawdiad/–au (m)

colour lliw/–iau (m); lliwio (v)

   what colour is it? pa liw yw e?

   colour television teledu lliw

   colour film ffilm liw

colourful lliwgar (adj)

column colofn/–au (f)

comb crib/–au (m)

come dod (v)

   to come about digwydd

   to come back dod 'nôl

   to come home dod adre

   to come off PEEL dod yn rhydd, SUCCEED llwyddo

   to come over VISIT dod draw

   come in! dewch i mewn!

   come along! dewch!, brysiwch!

   come on! dewch ymlaen!

comedy comedi/comedïau (f)

comfort cysur/–on (m)

comfortable cysurus (adj)

comma coma/–s (m)

command gorchymyn/gorchmynion (m); gorchymyn (v)

commence dechrau, cychwyn (v)

comment sylw/–adau (m); TO

COMMENTATE sylwebu, TO COMMENT ON gwneud sylw ar +S.M., MENTION sôn (v)

commerce masnach/-au (f)

commercial masnachol (adj)

committee pwyllgor/-au (m)

common cyffredin (adj)

   common sense synnwyr cyffredin

   House of Commons Tŷ'r Cyffredin

communism comiwnyddiaeth (f)

communist comiwnydd/-ion (m)

community SOCIETY, ASSOCIATION cymdeithas/-au (f), cymuned/-au (f)

   community council cyngor cymuned

compact cryno (adj)

   compact disk cryno-ddisg/ crynoddisgiau (m)

company cwmni/cwmnïau (m)

compare cymharu (v)

   to compare with cymharu â +A.M.

comparison cymhariaeth (f)

   a comparison with cymhariaeth â +A.M.

compel gorfodi (v)

compete cystadlu (v)

   to compete against cystadlu yn erbyn

competition cystadleuaeth/cystadlaethau (f)

competitor cystadleuydd/cystadleuwyr (m)

complain cwyno, achwyn (v)

complaint cwyn/-ion (mf)

   to listen to my complaint gwrando ar fy nghwyn

   to listen to his complaint gwrando ar ei gwyn

   to listen to her complaint gwrando ar ei chwyn

complete cwblhau, cwpla (SW), gorffen (v)

completely cwb(w)l, hollol (adv) +S.M.

   completely innocent cwbwl ddiniwed

   completely stupid hollol wirion

complex cymhleth (adj); BUILDINGS adeiladau (pl), SITE safle (m)

compliment canmol (v); canmoliaeth (f)

composer cyfansoddwr/cyfansoddwyr (m)

comprehensive cyfun (adj)

   comprehensive school ysgol gyfun

compulsory gorfodol (adj)

computer cyfrifiadur/-on (m)

   computer programme rhaglen gyfrifiadur

   computer programmer rhaglennydd cyfrifiadur

   computer memory cof cyfrifiadur

   computer screen sgrin cyfrifiadur

concentrate canolbwyntio

concern pryder/-on (m), CARE gofal/-on (m), achos/-ion (m), BUSINESS busnes/-au (m); WORRY pryderu, poeni (v)

   to be concerned about poeni am +S.M., WORRY ABOUT pryderu am +S.M.

   it concerns me IT'S RELEVANT TO ME mae'n ymwneud â fi

concert cyngerdd/cyngherddau (m)

condition STATE cyflwr/cyflyrau (m), TERMS amod/-au (m)

   conditions of work amodau gwaith

conditions amgylchiadau (pl)

conduct arwain (v); BEHAVIOUR ymddygiad (m)

conductor OF CHOIR ETC arweinydd/-ion (m), TICKET CONDUCTOR tocynnwr/ tocynwyr (m)

confess cyfaddef (v)

confession cyfaddefiad/-au (m), RELIGIOUS cyffes (f)

confidence hyder (m)

confident hyderus (adj)

confidential cyfrinachol (adj)

confirm cadarnhau (v)

confused MIXED UP cymysglyd (adj)

   I'm confused rydw i mewn penbleth

confusion MIX-UP dryswch (m)

congratulate llongyfarch (v)

congratulations llongyfarchiadau (pl)

congregation cynulleidfa/-oedd (f)

congress cyngres/-au (f)

connect cysylltu (v)

   to connect to cysylltu wrth +S.M.

   to connect with cysylltu â +A.M.

   connected with cysylltiedig â +A.M., yn ymwneud â +A.M.

connection cysylltiad/-au (m)

   in connection with ynglŷn â +A.M.

conquest concwest/-au (f)

conscience cydwybod (f)
guilty conscience cydwybod euog

conscious ymwybodol (adj)

consent PERMISSION caniatâd (m),
AGREEMENT cytundeb (m);
cytuno, ALLOW caniatáu (v)

consequence canlyniad/-au (m)
as a consequence o ganlyniad i
+S.M.

consequently o ganlyniad (adv)

conservative ceidwadol (adj), ceidwadwr/
ceidwadwyr (m)
the Conservative party y Blaid
Geidwadol

consider ystyried (v)
considering the circumstances o
ystyried yr amgylchiadau

considerate ystyriol, KIND caredig (adj)

consist cynnwys (v)
to consist of cynnwys

constable cwnstabl/-iaid (m)

constant cyson (adj)

constipated rhwym (adj)

constitution cyfansoddiad/-au (m)

construct adeiladu (v)

consult ymgynghori (v)
to consult someone ymgynghori â
rhywun

consume ysu (v)

consumer USER defnyddiwr/defnyddwyr
(m), CUSTOMER cwsmer/-iaid (m)
Consumers' Association Cymdeithas
Defnyddwyr

contact cysylltu (v); cyswllt/cysylltiadau
(m)
to contact someone cysylltu â
rhywun

contain cynnwys (v)

container cynhwysydd/cynwysyddion
(m)

contemplate myfyrio (v)

contemporary cyfoes (adj)

content(ed) bodlon (adj)
to be content bod yn fodlon

content cynnwys/cynhwysion (m)

contents OF BOOK cynnwys (m)

contest gornest/-au (f); FIGHT ymladd (v)

context cyd-destun/-au (m)

continent cyfandir/-oedd (m)
the continent of Europe cyfandir
Ewrop

continental cyfandirol (adj)

continue parhau (v)
continue to do something parhau i
wneud rhywbeth

continuous parhaus (adj)

contract cytundeb/-au (m); culhau (v)

contradict gwrth-ddweud (v)

contrary gwrthwyneb (m)
to the contrary i'r gwrthwyneb

contrast gwrthgyferbynnu (v);
gwrthgyferbyniad/-au (m)
to contrast with gwrthgyferbynnu â
+A.M.
in contrast to mewn
gwrthgyferbyniad â +A.M.

contribute cyfrannu (v)
to contribute to cyfrannu at +S.M.

contribution cyfraniad/-au (m)

control rheoli (v); rheolaeth (f)
out of control allan o reolaeth
lose control of colli rheolaeth ar
+S.M.

controversial dadleuol (adj)

convenience cyfleuster/-au (m)
public conveniences cyfleusterau
cyhoeddus, toiledau, tai bach
convenience food bwyd cyfleus,
bwyd parod

convenient hwylus, cyfleus (adj)

conversation sgwrs/sgyrsiau (f)

converse sgyrsio (v); gwrthwyneb (m)
to converse with sgyrsio â +A.M.

convince argyhoeddi (v)

cook coginio (v); cogydd/-ion (m),
cogyddes/-au (f)
cooked wedi'i goginio

cooker ffwrn/ffyrnau (f)

cookery book llyfr coginio (m)

cool oer (adj)

co-operation cydweithrediad (m)
in co-operation with mewn
cydweithrediad â +A.M.

cope ymdopi (v)
to cope with ymdopi â +A.M.

copper copr (m), copor (m)
copper works gwaith copor

copy copïo (v); copi/copïau (m)
   a copy of the book copi o'r llyfr
cord cordyn/–nau (m), cortyn/–nau (m)
cork corcyn/cyrc (m)
corn ŷd/ydau (m)
corner cornel/–i (mf), congl/–au (f);
   cornelu (v)
cornflakes fflacod (pl)
Cornish LANGUAGE Cernyweg (f);
   Cernywaidd (f)
Cornwall Cernyw (f)
correct cywir, RIGHT iawn (adj); cywiro (v)
   it's correct mae e'n gywir
correspond BY LETTER ETC gohebu, BE
   SIMILAR cyfateb (v)
   to correspond to something cyfateb i
   rywbeth
correspondence gohebiaeth/–au (f)
correspondent gohebydd/–ion (m)
corridor coridor/–au (m)
   corridors of power coridorau grym
cosmetics colur/–on (m)
cost costio (v); cost/–au (m)
costume gwisg/–oedd (f)
cosy clyd (adj)
cottage bwthyn/bythynnod (m)
   cottage cheese caws colfran
cotton cotwm/cotymau (m)
   cotton wool gwlân cotwm
couch soffa/–s (f)
cough peswch (m); pesychu (v)
   I have a cough mae peswch arna i,
   mae peswch 'da fi
   a nasty cough peswch cas
could TO BE ABLE *form of* gallu (v)
   I could gallwn i
   you could FAMILIAR gallet ti, POLITE
   gallech chi
   he/she could gallai fe/he
   we could gallen ni
   they could gallen nhw
   could you come? allech chi ddod?
   yes, I could gallwn
   no, I couldn't na, allwn i ddim
council cyngor/cynghorau (m)
councillor cynghorwr/cynghorwyr (m)
   county councillor cynghorwr sir
counsel ADVICE cyngor/cynghorion (m),
   BARRISTER bargyfreithiwr/

   bargyfreithwyr (m)
count cyfrif, rhifo (v); cyfrif/–on (m)
   that doesn't count dyw hynny ddim
   yn cyfrif
counter cownter/–i (m)
counterfoil bonyn/bonion (m)
country gwlad/gwledydd (f)
   in the country yn y wlad
   country and western canu gwlad
countryside gwlad (f), cefn gwlad (m)
county sir/–oedd (f)
   the county of… sir…
couple PAIR pâr/parau (m), cwpwl/
   cyplau (f)
   married couple pâr priod
   a couple of books cwpwl o lyfrau,
   ambell lyfr
courage dewrder (m)
courageous dewr (adj)
course cwrs/cyrsiau (m)
   golf course cwrs golff
   course book llyfr cwrs, gwerslyfr
   of course wrth gwrs
   to be on course bod ar y ffordd
court LAW llys/–oedd (m), TENNIS ETC
   cwrt/cyrtiau (m)
   magistrates court llys ynadon
   crown court llys y goron
   tennis court cwrt tennis
courteous cwrtais (adj)
cousin cefnder/–oedd/cefndyr/cefndryd
   (m), cyfnither/–od (f)
cover OF BOOK clawr/cloriau (m), OF BED
   gorchudd/–ion (m); gorchuddio (v)
cow buwch/buchod (f)
coward cachgi/cachgwn (m), llwfrgi/
   llwfrgwn (m)
crab cranc/–od (m)
crack crac/–iau (m); cracio (v)
cradle crud (m)
craft crefft/–au (f)
   Welsh craft crefftau Cymreig
craftsman crefftwr/crefftwyr (m),
   crefftwraig/crefftwragedd (f)
crash gwrthdrawiad/–au (m); gwrthdaro
   (v)
crave ysu (v)
crawl cropian, SWIMMING ymlusgo (v)
crazy gwallgo, hanner call (adj)

cream hufen (m); hufennu (v)
   ice cream hufen iâ
create creu (v)
creature creadur/-iaid (m)
credit credyd/-au (m)
   credit card cerdyn credyd
creep cropian (v)
crew criw/-iau (m)
cricket criced (m)
   a cricket game gêm griced
cricketer cricedwr/cricedwyr (m)
crime trosedd/-au (f)
   to commit a crime cyflawni trosedd
crisps creision (pl)
critic beirniad/beirniaid (m)
critical beirniadol (adj)
criticize beirniadu (v)
crop cnwd/cnydau (m)
cross croesi (v); croes/-au (f); crac, dig (adj)
   cross roads JUNCTION cyffordd/cyffyrdd
   (f), croesffordd/croesffyrdd (f)
crossword croesair/croeseiriau (m)
crow brân/brain (f)
crowd tyrfa/-oedd (f), torf/-eydd (f)
crowded gorlawn
crown coron/-au (f); coroni (v)
cruise mordeithio, hwylio (v); mordaith/
   mordeithiau (f)
crumb briwsionyn/briwsion (m)
crust crofen/-nau (f), crwstyn/crystiau
   (m), crystyn/crystiau (m)
cry crio, llefain, WEEP wylo (v)

cucumber cwcwmeren/cwcwmerau (f)
cuckoo cog/-au (f), cwcw (f)
culture diwylliant/diwylliannau (m)
cultured diwylliedig (adj)
cup cwpan/-au (mf)
   cup of tea cwpaned o de, disgled o de
   (SW)
cupboard cwpwrdd/cypyrddau (m)
cupful cwpaned/cwpaneidiau (m),
   cwpaned/cwpaneidiau (m)
cure gwella, iacháu (v); gwellhad (m),
   iachâd (m)
curious STRANGE rhyfedd, INQUISITIVE
   chwilfrydig ((adj)
curly cyrliog (adj)
currant cwrens (pl)
   black currants cwrens duon

   red currants cwrens cochion
current cyfredol (adj); OF WATER llif (m),
   ELECTRICITY cerrynt (m)
   current affairs materion cyfoes
   current of air awel
   current money arian treigl
   current issue rhifyn cyfredol
   current account cyfrif cyfredol
curry cyri (m)
curse melltithio, rhegi (v); rheg/-feydd (f)
curtain llen/-ni (f)
curve MATHS cromlin/-iau (f), OF ROADS
   tro/-eon (m)
cushion clustog/-au (m)
custody dalfa/dalfeydd (f)
   in custody yn y ddalfa
custom FOLK ETC arfer/-ion (m), TAX
   toll/-au (f)
   folk customs arferion gwerin
customs officer swyddog tollau
customary arferol (adj)
customer cwsmer/-iaid (m)
cut torri; toriad/-au (m), ON FINGER
   cwt/cytiau (m)
   to cut off torri i ffwrdd
cycle beic/-iau (m), CIRCUIT cylchrediad/-
   au (m); beicio, seiclo (v)
cyclist beiciwr/beicwyr (m)

D

dad dad (m)
daffodil daffodil/-iau (m), cenhinen Bedr/
   cennin Pedr (f)
daily dyddiol (adj)
   daily paper papur dyddiol
dairy llaethdy/llaethdai (m)
daisy llygad y dydd/llygaid y dydd (m)
dale dyffryn/-noedd (m)
dam argae/-au (f)
damage niwed/niweidiau (m)
damp llaith (adj)
dance dawns/dawnsiau/dawnsfeydd (f);
   dawnsio (v)
dancer dawnsiwr/dawnswyr (m),
   dawnswraig/dawnswragedd (f)
Dane Daniad/Daniaid (m), Danes/-au (f)

danger perygl/-on (m)
   in danger mewn perygl
dangerous peryglus (adj)
Danish Daneg (f)
dare VENTURE mentro, meiddio (v)
dark tywyll (adj)
darken tywyllu (v)
darling anwylyd (mf)
dart dart/-iau (m)
date dyddiad/-au (m); dyddio (v)
   date of birth dyddiad geni
   what's the date today? beth yw'r
   dyddiad heddiw?
daughter merch/-ed (f)
daughter-in-law merch-yng-nghyfraith/
   merched-yng-nghyfraith (f)
dawn gwawr (f); gwawrio (v)
day dydd/-iau (m), diwrnod/-au (m)
   good day! dydd da!, MORNING bore
   da!, AFTERNOON prynhawn da!
   day before yesterday echdoe
   day after day ddydd ar ôl dydd
   from day to day o ddydd i ddydd
daybreak gwawr (f), toriad y dydd (m)
deacon diacon/-iaid (m)
dead marw (adj)
   he's dead mae e wedi marw
deaf byddar (adj)
deal delio, TREAT trin, ymdrin (v)
   to deal with delio â +A.M., ymdrin â
   +A.M.
dear LOVING, BEGINNING OF LETTER annwyl,
   EXPENSIVE drud (adj)
   dear Huw annwyl Huw
debt dyled/-ion (f)
   I'm in debt mae dyled arna i
deceit twyll (m)
deceive twyllo (v)
December Rhagfyr (m)
   in December ym mis Rhagfyr
decent gweddus (adj)
decide penderfynu (v)
   to decide to do something
   penderfynu gwneud rhywbeth
   to decide in favour of something
   penderfynu o blaid rhywbeth
   to decide against penderfynu yn
   erbyn
decision penderfyniad/-au (m)

decorate addurno (v)
decoration addurn/-iadau (m)
   Christmas decorations addurniadau
   Nadolig
decrease lleihau (v)
deed gweithred/-oedd (f)
   a good deed tro da
deep dwfn (adj)
   use ddofn *with f. nouns*
deer carw/ceirw (m)
defeat BEAT curo, trechu, gorchfygu (v);
   gorchfygiad/-au (m)
defect FAULT nam/-au (m)
defence amddiffyniad/-au (m)
defend amddiffyn (v)
define diffinio (v)
definite pendant (adj)
definition diffiniad/-au (m)
degree gradd/-au (f)
   honours degree gradd anrhydedd
   ten degrees Celsius deg gradd
   Celsius
   to obtain a degree graddio
   to some degree i raddau
delay oedi, POSTPONE gohirio (v); oediad (m)
deliberate bwriadol (adj)
delicate WEAK eiddil, FINE cain (adj)
delicious blasus (adj)
delight PLEASURE pleser/-au (m)
   I'm delighted rydw i wrth fy modd
delightful hyfryd (adj)
deliver dosbarthu (v)
demand hawlio, INSIST mynnu (v); hawl/-
   iau (f)
democracy democratiaeth (f)
Denmark Denmarc (f)
denomination enwad/-au (m)
dense trwchus (adj)
dent tolc/-iau (m); tolcio (v)
dentist deintydd/-ion (m)
deny gwadu (v)
depart ymadael (v)
   to depart from ymadael â +A.M.
department adran/-nau (f)
   the Welsh Department Adran y
   Gymraeg
   department store siop amladran
departure ymadawiad/-au (m)
depend dibynnu

It depends on me mae'n dibynnu arna i

depressed digalon (adj)

depression ECONOMIC dirwasgiad/–au (m), FEELING, LOWNESS iselder (m)

she suffers from depression mae hi'n dioddef o iselder

depth dyfnder (m)

deputy dirprwy/–on (m)

deputy head dirprwy bennaeth

descend disgyn (v)

describe disgrifio (v)

description disgrifiad/–au (m)

desert anialwch (m)

deserve haeddu (v)

design cynllun/–iau (m); PLAN cynllunio, DRAW dylunio (v)

art and design celf a dylunio

desirable PLEASANT dymunol (adj)

desire dymuniad/–au (m); dymuno (v)

desk desg/–iau (f)

despise casáu (v)

despite er gwaethaf (prep)

despite the weather er gwaethaf y tywydd

dessert pwdin/–au (m)

destroy dinistrio, distrywio (v)

destruction dinistr (m)

detail manylyn/manylion (m); manylu (v)

in detail yn fanwl

detailed manwl (adj)

detect darganfod (v)

detective ditectif/–s (m)

determine DECIDE penderfynu, ALLOCATE pennu (v)

determined penderfynol (adj)

develop datblygu (v)

development datblygiad/–au (m)

device dyfais/dyfeisiadau (m)

devise dyfeisio (v)

devil diawl/–iaid (m), diafol/–iaid (m)

go to the devil! cer i'r diawl!

devolution datganoli (m)

dew gwlith (m)

diagram diagram/–au (m)

dial deialu (v); deial/–au (m)

dialect tafodiaith/tafodieithoedd (f)

dialogue deialog/–au (f)

diamond diemwnt/–au (m)

diarrhoea dolur rhydd (m)

I have diarrhoea mae dolur rhydd arna i

diary dyddiadur/–on (m)

dice deis (m)

dictator unben/–iaid (m)

dictionary geiriadur/–on (m)

did gwnaeth (v)

die marw (v)

he has died mae e wedi marw

diet deiet (m), ymborth (m)

I'm on a diet rydw i ar ddeiet

difference gwahaniaeth/–au (m)

different gwahanol (adj)

difficult anodd, HARD caled (adj)

difficulty anhawster/anawsterau (m)

dig palu (v)

dine ciniawa, EAT bwyta (v)

dining room ystafell fwyta (f)

dinner cinio/ciniawau (m)

direct uniongyrchol (adj); DRAMA, WORK cyfarwyddo, TO SOMEWHERE cyfeirio (v)

direction cyfeiriad/–au (m)

follow the directions dilynwch y cyfarwyddiadau

director cyfarwyddwr/cyfarwyddwyr (m), cyfarwyddwraig/cyfarwyddwragedd (f)

dirt baw (m)

dirty brwnt (adj)

disabled anabl (adj)

the disabled yr anabl

disadvantage anfantais/anfanteision (f)

the disadvantaged y rhai dan anfantais

disagree anghytuno (v)

disagree with someone anghytuno â rhywun

disappear diflannu (v)

disappoint siomi (v)

disappointed siomedig (f)

I'm extremely disappointed rwy'n siomedig dros ben

disaster trychineb/–au (fm)

disc disg/–iau (fm)

compact disk cryno-ddisg

plural crynoddisgiau

disco disgo/–s (m)

discontented anfodlon (adj)

discover darganfod (v)

discovery darganfyddiad/–au (m)

discuss trafod, ymdrin â +A.M. (v)
   I discussed the matter with her
   trafodes i'r peth â hi

discussion trafodaeth/–au (f)

disease ILLNESS clefyd/–au (m), haint/
heintiau (m)

disgusting ffiaidd (adj)

dish dysgl/–au (f), llestr/–i (m)
   to wash the dishes golchi'r llestri

disheartened digalon (adj)

dishonest anonest (adj)

disinfectant diheintydd/–ion (m)

dislike HATE casáu, ddim yn hoffi (v)
   I dislike the film dydw i ddim yn
   hoffi'r ffilm

dismiss SACK FROM WORK diswyddo (v)

display arddangos (v)

disorder anhrefn (m)

dispute anghydfod/–au (m)

dissatisfied anfodlon (adj)

distance pellter/–oedd (m)
   in the distance yn y pellter
   a long distance pellter mawr

distant pell (adj)

distribute dosbarthu (v)

district rhanbarth/–au (m), AREA ardal/–
oedd (f)

disturb aflonyddu ar + S.M., INTERRUPT
torri ar draws (v)

ditch ffos/–ydd (f)

dive plymio (v); HOLE OF A PLACE twll o le (m)

divide rhannu (v)
   divide and rule rhannu a rheoli

division SPORT adran/–nau (f), SPLIT
rhaniad/–au (m)

divorce ysgariad/–au (m)

do MAKE gwneud (v)
   *when used with verbs, e.g. do you like?,
   the appropriate form of* bod *is used*
   do you want coffee? ydych chi'n
   moyn coffi?
   how do you do? sut ydych chi?
   a pound will do bydd punt yn ddigon
   to do housework gwneud gwaith tŷ

dock doc/–iau (m); SHIP cyrraedd y doc,
TREES tocio (v)

doctor meddyg/–on (m), doctor/–iaid (m)

document dogfen/–nau (f)

dog ci/cŵn (m), BITCH gast/geist (f)

dole
   on the dole ar y clwt

doll doli/doliau (f)

donate cyfrannu (v)
   to donate to cyfrannu i +S.M.
   to donate towards cyfrannu at
   +S.M.

donation cyfraniad/–au (m)

done wedi gwneud (v)
   I have done the work rydw i wedi
   gwneud y gwaith

donkey asyn/–nod (m)

don't FAMILIAR paid â +A.M., POLITE
peidiwch â +A.M.
   don't sleep! paid â chysgu!
   don't go! peidiwch â mynd!

door drws/drysau (m)
   front door drws blaen, drws ffrynt
   back door drws cefn

double dwbwl/dyblau (m); dwbwl (adj)
   double bed gwely dwbwl

doubt amheuaeth/amheuon (f); amau (v)

doubtful amheus (adj)

dough toes (m)

down i lawr, lawr (prep) (adv)
   to go down the road mynd lawr yr
   heol

downwards i lawr, tuag i lawr (adv)

dozen dwsin/–au (m)

drag llusgo (v)

dragon draig/dreigiau (f)
   the red dragon y ddraig goch

drain draen/–iau (m); draenio (v)

drama drama/dramâu (f)

dramatic dramatig (adj)

dramatist dramodydd/dramodwyr (m)

drank *form of* yfed (v)
   I drank the tea yfes i'r te

draw arlunio, PULL tynnu (v)
   to draw a picture tynnu llun

drawer drôr/drorau (m)

dream breuddwyd/–ion (mf);
breuddwydio (v)

drill dril/–iau (m)

drink diod/–ydd (f); yfed (v)
   alcoholic drink diod gadarn
   soft drink diod ysgafn
   drinking water dŵr yfed

drive gyrru (v)
driver gyrrwr/gyrwyr (m)
drop gollwng (v); diferyn/diferion (m)
   to drop in galw (ar) +S.M.
drown boddi (v)
drum drwm/drymiau (m)
drunk wedi meddwi (v)
   he's drunk mae e wedi meddwi
   to get drunk meddwi
dry sych (adj); sychu (v)
dull SILLY twp, dwl, UNPLEASANT diflas (adj)
dumb mud (adj)
during yn ystod (prep)
   during the summer yn ystod yr haf
dust llwch (m)
duster dwster/-i (m)
duty dyletswydd/-au (f)
   it's my duty mae'n ddyletswydd arna i

E

each pob (adj)
   each girl pob merch
   each one of them pob un ohonyn nhw
   each other ei gilydd
eager awyddus, KEEN brwd (adj)
eagle eryr/-od (m)
ear clust/-iau (f)
early cynnar, SOON buan (adj)
   an early reply ateb buan
   five minutes early pum munud yn gynnar
earn ennill (v)
earnings enillion (pl)
earrings clustdlws/clustdlysau (m)
earth daear/-oedd (f)
   what on earth..? beth ar y ddaear..?
earthquake daeargryn/-fâu (fm)
east dwyrain (m)
   to the east i'r dwyrain
   east of Cardiff i'r dwyrain o Gaerdydd
eastern dwyreiniol (adj)
easy hawdd, rhwydd (adj)
eat bwyta (v)
echo adlais/adleisiau (m), atsain/atseiniau (f)
economic economaidd (adj)

economical cynnil (adj)
economist economydd/economegwyr (m)
economy economi/economïau (f)
edge ymyl/-on (fm)
edible bwytadwy (adj)
edit golygu (v)
edition MAGAZINE ETC. rhifyn/-nau (m)
editor golygydd/-ion (m)
educate addysgu (v)
education addysg (f)
   adult education addysg oedolion
educational addysgiadol (adj)
eel llysywen/llyswennod (f)
effect effaith/effeithiau (f); CAUSE achosi (v)
   come into effect dod i rym
effective effeithiol (adj)
efficient effeithlon (adj)
effort ymdrech/-ion (f)
egg wy/-au (m)
   boiled egg wy wedi'i ferwi
   fried egg wy wedi'i ffrio
   scrambled egg wy wedi'i malu
   egg cup cwpan wy
Egypt yr Aifft (f)
Egyptian Eifftiwr/Eifftwyr (m), Eifftes/ -au (f), LANGUAGE Eiffteg (f)
eight wyth (num)
   + N.M. *with* blwydd, blynedd
   eight girls wyth merch, wyth o ferched
   eight years wyth mlynedd
   eight years old wyth mlwydd oed
eighteen un deg wyth, deunaw (num)
   +N.M. *with* blwydd *and* blynedd
   eighteen years old deunaw mlwydd oed, un deg wyth mlwydd oed, deunaw oed
   eighteen years deunaw mlynedd, un deg wyth o flynyddoedd
eighteenth deunawfed (ord)
   +S.M. *with f. nouns*
   the eighteenth time y deunawfed tro
   the eighteenth year y ddeunawfed flwyddyn
eighth wythfed (ord)
   +S.M. *with f. nouns*
   the eighth year yr wythfed flwyddyn
eighty wyth deg, pedwar ugain (num)
either EITHER...OR naill ai (pron), NOT AS

WELL (y)chwaith (adv)
either...or naill ai...neu
I don't know her either dydw i ddim
yn ei nabod hi chwaith
either of them un o'r ddau
elastic elastig (m) (adj)
elbow penelin/-oedd (fm)
elder hŷn (adj)
elderly oedrannus (adj)
the elderly yr henoed, yr oedrannus
eldest hynaf (adj)
elect ethol (v)
election etholiad/-au (m)
general election etholiad cyffredinol
local election etholiad lleol
elector etholwr/etholwyr (m)
electric trydanol (adj)
electric fire tân trydan
electric train trên trydan
electrician trydanwr/trydanwyr (m)
electricity trydan (m)
electronic electronig (adj)
elegant gosgeiddig (adj)
element elfen/-nau (f)
in his element wrth ei fodd
elementary elfennol (adj)
eleven un deg un, un ar ddeg (num)
eleventh unfed ar ddeg (ord)
else arall (adv)
anyone else unrhywun arall
where else? ble arall?
e-mail ebost/ebyst (m)
embarrassed AWKWARD chwithig (adj)
embarrassing chwithig (adj)
embarrassment chwithdod (m)
emergency argyfwng/argyfyngau (m)
emergency service gwasanaeth brys
emergency exit allanfa frys
emigrate ymfudo (v)
emotion emosiwn/emosiynau (m)
emphasize pwyslais/pwysleisiau (m)
empire ymerodraeth/-au (f)
employ cyflogi (v)
employer cyflogwr/cyflogwyr (m)
employment gwaith (m), cyflogaeth (f)
empty gwag (adj); gwacáu, gwagio (v)
enable galluogi (v)
enclose amgau (v)
enclosed amgaeedig (adj)

the enclosed letter y llythyr
amgaeedig
encounter cyfarfod â +A.M. (v)
encyclopaedia gwyddoniadur/-on (m)
end diwedd (m), TOP PART pen/-nau (m);
gorffen, dibennu (v)
the end of the film diwedd y ffilm
in the end yn y pen draw
to put an end to gorffen, terfynu
hours on end oriau di-ben-draw
endeavour ymrech/-ion (f);
ymdrechu (v)
ending diwedd (m)
endless diddiwedd, di-ben-draw (adj)
enemy gelyn/-ion (m)
energetic egnïol (adj)
energy egni (m), POWER ynni (m)
wind energy ynni gwynt
atomic energy ynni atomig
engaged wedi dyweddïo (v); PHONE ar
waith (adv)
she's engaged mae hi wedi
dyweddïo
to become engaged with dyweddïo â
+A.M.
engagement dyweddïad (m)
engine peiriant/peiriannau (m)
engineer peirianwr/peirianwyr (m)
engineering peirianneg (f)
England Lloegr (f)
English LANGUAGE Saesneg (f); ATTITUDE
ETC Seisnig (adj)
Englishman Sais/Saeson (m)
Englishwoman Saesnes/-au (f)
enjoy mwynhau (v)
enjoyable pleserus (adj)
enlighten goleuo (v)
enormous enfawr, anferth (adj)
enough digon (n)
enough food digon o fwyd
enough children digon o blant
enquire holi (v)
enrage gwylltio (v)
ensure sicrhau (v)
enter dod i mewn (v)
enter! dewch i mewn!
enterprise VENTURE menter/mentrau (f),
antur/-iau (fm)
entertain difyrru (v)

entertaining difyr (adj)

entertainment adloniant (m)

enthusiasm brwdfrydedd (m)

enthusiastic brwd (adj)

entire ALL holl, WHOLE cyfan (adj)

    the entire world yr holl fyd, y byd cyfan, y byd i gyd

entirely hollol (adv) +S.M.

    entirely wrong hollol anghywir

    entirely right hollol gywir

entrance WAY IN mynedfa/mynedfeydd (f), ACCESS mynediad (m)

    main entrance prif fynedfa

    entrance free mynediad am ddim

entry mynediad/-au (m)

    no entry dim mynediad

envelope amlen/-ni (f)

envious eiddigeddus (adj)

envy eiddigedd (m)

    I envy you rydw i'n eiddigeddus ohonot ti

equal MATHS ETC cyfartal, cydradd (adj)

    equal opportunity cyfle cyfartal

equality cydraddoldeb (m)

equipment offer (m)

error camsyniad/-au (m)

escape FLEE ffoi, dianc (v)

especially yn enwedig (adv)

    especially good eithriadol o dda

essay traethawd/ traethodau (m)

essential hanfodol (adj)

establish sefydlu (v)

establishment sefydliad/-au (m)

estate ystad/-au (f), stad/-au (f)

    housing estate ystad dai

estimate amcangyfrif (v); amcangyfrif/-on (m)

estuary aber/-oedd (m)

Europe Ewrop (f)

European Ewropead/Ewropeaid (mf); Ewropeaidd (adj)

    the European community y gymuned Ewropeaidd

    the European Union yr Undeb Ewropeaidd

even hyd yn oed (adv); SMOOTH llyfn, FLAT gwastad (adj)

evening noswaith/ nosweithiau (f)

    good evening noswaith dda

evening paper papur nos

    in the evening fin nos

event digwyddiad/-au (m)

eventually yn y pen draw, AT LAST o'r diwedd (adv)

every pob (adj)

    every boy pob bachgen

everybody pawb (pr)

everyday bob dydd (adj) (adv)

everyone pob un (m)

everything popeth (m)

everywhere ym mhobman (adv)

evident amlwg (adj)

evil drwg (adj); drwg/drygau (m)

exact union (adj)

exactly yn union (adv)

exaggerate gor-ddweud, gorliwio (v)

examination arholiad/-au (m)

    to sit an exam sefyll arholiad

examine arholi (v)

examiner arholwr/arholwyr (m)

example enghraifft/enghreifftiau (f)

excellent ardderchog (adj)

except heblaw, ac eithrio (prep)

exception eithriad/-au (m)

    without exception heb eithriad

exceptional eithriadol (adj)

exchange cyfnewid (v)

excite cyffroi (v)

exciting cyffrous (adj)

excuse esgus/-odion (m)

exercise ymarfer (v)

exhaust TIRE blino, EMPTY gwacáu (v)

    exhaust pipe piben wacáu

exhausted wedi blino (v)

    I'm exhausted rydw i wedi blino'n lân

exhibit arddangos (v)

exhibition arddangosfa/arddangosfeydd (f)

exist bodoli, bod (v)

exit allanfa/allanfeydd (f)

expand lledu (v)

expect disgwyl, erfyn (SW) (v)

    she's expecting mae hi'n feichiog, mae hi'n erfyn

expenses treuliau (pl)

expensive drud (adj)

experience profiad/-au (m); profi (v)

experienced profiadol (adj)

experiment arbrawf/arbrofion (m)
explain esbonio, egluro (v)
explanation esboniad/–au (m)
explode ffrwydro (v)
explosion ffrwydrad/–au (m)
export allforio (v)
exports allforion (pl)
express SAY OPINION mynegi (v); cyflym (adj)
   to express an opinion mynegi barn
   express train trên cyflym
expression mynegiant (m)
extend estyn (v)
extension estyniad/–au (m)
exterior allanol (adj)
extinguish diffodd (v)
extra ychwanegol (adj)
extraordinary arbennig (adj)
extreme eithafol (adj)
eye llygad/llygaid (fm)
eyebrow ael/–iau (f)

F

fable chwedl/–au (f)
face wyneb/–au (m); wynebu (v)
   face to face wyneb yn wyneb
facilities adnoddau (pl)
fact ffaith/ffeithiau (f)
   as a matter of fact fel mater o ffaith, a dweud y gwir
   in fact mewn gwirionedd
factor ffactor/–au (m)
factory ffatri/ffatrïoedd (f)
factual ffeithiol (adj)
faculty ABILITY gallu/–oedd (m), COLLEGE cyfadran/–nau (f)
fade LOSE COLOUR colli lliw, pylu (v)
fail methu, ffaelu (SW) (v)
   I fail to see why rydw i'n methu gweld pam
   I completely fail to see why rydw i'n methu'n lân â gweld pam
failure methiant/methiannau (m)
faint llewygu (v); PALE gwelw (adj)
   I feel faint rydw i'n teimlo'n wan
fair teg, NOT BAD gweddol, HAIR golau (adj);

ffair/ffeiriau (f)
   fair play chwarae teg
   fair hair gwallt golau
   book fair ffair lyfrau
   fair weather tywydd teg
   it's not fair! dyw hi ddim yn deg!
   fair enough! digon teg!
   a fair number cryn nifer
fairly yn deg, NOT BAD gweddol (adv)
   fairly good gweddol dda
fairness tegwch (m)
faith ffydd (f)
faithful ffyddlon (adj)
   yours faithfully yn ffyddlon
fall cwympo, syrthio, disgyn (v); cwymp (m)
   to fall out cweryla (v)
false ffug (adj)
   false teeth dannedd gosod, dannedd dodi (SW)
fame enwogrwydd (m)
familiar cyfarwydd (adj)
   to become familiar with cynefino â +A.M.
family teulu/–oedd (m)
famous enwog (adj)
fancy ffansi (m); ffansïo (v)
fantastic ffantastig (adj)
far pell (adj)
   so far hyd yn hyn
   far too much llawer gormod
   as far as I know hyd y gwn i
   the Far East y Dwyrain Pell
   far off ymhell i ffwrdd
   far better llawer gwell
fare pris tocyn/prisiau tocyn (m)
farewell ffarwél (m); ffarwelio (v)
farm fferm/–ydd (f), ffarm/ffermydd (f); ffermio (v)
   wind farm fferm wynt
   sheep farm fferm ddefaid
farmer ffermwr/ffermwyr (m)
farmhouse ffermdy/ffermdai (m)
farther pellach (adj)
farthest pellaf (adj)
fashion ffasiwn/ffasiynau (mf)
   new fashion ffasiwn newydd
fashionable ffasiynol (adj)
fast cyflym, (SW) clou (adj); NO FOOD

ympryd (m), NO FOOD ymprydio (v)
fasten clymu (v)
faster cyflymach, cynt (adj)
   to go faster cyflymu
   faster than cynt na +A.M.
fat tew (adj); braster (m)
fatal marwol (adj)
fate ffawd (f)
father tad/-au (m)
father-in-law tad-yng-nghyfraith/
tadau-yng-nghyfraith (m)
fatty brasterog (adj)
fault bai/beiau (m)
   I am at fault rydw i ar fai, mae'r bai
   arna i
favour ffafr/-au (f), cymwynas/-au (f);
ffafrio (v)
   to do (someone) a favour gwneud
   cymwynas â (rhywun) +A.M.
   to ask a favour of someone gofyn
   ffafr gan rywun
favourable ffafriol (adj)
favourite hoff (adj); ffefryn/-nau (m)
   my favourite food fy hoff fwyd
fear ofn/-au (m); ofni (v)
   I fear rydw i'n ofni, mae ofn arna i
fearful ofnus (adj)
fearless eofn (adj)
feast gwledd/-oedd (f); gwledda (v)
feat camp/-au (f)
feather pluen/plu (f)
feature nodwedd/-ion (f)
February mis Chwefror (m)
   in February ym mis Chwefror
federal ffederal (adj)
fee ffi/-oedd (m), tâl/taliadau (m)
feeble gwanllyd, egwan (adj)
feed bwydo (v); FOR ANIMALS porthiant (m)
feel teimlo (v)
feeling teimlad/-au (m)
female benywaidd (adj); menyw/-od (f)
feminine benywaidd (adj)
fence ffens/-ys (f); TO MAKE A FENCE
ffensio, WITH SWORD cleddyfa (v)
fern rhedyn (pl)
fertile ffrwythlon (adj)
festival gŵyl/gwyliau (f)
   arts festival gŵyl y celfyddydau
fetch nôl (v)

fever twymyn/-au (t), gwres (m)
   he has a high fever mae gwres uchel
   arno fe
   hay fever clefyd y gwair
few ychydig, ambell +S.M. (adj); ambell
un (m)
   few people ychydig bobl
   a few things ambell beth, ychydig
   bethau
   there are a few here mae ambell un
   yma
fewer llai (adj)
   fewer than llai na +A.M.
   fewer people llai o bobl
fiancé cariad/-on (m)
fiancée cariad/-on (f)
fiction ffuglen (f)
field cae/-au (m), maes/meysydd (m)
   playing field maes chwarae
fierce ffyrnig (adj)
fifteen un deg pump, pymtheg, pymtheng
(num)
   pymtheng +N.M. *is used before* blwydd
   and blynedd
   fifteen pence pymtheg ceiniog, un
   deg pump o geiniogau
   fifteen apples pymtheg afal, un deg
   pump o afalau
   fifteen times pymtheg gwaith,
   pymtheg o weithiau
   fifteen years old pymtheg mlwydd
   oed
fifteenth pymthegfed (ord)
   +S.M. with f. nouns
   the fifteenth girl y bymthegfed ferch
fifth pumed (ord)
   +S.M. with f. nouns
   the fifth year y bumed flwyddyn
fifty pum deg, hanner cant (num)
   fifty children hanner cant o blant
fight ymladd (v); ymladdfa/ymladdfeydd
(f)
figure ffigur/-au (m)
file ffeil/-iau (f); ffeilio (v)
   filing cabinet cwpwrdd ffeilio
fill llanw, llenwi (v)
film ffilm/-iau (f); ffilmio (v)
filthy brwnt, mochaidd (adj)
final terfynol, LAST olaf (adj)

financial ariannol (adj)
find ffeindio, dod o hyd i +S.M., DISCOVER darganfod (v)
fine WEATHER braf, DELICATE cain (adj); dirwy/-on (f); dirwyo (v)
  it's fine today mae hi'n braf heddiw
finger bys/-edd (m); byseddu (v)
finish gorffen, cwblhau, dibennu (SW), cwpla (SW) (v)
fire tân/tanau (m)
  fire alarm larwm tân
fireplace lle tân/llefydd tân (m)
firm cadarn (adj); cwmni/cwmnïau (m)
first cyntaf (adj)
  the first team y tîm cyntaf
  first aid cymorth cyntaf
  first name enw cyntaf, enw bedydd
fish pysgodyn/pysgod (m); pysgota (v)
  fish and chips pysgod a sglodion
  fishing rod gwialen bysgota
fisherman pysgotwr/pysgotwyr (m)
fist dwrn/dyrnau (m)
fit ffit (adj); ffitio (v)
fitness ffitrwydd (m)
five pump, pum (num)
  use pum before consonants and +N.M. with blwydd and blynedd; use pump before vowels
  five apples pump afal
  five boys pum bachgen
  five hundred pum cant
  five years old pum mlwydd oed, pump oed
  five years pum mlynedd
fix STICK glynu, MEND trwsio (v)
flag baner/-i (f)
flame fflam/-au (f)
flash fflachio (v); fflach/-iadau (f)
flat gwastad (adj); fflat/-iau (f)
  block of flats bloc o fflatiau
flatten gwastatáu (v)
flatter seboni (v)
flavour blas/-au (m)
flea chwannen/chwain (f)
flee ffoi (v)
flesh cnawd (m)
flexible ystwyth, hyblyg (adj)
  the working hours are flexible mae'r oriau gwaith yn hyblyg

flexibility ystwythder (m)
flight ehediad/-au, (m), hediad/-au (m), hedfaniad/-au (m)
float arnofio (v)
flock praidd/preiddiau (m); heidio (v)
  a flock of sheep praidd o ddefaid
  a flock of birds haid o adar
flood llifogydd (pl); FLOW OVER llifo dros +S.M., gorlifo (v)
floodlights llifoleuadau (pl)
floor llawr/lloriau (m)
  first floor llawr cyntaf
  second floor ail lawr
  ground floor llawr daear
  on the floor ar y llawr
flour blawd (m), can (SW) (m)
flow llif (m); llifo (v)
flower blodyn/blodau (m); blodeuo (v)
flu ffliw (m)
  I have flu mae ffliw arna i
fluent rhugl (adj)
  fluently yn rhugl (adv)
  I don't speak Welsh fluently dydw i ddim yn siarad Cymraeg yn rhugl
fluid hylif/-au (m)
flute ffliwt/-iau (f)
fly hedfan (v), pryf/-ed (m), pryfyn/pryfed (m), cleren/clêr (SW) (f)
fog niwl (m)
foggy niwlog (adj)
fold plygu (v); plyg/-ion (m)
folk gwerin/-oedd (f)
  folk museum amgueddfa werin
  folk culture diwylliant gwerin
  folk dance dawns werin
  folk song cân werin
  folk singing canu gwerin
follow dilyn (v)
following canlynol (adj)
food bwyd/-ydd (m)
  vegetarian food bwyd llysieuol
fool ffŵl/ffŵliaid (m); CHEAT twyllo (v)
foot troed/traed (f)
  foot of the mountain troed y mynydd
  to foot the bill talu'r bil
football pêl-droed (f)
  football match gêm bêl-droed
footballer pêldroediwr/pêldroedwyr (m)
footpath llwybr troed/llwybrau troed (m)

for

  1. i (prep) +S.M.
  for men i ddynion
  for me i fi
  for Wales i Gymru
  for dinner i ginio
  for breakfast i frecwast
  for tea i de
  2. WITH TIME am (prep) +S.M.
  for two hours am ddwy awr
  for a while am dipyn
  for ever am byth
  3. ON BEHALF OF dros (prep) +S.M.
  for Wales dros Gymru
  4. IN FAVOUR OF o blaid (prep)
  I'm for devolution rydw i o blaid
  datganoli
  5. BECAUSE achos, gan (conj)
  I went for it was late fe es i achos ei
  bod hi'n hwyr, fe es i gan ei bod hi'n
  hwyr
  6. at (prep) +S.M.
  a book for learning Welsh llyfr
  i ddysgu Cymraeg
  to aim for anelu at
  7. er (prep)
  for goodness' sake er mwyn popeth
  for example er enghraifft
  8. ar (prep) +S.M.
  for sale ar werth
forbid gwahardd (v)
force GROUP llu/-oedd (m), STRENGTH
  nerth/-oedd (m), VIOLENCE trais (m);
  gorfodi (v)
forecast rhagolygon (pl); proffwydo (v)
  weather forecast rhagolygon y
  tywydd
forehead talcen/-ni (m)
foreign tramor (adj)
  foreign affairs materion tramor
  foreign minister gweinidog tramor
  foreign country gwlad dramor
  foreign money arian tramor
foreigner tramorwr/tramorwyr (m)
forest fforest/-ydd (f), coedwig/-oedd (f)
forgive maddau (v)
  I have forgiven her rydw i wedi
  maddau iddi hi
fork fforc/ffyrc (f); fforchio (v)

form TO BE FILLED IN ffurflen/ ni (f), SHAPE
  ffurf/-iau (f), CLASS dosbarth/-iadau
  (m); ffurfio (v)
formal ffurfiol (adj)
former cyn +S.M., hen +S.M. (adj)
  former Mayor cyn Faer
  former Yugoslavia yr hen Iwgoslafia
formerly gynt (adv)
fortnight pythefnos (m)
  for a fortnight am bythefnos
fortress caer/caerau/ceyrydd (f)
fortune ffortiwn (f)
forty pedwar deg, deugain (num)
  + N.M. *with* blwydd *and* blynedd
  deugain mlynedd forty years
  I'm forty years old rydw i'n deugain
  oed, rydw i'n ddeugain mlwydd oed
forward ymlaen (adv); SPORT blaenwr/
  blaenwyr (m); SEND ON anfon ymlaen
  (v)
found sefydlu, wedi ffeindio (v)
  **it was he who founded the
  company** fe a sefydlodd y cwmni
  I have found the book rydw i wedi
  ffeindio'r llyfr
fountain ffynnon/ffynhonnau (f)
  fountain pen cronbin/-nau
four pedwar, pedair (num)
  use pedair *with* f. *nouns*
  four men pedwar dyn
  the four women y pedair menyw
fourteen un deg pedwar, pedwar ar ddeg,
  pedair ar ddeg (num)
  use **un deg pedair** *or* **pedair ar ddeg**
  with f. *nouns*
  fourteen houses un deg pedwar o dai,
  pedwar tŷ ar ddeg
  fourteen gardens un deg pedair
  gardd, pedair gardd ar ddeg
fourteenth pedwerydd ar ddeg, pedwaredd
  ar ddeg (ord)
  use **pedwaredd ar ddeg** +S.M. *with* f.
  nouns
  the fourteenth chapter y bedwerydd
  bennod ar ddeg
  the fourteenth day y pedwerydd
  dydd ar ddeg
fourth pedwerydd, pedwaredd (ord)
  use **pedwaredd** +S.M. *with* f. *nouns*

the fourth man y pedwerydd dyn
the fourth woman y bedwaredd fenyw
fox llwynog/–od (m), cadno/–id (SW) (m)
fragile bregus, brau (adj)
frame ffrâm/fframiau (f); fframio (v)
France Ffrainc (f)
fraud twyll (m)
free NOT CAPTIVE rhydd, NO COST rhad ac am ddim, NO COST am ddim (adj); rhyddhau (v)
   Free Wales Cymru rydd
   free drinks diodydd am ddim
   free entry mynediad am ddim
   free of charge am ddim, rhad ac am ddim
freedom rhyddid (m)
   freedom for Wales rhyddid i Gymru
freeze rhewi (v)
freezer rhewgell/–oedd (f)
French LANGUAGE Ffrangeg (f); Ffrengig (adj)
Frenchman Ffrancwr/Ffrancwyr (m)
Frenchwoman Ffrances/–au (f)
frequent mynych (adj); mynychu (v)
frequently yn aml (adv)
fresh ffres (adj)
Friday dydd Gwener/dyddiau Gwener (m)
   Friday night nos Wener
   Friday morning bore Gwener
   Friday afternoon prynhawn Gwener
   Good Friday dydd Gwener y Groglith
   Fridays dyddiau Gwener
fridge oergell/–oedd (f)
friend ffrind/–iau (m), cyfaill/cyfeillion (m)
friendly cyfeillgar (adj)
friendship cyfeillgarwch (adj)
fright ofn/–au (m), braw (m)
   I had a fright ces i fraw
frighten dychryn (v)
   I am frightened mae ofn arna i
frock ffrog/–iau (f)
frog broga/–od (m)
from o +S.M., ON GREETINGS CARDS ETC oddi wrth +S.M. (prep)
   from one o'clock o un o'r gloch
   from Huw oddi wrth Huw
   to fall from the wall cwympo oddi ar y wal

front blaen (m) (adj)
   in front of the house o flaen y tŷ
   the front seat y sedd flaen
frontier ffin/–iau (f)
frost rhew (m)
frown gwg (m); gwgu (v)
frozen wedi rhewi, rhewedig (adj)
   frozen food bwyd rhew
fruit ffrwyth/–au (m) *usually used in the plural*; ffrwytho (v)
   fruit and vegetables ffrwythau a llysiau
   I like fruit rydw i'n hoffi ffrwythau
fry ffrio (v)
   fried egg wy wedi'i ffrio
fuel tanwydd (m)
full llawn (adj)
   she's not in full possession of her faculties dyw hi ddim yn ei llawn bwyll
   full board llety â phrydau
   full back cefnwr
   full stop atalnod llawn
   full of stones llawn cerrig
fun hwyl/–iau (f)
   full of fun llawn hwyl
funeral angladd/–au (fm), cynhebrwng (NW) (m)
funny doniol (adj)
fur ffwr (m)
   fur coat cot ffwr/cotiau ffwr (f)
furnish dodrefnu (v)
   furnished room ystafell â dodrefn
furniture dodrefn (pl), celfi (SW) (pl)
further pellach (adj); ymhellach (adv); hyrwyddo (v)
   further education addysg bellach
fuss ffwdan (m)
fussy ffwdanus (adj)
future dyfodol (m)
   in future yn y dyfodol

Gaelic Gaeleg (f)

gain ennill (v)

gale storm/-ydd (f)

gallery oriel/-au (f)
   art gallery oriel gelf

game gêm/ gemau (f)
   football game gêm bêl-droed

gaol carchar/-au (m); carcharu (v)

gap bwlch/bylchau (m)

garage garej/-ys (m), modurdy/modurdai (m)

garden gardd/gerddi (f); garddio (v)
   in the garden yn yr ardd
   vegetable garden gardd lysiau

gardener garddwr/garddwyr (m)

gas nwy/-on (m)
   gas cooker ffwrn nwy

gate gât/gatiau (m), clwyd/-i (NW) (f)

gather casglu (v)
   to gather together casglu ynghyd, ymgynnull

gay hapus, hoyw, HOMOSEXUAL hoyw, gwrywgydiol (adj)

gaze syllu (v)

gear gêr/gerau (m)
   first gear gêr cyntaf
   top gear gêr uchaf

gem gem/-au (f)

gender OF WORDS cenedl (f), SEX rhyw (f)

general cyffredinol (adj); cadfridog/-ion (m)
   in general yn gyffredinol

generally yn gyffredinol (adv)

generation cenhedlaeth/cenedlaethau (f)

generous hael (adj)

gentle tyner (adj)

gentleman gŵr bonheddig/gwŷr bonheddig (m)

gents dynion (pl)

genuine dilys (adj)

geography daearyddiaeth (f)

geology daeareg (f)

germ germ/-au (m)

German LANGUAGE Almaeneg (f), Almaenwr/Almaenwyr (m), Almaenes/ Almaenesau (f); Almaenig (adj)

Germany yr Almaen (f)

get HAVE cael, FETCH nôl, WIN ennill (v)
   to get on in the world dod ymlaen yn y byd
   to get up codi
   to get angry mynd yn gas
   to get better gwella
   to get old heneiddio
   to get off the bus mynd allan o'r bws
   to get back dod yn ôl
   to get even talu'r pwyth
   to get over the flu gwella o'r ffliw

ghost ysbryd/-ion (m)

giddiness pendro (f)
   I'm giddy mae'r bendro arna i

gift anrheg/-ion (f), rhodd/-ion (f)
   Christmas gift anrheg Nadolig
   birthday gift anrheg pen blwydd

gifted dawnus (adj)
   a gifted child plentyn dawnus

gin jin (m)
   gin and tonic jin a thonic

ginger sinsir (m); coch (adj)

gipsy sipsi/-wn (m)

giraffe jiraff/-od (m)

girl merch/-ed (f), geneth/-od (NW) (f)
   a little girl merch fach
   when I was a little girl pan o'n i'n ferch fach
   girlfriend cariad/-on (f)

give rhoi, rhoddi (v)
   to give up rhoi'r gorau i +S.M., rhoi i fyny (NW), rhoi lan (SW)
   I've given up rydw i wedi rhoi lan
   I've given up smoking rydw i wedi rhoi'r gorau i smygu
   to give in rhoi i mewn +i +S.M., ildio
   I'm giving her a book rydw i'n rhoi llyfr iddi hi
   to give someone something rhoi rhywbeth i rywun

glad balch (adj)
   I'm glad that you've come rydw i'n falch eich bod chi wedi dod

gland chwarren/chwarennau (f)
   my glands are swollen mae fy chwarennau wedi chwyddo

glass gwydr (m), FOR DRINKING gwydryn/ gwydrau (m)

glasses SPECTACLES sbectol (m)

glen glyn/--noedd (m)

glide llithro (v)

glisten disgleirio (v)

global byd-eang (adj)

globe glob/--au (m), WORLD byd (m)

gloom DUSK gwyll (m), MISERY digalondid (m), diflastod (m)

gloomy digalon (adj)

glorious gogoneddus (adj)
    the weather was glorious roedd y tywydd yn ogoneddus

glory gogoniant/ gogoniannau (m)

glove maneg/menig (f)

glue glud/--ion (m); glud(i)o (v)

go mynd (v)
    to go away mynd i ffwrdd
    to go home mynd adre
    to go back mynd yn ôl, dychwelyd
    to go in mynd i mewn
    to go out mynd allan, mynd mas (SW)
    to go off MILK troi

goal gôl/goliau (m)
    to score a goal sgorio gôl

goalkeeper golwr/golwyr (m)

goat gafr/geifr (f)

god duw/--iau (m)
    to believe in God credu yn Nuw
    God is love Duw, cariad yw

godchild mab bedydd/meibion bedydd (m), merch fedydd/merched bedydd (f)

goddess duwies/--au (f)

godfather tad bedydd/tadau bedydd (m)

godmother mam fedydd/mamau fedydd (f)

gold aur (m) (adj)
    Welsh gold aur Cymru

golden aur, euraid (adj)

golf golff (m)
    a round of golf rownd o golff
    golf course cwrs golff
    golf club clwb golff

gone wedi mynd (v)
    she's gone mae hi wedi mynd

good da (adj)
    good morning bore da
    good afternoon prynhawn da
    good evening noswaith dda
    good night nos da
    good enough digon da

    good looking golygus
    good natured rhadlon
    good will ewyllys da
    good bye hwyl fawr, pob hwyl
    as good as cystal â +A.M.

goods nwyddau (pl)

goose gŵydd/gwyddau (f)

gooseberry eirin Mair (m)

gorgeous gwych (adj)

gossip clecs (pl) (SW); hel clecs (SW); hel straeon (NW), cloncian, clebran (v)

got gan +S.M., gyda +A.M. (prep)
    I've got a car mae car gen i, mae car 'da fi

govern RULE rheoli, llywodraethu (v)

government llywodraeth/--au (f)
    self-government hunanlywodraeth

graceful gosgeiddig (adj)

grade gradd/--au (f)
    to make the grade SUCCEED llwyddo, REACH THE STANDARD cyrraedd y safon

gradual graddol (adj)

graduate graddio (v); STUDENT myfyriwr graddedig/myfyrwyr graddedig (m), myfyrwraig raddedig/myfyrwragedd graddedig (f)

grain gronyn/grawn (m)

gram gram/--au (m)

grammar gramadeg/--au (mf)
    grammar school ysgol ramadeg

grammatical gramadegol (adj)

grand mawreddog (adj)

grandchild wyr/wyrion (m), wyres/--au (f)

grandfather tad-cu/tadau cu (m), taid/ teidiau (NW)

grandmother mam-gu/mamau cu (f), nain/neiniau (NW)

grandparent rhiant-cu/rhieni cu (m)

grant grant/--iau (m); ALLOW caniatáu (v), GIVE rhoi (v)

grapefruit grawnffrwyth/--au (m)

grapes grawnwin (pl)

graph graff/--iau (m)

grasp gafael, UNDERSTAND deall (v); gafael (f), UNDERSTANDING OF LANGUAGE crap (m)
    to grasp something gafael yn rhywbeth

grass glaswellt (m), porfa (f)

grate grat/–iau (m); crafu (v)

grateful diolchgar (adj)
  I'm grateful to you rydw i'n
  ddiolchgar i chi

gratis am ddim (adv)

grave bedd/–au (m); SERIOUS difrifol (adj)
  in the grave yn y bedd

gravestone carreg fedd/cerrig beddau (f)

graveyard mynwent/–ydd (f)

gravy grefi (m)

graze SHEEP EATING pori, SCRATCH crafu (v)

grease saim (m); iro (v)

greasy seimlyd (adj)

great BIG mawr, IMPORTANT pwysig, FAMOUS
  enwog (adj)

Great Britain Prydain Fawr (f)

greatly yn fawr (adv)
  it has improved greatly mae e wedi
  gwella'n fawr

Greece Groeg (f)

Greek LANGUAGE Groeg (f), MAN Groegwr/
  Groegwyr (m), WOMAN Groeges/–au (f)

green gwyrdd, BLUE/NEW glas (adj)
  the Green Party y Blaid Werdd

greengrocer groser ffrwythau a llysiau/
  groseriaid ffrwythau a llysiau (m)

greenhouse tŷ gwydr/tai gwydr (m)

greet cyfarch (v)

greetings cyfarchion (pl)
  Christmas greetings cyfarchion y
  Nadolig
  with greetings gyda chyfarchion

grey llwyd (adj)
  to become grey llwydo

grief galar (m)

grieve galaru (v)

grill gril/–iau (m); grilio (v)
  grilled fish pysgod wedi eu grilio

grim SERIOUS difrifol (adj)

grind malu (v)

grinder malwr/malwyr (m)

grip TELEVISION grip (m), gafael/–ion (f)

groan ochneidio (v); ochenaid/ocheneidiau
  (f)

grocer groser/–iaid (m)

groceries bwydydd (pl)

ground LAND tir/–oedd (m), EARTH daear
  (f); daearu (v)

ground floor llawr daear

grounds tir/–oedd (m)

group grŵp/grwpiau (m); grwpio (v)

grove BUSH llwyn/–i (m), TREES ON HILL
  gallt/gelltydd (f)
  ash grove llwyn onn

grow tyfu (v)
  to grow old mynd yn hen
  to grow up tyfu

growth tyfiant/tyfiannau (m), twf (m)

grumble grwgnach (v)

guarantee gwarant/–au (m), gwarantu (v)

guard gwarchod (v); gwarchodwr/
  gwarchodwyr (m), TRAIN gard/–iau (m)
  to guard against gwarchod rhag,
  DEFEND amddiffyn rhag

guess dyfalu (v); dyfaliad/–au (m)
  I guess (so) sbo, tebyg iawn
  Guess who came Dyfala pwy ddaeth

guest gwestai/gwesteion (m)

guest-house gwesty/gwestai (m)

guide HANDBOOK llawlyfr/–au (m),
  PERSON tywysydd/tywyswyr (m);
  tywys, DIRECT cyfarwyddo (v)

guidebook llawlyfr/–au (m)

guilty euog (adj)
  not guilty dieuog

guitar gitâr/gitarau (m)
  to play the guitar canu'r gitâr

gulf SEA culfor/–oedd (m), SEA gwlff (m),
  GAP gagendor (m)

gum GLUE glud/–ion (m), TEETH cig y
  dannedd (m)

gun dryll/–au (mf), gwn/gynnau (m)

gust chwa/–on (f)

gutter cwter/cwteri/cwterydd (f)
  in the gutter yn y gwter

Guy Fawkes Guto Ffowc
  Guy Fawkes' night
  noson Guto Ffowc

gymnasium campfa/–oedd (f)

gymnastics gymnasteg (f)

gypsy sipsi/–wn (f)
  (see **gipsy**)

H

habit arfer/–ion (m)
    a good habit arfer da
habitual CONSTANT cyson, USUAL arferol (adj)
had *form of* bod…wedi; *form of* bod…gan +S.M., *form of* bod…gyda +A.M., *form of* bod…'da (v)
    I had come roeddwn i wedi dod
    you had read FAMILIAR roeddet ti wedi darllen, POLITE roeddech chi wedi darllen
    she had gone roedd hi wedi mynd
    he had not lost doedd e ddim wedi colli
    we had never seen doedden ni erioed wedi gweld
    they had won roedden nhw wedi ennill
    I've had a party rydw i wedi cael parti
    I had a car roedd car gen i, roedd car 'da fi
    she had a cold roedd annwyd arni hi, roedd annwyd 'da hi
    he hadn't a clue doedd dim clem 'da fe
hail cesair (pl); bwrw cesair (v); hawddamor! (interj)
hair gwallt (m)
    hair brush brws gwallt
    hair cut toriad gwallt
    to cut hair torri gwallt
hairdresser trinydd gwallt
half hanner/haneri (m)
    half price hanner pris
    half way hanner ffordd
hall neuadd/–au (f), HOUSE cyntedd/–au (m)
halve haneru (v)
ham ham (m)
hammer morthwyl/–ion (m); morthwylio (v)
hand llaw/dwylo (f); GIVE rhoi, FOOTBALL llawio (v)
    at hand wrth law, gerllaw
    hand in hand law yn llaw

    second hand ail law
    to hand in rhoi i mewn
handbag bag llaw/bagiau llaw (m)
handbook llawlyfr/–au (m)
handful llond llaw (m), dyrnaid/dyrneidiau (m)
handicraft crefft/–au (m)
handkerchief hances/–i (NW) (f), neisied/–i (SW) (f)
handle dolen/dolenni/dolennau (f); trafod (v)
handsome golygus (adj)
handwriting llawysgrifen (f)
handy CONVENIENT cyfleus, hwylus, handi (adj)
hang hongian, DIE FROM crogi (v)
happen digwydd (v)
    to happen to call digwydd galw
happening digwyddiad/–au (m)
happiness hapusrwydd (m)
happy hapus (adj)
harbour harbwr (m), DOCKS porthladd/–oedd (m)
hard STONE caled, DIFFICULT anodd (adj)
    hard of hearing trwm ei glyw
hardly prin, bron dim (adv)
    there's hardly any bread left prin fod unrhyw fara ar ôl, does bron dim bara ar ôl
harm INJURY niwed (m), BAD drwg (m); niweidio (v)
    it's done us great harm mae e wedi gwneud drwg mawr i ni
    to cause harm achosi niwed
harmful niweidiol (adj)
harmless INNOCENT diniwed (adj)
harmony cytgord (m), STRICT METRE POETRY cynghanedd/cynganeddion (f)
harp telyn/–au (f)
    to play the harp canu'r delyn
harsh ROUGH garw, HARSH SOUND aflafar (adj)
harvest cynhaeaf/cynaeafau (m); cynaeafu (v)
has mae…wedi, mae…gan +S.M., mae…gyda +A.M., mae…'da +A.M. (v)
    ydy…wedi, oes…gan *etc. are used in questions*; dydy…ddim wedi *is used in*

the negative
she has gone mae hi wedi mynd
he has been here mae e wedi bod yma
has it finished? ydy e wedi gorffen?
she has not left dydy hi ddim wedi gadael, dyw hi ddim wedi gadael
he has a car mae car 'da fe
has he a sister? oes chwaer 'da fe?

haste brys (m)
I'm in great haste mae brys mawr arna i, rydw i ar frys mawr
hasten brysio (v)
hat het/–iau (f)
hate casineb (m); casáu (v)
I hate the food rydw i'n casáu'r bwyd, mae'n gas gen i'r bwyd
have OBTAIN cael, POSSESS bod...gan +S.M. bod...gyda +A.M., MUST bod rhaid i +S.M.
I have a coat mae cot gen i (NW), mae cot 'da fi (SW)
she is having a party mae hi'n cael parti
we have to go mae rhaid i ni fynd
they have no house does dim tŷ 'da nhw
we haven't got to go does dim rhaid i ni fynd
hay gwair/gweiriau (m)
to make hay lladd gwair
hay fever twymyn y gwair
hayrick tas wair (f)
haze MIST, FOG niwl (m), RISING FROM RIVER OR FIELD tarth (m), SUMMER HAZE tes (m)
he e, fe (SW), LITERARY ef, fo (NW), BIBLICAL efe (pron)
he is coming mae e'n dod
it's he who's here fe sy yma
where is he? ble mae e?
it is he fe yw e
he is a teacher athro yw e
head pen/–nau (m), SCHOOL HEAD pennaeth/penaethiaid (m); LEAD arwain, TO HEAD A BALL penio (v)
heads of the valleys blaenau'r cymoedd
headache pen tost (SW) (m),

cur pen (NW) (m)
I have a headache mae pen tost 'da fi (SW), mae gen i gur pen (NW)
heading IN PAPER pennawd/penawdau (m)
headlamp lamp flaen/lampau blaen (f)
headmaster prifathro/prifathrawon (m)
headmistress prifathrawes/–au (f)
head-phone ffôn pen/ffonau pen (m)
headquarters pencadlys/–oedd (m)
heal GET, MAKE BETTER gwella, MAKE HEALTHY iacháu (v)
health iechyd (m)
good health iechyd da
healthy iach (adj)
heap pentwr/pentyrrau (m)
hear clywed (v)
to hear a story clywed stori
to hear about something clywed am rywbeth
hearing clyw (m)
he's hard of hearing mae e'n drwm ei glyw
she's hard of hearing mae hi'n drwm ei chlyw
heart calon/–nau (f)
by heart ar gof
with all my heart â'm holl galon
hearth aelwyd/–ydd (f)
heat gwres (m), RACE rhagras/–ys (f); TO HEAT A ROOM gwresogi, TO HEAT WATER, FEEL WARMER twymo (v)
heating system system wresogi
central heating gwres canolog
heater gwresogydd/–ion (m)
heath rhos/–ydd (f)
heather grug (m)
heaven nef/–oedd (f)
good heavens!, heavens above! FAIRLY STRONG nefoedd wen! NOT SO STRONG bobol bach! (
heavenly nefolaidd (adj)
heavy trwm (adj)
the food was heavy roedd y bwyd yn drwm
Hebrew LANGUAGE Hebraeg (f); JEWISH Hebreig, Iddewig (adj)
hedge perth/–i, clawdd/cloddiau (SW) (m), gwrych/–oedd (NW) (m)
hedgehog draenog/–od (mf)

heel sawdl/sodlau (mf); sodli (v)
   from head to heel o'i gorun i'w
   sawdl, o'i chorun i'w sawdl
height OF BUILDING uchder (m), OF PERSON
   taldra (m)
   a great height uchder mawr
heir etifedd/-ion (m), etifeddes/-au (f)
helicopter hofren(n)ydd/hofrenyddion (m)
hell uffern/-au (f)
   hell! uffern!, diawl!
help help (m), AID cymorth/cymhorthion
   (m); helpu, cynorthwyo, rhoi cymorth i
   +S.M. (v)
   to help someone helpu rhywun, rhoi
   cymorth i rywun
helper cynorthwywr/cynorthwywyr (m),
   cynorthwywraig/cynorthwywragedd (f),
   helpwr/helpwyr (f)
helpful USEFUL defnyddiol (adj)
hen iâr/ieir (f)
her
   1. hi (pron)
   object of short form of verb
   I saw her gwelais i hi
   2. ei...hi (pron)
   +A.M.; *object of long form of verb*; +h *to*
   initial vowel
   I have heard her rydw i wedi ei
   chlywed hi
   I have answered her rydw i wedi ei
   hateb hi
   3. ei...hi (pron)
   +A.M.; +h *to initial vowel*
   her book ei llyfr hi
   her coat ei chot hi
   her hero ei harwr hi
hers ei hun hi (pron)
   ei hun hi yw e it's hers
herb perlysieuyn/perlysiau (m)
   plural used more often
   a herd of cattle gyr o wartheg
here yma, WHEN STRESSING PLACE fan hyn
   (adv); HERE IS, ARE dyma (v)
   here and there yma ac acw (NW),
   hwnt ac yma (SW)
   here is Siân dyma Siân
   it's here mae e fan hyn
hero arwr/arwyr (m)

heroine arwres/-au (f)
herself hi ei hun(an), ei hun(an) (pron)
   she herself came daeth hi ei hunan
   she saw herself on the screen
   gwelodd (hi) ei hunan ar y sgrin
hesitate petruso (v)
hiccup yr ig (m); igian (v)
   I've got hiccups mae'r ig arna i, mae'r
   ig 'da fi
hide cuddio (v)
   to hide something from someone
   cuddio rhywbeth rhag rhywun
hideous hyll (adj)
high uchel (adj)
   it's high time mae hi'n hen bryd
   high tide pen llanw
   high above the town yn uchel
   uwchben a dref
   as high as mor uchel â +A.M., cyn
   uched â +A.M.
higher uwch (adj)
   higher than uwch na +A.M.
highest uchaf (adj)
highway priffordd/priffyrdd (f)
hike WANDER heicio, crwydro (v); heic/-iau
   (m), taith gerdded/teithiau cerdded (f)
hill bryn/-iau (m)
   on top of the hill ar ben y bryn
hillside ochr y bryn/ochrau'r bryniau (f)
hilltop pen y bryn (m)
him
   1. fe, e, fo (NW), o (NW), BIBLICAL efe
   (pron)
   I saw him gwelais i fe, gwelais i e,
   gwelais i o
   2. ei...hi (pron)
   +S.M.; *object of long form of verb*
   I have heard him rydw i wedi ei
   glywed e
   I have answered him rydw i wedi ei
   ateb e
himself fe ei hun(an), ei hun(an) (pron)
   he's here himself fe ei hunan sy yma
   he saw himself in the paper
   gwelodd e ei hunan yn y papur
hinder rhwystro (v)
   to hinder someone from doing
   something rhwystro rhywun rhag
   gwneud rhywbeth

hinge colfach/–au (m)

hint awgrym/–iadau (m); awgrymu (v)

hip clun/–iau (f)

hire hurio, llogi (v)

hire-purchase hurbwrcas/–iadau (m)

his ei +S.M....(e(f)), ei un e (pron)
his book ei lyfr e, ei lyfr ef, ei lyfr
it's his ei un e yw e

historian hanesydd/haneswyr (m)

historic hanesyddol (adj)

history hanes (m)
the history of Wales hanes Cymru
history book llyfr hanes

hit taro, bwrw (v)
to hit the nail on the head taro'r
hoelen ar ei phen

hitchhike bodio (v)

hoarse cryg (adj)

hobby hobi/hobïau (m), INTEREST
diddordeb/–au (m)

hockey hoci (m)
a game of hockey gêm hoci

hold dal, GRASP gafael, TO HOLD A MEETING
cynnal (v)
to hold a concert cynnal cyngerdd
to hold a post dal swydd
to hold a book dal llyfr, gafael mewn
llyfr
to hold on to the book KEEP cadw'r
llyfr
to hold up the traffic rhwystro'r
traffig

hole twll/tyllau (m); tyllu (v)

holiday gŵyl/gwyliau (f)
summer holidays gwyliau'r haf
Christmas holidays gwyliau'r Nadolig
to go on holiday mynd ar wyliau
holiday camp gwersyll gwyliau

hollow EMPTY gwag (adj); VALE pant/–iau (m)

holly celynen/celyn (f)

holy sanctaidd (adj)

home cartref/–i (m)
at home gartref
to go home HOMEWARDS mynd adref
in the home yn y cartref

home-made cartref (adj)
home-made jam jam cartref

home-rule ymreolaeth (f),

hunanlywodraeth (f)

homesickness hiraeth (m)

honest onest (adj)

honey mêl (m)

honeymoon mis mêl (m)
to go on honeymoon mynd ar fis mêl

honour anrhydedd/–au (m); anrhydeddu (v)

honourable anrhydeddus (adj)

hood cwfl/cyflau (m)

hook bachyn/bachau (m); bachu (v)

hop hercian (v); herc/–iau (m)
hop, step and jump herc, cam a naid

hope gobaith/gobeithion (m); gobeithio (v)
I hope, it is hoped gobeithio

hopeful gobeithiol (adj)

horizon gorwel/–ion (m)

horizontal llorweddol (adj)

horn corn/cyrn (m)

horrible AWFUL ofnadwy, crchyll (adj)

horse ceffyl/–au (m)

horseshoe pedol/–au (f)

hospital ysbyty/ysbytai (m)
in hospital yn yr ysbyty

host gwestai/gwesteion (m)

hostel hostel/–au (m)
youth hostel hostel ieuenctid

hot poeth (adj)

hotel gwesty/gwestai (m)
to stay in a hotel aros mewn gwesty

hour awr/oriau (f)
for an hour am awr
half an hour hanner awr
quarter of an hour chwarter awr

hourly bob awr (adv)

house tŷ/tai (m)
House of Commons Tŷ'r Cyffredin
House of Lords Tŷ'r Arglwyddi

housewife gwraig tŷ/gwragedd tŷ (f)

housework gwaith tŷ (m)

how? sut? (interrog)
how are you? sut ych chi?, shwd ych
chi? (SW), FAMILIAR sut wyt ti?
I don't know how dw i ddim yn
gwybod sut
how is she coming? sut mae hi'n dod?
how far? pa mor bell?

however serch hynny, beth bynnag (adv)

hug cofliad/cofleidiau (m); cofleidio (v)

huge enfawr (adj)

human dynol (adj); bod dynol/bodau
dynol (m)
   human being bod dynol

humanity dynoliaeth (f)

humble diymhongar (adj)

humorous doniol, digrif (adj)

humour doniolwch (m), hiwmor (m)

hundred cant/cannoedd (m); can, cant (num)
use can *before noun;* +N.M. *with*
blwydd *and* blynedd
   a hundred years can mlynedd
   a hundred pounds can punt
   How many are there? A hundred
   Faint sy 'na? Cant.

hunger FAMINE newyn (m), WANT FOOD
chwant bwyd (m)

hungry chwant bwyd (m)
   I'm hungry Mae chwant bwyd arna i

hurry brysio (v); brys (m)
   in a hurry ar frys
   they're in a great hurry mae brys
   mawr arnyn nhw

hurl hyrddio (v)

hurt brifo, niweidio, INJURE anafu (v);
niwed/niweidiau (m), INJURY anaf/-
iadau (m)

husband gŵr/gwŷr (m)
   my husband fy ngŵr

hut caban/-au (m), cwt/cytiau (m)

hymn emyn/-au (m)

hypocrisy rhagrith (m)

I fi, i (pron)
   I am listening rydw i'n gwrando
   It's me fi sy 'ma
   I was here roeddwn i yma
   I saw the game gwelais i'r gêm
   I will be there bydda i yno

ice iâ (m)
   ice cream hufen iâ
   to break the ice torri'r garw

iceberg mynydd iâ/mynyddoedd iâ (m)

icy rhewllyd (adj)

idea syniad/-au (m)
   I've got an idea mae syniad 'da fi

ideal delfryd/-au (f); delfrydol (adj)

identity hunaniaeth (f)

idiom idiom/-au (f), priod-ddull/-iau (m)

idiot twpsyn/twpsod (m), ffŵl/ffyliaid (m)

idle NOT WORKING segur, LAZY diog (adj)

if
   1. os (conj)
   if it rains os yw hi'n bwrw glaw
   2. pe (conj)
   + *conditional or imperfect verb*
   if it were to rain pe byddai hi'n bwrw
   glaw
   3. a (conj) +S.M.
   indirect question
   he asked if it was raining gofynnodd
   a oedd hi'n bwrw glaw

ignorant OF FACTS anwybodus, BAD
BEHAVIOUR anfoesgar (adj)

ignore anwybyddu (v)

ill sâl, tost (SW) (adj); drwg (m)
   she's ill mae hi'n sâl, mae hi'n dost

illegal anghyfreithlon (adj)

illness salwch (m)

illuminate goleuo (v)

illustrate darlunio (v)

imaginary dychmygol (adj)

imagination dychymyg (m)

imagine dychmygu (v)

imitate dynwared (v)

immature anaeddfed (adj)

immediate DIRECT uniongyrchol, WITHOUT
HESITATING di-oed, PRESENT presennol,
CLOSE agos (adj)
   the immediate past y gorffennol agos

immediately ar unwaith (adv)

immense enfawr (adj)

immigrant mewnfudwr/mewnfudwyr (m)

immigration mewnfudiad (m)

immoral anfoesol (adj)

immorality anfoesoldeb (m)

impair amharu (v)
   to impair the work amharu ar y
   gwaith

impatient diamynedd (adj)

impede rhwystro, STOP atal (v)

imperfect amherffaith (adj)

imperial imperialaidd, ymerodrol (adj)

Imperialism imperialaeth (f)
imperialistic imperialistig, ymerodraethol (adj)
impersonal amhersonol (adj)
implement gweithredu (v); arf/-au (f)
implore erfyn, ymbil (v)
    I implore you rydw i'n erfyn arnoch chi
impolite anghwrtais (adj)
import mewnforio (v)
imports mewnforion (pl)
importance pwysigrwydd (m)
important pwysig (adj)
impossible amhosibl (adj)
impractical anymarferol (adj)
impress SHINE disgleirio, PRINT argraffu, INFLUENCE dylanwadu (v)
impression argraff/-iadau (f)
    to make an impression gwneud argraff
impressionists ART argraffiadwyr (pl)
impressive SUBSTANTIAL sylweddol, GRAND mawreddog (adj)
    it's impressive mae'n gwneud argraff
imprison carcharu (v)
improbable annhebygol (adj)
improper anaddas (adj)
improve gwella (v)
improvement gwelliant (m)
impudent haerllug (adj)
in
    1. mewn (prep)
    used for in a *with indefinite nouns or general nouns*
    in a car mewn car
    in a hurry mewn brys
    in love mewn cariad
    in a minute mewn munud
    in time mewn pryd
    in writing mewn ysgrifen
    in it goes! i mewn â fe!, i mewn â hi!
    in fact mewn gwirionedd
    2. yn, yng, ym (prep)
    used for in the *with definite nouns or names;* +N.M.; *use* yng *before* ng *and* ngh; *use* ym *before* m *and* mh
    in the car yn y car
    in Nant-y-moch yn Nant-y-moch

    in Tal-y-bont yn Nhal-y-bont
    in the headmaster's class yn nosbarth y prifathro
    in Gwent yng Ngwent
    in Cardiff yng Nghaerdydd
    in Wales yng Nghymru
    in Merthyr ym Merthyr
    in Bangor ym Mangor
    in Pwllheli ym Mhwllheli
    in general yn gyffredinol
    in particular yn enwedig
    in the meantime yn y cyfamser
    in advance o flaen llaw
    in order to er mwyn
    in spite of er gwaethaf
in- an- (pref) +N.M.
incorrect anghywir
inactive segur, OUT OF WORK di-waith (adj)
inaccurate INCORRECT anghywir (adj)
inadequate annigonol (adj)
incapable analluog (adj)
inch modfedd/-i (f)
    inch by inch fesul modfedd
incident digwyddiad/-au (m)
include cynnwys (v)
inclusive cynwysedig (adj); yn gynwysedig (adv)
income incwm/incymau (m), EARNINGS enillion (pl)
    income tax treth incwm (f)
incompetent analluog, anghymwys (adj)
incomplete anghyflawn (adj)
incomprehensible annealladwy (adj)
inconvenient anhwylus, anghyfleus (adj)
incorrect anghywir (adj)
increase cynyddu (v); cynnydd (m)
incredible anghredadwy, anhygoel (NW) (adj)
incurable anwelladwy (adj)
indecent anweddus (adj)
indeed REALLY yn wir, VERY dros ben (adv)
    very good indeed da dros ben
    indeed? wir?
indefinite amhendant (adj)
indescribable annisgrifiadwy (adj)
independence annibyniaeth (f)
independent annibynnol (adj)
India India (f)
Indian Indiad/Indiaid (mf); Indiaidd (adj)

indicate NOTE nodi, SHOW dangos, EXPRESS mynegi (v)
indigestion diffyg traul (m)
    I've got indigestion mae diffyg traul arna i
indignant dig (adj)
indirect anuniongyrchol (adj)
indistinct aneglur (adj)
individual unigolyn/unigolion (m); unigol (adj)
indoor UNDER ROOF dan do (adj) (prep)
    indoor swimming pool pwll nofio dan do
indoors yn y tŷ (adv)
    to stay indoors aros yn y tŷ
industrial diwydiannol (adj)
industry diwydiant/diwydiannau (m)
    the coal industry y diwydiant glo
    the steel industry y diwydiant dur
    industry and commerce diwydiant a masnach
industrious diwyd, BUSY prysur, ACTIVE gweithgar (adj)
ineffective aneffeithiol (adj)
inefficient aneffeithlon (adj)
inexpensive rhad (adj)
inexperienced dibrofiad (adj)
infamous cywilyddus (adj)
infant plentyn/plant (m), baban/–od (m)
    infant school ysgol fabanod
infect heintio (v)
inferior israddol (adj)
infirm gwan (adj)
inflation chwyddiant (m)
influence dylanwad/–au (m); dylanwadu (v)
    to influence someone dylanwadu ar rywun
influential dylanwadol (adj)
influenza ffliw (m)
    I've got flu mae ffliw arna i, mae ffliw 'da fi
inform hysbysu, rhoi gwybod i (v)
    I am informing you rydw i'n rhoi gwybod i chi
informal anffurfiol (adj)
information gwybodaeth (f)
infrequent anaml (adj)
ingredient cynhwysyn/cynhwysion (m)
inhabit LIVE byw, TO LIVE IN A PLACE trigo,

TO LIVE IN A BUILDING preswylio (v)
inhabitant trigolyn/trigolion (m)
inhospitable digroeso (adj)
initial cychwynnol (adj); llythyren gyntaf/ llythrennau cyntaf (f)
inject chwistrellu (v)
injection chwistrelliad/–au (m)
injure niweidio, anafu (v)
injured wedi'i anafu
    use wedi'i hanafu *with f. nouns and* wedi'u hanafu *with pl. nouns*
injury niwed/niweidiau (m)
injustice anghyfiawnder/–au (m)
ink inc/–iau (m); incio (v)
inlet cilfach/–au (f)
inn tafarn/–au (f), tafarndy/tafarndai (m)
inner mewnol (adj)
innkeeper tafarnwr/tafarnwyr (m)
innocent HARMLESS diniwed, NOT GUILTY dieuog (adj)
inquest cwest (m)
inquire holi (v)
inquiry QUESTION ymholiad/–au (m), REVIEW ymchwiliad/–au (m)
    public inquiry ymchwiliad cyhoeddus
    inquiry office swyddfa ymholiadau
insane gwallgof (adj)
insect pryfyn/pryfed (m), trychfilyn/ trychfilod (m)
insecure UNCERTAIN ansicr, NOT SAFE anniogel (adj)
insert PLACE gosod, PUT INTO...INTO, IN yn, i mewn i (v)
inside y tu mewn i +S.M. (prep); tu mewn (m); mewnol (adj); i mewn, WITHIN o fewn (adv)
    inside the house y tu mewn i'r tŷ
    come inside dewch i mewn
    the inside wall y wal fewnol
    inside half an hour o fewn hanner awr
    inside out o chwith
inside-half mewnwr/mewnwyr (m)
insignificant di-nod (adj)
insincere annidwyll (adj)
insist mynnu (v)
insistent taer (adj)
insolent haerllug (adj)
inspect SEARCH archwilio, REVIEW arolygu (v)

189

instance enghraifft/enghreifftiau (f)
  for instance er enghraifft
  in this instance yn yr achos hwn
instant SECOND eiliad/-au (f), WINK
amrantiad (m); parod (adj)
  in an instant mewn eiliad, mewn
amrantiad
  instant coffee coffi parod
instantly ar unwaith (adv)
instead yn lle, ON BEHALF OF dros +S.M.
(adv)
  instead of coming yn lle dod
  instead of Siân yn lle Siân
  I'll do it instead of you mi wna i e
drosot ti
institute TEACHING athrofa/athrofeydd (f),
INSTITUTION sefydliad/-au (m); START
cychwyn (v)
  institute of higher education athrofa
addysg uwch
institution sefydliad/-au (m)
instruct TEACH dysgu, TRAIN hyfforddi,
DIRECT cyfarwyddo (v)
instructor DIRECTOR cyfarwyddwr/
cyfarwyddwyr (m), TRAINER
hyfforddwr/hyfforddwyr (m)
instrument offeryn/-nau (m), TOOL teclyn/
taclau (m)
  musical instrument offeryn cerdd
insufficient annigonol (adj)
insulate ynysu (v)
insult sarhau (v)
insurance yswiriant/yswiriannau (m)
  National Insurance Yswiriant
Gwladol
insure yswirio (v)
intellect deall (m)
intellectual deallusol (adj)
intelligent deallus (adj)
intend bwriadu, bod am +S.M. (v)
  I intend doing it tomorrow rydw i'n
bwriadu gwneud hynny yfory, rydw i
am wneud hynny fory
intense dwys, PASSIONATE angerddol (adj)
intensive dwys (adj)
  intensive (Welsh) course cwrs dwys
(Cymraeg), Wlpan
intention bwriad/-au (m)
intentional bwriadol (adj)

interest diddordeb/ au (m), FINANCIAL llog
(m), BENEFIT budd/buddiannau (m);
diddori (v)
  for the interest of the country er
budd y wlad
  high interest rate cyfradd llog uchel
  an interest in art diddordeb mewn
celf
  an interest in the subject diddordeb
yn y pwnc
  to take an interest in SPECIFIC
ymddiddori yn +N.M,, NON-SPECIFIC
ymddiddori mewn
  I'm interested in gardening mae gen
i ddiddordeb mewn garddio
interesting diddorol (adj)
interfere ymyrryd (v)
  to interfere in something ymyrryd
yn rhywbeth
interior tu mewn (m); mewnol (adj)
interlude egwyl/-iau (f)
internal mewnol (adj)
international rhyngwladol (adj)
  an international rugby match gêm
rygbi ryngwladol
internet rhyngrwyd (m)
interpret dehongli, TRANSLATE cyfieithu (v)
interpreter TRANSLATOR cyfieithydd/
cyfieithwyr (m), SPOKESMAN
lladmerydd/-ion (m)
interrogate holi, CROSS EXAMINE croesholi (v)
interrupt torri ar draws (v)
  to interrupt the meeting torri ar
draws y cyfarfod
interval egwyl/-iau (f)
interview cyfweliad/-au (m); cyf-weld (v)
into i mewn i (prep) +S.M.
  into the car i mewn i'r car
  into battle! i'r gad!
intolerable annioddefol (adj)
intoxicated meddw (adj)
intricate cymhleth (adj)
introduce cyflwyno (v)
introduction cyflwyniad/-au (m)
invade goresgyn, ATTACK ymosod ar +S.M.
(v)
invalid PATIENT claf/cleifion (m), DISABLED
person methedig (m); NOT VALID di-rym
(adj)

invasion goresgyniad/–au (m)
invent dyfeisio (v)
invention dyfais/dyfeisiadau (f)
invest buddsoddi (v)
investigate ymchwilio i +S.M., archwilio (v)
investiture arwisgiad/–au (m)
invisible anweledig (adj)
invitation gwahoddiad/–au (m)
invite gwahodd (v)
invoice anfoneb/–au (f)
involve INCLUDE cynnwys, MEAN golygu (v)
 it involves a lot of work mae'n golygu llawer o waith
 the story involves two characters mae'r stori'n cynnwys dau gymeriad, mae'r stori'n ymwneud â dau gymeriad
inward mewnol (adj)
inwards tuag i mewn (adv)
iron haearn (m)
 cast iron haearn bwrw
 wrought iron haearn gyr
 Iron Age Oes Haearn
 iron works gwaith haearn
irony eironi (m)
irregular afreolaidd (adj)
irrelevant amherthnasol (adj)
irritate poeni (v)
is
 1. mae (v)
 used to begin sentences
 the girl is watching mae'r ferch yn edrych
 2. yw, ydy (v)
 used to ask and answer specific questions
 Is she here? Yes Ydy hi yma? Ydy
 Is Huw singing? Ydy Huw yn canu?
 used to link two nouns or names
 he is a teacher athro yw e
 Siân is a student myfyrwraig yw Siân
 3. oes *is used to ask and answer non-specific questions*
 Is there bread here? Yes Oes bara yma? Oes
 4. sy, sydd *is used after a noun, proper noun, who and what and also to replace who is, which is, that is*
 it's Mair who is here Mair sy yma
 I know the girl who is reading the

news rydw i'n nabod y ferch sy'n darllen y newyddion
who is it? pwy sy 'na?
what's on? beth sy ymlaen?
 5. mae...yn +S.M. *with nouns and adjectives*
 Daniel is blind mae Daniel yn ddall
 Daniel is a typist mae Daniel yn deipydd
island ynys/–oedd (f)
isn't dyw...ddim, dydy...ddim (NW), LITERARY STYLE nid yw, USED WITH GENERAL NOUNS does dim (v)
 Siân isn't here dyw Siân ddim yma, nid yw Siân yma
 it isn't raining dyw hi ddim yn bwrw glaw, nid yw hi'n bwrw glaw
 there isn't any milk here does dim llaeth yma
Israel Israel (f)
Israeli Israeliad/Israeliaid (mf)
issue OF MAGAZINE rhifyn/–nau (m), SUBJECT pwnc/pynciau (m); PUBLISH cyhoeddi, GIVE rhoi (v)
it
 1. MASC fe, e, FEM hi (pron)
 subject of verb; hi *is used for* it *in statements about weather, time, possibility etc;* hi *or* fe *are used according to the gender of the noun to which they refer*
 it is warm WEATHER mae hi'n dwym
 it is on the table THE BOTTLE mae hi ar y bwrdd
 it is eating the meat THE DOG mae e'n bwyta'r cig
 2. MASC fe, e, fo (NW), o (NW), FEM hi (pron)
 I saw it gwelais i fe, gwelais i e, gwelais i o, gwelais i hi
 3. ei...e, ei...hi (pron)
 +S.M; *object of long form of verb*
 I have heard it rydw i wedi ei glywed e
 I have opened it THE BOTTLE rydw i wedi ei hagor hi
Italian LANGUAGE Eidaleg (f); Eidalaidd (adj); PERSON Eidalwr/Eidalwyr (m), Eidales/–au (f)
Italy yr Eidal (f)
itch cosi, SCRATCH crafu, ysu (v)

item eitem/–au (f)

its ei…(e), ei…hi (pron)
ei +S.M. *with m. nouns*, ei +A.M. *with*
f. nouns
its food DOG ei fwyd e
its food CAT ei bwyd hi

itself (fe, hi) ei hun(an) (pron)
the film itself y ffilm ei hunan

ivy eiddew (m), iorwg (m)

J

jacket siaced/–i (f)

jail carchar/–au (m); carcharu (v)

jam jam (m); CATCH dal (v)
strawberry jam jam mefus
traffic jam tagfa draffig
the door is jammed mae'r drws wedi
glynu
I've jammed my finger in the door
rydw i wedi dal fy mis yn y drws

January Ionawr (m)
in January ym mis Ionawr

Japanese LANGUAGE Siapaneg (m), PERSON
Siapanead/Siapaneaid (mf)

jar jar/–iau (m)
jam jar pot jam

jaundice y clefyd melyn (m)

jaw CHIN gên/genau (f)

jazz jazz (m)

jealous eiddigeddus, cenfigennus (adj)

jealousy cenfigen (m), eiddigedd (m)

jeans jîns (pl)

jelly jeli (m)

jersey siwmper/–i (f)

jet jet (m)

Jew Iddew/–on (m), Iddewes/–au (f)

Jewish Iddewig (adj)

jigsaw jig-so (m)

job WORK gwaith (m), POST swyddi/–i (f),
TASK tasg/–au (f), job (f)
I've got a job mae gwaith 'da fi

jog loncian (v)

join MOVEMENT, SOCIETY, CLUB uno, ymuno
â +A.M., ymaelodi â +A.M. (v)
have you joined Plaid Cymru?
ydych chi wedi ymuno â Phlaid Cymru

juke cellwair, jocan (v); jôc/–s (f)

jolly llawen (adj)

journal cylchgrawn/cylchgronau (m)

journalist gohebydd/gohebwyr (m)

journey taith/teithiau (f); teithio (v)

joy llawenydd (m)

judge CRITICIZE, ADJUDICATE barnu,
beirniadu (v); barnwr/barnwyr (m)

jug jwg/–iau (f)

juice sudd/–oedd (m)
orange juice sudd oren
apple juice sudd afal

July Gorffennaf (m)
in July ym mis Gorffennaf

jump neidio (v); naid/neidiau (f)
high jump naid uchel
long jump naid hir
hop, step and jump herc, cam a naid

jumper siwmper/–i (f), ATHLETE neidiwr/
neidwyr (m)

junction cyffordd/cyffyrdd (f)

June Mehefin (m)
in June ym mis Mehefin

juror rheithiwr/rheithwyr (m)

jury rheithgor/–au (m)

just cyfiawn (adj); dim ond, yn unig, WITH
VERBS newydd +S.M. (adv)
just one dim ond un, un yn unig
I have just arrived rydw i newydd
gyrraedd

justice cyfiawnder (m)
Justice of the Peace Ynad Heddwch

justify cyfiawnhau (v)

juvenile person ifanc /personau ifanc (m);
ifanc (adj)

K

keen EAGER brwd, KEEN MIND craff (adj)

keep CONTINUE cadw, dal i +S.M. (v)
to keep quiet cadw'n dawel
to keep away cadw draw
to keep on dal ymlaen
to keep company cadw cwmni
to keep in with bod ar delerau da â
to keep doing something dal i
wneud rhywbeth

keep it up daliwch ati
kennel cynel (m)
kettle tegell/–au (m)
key allwedd/–i (f), agoriad/–au (NW) (m),
OF PIANO ETC bys/–edd (m), MUSIC
cyweirnod (m)
   key worker gweithiwr allweddol
kick cicio (v); cic/–iau (f)
   free kick cic rydd, cic gosb
   penalty kick FOOTBALL cic o'r smotyn,
   RUGBY cic gosb
   drop kick cic adlam
kid CHILD plentyn/plant (m), GOAT myn
gafr (m); twyllo (v)
kidney aren/–nau (f)
   kidney beans ffa dringo, cidnabêns
kill lladd (v)
kilogram kilogram/–au (m)
kilometre kilometr/–au (m)
kind caredig (adj); math (m) +S.M.
   to be kind to bod yn garedig wrth
   +S.M.
   what kind of? pa fath o? +S.M., sut?
   +S.M.
   what kind of car is it? sut gar yw e?
   what kind of thing pa fath beth
kindergarten PLAYGROUP cylch chwarae/
cylchoedd chwarae (m), NURSERY CLASS
dosbarth meithrin/dosbarthiadau
meithrin (m)
king brenin/brenhinoedd (m)
kingdom teyrnas/–oedd (f)
   the kingdom of heaven teyrnas nef
kiosk caban/–au (m)
kiss cusanu (v); cusan/–au (f)
kit taclau (pl)
kitchen cegin/–au (f)
   back kitchen cegin gefn
knee pen-lin/penliniau (f)
kneel penlinio (v)
knickers nicer/–i (f)
knife cyllell/cyllyll (f)
   pocket knife cyllell boced
   meat knife cyllell gig
   bread knife cyllell fara
knit gwau (v)
   knitted jumper siwmper wedi'i gwau
knob dwrn/dyrnau (m), HANDLE dolen/–ni/
–nau (f)

knock curo (v)
   to knock on the door curo wrth y
   drws
knot cwlwm/clymau (m); clymu (v)
know TO KNOW SOMETHING gwybod, TO
KNOW A PERSON nabod, adnabod (v)
   I don't know wn i ddim
   I know Siân rydw i'n nabod Siân
   she knows the work mae hi'n
   gwybod y gwaith
knowledge gwybodaeth (f)
knowledgeable gwybodus (adj)

L

label label/–i (f)
laboratory labordy/labordai (m)
labour llafur (m); llafurio (v)
   the Labour Party y Blaid Lafur
labourer llafurwr/llafurwyr (m), WORKER
gweithiwr/gweithwyr (m)
lace FOR SHOES carrai/careiau (f), CLOTH les
(m); TIE clymu (v)
lack diffyg/–ion (m), SCARCITY prinder (m)
   lack of food diffyg bwyd
   good will is lacking mae diffyg/
   prinder ewyllys da
lad llanc/–iau (m), crwt/cryts (SW) (m),
hogyn/hogiau (NW) (m)
ladder ysgol/–ion (f)
ladies merched (pl), WOMEN menywod (pl),
FORMAL USE boneddigesau (pl)
lady FORMAL bonddiges/–au (f), GIRL
merch/–ed (f), WOMAN menyw/–od (f)
   the lady behind the counter y ferch
   y tu ôl i'r cownter
lake llyn/–noedd (m)
   Bala lake llyn Tegid
   Llangorse lake llyn Safaddan
lakeside glan y llyn (f)
   by the lake side wrth lan y llyn
lamb oen/ŵyn (m)
   lamb's meat cig oen
lame cloff (adj); cloffi (v)
lameness cloffni (m)
lamp lamp/–au (f)

lamp-post postyn lamp/pyst lamp (m)
land tir/–oedd (m), EARTH daear (f),
COUNTRY gwlad/gwledydd (f),
COUNTRYSIDE gwlad (f)
landlady landledi (f)
landlord landlord/–iaid (m)
landscape VIEW, SCENERY golygfa/
golygfeydd (f), LAND AND PAINTINGS
tirlun/–iau (m), RELIEF tirwedd/–au (f)
lane lôn/lonydd (f)
    back lane lôn gefn
    two lanes dwy lôn
language iaith/ieithoedd (f)
    language course cwrs iaith/cyrsiau
    iaith
    Welsh Language Board Bwrdd yr
    Iaith Gymraeg
    language centre canolfan iaith/
    canolfannau iaith
    Welsh Language Act Deddf yr Iaith
    Gymraeg
    Welsh Language Society
    Cymdeithas yr Iaith Gymraeg
lantern llusern/–au (m)
lap arffed/–au (f), côl (f), OF TRACK cylch
(m)
lard bloneg (m)
large BIG mawr, BROAD eang (adj)
    as large as cymaint â +A.M.
    larger than mwy na +A.M.
    largest mwya, mwyaf
lark BIRD ehedydd (m), FUN hwyl (f)
last LAST OF ALL ola, olaf, LAST, BUT MORE TO
COME diwetha, diwethaf (adj);
CONTINUE para (v)
    at last o'r diwedd
    the last chapter y bennod olaf
    last month mis diwethaf
    last night neithiwr
lasting parhaol (adj)
late hwyr, LATE, OR MOST RECENT diweddar
(adj)
    better late than never gwell hwyr na
    hwyrach
    late (recent) history hanes diweddar
    the late Mr Evans y diweddar Mr
    Evans
lately yn ddiweddar (adv)
latest diweddaraf (adj)

    the latest news y newyddion
    diweddaraf
Latin Lladin (f)
Latin-America America Ladin (f)
latter olaf (adj)
    the latter yr olaf, yr un olaf
laugh chwerthin (v); chwarddiad/–au (m)
    to laugh at someone chwerthin am
    ben rhywun
laughable chwerthinllyd (adj)
laughter chwerthin (m)
launch lansio (v); BOAT bad modur/badau
modur, PARTY lansiad/–au (m)
lavatory tŷ bach/tai bach (m),
CONVENIENCES cyfleusterau (pl),
lle chwech/llefydd chwech (NW) (m)
law LEGAL LAW cyfraith/cyfreithiau (f), ACT
OF PARLIAMENT, LAWS OF NATURE deddf/
–au (f)
    law and order cyfraith a threfn
    law court llys barn/llysoedd barn (m)
    according to law yn unol â'r gyfraith
    Welsh Law Cyfraith Hywel
    common law cyfraith gwlad
lawful cyfreithlon (adj)
lawn lawnt/–iau (f)
lawsuit achos/–ion (m)
lawyer cyfreithiwr/cyfreithwyr (m)
lay EGGS dodwy, PUT gosod, dodi (v)
    to lay the table gosod y bwrdd
lay-by arhosfan/arosfannau (f)
lay-out cynllun/–iau (m)
lazy diog (adj)
lead arwain (v); METAL plwm (m), CORD
tennyn/tenynnau (m)
    in the lead ar y blaen
leaf deilen/dail (f), TREE deilio, TURN PAGES
troi tudalennau (v)
leak gollwng, DRIP diferu (v); gollyngiad/–
au (m)
lean pwyso (v); tenau (adj)
leap neidio (v); naid/neidiau (f)
    leap year blwyddyn naid
learn dysgu (v)
    also means **to teach**
learner dysgwr/dysgwyr (m)
least lleiaf (adj)
    at least o leiaf
    the least thing y peth lleiaf

leather lledr (m) (adj)
  leather shoes esgidiau lledr
leave TO LEAVE SOMETHING gadael, A PERSON
  LEAVING ymadael â +A.M. (v);
  PERMISSION caniatâd (m), HOLIDAYS
  gwyliau (pl)
  to leave someone to do something
  gadael i rywun wneud rhywbeth
lecture darlith/-iau (f); darlithio (v)
lecturer darlithydd/darlithwyr (m)
leek cenhinen/cennin (f)
  leek soup cawl cennin
left chwith (adj); ar ôl (adv); wedi gadael
  (v)
  left out wedi ei adael allan
  left hand llaw chwith
  how many are left? sawl un sy ar ôl?
  he has left mae e wedi ymadael
  he left the book on the table
  gadawodd e'r llyfr ar y bwrdd
leg coes/-au (f)
  leg of lamb coes oen
  first leg gêm gyntaf
legal cyfreithiol (adj)
  legal aid cymorth cyfreithiol
legible darllenadwy, CLEAR clir (adj)
legion lleng/-oedd (f)
  the British Legion y Lleng Brydeinig
leisure hamdden (adj); hamddena (v)
  leisure centre canolfan hamdden
lemon lemwn/-au (m)
  lemon juice sudd lemwn
lend benthyca, rhoi benthyg (v)
  to lend someone something rhoi
  benthyg rhywbeth i rywun
length hyd/-oedd (m)
  at length o'r diwedd
  ten lengths deg hyd
lengthen hirhau (v)
lens lens/-ys (f)
Lent Y Grawys (m)
less llai (adj)
  less than llai na +A.M.
  much less llawer llai
lessen lleihau (v)
lesson gwers/-i (f)
  Welsh lesson gwers Gymraeg
  to teach someone a lesson dysgu
  gwers i rywun

let gadael, RENT rhentu (v)
  to let someone do something gadael
  i rywun wneud rhywbeth
  let them come gadewch iddyn nhw
  ddod
  to let someone down siomi rhywun
letter llythyr/-au/-on (m)
letter-box blwch llythyrau/blychau
  llythyrau (m)
lettuce letysen/letys (f), llaethygen/
  llaethyg (f)
level lefel/-au (f); gwastad (adj); lefelu,
  gwastatáu (v)
liar celwyddgi/celwyddgwn (m)
libel enllib (m); enllibio (v)
liberal rhyddfrydol (adj); rhyddfrydwr/
  rhyddfrydwyr (m)
  the Liberal Party y Blaid Ryddfrydol
  the Liberal Democrats y
  Democratiaid Rhyddfrydol
liberty rhyddid (m)
librarian llyfrgellydd/llyfrgellwyr (m)
library llyfrgell/-oedd (f)
licence trwydded/-au (f)
  driving licence trwydded yrru
  television licence trwydded deledu
license trwyddedu (v)
lick llyfu (v)
lid clawr/cloriau (m)
lie celwydd/-au (m); ON BED gorwedd, TO
  TELL A LIE celwydda (v)
  absolute lie celwydd noeth
  to lie down gorwedd
life bywyd/-au (m)
lifetime oes (f), bywyd (m)
  in my lifetime yn ystod fy oes
lift codi (v); lifft/-iau (m)
  can you give me a lift? allwch chi roi
  lifft i fi?, allwch chi fynd â fi?
light golau/goleuadau (m), WEIGHT ysgafn,
  COLOUR golau (adj); goleuo, A FIRE
  cynnau (v)
  to light a fire cynnau tân
  a light meal pryd ysgafn
  have you got a light? oes tân 'da chi?
lighten ysgafnhau (v)
lighter taniwr/tanwyr (m)
lighthouse goleudy/goleudai (m)
lighting goleuo (m)

lightning mellten/melli (f), lluchedèn/
lluched (SW) (f)
like hoffi (v); fel (prep); tebyg (adj)
    I like to eat rydw i'n hoffi bwyta
    she is like her sister mae hi fel ei
    chwaer, mae hi'n debyg i'w chwaer
likely tebygol (adj)
    it's likely to rain mae hi'n debygol o
    lawio
likewise yn yr un modd (adv)
lilac lelog (fm)
lily lili/liliau (f)
limb aelod/-au (m), aelod o'r corff (m)
lime STONE calch (m), FRUIT leim (m)
limit ffin/-iau (f); cyfyngu (v)
    over the limit dros y ffin (alcohol)
limited cyfyngedig, SCARCE prin (adj)
    limited company cwmni cyfyngedig
limp cloffni (m); llipa (adj), cloffi (v)
line llinell/-au (f), ROW rhes/-i (f), CORD
llinyn/-nau (m), RAILWAY, PHONE lein/
-iau (f)
    half-way line llinell hanner, llinell
    ganol
    in line with yn gyson â +A.M.
    on the line ar y ffôn
    to line up sefyll mewn rhes
linen lliain (m)
liner llong deithio/llongau teithio (f)
linesman llumanwr/llumanwyr (m)
linger oedi (v)
lining leinin (m)
link cysylltu â +A.M. (v); CONNECTION
cyswllt/cysylltiadau (m), CHAIN dolen/-
ni/-nau (f)
links maes golff/meysydd golff (ger y môr)
lion llew/-od (m)
    the lion's share y rhan fwyaf
lip gwefus/-au (f)
lipstick minlliw (m)
liquid hylif/-au (m)
liquidize hylifo (v)
liquidizer hylifwr/hylifwyr (m)
liquor gwirod/-ydd (m)
list rhestr/-au/-i (f)
    waiting list rhestr aros
    wine list rhestr win
listen gwrando (v)

    to listen to something gwrando ar
    rywbeth
    to listen to the radio gwrando ar y
    radio
listener gwrandawr/gwrandawyr (m)
literal llythrennol (adj)
literary llenyddol (adj)
literature llenyddiaeth/-au (f), llên (f)
    Welsh literature llenyddiaeth
    Gymraeg
litre litr/-au (m)
litter sbwriel (m)
little bach, ychydig +S.M. (adj); ychydig
(m)
    a little girl merch fach
    a little food ychydig o fwyd, ychydig
    fwyd
    little by little bob yn dipyn, yn araf
    deg
live byw (v); byw (adj)
    live music cerddoriaeth fyw
lively bywiog (adj)
living bywoliaeth (f); byw (adj)
    living Welsh Cymraeg Byw
    to earn a living ennill bywoliaeth
living-room ystafell fyw/ystafelloedd byw
(f)
load llwytho (v); llwyth/-i (m)
loaf torth/-au (f)
    a loaf of bread torth o fara
    to loaf around LAZE diogi, LOITER
    loetran
loan benthyciad/-au (m); benthyg, rhoi
    benthyg (v)
lobby cyntedd/-au (m)
lobster cimwch/cimychod (m)
local lleol (adj)
    local call galwad leol
locality cymdogaeth/-au (f), REGION ardal/
-oedd (f)
locate lleoli (v)
location lleoliad/-au (m)
    on location ar leoliad
lock clo/-eon (m), LOCK GATE llifddor/-au
(f); cloi (v)
    under lock and key dan glo
locked ar glo (adj)
lodge llety/lletyau (m); lletya (v)
lodger lletywr/lletywyr (m)

lodging llety/lletyau (m)

loft llofft/-ydd (m), ATTIC taflod/-ydd (f)

log boncyff/-ion (m)
   log book llyfr cofnodion

logic rhesymeg (f)

lonely unig (adj)
   the lonely boy y bachgen unig
   should not be confused with
   the only boy yr unig fachgen

long hir, maith (adj); hiraethu (v)
   to long for something hiraethu am rywbeth
   long ago, a long time ago amser maith yn ôl
   all day long trwy gydol y dydd
   in the long run yn y pen draw
   as long as cyhyd â +A.M.

long-winded hirwyntog (adj)

longer hirach, hwy (adj)
   longer than hirach na +A.M., hwy na +A.M.

longest hiraf, hwyaf (adj)

longing hiraeth (m)

look edrych (v); golwg/golygon (fm)
   to look at edrych ar +S.M.
   to look at television edrych ar y teledu
   to look for edrych am +S.M.
   to look forward to edrych ymlaen at +S.M.
   to look up something edrych am rywbeth
   to look after gofalu am +S.M., gwarchod, edrych ar ôl

loose FREE rhydd, CLOTHES llac (adj)

loosen rhyddhau, UNTIE datod (v)

lord arglwydd/-i (m)
   House of Lords Tŷ'r Arglwyddi

lorry lorri/lorïau (f)

lose colli (v)

loser collwr/collwyr (m)

loss colled/-ion (f)

lost ar goll (adv)
   I'm lost rydw i ar goll

lot llawer (m), FATE tynged (f)
   a lot of food llawer o fwyd

lotion OINTMENT eli/eliau (m), CREAM hufen (m)

lottery loteri (m)
   national lottery loteri cenedlaethol

loud uchel (adj)

   a loud noise swn uchel

loud-speaker uchelseinydd/-ion (m)

lounge lolfa/lolfeydd (f); lolian (v)

love cariad (m), serch (m); caru (v)
   I love you rydw i'n dy garu di
   I love ice cream rydw i'n hoff iawn o hufen iâ
   love letter llythyr caru
   love story stori garu
   with love gyda chariad
   with lots of love gyda llawer o gariad

lover cariad/-on (m)

lovely hyfryd, FINE braf, BEAUTIFUL prydferth (adj)

loving cariadus (m)
   with loving memories gyda chofion cariadus

low isel (adj); COWS brefu (v)

lower is (adj); gostwng, LET GO gollwng (v)
   lower than na +A.M.
   to lower the price gostwng y pris
   the lower of the two yr isaf o'r ddau

lowest isaf (adj)

loyal teyrngar (adj)

Loyalist Teyrngarwr/Teyrngarwyr (m)

loyalty teyrngarwch (m)

lubricate iro (v)

luck lwc (f), ffawd/ffodion (f)
   good luck lwc dda, pob lwc

lucky lwcus (adj)

luggage bagiau (pl)

lukewarm claear, UNCONCERNED difater (adj)

lump lwmpyn/lympiau (m), COAL cnepyn/cnapiau (m)

lunatic lloerig, MAD gwallgof (adj); gwallgofddyn/gwallgofiaid (m)

lunch cinio/ciniawau (m); ciniawa (v)
   for lunch i ginio

lung ysgyfaint (pl)

lust PASSION nwyd (m); COVETOUSNESS trachwant (m)

luxurious moethus (adj)

luxury moeth (m)

lying UNTRUTHFUL celwyddog (adj); PROSTRATE yn gorwedd (v)

lyric telyneg/-ion (f)

M

M.P. A.S.
machine peiriant/peiriannau (m); peiriannu (v)
machinery peiriannau (pl)
mackerel macrell/mecryll (fm)
mackintosh cot law/cotiau glaw (f), côt law/cotiau glaw (f)
mad gwallgof (adj)
madam madam (f)
  dear madam annwyl fadam
madden gwylltio (v)
made gwnaed, gwnaethpwyd (v)
  made in Wales gwnaed yng Nghymru
madman gwallgofddyn/gwallgofiaid (m)
magazine cylchgrawn/cylchgronau (m)
magic hud (m)
magical hudol, ENCHANTING cyfareddol (adj)
magician dewin/–iaid (m)
magistrate ynad/–on (m)
  magistrates' court llys ynadon
magnet magned/–au (m)
magnetic magnetig (adj)
magnificent gwych, gogoneddus (adj)
magpie pioden/piod (f)
maid morwyn/morynion (f)
maiden morwyn/morynion (f)
  maiden over pelawd ddi-sgôr
  maiden name enw morwynol
mail post (m); postio (v)
  royal mail post brenhinol
  by mail gyda'r post
main prif (adj)
  main road priffordd
  mains CABLE prif gebl, PIPE prif bibell
  main street heol fawr
  main line prif lein
  in the main gan mwyaf
mainland tir mawr (m)
mainly yn bennaf (adv)
maintain cynnal, ASSERT haeru (v)
maintenance cynhaliaeth (f)
majesty mawrhydi (m)
  your majesty eich mawrhydi

major MAIN prif, BIG mawr, SERIOUS difrifol (adj); uwchgapten/–iaid (m)
  major disaster trychineb ddifrifol
  the major problem y brif broblem
majority mwyafrif/–au/–oedd (m)
  the majority of people y mwyafrif o bobl, y rhan fwyaf o bobl
make gwneud, CAUSE peri (v); gwneuthuriad/–au (m)
  to make a noise cadw sŵn
  to make someone do something peri i rywun wneud rhywbeth
  to make love caru
  to make ends meet dod â dau ben llinyn ynghyd
make-up colur/–on (m); coluro (v)
male gwryw/–od (m); gwryw, gwrywaidd (adj)
malicious maleisus (adj)
mallet gordd/gyrdd (f)
man dyn/–ion (m), MAN, HUSBAND gŵr/gwŷr (m)
manage RULE rheoli, ARRANGE trefnu, SUCCEED llwyddo, COPE ymdopi (v)
  manager rheolwr/rheolwyr (m)
  general manager rheolwr cyffredinol
mankind dynoliaeth (f)
manger preseb (m)
manly gwrol (adj)
manner dull/–iau (m)
manners moddygiad (m)
  he has good manners mae e'n ymddwyn yn dda
manor maenordy/maenordai (m), maenor/–au (f)
mansion plas/–au (m), plasty/plastai (m)
manslaughter dynladdiad (m)
mantelpiece silff ben tân/silffoedd pen tân (f)
mantle mantell/mentyll (f)
manual llawlyfr/–au (m); â llaw (adj) (adv)
manufacture PRODUCE cynhyrchu, MAKE gwneud (v)
  manufacturer gwneuthurwr/gwneuthurwyr (m)
manuscript llawysgrif/–au (m)
many llawer (m)
  many girls llawer o ferched
  how many boys? sawl bachgen?

map 198

how many? sawl un?, faint?

as many as cymaint â +A.M.

many times sawl gwaith

map map/–iau (m); mapio (v)

maple masarnen/masarn (f)

marble STONE marmor (m), GAME marblen/ marblys (f)

march ymdeithio (v); WALK ymdaith/ ymdeithiau (f), SONG ymdeithgan/ ymdeithganiadau (f)

the Marches y Gororau, y Mers

March Mawrth (m)

in March ym mis Mawrth

mare caseg/cesyg (f)

margarine margarîn (f)

margin ymyl/–on (fm)

mariner morwr/morwyr (m)

maritime morol (adj)

maritime museum amgueddfa fôr

mark MARK, CORRECT marcio, NOTE nodi (v); marc/–iau (m), nod/–au (m)

market marchnad/–oedd (f); marchnata (v)

marmalade marmalêd (m)

marriage priodas/–au (f)

marriage feast gwledd briodas, neithior

marry priodi, priodi â +A.M. (v)

married couple pâr priod

Mars Mawrth (m)

marsh cors/–ydd (f)

martyr merthyr/–on (m)

marvel rhyfeddu at +S.M. (v); rhyfeddod/ –au (m)

marvellous EXCELLENT ardderchog, rhyfeddol (adj)

masculine gwrywaidd (adj)

mass CROWD torf/–ydd (f), SCIENTIFIC màs (m), LUMP talp/–au (m)

the masses y bobl gyffredin, y werin

massive enfawr, anferth (adj)

mass-produce masgynhyrchu (v)

master TEACHER athro/athrawon (m), EXPERT meistr/–i (m)

mat mat/–iau (m)

match GAME gêm/–au (f), TO LIGHT FIRE matsen/matsys (f); CORRESPOND cyfateb i +S.M. (v)

to match something cyfateb i +S.M.

they match each other maen nhw'n siwtio'i gilydd

match-box blwch matsys/blychau matsys (m)

material defnydd/–iau (m); materol (adj)

maternity mamolaeth (f)

maternity leave seibiant mamolaeth

mathematics mathemateg (f)

matron metron/–au (f)

matter mater/–ion (m), MATERIAL defnydd/ –iau (m), SUBJECT pwnc/pynciau (m), TOPIC testun/–au (m); BE OF IMPORTANCE bod o bwys (v)

what's the matter? beth sy'n bod?

it doesn't matter does dim ots

mattress matras/matresi (fm)

mature TO BE ABLE, aeddfed (adj); aeddfedu (v)

may TO BE ABLE, gallu, TO BE ALLOWED cael, PERHAPS IT WILL efallai y bydd…(v)

I may ca i

you may FAMILIAR cei di, POLITE cewch chi

he/she/it may caiff e/hi

we may cawn ni

they may cân nhw

it may rain efallai y bydd hi'n bwrw glaw

may I come? yes ga i ddod? cewch

may I have a drink? ga i ddiod?

May Mai (m)

in May ym mis Mai

May day calan Mai

maybe efallai (adv)

mayor maer/meiri (m)

mayoress maeres/–au (f)

me
1. fi, i (pron)
object of short form of verb
he saw me gwelodd e fi
2. fy +N.M…i (pron)
+S.M; *object of long form of verb*
he sees me mae e'n fy ngweld i
3. minnau (pron)
me too a minnau

mead medd (m)

meadow dôl/dolydd (f), gwaun/gweunydd (f)

meal pryd/–au (m), pryd o fwyd/prydau o

fwyd (m), FLOUR blawd (m)
main meal prif bryd
mean MISERLY cybyddlyd, AVERAGE
cymedrig (adj); INTEND golygu, bwriadu
(v)
  what does it mean beth mae e'n (ei)
olygu?
  does she mean to come? ydy hi'n
bwriadu dod?
meaning ystyr/–on (f)
meaningful ystyrlon (adj)
means modd (m)
  by all means ar bob cyfri, wrth gwrs
  by no means dim o gwbl
  after negative verb use ddim o gwbl
meantime cyfamser (m)
  in the meantime yn y cyfamser
measles y frech goch (f)
measure mesur (v)
meat cig/–oedd (m)
mechanic peiriannydd/peirianwyr (m)
mechanical peiriannol, mecanyddol (adj)
mechanics mecaneg (f)
medal medal/–au (f)
  gold medal medal aur
  silver medal medal arian
  bronze medal medal efydd
medieval canoloesol (adj)
  medieval times oesoedd canol
medical meddygol (adj); swyddog
meddygol/swyddogion meddygol (m)
medicine TO BE TAKEN moddion (pl),
SUBJECT meddygaeth (f)
Mediterranean Sea Y Môr Canoldir (m)
medium AVERAGE canolig, MIDDLE canol
(adj)
meet cwrdd â +A.M., cyfarfod â +A.M.
(v)
  to meet a friend cwrdd â chyfaill,
cwrdd â ffrind
meeting cyfarfod/–ydd (m), RELIGIOUS
cwrdd/cyrddau (m)
melody alaw/–on (f)
melon melon/–au (m)
melt toddi, SNOW dadlaith (v)
member aelod/–au (m)
  (some) members of the team
aelodau o'r tîm
  the members of the team aelodau'r

tîm
  Member of Parliament (MP) Aelod
Seneddol (AS)
memorable cofiadwy (adj)
memorial cofeb/–au (f); coffa (adj)
  memorial stone carreg goffa
memorize dysgu ar gof (v)
memory cof/–ion (m)
  **a nation without memory, a nation
without heart** cenedl heb gof, cenedl
heb galon
  in memory of er cof am +S.M.
men dynion (pl)
mend trwsio (v)
mental meddyliol (adj)
  mental health iechyd meddwl
mention sôn am +S.M. (v)
  to mention something sôn am
rhywbeth
  don't mention it peidiwch â sôn,
croeso (WELCOME)
menu bwydlen/–ni (f)
merchant masnachwr/masnachwyr (m)
  merchant navy llynges masnach
merry llawen (adj)
  Merry Christmas Nadolig Llawen
mess llanast (m), REFECTORY ffreutur/–
iau (m)
message neges/–euon (f)
  to send a message anfon neges
  good-will message neges ewyllys da
Messiah Meseia (m)
metal metel/–au (m)
meter mesurydd/–ion (m); mesur (v)
method dull/–iau (m)
methodical trefnus (adj)
Methodist Methodist/–iaid (m)
metre metr/–au (m)
  hundred metres can metr
Mexico Mecsico, Mexico (f)
microphone meicroffôn/meicroffonau (m)
mid canol (adj) (m)
  Mid Wales Canolbarth Cymru
  mid term canol tymor
midday canol dydd (m)
middle canol (m)
  in the middle of ynghanol, yng
nghanol
  in the middle of the forest ynghanol

y goedwig
in the middle (centre) of the town
yng nghanol y dref
middle class dosbarth canol
midnight canol nos (m)
midsummer canol haf (m)
midsummer day Gŵyl Ifan
midway hanner ffordd (m)
midwife bydwraig/bydwragedd (f)
might PERHAPS efallai (adv); STRENGTH
nerth/-oedd (m), FORCE grym/-oedd
(m)
I might come efallai y dof
mighty STRONG nerthol, FIRM cadarn (adj)
migrate mudo (v)
mild mwyn, GENTLE tyner (adj)
mild weather tywydd mwyn
mild cheese caws gwan
mildew llwydni (m)
mile milltir/-oedd (f)
hundred miles can milltir
milestone carreg filltir/cerrig milltir (f)
militant milwriaethus (adj)
military milwrol (adj)
milk llaeth (m), llefrith (NW) (m)
milkman dyn llaeth/dynion llaeth (m)
Milky Way Llwybr Llaethog (m), Caer
Arianrhod (f)
mill melin/-au (f)
water mill melin ddŵr
steel mill melin ddŵr
millennium mileniwm (m)
million miliwn/miliynau (f)
millionaire miliwnydd, miliynydd/
miliynyddion (m)
mince malu (v); briwgig (m)
mind meddwl/meddyliau (m), OPINION
barn/-au (f), MEMORY cof/-ion (m);
LOOK AFTER gofalu am +S.M., CARE
hidio (v)
in my mind yn fy marn i
I don't mind does dim ots 'da fi
mine pwll/pyllau (m), EXPLOSIVE ffrwydryn/
ffrwydron (m); mwyngloddio (v); fy un
i (pron)
coal mine pwll glo
it's mine fy un i yw e
miner glöwr/glowyr (m)
mineral mwyn/-au (m)

mineral water dŵr mwynol
minimum minimwm (m)
mining mwyngloddio (m)
minister gweinidog/-ion (m)
Minister of State Gweinidog Gwladol
ministry RELIGIOUS gweinidogaeth/-au (f),
POLITICAL gweinyddiaeth/-au (f)
minor SMALL lleiaf, bach (adj); YOUNG
PERSON person o dan oedran (m)
minor key cywair lleiaf, cywair lleddf
minority lleiafrif/-oedd (m)
mint HERB mintys (m), MONEY bathdy/
bathdai (m); bathu (v)
minus minws/minysau (m)
minute TIME munud/-au (f) in S.W., (m)
in N.W.), OF MEETINGS cofnod/-ion
(m); VERY SMALL bach iawn (adj)
the minutes of the meeting
cofnodion y cyfarfod
miracle gwyrth/-iau (f)
miraculous gwyrthiol (adj)
mirror drych/-au (m)
misbehave camymddwyn (v)
miscellaneous amrywiol (adj)
mischief drygioni (m), HARM niwed (m)
mischievous drygionus (adj)
miser cybydd/-ion (m)
miserable diflas, UNHAPPY anhapus (adj)
to feel miserable teimlo'n ddiflas
he's miserable mae e mewn hwyliau
drwg
misery diflastod (m), PITY, WRETCHEDNESS
trueni (m)
miserly cybyddlyd (adj)
misfortune anffawd/anffodion (f)
mishap damwain/damweiniau (f)
mislay LOSE colli (v)
mislead camarwain (v)
misleading camarweiniol (adj)
miss FAIL methu, LOSE colli (v); IN LETTERS
Miss (f), NAME TITLE bones/-au (f)
Dear Miss Jones Annwyl Miss Jones
to miss the bus colli'r bws
missing coll (adj)
mist niwl/-oedd (m), niwlen (f), VAPOUR
tarth/-au (m)
mistake camsyniad/-au (m),
camgymeriad/-au (m)
to make a mistake gwneud

camsyniad

mister LETTERS Mr (m), IN NAME TITLES bonwr/bonwyr (m)

mistress meistres/–au (f), TEACHER athrawes/–au (f), IN LETTERS Mrs (f)

misty niwlog (adj)

misunderstand camddeall (v)

misuse camddefnyddio (v)
   to misuse drugs camddefnyddio cyffuriau

mix cymysgu (v); cymysgedd/–au (m)

mixed cymysg (adj)
   mixed up cymysglyd, wedi drysu
   I'm mixed up rydw i wedi drysu

mixer cymysgydd/cymysgwyr (m)

mixture cymysgedd/–au (m), MIX-UP cymysgfa/cymysgfeydd (f)

moan COMPLAIN cwyno, GROAN ochneidio (v)

mock gwawdio, gwatwar (v); ffug (adj)
   mock examination ffug arholiad

moderate cymedrol (adj)

modern modern (adj)

modest diymhongar, SHY gwylaidd (adj)

modify CHANGE newid, ADAPT addasu (v)

moist WET gwlyb, DAMP llaith (adj)

moisten gwlychu (v)

moisture gwlybaniaeth (m), lleithder (m)

moment SECOND eiliad/–au (f), moment/–au (f)
   the great moment yr eiliad fawr

monarch brenin/brenhinoedd (m)

monastery mynachlog/–ydd (f)

Monday dydd Llun/dyddiau Llun (m)
   Monday morning bore Llun
   Monday afternoon prynhawn Llun
   Monday night nos Lun
   he's coming on Monday mae e'n dod ddydd Llun
   on Mondays ar ddydd Llun

money arian (m)

monk mynach/–od (m)

monkey mwnci/mwnciod (m)

monoglot uniaith (adj)

monopoly monopoli/monopolïau (m)

monotonous undonog (adj)

monster anghenfil/–od (m)

month mis/–oedd (m)

monthly misol (adj)

monument MEMORIAL COLUMN cofgolofn/–

au (f), cofadail/cofadeiliau (f)

mood tymer/tymherau (f), hwyl/–iau (f)
   in a good mood mewn hwyliau da
   in a bad mood mewn hwyliau drwg

moon lleuad/–au (f)
   full moon lleuad lawn

moor rhos/–ydd (f), gwaun/gweunydd (f)

moral moesol (adj)

morals moesau (pl)

more rhagor (m); mwy (adj)
   more work rhagor o waith, mwy o waith
   more and more difficult mwyfwy anodd
   once more unwaith eto
   the more...the more po fwyaf...mwyaf

morning bore/–au (m)
   good morning bore da
   in the morning yn y bore
   yesterday morning bore ddoe
   tomorrow morning bore yfory
   coffee morning bore coffi

mortgage morgais/morgeisiau (m); morgeisio (v)

Moslem Moslemiad/–iaid (m)

moss mwsogl/–au (m), mwswgl (m)

most mwyaf (adv); mwyaf (adj); y rhan fwyaf (f)
   most beautiful mwyaf prydferth
   most of the work y rhan fwyaf o'r gwaith
   most of the girls y rhan fwyaf o'r merched

mostly gan mwyaf, MOST OFTEN gan amlaf (adv)

moth gwyfyn/–nod (m)

mother mam/–au (f)
   mother tongue mamiaith
   mother country mamwlad

mother-in-law mam-yng-nghyfraith/mamau-yng-nghyfraith (f)

motion IN CONFERENCE cynnig/cynigion (m), MOVEMENT symudiad/–au (m); GIVE A SIGN rhoi arwydd (v)

motor modur/–on (m)
   motor car car modur

motorway traffordd/traffyrdd (f)

M

motorcycle beic modur/beiciau modur (m)

motoring moduro (m)

motorist modurwr/modurwyr (m)

mound twmpath/–au (m)

mount HILL bryn/–iau (m), MOUNTAIN
mynydd/–oedd (m), HORSE ceffyl/–au
(m); CLIMB dringo, GO UP esgyn,
PUT gosod (v)

    to mount a horse mynd ar gefn geffyl

mountain mynydd/–oedd (m)

    mountain range cadwyn o fynyddoedd

mountaineering mynydda (v)

mountainous mynyddig (adj)

mourn galaru (v)

mouse llygoden/llygod (f)

moustache mwstas (m)

mouth ceg/–au (f)

    mouth of river aber

movable symudol (adj)

move symud (v)

movement symudiad/–au (m)

movie ffilm/–iau (f)

moving PLACE symudol, EXCITING cyffrous,
EMOTIONAL emosiynol (adj)

mow torri gwair, lladd gwair (v)

    to mow the lawn torri'r lawnt

mower torrwr gwair/torwyr gwair (m)

much llawer (m); llawer, mawr (adj)

    much more llawer mwy

    how much? faint?

    how much is it? faint yw e?

    too much gormod

    too much bread gormod o fara

    as much as cymaint â +A.M.

mud llaid (m), mwd (m)

muddle dryswch (m), penbleth (m); drysu,
gwneud cawl (v)

mug CUP cwpan/–au (fm), mwg/mygiau (m)

mule mul/–od (m)

multiply lluosi (v)

    to multiply by lluosi â +A.M.

mumps y dwymyn doben (f)

munch cnoi (v)

murder llofruddiaeth/–au (f); llofruddio (v)

    to commit a murder cyflawni
llofruddiaeth

murderer llofrudd/–ion (m)

murmur murmur/–on (m); murmur (v)

muscle cyhyr/–au (m)

muse awen (f)

museum amgueddfa/amgueddfeydd (f)

    Museum of Welsh Life Amgueddfa
Werin Cymru

    National Museum of Wales
Amgueddfa Genedlaethol Cymru

music cerddoriaeth (f)

    rock music cerddoriaeth roc, canu roc

    pop music cerddoriaeth bop,
cerddoriaeth boblogaidd

    folk music canu gwerin

    country and western music canu
gwlad

musician cerddor/–ion (m)

must mae rhaid i . . . (v)

    I must mae rhaid i fi + S.M.

    you must FAMILIAR mae rhaid i ti,
POLITE mae rhaid i chi

    he/it must mae rhaid iddo fe

    she must mae rhaid iddi hi

    we must mae rhaid i ni

    they must mae rhaid iddyn nhw

    she must go mae rhaid iddi hi fynd

    we must leave mae rhaid i ni adael

    must you go? oes rhaid i chi fynd?

    he mustn't drink rhaid iddo fe beidio
yfed

mustard mwstard (m)

mutton cig oen (m)

my fy +N.M…i., 'm (pron)

    'm *used after* a, â, i, o, fe

    my coat fy nghot (i)

    and my father a'm tad

    my father fy nhad, 'nhad

myself fi fy hun(an) (pron)

mysterious dirgel (adj)

mystery dirgelwch (m)

    deep mystery dirgelwch mawr

myth chwedl/–au (f), myth/–au (m)

nail METAL hoelen/hoelion (f), FINGER ewin/
–edd (fm); hoelio (v)

naked noeth, porcyn (S.W) (adj)

    stark naked noethlymun

name enw/–au (m); enwi (v)
  Christian name enw bedydd
  surname cyfenw
namely sef (adv)
nappy cewyn/–nau (m)
narrow cul (adj); culhau (v)
nasty cas (adj)
nation cenedl/cenhedloedd (m)
national cenedlaethol (adj)
  Welsh national party Plaid Cymru
  national anthem anthem
  genedlaethol
  national dress gwisg genedlaethol
  national park parc cenedlaethol
nationalism cenedlaetholdeb (m)
nationalist cenedlaetholwr/
  cenedlaetholwyr (m)
nationality cenedligrwydd (m)
native brodor/–ion (m); brodorol (adj)
  native country mamwlad
  native language mamiaith
  native place HABITAT cynefin
natural naturiol (adj)
nature natur (f)
  nature reserve gwarchodfa natur
naught dim (m)
naughty drygionus, PLAYFUL direidus, BAD
  drwg (adj)
  naughty boy bachgen drwg
nausea cyfog (m)
navy llynges/–au (m)
near agos, NEARBY cyfagos (adj); yn agos at
  + S.M., yn ymyl (prep); agosáu (v)
  near the house yn agos at y tŷ
nearby gerllaw (adv); cyfagos (adj)
nearer nes, agosach (v)
  nearer than nes na + S.M., agosach
  na +A.M.
nearest agosaf (adj)
nearly bron (adv)
  it's nearly eight mae hi bron yn
  wyth
  we are nearly there rydyn ni bron
  yno
neat taclus (adj)
neatly yn daclus (adv)
neatness taclusrwydd (m)
necessary angenrheidiol (adj)
  it's necessary to go mae rhaid mynd

necessity anghenraid/angenrheidiau (m),
  NEED angen/anghenion (m)
neck gwddf/gyddfau (m); LOVE caru (v)
  neck and neck ochr yn ochr
necklace mwclis (pl)
need angen/anghenion (m); bod
  angen…at +S.M. (v)
  I need something mae angen
  rhywbeth arna i
  I don't need the book does dim
  angen y llyfr arna i
  I don't need it does mo'i angen e
  arna i
  I am in need rydw i mewn angen
  children in need plant mewn angen
needle nodwydd/–au (f)
  knitting needle gwaell/gweill
negative negyddol (adj)
neglect esgeuluso (v); esgeulustod (m)
negotiate DISCUSS trafod (v)
Negro Negro/–aid (m)
neighbour cymydog/cymdogion (m)
neighbourhood cymdogaeth/–au (f)
neighbouring cyfagos (adj)
neighbourly cymdogol (adj)
neither…nor na…na (adj) (adv), nac…nac
  (conj)
  na +A.M.; nac *is used before vowels*
  neither dog nor cat na chi na chath
  neither here nor there nac yma nac acw
  neither this one nor that one nid y
  naill na'r llall
nephew nai/neiaint (m)
nerve nerf/–au (m)
nervous nerfus (adj)
nest nyth/–od (fm); nythu (v)
net rhwyd/rhwydau/rhwydi (f); rhwydo
  (v); PROFIT clir (adj)
  the Net y Rhyngrwyd
  net profit elw clir
net-ball pêl-rwyd (f)
nettle danadl poethion (pl)
network rhwydwaith/rhwydweithiau (m)
neuter di-ryw (adj)
neutral niwtral (adj)
never (ni/nid…) byth, (ni/nid…) erioed
  (adv)
  erioed *is only used in past tense*
  I have never seen it dydw i erioed

N

wedi ei weld e, nid ydw i erioed wedi ei
weld
she never drinks dyw hi byth yn
yfed, nid yw hi byth yn yfed
she would never do such a thing
(ni) fyddai hi byth yn gwneud y fath
beth
nevertheless er hynny, serch hynny (adv)
new newydd (adj)
New Year's Day Dydd Calan
in the new year yn y flwyddyn
newydd
happy new year blwyddyn newydd
dda
new-born newydd-anedig (adj)
news newyddion (pl)
newsagent siop bapur/siopau papur (f)
newspaper papur newydd/papurau
newydd (m)
next nesa, nesaf (adj) (prep)
next day trannoeth
next week wythnos nesaf
next to NEAR yn ymyl, ger, BY wrth
+S.M.
next door drws nesaf
nice neis, FINE braf (adj)
niece nith/–oedd (f)
night nos/–au (f)
good night nos da
last night neithiwr
tomorrow night nos yfory
night before last echnos
by night liw nos
all through the night ar hyd y nos,
drwy'r nos
night-club clwb nos/clybiau nos (m)
night-dress gŵn nos/gynau nos (f)
nightfall cyfnos (m)
night-gown gŵn nos/gynau nos (f)
nightly nosol (adj); bob nos (adv)
nightmare hunllef/–au (f)
night-school ysgol nos/ysgolion nos (f)
nil dim (m)
nimble sionc, heini (adj)
nine naw (num)
+N.M. with **blwydd** and **blynedd**
nine girls naw merch
nine years old naw mlwydd oed, naw
oed

nine years naw mlynedd
nineteen un deg naw, pedwar ar bymtheg
(num)
nineteen books un deg naw o lyfrau,
pedwar llyfr ar bymtheg
nineteenth un deg nawfed, pedwerydd ar
bymtheg, pedwaredd ar bymtheg (ord)
pedwaredd ar bymtheg + S.M. *is used
with f. nouns*
the nineteenth girl y bedwaredd
ferch ar bymtheg
ninetieth un deg degfed (ord)
ninety naw deg (num)
ninth nawfed (ord) +S.M. *with f. nouns*
ninth child nawfed plentyn
ninth girl nawfed ferch
nipple teth/–au (f)
no
1. na (adv)
*can be used in speech instead of all the
following variations*
ANSWERING OES? nag oes
ANSWERING A NOUN nage
no, it/he/she isn't ANSWERING YDY?
nag ydy, nag yw
no, I am not nag ydw, nag ydwyf
no, you won't TO FRIENDS nag wyt
no, you're not nag ydych
no, we/they are not nag ydyn,
nag'yn
no, I wasn't nag oeddwn, nago'n
no, it/he/she wasn't nag oedd
no you weren't TO FRIENDS nag
oeddet, nag o't
no, you weren't nag oeddech, nag
o'ch
no, it/he/she will not na fydd
no, I won't na fydda
no, we won't na fyddwn
no, you won't na fyddwch
no we/they won't na fyddan
is it a dog? no ci yw e? nage
are you coming? no ydych chi'n dod?
nag ydw
were they here? no oedden nhw
yma? nag oedden
will they come? no fyddan nhw'n
dod? na fyddan
2. dim (m)

no entry dim mynediad
no more dim mwy
no parking dim parcio
no smoking dim smygu
there's no food here does dim bwyd yma

nobody neb (m)
nobody is coming does neb yn dod
I saw nobody welais i neb

noise sŵn/sŵnau (m)
a loud noise sŵn uchel

noisy swnllyd (adj)

nom de plume ffugenw/–au (m)

non-alcoholic dialcohol (adj)

nonconformist anghydffurfiwr/
anghydffurfwyr (m); anghydffurfiol (adj)
the nonconformist denominations
yr enwadau anghydffurfiol

none dim (m), NO PERSON neb (m)
there's none left does dim ar ôl

nonsense lol (m)

noon canol dydd (m)

no-one neb (m)
there's no-one here does neb yma

nor na, nac (conj)
na +A.M.; nac *is used before vowels*
man nor woman dyn na dynes
dog nor cat ci na chath
man nor animal dyn na nac anifail

normal normal (adj)

normalize normaleiddio (v)
language normalization
normaleiddio iaith

north gogledd (m)
to the north i'r gogledd
north-east gogledd-ddwyrain
north-west gogledd-orllewin
north of Swansea i'r gogledd o'r
Abertawe

Norwegian LANGUAGE Norwyeg (f),
Norwywr/Norwywyr (m), Norwyes/–
au (f)

nose trwyn/–au (m)

nostalgic hiraethus (adj)

nosy busneslyd (adj)
she's very nosy mae hi'n fusneslyd
iawn

not
1. ni...dim/ddim (negative)

+A.M. *otherwise* + S.M.; *either* ni *or*
dim/ddim *can be omitted*
he did not come ni ddaeth e, ddaeth
e ddim
he did not see ni welodd e, welodd e
ddim
he did not hear ni chlywodd,
chlywodd e ddim
2. nid...(dim/ddim) (negative)
use nid *before vowels to negate verb
otherwise use before vowels and
consonants; either* nid *or* dim/ddim *can
be omitted*
he did not look nid edrychodd e,
edrychodd e ddim
she is not going nid yw hi'n mynd,
dyw hi ddim yn mynd
she is not Dafydd's wife nid gwraig
Dafydd ydy hi
I wasn't born yesterday nid ddoe y
ganed fi
not here nid yma, nid fan hyn
not so nid felly
3. na (particle)
+A.M., *otherwise* + S.M.; *used in
negative commands*
na phoenwch! do not worry
thou shalt not kill na ladd
4. mo (negative)
used with specific nouns and pronouns;
+S.M.*when it precedes noun*
**he did not see the garage door
opening** welodd e mo ddrws y garej
yn agor
he didn't hear the story chlywodd e
mo'r stori
he didn't hear it chlywodd e moni hi,
chlywodd e mono fe
5. not at all dim o gwbl, WELCOME
croeso

note WRITTEN nodyn/nodiadau (m),
MUSICAL nodyn/nodau (m); nodi (v)
of note FAMOUS enwog

notebook llyfr nodiadau/llyfrau nodiadau
(m)

notepaper papur ysgrifennu (m)

nothing dim (m), dim byd (m)
there's nothing here does dim byd yma

notice sylwi (v); SIGN arwydd/–ion (fm),

WARNING rhybudd/-ion (m)
to notice something sylwi ar rywbeth
noticeable amlwg (adj)
notify hysbysu, rhoi gwybod i +S.M. (v)
noun enw/-au (m)
    noun clause cymal enwol
novel nofel/-au (f); NEW newydd (adj)
    crime novel nofel dditectif
    adventure novel nofel antur
    romantic novel nofel serch
    historical novel nofel hanesyddol
    autobiographical novel nofel
    hunangofiannol
novelist nofelydd/nofelwyr (m)
November Tachwedd (m)
    in November ym mis Tachwedd
    November the fifth Tachwedd y
    pumed
now nawr, yn awr (adv)
    now and then nawr ac yn y man,
    ambell waith
nowhere (ddim) yn unman (adv)
    it was nowhere to be seen doedd e
    ddim i'w weld yn unman
nuclear niwclear (adj)
    nuclear reactor adweithydd niwclear
    nuclear bomb bom niwclear
nude noeth (adj)
nudist noethlymunwr/noethlymunwyr (m)
nuisance niwsans (m), PAIN poendod (m),
TROUBLE trafferth/-ion (m)
    he made a nuisance of himself
    roedd e'n dipyn o boendod
number nifer/-oedd (fm), MATHEMATICS
rhif/-au (m)
    a large number nifer fawr
numerous niferus (adj)
nun lleian/-od (f)
nurse nyrs/-ys (f)
nursery meithrinfa/meithrinfeydd (f)
    Welsh Nursery (Playgroup)
    Movement Mudiad Ysgolion Meithrin
    nursery school ysgol feithrin/ysgolion
    meithrin (f)
nut FRUIT cneuen/cnau (f), FOR BOLTS
nyten/nytiau (f)
nutter ffwlcyn/-od (m)
nylon neilon (m)
nylons sanau neilon (pl)

O

oak derwen/derw (f)
oar rhwyf/-au (f)
oats ceirch (pl)
obedience ufudd-dod (m)
obedient ufudd (adj)
obey ufuddhau (v)
    to obey someone ufuddhau i rywun
object GRAMMAR gwrthrych/-au (m), THING
peth/-au (m), AIM nod/-au (m);
gwrthwynebu (v)
    to object to something
    gwrthwynebu rhywbeth
objection gwrthwynebiad/-au (m)
obligatory gorfodol (adj)
oblong hirsgwar (adj)
obscene INDECENT anweddus (adj)
obscure UNCLEAR aneglur, UNIMPORTANT
di-nod (adj); HIDE cuddio (v)
observant sylwgar (adj)
observe sylwi ar +S.M., OBSERVE CLOSELY
arsylwi (v)
obstacle rhwystr/-au (m)
    obstacle race ras rwystrau
obstinate (y)styfnig (adj)
obstruct rhwystro (v)
obstruction rhwystr/-au (m)
obtain HAVE cael, WIN ennill, RECEIVE,
ACCEPT derbyn (v)
obvious amlwg (adj)
occasion HAPPENING achlysur/-on (m),
TIME adeg/-au (f), REASON rheswm/
rhesymau (m)
    on this occasion THIS TIME y tro hwn
    on this happy occasion ar yr
    achlysur hapus hwn
occasionally weithiau, ambell waith (adv)
occupant RESIDENT preswylydd/preswylwyr
(m), HOLDER deiliad/deiliaid (m)
occupy meddiannu, LIVE byw (v)
    to occupy one's mind dal meddwl
    rhywun
occur digwydd (v)
occurrence digwyddiad/-au (m)
ocean cefnfor/-oedd (m), môr/moroedd
(m)
    the Atlantic Ocean y Môr Iwerydd

the Pacific Ocean y Môr Tawel

the Indian Ocean Môr India

o'clock o'r gloch (adv)

it's nine o'clock mae hi'n naw o'r gloch

octave wythfed/–au (m)

octet wythawd/–au (m)

October Hydref (m)

in October ym mis Hydref

odd STRANGE rhyfedd, od (adj)

that's odd dyna beth od

odd number odrif/–au (m)

ode STRICT METRE POEM awdl/–au (f), POEM cerdd/–i (f)

odour arogl/–au (m), PERFUME persawr/–au (m), gwynt/–oedd (SW) (m)

of

1. PART OF o (prep)

+S.M.

pound of butter pwys o fenyn

a part of Wales rhan o Gymru

one of us un ohonon ni

2. am (prep)

+S.M.

to hear of something clywed am rywbeth

3. of course wrth gwrs

4. *often left out, when denoting possession, or relationship between two nouns*

the University of Wales Prifysgol Cymru

the mother of the girl mam y ferch

off

1. i ffwrdd (NW), bant (SW) (adv)

to turn the T.V. off troi'r teledu i ffwrdd, troi'r teledu bant, diffodd y teledu

off we go! i ffwrdd â ni, bant â ni

2. FROM o (prep) +S.M.

to go off the field mynd o'r cae

3. OFF SOMETHING oddi ar (prep) +S.M.

to fall off the deck of a ship cwympo oddi ar fwrdd llong

4. well off WITH M. NOUN da ei fyd, WITH F. NOUN da ei byd

off and on nawr ac yn y man

the milk is off SOUR mae'r llaeth

wedi suro

the water is off NO WATER does dim dŵr yn y tap

offence trosedd/–au (f)

offend BREAK LAW troseddu, OFFEND SOMEONE tramgwyddo (v)

offensive atgas (adj); ATTACK ymosodiad/–au (m)

offer cynnig/cynigion (m); cynnig (v)

to offer someone something cynnig rhywbeth i rywun

office swyddfa/swyddfeydd (f)

at the office yn y swyddfa

office work gwaith swyddfa

officer swyddog/–ion (m)

official swyddogol (adj)

off-side camsefyll (v)

he is off-side mae e'n camsefyll

often yn aml (adv)

oil olew/–on (m); iro, oelio (v)

olive oil olew olewydd

oily seimlyd (adj)

ointment eli/eliau (m)

old hen, OF AGE blwydd oed (adj)
usually used before nouns +S.M.

an old woman hen fenyw

two years old dwy flwydd oed

six years old chwe blwydd oed

ten years old deng mlwydd oed

old age henaint (m)

old fashioned henffasiwn (adj)

older henach, hŷn (adj)

older than henach na +A.M., hŷn na +A.M.

oldest henaf, hynaf (adj)

olive olewydden/olewydd (f)

Olympics Olympau (pl)

Olympic games gemau Olympaidd

omelette omled/–au (m)

omit LEAVE OUT gadael allan, DO WITHOUT hepgor, NEGLECT esgeuluso (v)

omnipotent hollalluog (adj)

on

1. ar (prep) +S.M.

on the table ar y bwrdd

on behalf of ar ran

on business ar fusnes

on holiday ar wyliau

on average ar gyfartaledd

on top of ar ben
on loan ar fenthyg
on the go ar waith
2. ymlaen (adv)
to play on chwarae ymlaen
to turn the light on troi'r golau ymlaen
on you go! ymlaen â chi!
3. am (prep)
+S.M.
a hat on her head het am ei phen
gloves on her hands menig am ei dwylo
shoes on her feet sgidiau am ei thraed
4. to turn the engine on tanio'r peiriant
on time mewn pryd
once ONE TIME unwaith, ONCE UPON A TIME un tro, SOME TIME AGO gynt (adv)
at once ar unwaith
once more unwaith eto
one un (num)
+S.M. with f. nouns except ll and rh; y naill (adj) +S.M.
one girl un ferch
one boy un bachgen
one way un ffordd
one hand un llaw
one spade un rhaw
one year old un flwydd oed
one by one fesul un
on the one hand ar y naill law
one thing and another y naill beth a'r llall
oneself ei hun, ei hunan (pron)
one-sided unochrog (adj)
onion wynwynen/wynwyn (NW)/wynwns (SW) (f)
on-line ar-lein (adj)
only unig (adj) +S.M.; dim ond, yn unig (adv)
unig and dim ond precede words,
the only girl yr unig ferch
they came only yesterday dim ond ddoe daethon nhw
he will only be coming tomorrow fory yn unig y bydd e'n dod

onwards ymlaen (adv)
open agored (adj); agor (v); ar agor (adv)
an open mind meddwl agored
open the door! agorwch y drws!
the shop is open mae'r siop ar agor
open air awyr iach
opencast brig (adj)
opencast coal glo brig
opener agorwr/agorwyr (m)
opera opera/operâu (f)
opera house tŷ opera
operate gweithredu, TREAT trin, WORK gweithio (v)
operation MEDICAL TREATMENT triniaeth/-au (f), SURGICAL llawfeddygaeth (f), ACTION gweithred/-oedd (f)
in operation ar waith
operator TELEPHONIST teleffonydd/-ion (m), WORKER gweithiwr/gweithwyr (m)
opinion barn/-au (f)
in my opinion yn fy marn i
to express an opinion mynegi barn
opponent gwrthwynebydd/gwrthwynebwyr (m)
opportunity cyfle/-oedd (m)
equal opportunity cyfle cyfartal
oppose gwrthwynebu (v)
opposite gyferbyn â (prep) +A.M.
opposite the station gyferbyn â'r orsaf
opposition gwrthwynebiad/-au (m)
opposition party gwrthblaid
oppress gormesu (v)
oppression gormes (m)
optician optegydd/optegwyr (m)
option dewis/dewisiadau (m)
optional dewisol (adj)
or neu (conj) +S.M.
man or woman dyn neu fenyw
oral llafar (adj)
oral examination arholiad llafar
orange oren/-au (f)
orchard perllan/-nau (f)
orchestra cerddorfa/cerddorfeydd (f)
order trefn (f), COMMAND gorchymyn/gorchmynion (m), CLASS dosbarth/-iadau (m), BOOKING archeb/-ion (f); trefnu, BOOK archebu, COMMAND gorchymyn (v)

in order mewn trefn
in this order yn y drefn hon
it's on order mae e wedi ei archebu
in order to er mwyn, i +S.M.
to order someone to do something
gorchymyn rhywun i wneud rhywbeth
ordinary cyffredin (adj)
ordinary people pobl gyffredin, y
werin
organ organ/–au (fm)
organisation MOVEMENT mudiad/ au (m)
BODY corff/cyrff (m), CORPORATION
corfforaeth/–au (f), SOCIETY
cymdeithas/–au (f)
organize trefnu (v)
orient dwyrain (m); dwyreiniol (adj)
origin tarddiad/–au, BEGINNING
dechreuad/-au (m)
original gwreiddiol (adj)
originally yn wreiddiol (adv)
originate tarddu, hanu (v)
ornament tlws/tlysau (m), addurn/–iadau
(m)
orphan plentyn amddifad/plant amddifad
(m)
other arall/eraill (adj); y llall/y lleill (m)
the other book y llyfr arall
the other girls y merched eraill
the others y lleill
on the one hand ar y naill law
on the other hand ar y llaw arall
otherwise fel arall (adv)
ought dylai etc. (v)
I ought to drive dylwn i yrru
you ought to eat FAMILIAR dylet ti
fwyta, POLITE dylech chi fwyta
she ought to go dylai hi fynd
we ought to come dylen ni ddod
they ought to sing dylen nhw ganu
she ought not ddylai hi ddim
our ein…(ni) (pron)
after vowels 'n…(ni); +h before vowels
our school ein hysgol (ni)
to our town i'n tref (ni)
ours ein... ni (pr)
the car is ours ein car ni yw e
ourselves ni ein hunain (pron)
out allan (adv)

out of order allan o drefn, BROKEN
wedi torri
out with it! allan â fe!, allan â hi!
out of the country allan o'r wlad
out in the country allan yn y wlad
out of date hen
outdoor awyr agored (adj)
outdoor swimming pool pwll nofio
awyr agored
outdoors yn yr awyr iach (adv)
outing gwibdaith/gwibdeithiau (f)
to go on an outing mynd ar
wibdaith
outline amlinell/–au (f)
outlay traul/treuliau (f)
outlook rhagolygon (pl)
output cynnyrch (m)
outrageous SERIOUS difrifol, MAD gwallgo,
sobor (adj)
outrageously bad sobor o wael
outside tu allan, tu fas (SW) (adv); y tu
allan i (prep)
outside the town y tu allan i'r dref
outside-half RUGBY maswr/maswyr (m)
outsider dieithryn/dieithriaid (m)
outskirts cyrion (pl)
on the outskirts of the town ar
gyrion y dref
outstanding EXCELLENT arbennig (adj)
outward allanol (adj)
oval hirgrwn (adj)
ovation cymeradwyaeth (f)
oven ffwrn/ffyrnau (f)
over
1. (prep) +S.M.
over a thousand dros fil
over the counter dros y cownter
2. ABOVE uwchben (prep)
over the tree uwchben y goeden
3. gor- (pref) +S.M.
over anxious gorbryderus
4. FINISHED ar ben (adv)
we're finished! mae ar ben arnon ni!
5. over there draw fan'na, yno, acw
how much money is over? faint o
arian sy dros ben?
overcharge gorgodi (v)
overcoat cot fawr/cotiau mawr (f), côt
fawr/cotiau mawr (f)

overcome gorchfygu, BEAT trechu (v)
over-confident gorhyderus (adj)
overdo gor-wneud (v)
overdraw gorgodi (v)
overeat gorfwyta (v)
overflow gorlifo (v)
overload gorlwytho (v)
overlook NEGLECT esgeuluso, OVERSEE goruchwylio (v)
overnight dros nos (adv)
oversight MISUNDERSTANDING camddeallltwriaeth/–au (f)
overtake pasio (v)
overtime goramser (m)
overtire gorflino (v)
overture agorawd/–au (f)
overweight rhy drwm (adj)
overwork gorweithio (v)
owe BE IN DEBT bod mewn dyled, bod ar +S.M. (v)
   I owe you ten pence mae arna i ddeg ceiniog i chi
owing
   owing to BECAUSE oherwydd (conj)
   there's a pound owing to you mae punt i ddod i chi
owl tylluan/–od (f)
own meddu ar +S.M., perchen, pia, ADMIT cyfaddef (v)
   pia *is often used as* bia *or* sy bia
   I own it (it's mine) fi bia fe, fi sy bia fe
owner perchennog/perchenogion (m)
ox ychen/ych (m)
oxygen ocsigen (m)

P

pace STEP cam/–au (m), SPEED cyflymder (m); STEP camu (v)
pacifism heddychiaeth (f)
pacifist heddychwr/heddychwyr (m)
pacify heddychu (v)
pack pecyn/–nau (m); pacio (v)
   three packs of crisps tri phecyn o greision
   a pack of cards pecyn o gardiau

packet paced/–i (m)
pad pad/–iau (m)
pagan pagan/–iaid (m); paganaidd (adj)
page tudalen/–nau (fm); CALL galw (v)
   front page tudalen flaen
pager galwr/galwyr (m)
paid talwyd (v)
   paid with thanks talwyd â diolch
pail bwced/–i (m)
pain poen/–au (fm)
   I have a pain in my back mae poen 'da fi yn fy nghefn
painful poenus (adj)
painless di-boen (adj)
paint paent/–i (m); peintio (v)
   oil paint paent olew
   watercolour paint paent dyfrlliw
   gloss paint paent gloyw
painted wedi ei beintio (v)
   painted by wedi ei beintio gan +S.M.
painter peintiwr/paentwyr (m)
painting PICTURE darlun/–iau (m), peintiad/–au (m); paru (v)
pair pâr/parau (m); paru (v)
Pakistan Pacistan (f)
Pakistani Pacistaniad/Pacistaniaid (mf); Pacistanaidd (adj)
pal cyfaill/cyfeillion (m)
palace palas/–au (m)
pale gwelw (adj)
palm HAND cledr llaw/cledrau llaw (m), TREE palmwydden/palmwydd (m)
   Palm Sunday Sul y Blodau
palsy parlys (m)
pamphlet pamffled/–i (m)
pan padell/–i/–au (f)
   frying pan padell ffrio
pancake crempog/–au (m), ffroesen/ffroes (f), pancosen/pancos (f)
pane cwarel/–i (m)
panel panel/–i (m)
panic TERROR dychryn (m), panig (m)
panties nicers (pl)
pants pans (m), trôns (m)
paper papur/–au (m); papuro (v)
   paper back clawr papur, llyfr clawr papur
   paper bag bag papur
parable dameg/damhegion (f)

paradise paradwys (f)

paragraph paragraff/–au (m)

parallel cyfochrog (adj)

paralyse parlysu (v)

parcel parsel/–i (m); parselu (v)

pardon pardwn (m); FORGIVENESS maddeuant (m); FORGIVE maddau (v)
　　pardon me pardwn, mae'n ddrwg gen i, mae'n flin 'da fi

parent rhiant/rhieni (m)

parents-in-law rhieni-yng-nghyfraith (μl)

parish plwyf/–i (m)

park parc/–iau (m); parcio (v)
　　National Park Parc Cenedlaethol
　　parking zone ardal barcio
　　no parking dim parcio

parliament senedd/–au (f)
　　Houses of Parliament Senedd-dy/ Senedd-dai
　　Member of Parliament Aelod Seneddol/Aelodau Seneddol

parliamentary seneddol (adj)

parlour parlwr/parlyrau (m)

parsley persli (m)

parsnip panasen/pannas (f)

part rhan/–nau (f); rhannu (v)
　　to be a part of something bod yn rhan o rywbeth
　　to part company ymadael â'i gilydd
　　to take part cymryd rhan
　　part time rhan amser

parting rhaniad/–au (m)

partly yn rhannol (adv)

partner partner/–iaid (m), cymar/ cymheiriaid (m)

party FUN parti/partïon (m), POLITICAL plaid wleidyddol/pleidiau gwleidyddol (f); cael parti, partïa (v)

pass GO PAST, OF BALL, SUCCEED pasio (v), HAND estyn, SUCCEED llwyddo (v); MOUNTAIN bwlch/bylchau (m); TICKET tocyn/–au (m); SUCCESS llwyddiant/llwyddiannau (m)
　　to pass time treulio amser
　　to pass the exam pasio'r arholiad, llwyddo yn yr arholiad

passenger teithiwr/teithwyr (m)

passive goddefol (adj)

passport pasbort/–au (m), teitheb/–au (f)

past gorffennol (m); heibio (adv); OLD, FORMER hen (adj)
　　times past gynt
　　in the past yn y gorffennol, gynt
　　past heroes arwyr y gorffennol
　　past history hen hanes
　　to go past mynd heibio
　　to go past something mynd heibio i rywbeth

paste llwybr/–au (m); pastio (v)

pastime diddordeb/–au (m)

pastor gweinidog/–ion (m)

pastry DOUGH toes (m), PASTY paste/ pasteiod (m), TART tarten/–nau (f)

path llwybr/–au (m)

patience amynedd (m)

patient amyneddgar (adj); claf/cleifion (m)

patriot gwladgarwr/gwladgarwyr (m)

patron noddwr/noddwyr (m)

pattern patrwm/patrymau (m); patrymu (v)

pause REST gorffwys, STAY, WAIT aros (v); saib/seibiau (m), LEISURE hamdden (f)

pave gosod pafin (v)
　　to pave the way paratoi'r ffordd

pavement palmant/palmentydd (m)

pavilion pafiliwn (m)

paw pawen/–nau (f); pawennu (v)

pay talu (v); tâl, cyflog (fm)

payment taliad/–au (m)

pea pysen/pys (f)

peace heddwch (m)

peaceful heddychol (adj)

peach eirinen wlanog/eirin gwlanog (f)

peak MOUNTAIN TOP copa/–on (m), CLIMAX uchafbwynt/–iau (m); cyrraedd uchafbwynt (v)

pear gellygen/gellyg (f), peren/pêr (f)

pearl perl/–au (m)

peasant gwerinwr/gwerinwyr (m)
　　the peasants y werin

pebble carreg/cerrig (f)

peculiar STRANGE rhyfedd (m), SPECIAL arbennig (adj)

pedal pedal/–au (m)

pedestrian cerddwr/cerddwyr (m)
　　pedestrian zone ardal gerdded

pee piso (v)

peel pilio (v); pil (m), SKIN croen (m)

P

peer LORD arglwydd/-i (m), SAME AGE cyfoedion/cyfoedwyr (m)

peg peg/-iau (m)

pen WRITING PEN ysgrifbin/-nau (m), SHEEP corlan/-nau (f); SHEEP corlannu, WRITE ysgrifennu (v)

penalty cosb/-au (f)
    penalty kick RUGBY cic gosb (f), FOOTBALL cic o'r smotyn (f)

pencil pensil/-iau (m)

penetrate treiddio (v)
    to penetrate something treiddio i rywbeth

penguin pengwyn/-nod (m)

penknife cyllell boced/cyllyll poced (f)

penny ceiniog/-au (f)
    half penny dime/-iau
    not a penny dim dime goch

pension pensiwn (m)
    on pension ar bensiwn

pensioner pensiynwr/pensiynwyr (m)

people pobl/-oedd (f)
    the people of Wales y Cymry, pobl Cymru

pepper pupur (m)
    salt and pepper halen a phupur

per y (prep)
    per cent y cant
    per year y flwyddyn
    per person y person
    per pound WEIGHT y pwys
    per pound MONEY y bunt

perfect perffaith (adj); perffeithio (v)

perform perfformio (v)

performance perfformiad/-au (m)

perfume persawr/-au (m)

perhaps efallai (adv) +S.M. *followed by noun clause*
    perhaps she is here efallai ei bod hi yma
    perhaps the film is on tonight efallai fod y ffilm ymlaen heno

peril perygl/-on (m)
    in peril mewn perygl

period cyfnod/-au (m), TIME amser/-au (m), adeg/-au (f) AGE oes/-au (f), MENSES misglwyf (m)

periodical MAGAZINE cylchgrawn/cylchgronau (m); ysbeidiol (adj)

periodically weithiau, o bryd i'w gilydd, ambell waith (adv)

perm perm/-au (m)

permanent parhaol (adj)

permission caniatâd (m)
    to have permission cael caniatâd

permit caniatáu (v); LICENCE trwydded/-au (f), TICKET tocyn/-nau (m)
    to permit someone to fish caniatáu i rywun bysgota

persecute erlid (v)

person person/-au (m)

personal personol (adj)

personality personoliaeth/-au (f)

perspiration chwys (m)

perspire chwysu (v)

persuade perswadio (v)

pessimistic pesimistig, digalon, di-obaith (adj)

pest pla/plâu (m)
    he's a pest mae e'n boen

pester poeni (v)

pet anifail anwes/anifeiliaid anwes (m); mwytho (v)

petal petal/-au (m)

petition deiseb/-au (f); deisebu (v)
    a petition for something deiseb o blaid rhywbeth

petrol petrol (m)
    unleaded petrol petrol di-blwm
    four star petrol petrol pedair seren

petticoat pais/peisiau (f)

petty dibwys (adj)
    petty cash arian mân

pharmacy fferyllfa/fferyllfeydd (f)

philosopher athronydd/athronwyr (m)

philosophy athroniaeth/-au (f)

phone ffôn/ffonau (m); ffonio (v)
    on the phone ar y ffôn

photo ffoto/-s (m), llun/-iau (m)
    to take a photo tynnu llun

photograph ffotograff/-au (m)

photographer ffotograffydd/ffotograffwyr (m)

photography ffotograffaeth (f)

phrase ymadrodd/-ion (m)
    phrase book llyfr ymadroddion

physical BODY corfforol, PHYSICS ffisegol (adj)

physical exercise ymarferion corfforol

physics ffiseg (f)

pianist pianydd/–ion (m)

piano piano (m)
 to play the piano canu'r piano

pick pigo, CHOOSE dewis, PULL tynnu, (v); caib/ceibiau (f)
 to pick up codi

pickle picl (m), DIFFICULTY anhawster/ anawsterau (m); piclo (v)
 in a pickle mewn picil

picnic picnic/–au (m)

picture darlun/–iau (m), llun/–iau (m); darlunio, IMAGINE dychmygu (v)
 to go to the pictures mynd i'r sinema

picturesque pert (adj)

pie pei/–s (n), pastai, paste/pasteiod (f) (SW), tarten/–nau (f) (NW)
 apple pie paste 'fale (SW), tarten afalau (NW)

piece darn/–au (m)
 to fall to pieces cwympo'n ddarnau
 to piece together gosod ynghyd

pier pier (m)

pierce HOLE tyllu (v)

pig mochyn/moch (m)

pigeon colomen/–nod (f)

pigsty twlc mochyn/tylcau moch (m)

pile pentwr/pentyrrau (m); pentyrru (v)

piles clwyf y marchogion (m)

pilgrim pererin/–ion (m)

pilgrimage pererindod/–au (fm)

pill pilsen/pils (f), tabled/–i (f)

pillar colofn/–au (f)

pillow clustog/–au (f), gobennydd/ gobenyddion (m)

pilot peilot/–iaid (m); llywio (v)

pimple ploryn/plorynnod/plorod (m)

pin pin/–nau (m); pinio (v)

pincers gefel/gefeiliau (f)

pinch pinsio, STEAL dwyn, PRESS gwasgu (v); pinsiad (m)
 a pinch of salt pinsiad o halen

pine pinwydden/pinwydd (f)

pineapple pinafal/–au (m)

pink pinc (adj)

pint peint/–iau (m)
 a pint of milk peint o laeth

 a pint of beer peint o gwrw
 to draw a pint tynnu peint
 a pint bottle potel beint

pioneer arloeswr/arloeswyr (m); arloesi (v)

pip carreg/cerrig (f)

pipe pibell/–au (f), pib/–au (f); pibellu (v)

pirate môr-leidr/môr-ladron (m)
 pirate video fideo-ladrad

pistol pistol/–au (m)

pit pwll/pyllau (m)
 coal pit pwll glo

pitch cae/–au (m), MUSIC traw (m), TAR pyg (m); THROW taflu (v)

pity tosturi (m), trueni (m); tosturio wrth +S.M. (v)
 what a pity dyna drueni, trueni mawr
 to feel pity for someone teimlo trueni dros rywun
 pity him druan â fe

place lle/–fydd (m), man/–nau (fm); PUT gosod, PUT dodi, LOCATE lleoli (v)
 in this place yn y fan hon
 in his place yn ei le fe
 in place of him yn ei le fe

plague pla/plâu (m); poeni (v)

plaice lleden (f)

plain plaen, OBVIOUS eglur, amlwg, clear ORDINARY cyffredin, SIMPLE syml (adj); gwastadedd/–au (m)

plan cynllun/–iau (m); cynllunio, ARRANGE trefnu (v)

plane AEROPLANE awyren/–nau (f), WOODWORK plaen/–au (m); FLAT gwastad (adj); plaenio, SMOOTH llyfnhau (v)

planet planed/–au (f)

plank astell/estyll (f)

planning cynllunio (m)
 town planning cynllunio tref

plaster plastr (m); plastro (v)

plastic plastig/–au (m); plastig (adj)
 plastic dishes llestri plastig

plate plât/platiau (m)
 tin plate tunplat

platform platfform/–iau (m)

play chwarae (v); DRAMA drama/dramâu (f)
 to play the piano canu'r piano

player chwaraewr/chwaraewyr (m)

playground maes/meysydd chwarae (m)

playing-cards cardiau chwarae (pl)

playwright dramodydd/dramodwyr (m)

plea ple (m), REQUEST cais/ceisiadau (m); pledio (v)

pleasant dymunol, hyfryd (adj)
  have a pleasant journey! taith dda!

please plesio (v)
  (if you) please os gwelwch yn dda, plîs

pleased bodlon (adj)
  she was extemely pleased roedd hi wrth ei bodd

pleasure pleser/–au (m)
  it's a pleasure! mae'n bleser

plenty digonedd (m)
  plenty of food digon o fwyd

plot CONSPIRACY cynllwyn/–ion (m), LAND darn/–au o dir (m); CONSPIRE cynllwynio, PLAN cynllunio (v)

plough aredig (v); aradr/erydr (fm)

plug plwg/plygiau (m); plygio (v)

plum eirinen/eirin (f)
  plum jam jam eirin
  a plum job swydd wych

plumber plymwr/plymwyr (m)

plump tew (adj); dewis, mynd am +S.M. (v)
  to plump for something mynd am rywbeth

plural lluosog (adj)

plus plws (m); a +A.M. (conj)

pneumonia niwmonia (m)

pocket poced/–i (f); pocedu (v)
  trouser pocket poced trowsus

pocket-book llyfr poced/llyfrau poced (m)

pocket-knife cyllell boced/cyllyll poced (f)

poem cerdd/–i (f), SONG cân/caneuon (f)

poet bardd/beirdd (m)

poetry barddoniaeth (f)

point pwynt/–iau (m), PLACE man/–nau (fm); pwyntio, SHOW dangos (v)
  what's the point? beth yw'r pwynt?

pointed SHARP miniog (adj)

poison gwenwyn (m); gwenwyno (v)

poisonous gwenwynig (adj)

Poland Gwlad Pwyl (f)

pole polyn/polion (m), EXTREMITY pegwn/

pegynau (m)
  South pole pegwn y de
  North pole pegwn y gogledd
  pole vault naid bolyn
  pole star seren y gogledd

Pole Pwyliad/Pwyliaid (m), Pwyles/–au (f)

police heddlu/–oedd (m)
  police station swyddfa'r heddlu

policeman plismon/plismyn (m), heddwas/heddweision (m)

policy polisi/polisïau (m)
  bilingual policy polisi dwyieithog

polish cabol; caboli, gloywi (v)

Polish Pwylaidd (adj); LANGUAGE Pwyleg (f)

polite cwrtais, boneddigaidd (adj)

political gwleidyddol (adj)

politician gwleidydd/–ion (m)

politics gwleidyddiaeth (f)

poll VOTE pleidleisio (v); VOTES pleidlais/pleidleisiau (f)
  opinion poll arolwg barn

pollute llygru (v)
  to pollute the environment llygru'r amgylchedd

pollution llygredd (m)

pond pwll/pyllau (m)

ponder ystyried (v)

pony merlyn/merlod (m), merlen/merlod (f)
  pony trekking merlota

pool pwll/ pyllau (m)
  swimming pool pwll nofio
  open air pool pwll awyr agored
  indoor pool pwll dan do

poor tlawd (adj)
  poor boy, girl, etc. druan bach
  a poor boy bachgen tlawd

pop pop (m)
  pop music cerddoriaeth bop

pope pab/–au (m)

popular poblogaidd (adj)

population poblogaeth/–au (f)
  an increase in population cynnydd yn y boblogaeth

porch cyntedd/–au (m)

pork porc (m), BACON cig moch (m)

port HARBOUR porthladd/–oedd (m), DOOR porth/pyrth (m), WINE port (m)

portable symudol (adj)
    portable television teledu symudol
porter porthor/-ion (m)
portion darn/-au (m)
    a portion of cake darn o deisen
portrait portread/-au (m)
Portugal Portiwgal (f)
Portuguese LANGUAGE Portiwgaleg (f);
    Portiwgeaidd, Portiwgalaidd (adj);
    Portiwgead/Portiwgeaid (mf)
position sefyllta/-oedd (f), PLACE safle/-
    oedd (m), JOB swydd/-i (f); PLACE lleoli,
    PUT gosod (v)
positive cadarnhaol, positif (adj)
possess OWN meddu ar +S.M., TAKE
    POSSESSION OF meddiannu, bod...gan
    +S.M. (v)
    I possess a car mae gen i gar, mae car
    'da fi, mae car gen i
possession meddiant/meddiannau (m)
possessions PROPERTY eiddo (m)
possibility posibilrwydd (m)
possible posibl (adj)
    it's possible mae hi'n bosibl
post MAIL post (m), PILLAR postyn/pyst, JOB
    swydd/-i (f); postio (v)
postage-stamp stamp/-iau (m)
postal order archeb bost/archebion post
postcard cerdyn post/cardiau post (m),
    carden bost/cardiau post (f)
postman postmon/postmyn (m)
post-office swyddfa bost/swyddfeydd post
    (f)
postpone gohirio (v)
pot pot/-iau (m), DISH llestr/-i (f); potio (v)
potato taten/tatws (f), twten/tatws (f)
potential potensial, posibl (adj)
potter crochenydd/crochenwyr (m)
pottery crochenwaith (m)
pound punt/punnoedd (f) (£), LB pwys/-i
    a pound of meat pwys o gig
    half a pound hanner pwys
    a ten pound note papur degpunt
    a five pound note papur pumpunt
pour arllwys (v)
powder powdr (m); powdro (v)
power pŵer/pwerau (m), ABILITY gallu/-
    oedd (m), STRENGTH nerth/-oedd (m),

    AUTHORITY awdurdod/-au (fm), ENERGY
    ynni (m)
    power station gorsaf bŵer
    in power mewn grym
powerful nerthol (adj)
practical ymarferol (adj)
    practical examination arholiad
    ymarferol
practice ymarfer/-ion (fm)
practise ymarfer (v)
praise canmol (v); canmoliaeth (f)
pray gweddïo (v)
    let us pray cydweddïwn
    to pray for something gweddïo am
    rywbeth
prayer gweddi/gweddïau (f)
    the Lord's prayer gweddi'r Arglwydd
preach pregethu (v)
preacher pregethwr/pregethwyr (m)
precious gwerthfawr (adj)
precise manwl (adj)
precisely yn union, yn hollol (adv)
predecessor rhagflaenydd/rhagflaenwyr (m)
predict proffwydo (v)
preface rhagymadrodd/-ion (m)
prefer bod yn well gan +S.M. (v)
    I prefer milk mae'n well gen i laeth,
    mae'n well 'da fi laeth (SW)
pregnant beichiog (adj)
premier prif (adj); PRIME MINISTER prif
    weinidog/prif weinidogion (m)
    premier league prif gynghrair
preparation paratoad/-au (m)
prepare paratoi (v)
    to prepare for something paratoi am
    rywbeth
preposition arddodiad/arddodiaid (m)
prescription presgripsiwn/presgripsiynau
    (m)
presence presenoldeb (m)
    in the presence of yng ngŵydd
present anrheg/-ion (f), rhodd/-ion (f);
    presennol (adj); cyflwyno (v)
    at present ar hyn o bryd
    present tense amser presennol
preserve KEEP cadw, SAFEGUARD diogelu (v)
president llywydd/-ion (m), OF COUNTRY
    arlywydd/-ion (m)
press gwasgu (v); gwasg/gweisg (f)

P

pressing (act) (adj)

pressure pwysau (pl), gwasgedd (m), pwysedd (m)
  blood pressure pwysedd gwaed
  pressure group grŵp pwyso

presume tybio (v)

presumption tybiaeth/–au (f)

pretend esgus (v)

pretty pert (adj)

prevent rhwystro (v)
  to prevent someone from doing something rhwystro rhywun rhag gwneud rhywbeth

previous blaenorol (adj)

price pris/–iau (m)
  price list rhestr brisiau

pride balchder (m)

priest offeiriad/offeiriaid (m)

prime prif, BEST gorau (adj)
  prime minister prif weinidog
  prime beef y cig eidion gorau

primitive cyntefig (adj)

prince tywysog/–ion (m)
  Llywelyn, prince of Wales Llywelyn, tywysog Cymru

princess tywysoges/–au (f)

principal prif (adj); HEAD TEACHER prifathro/prifathrawon (m), HEAD pennaeth/penaethiaid (m)

principality tywysogaeth/–au (f)

principle egwyddor/–ion (f)
  in principle mewn egwyddor

print argraffu, printio (v); print (m)
  in print mewn print

prioritize blaenoriaethu (v)

priority blaenoriaeth/–au (f)

prison carchar/–au (m)
  in prison yng ngharchar/yn y carchar
  in a prison mewn carchar

prisoner carcharor/–ion (m)

private preifat (adj)

privilege braint/breintiau (f)

prize gwobr/–au (f)
  first prize gwobr gyntaf
  to give a prize gwobrwyo

probable tebygol (adj)

problem problem/–au (f)
  no problem dim problem

procedure trefn/–iadau (f)

proceed mynd ymlaen (v)

process proses/–au (fm); prosesu (v)
  word processing prosesu geiriau

produce cynnyrch (m); cynhyrchu (v)

producer cynhyrchydd/cynhyrchwyr (m)

product cynnyrch/cynhyrchion (m)

production cynhyrchiad/–au (m)

profession galwedigaeth/–au (f)

professional proffesiynol (adj)

professor athro/athrawon (m)
  Professor T.Jones yr Athro T.Jones

profit elw/–au (m); elwa (v)
  to profit from something elwa ar rywbeth

programme rhaglen/–ni (f); rhaglennu (v)
  on the programme ar y rhaglen

programmer rhaglennydd/rhaglenwyr (m)

progress cynnydd (m)

prohibit gwahardd (v)
  to prohibit someone from doing something gwahardd rhywun rhag gwneud rhywbeth

project prosiect/–au (m); PLAN cynllunio (v)

prominent amlwg (adj)

promise addo (v); addewid/–ion (mf)
  to keep a promise cadw addewid

promote hybu, hyrwyddo (v)

promotion SPORTS esgyniad/–au (m), JOB dyrchafiad/–au (m)

prompt prydlon (adj)

promptly yn brydlon (adv)

pronoun rhagenw/–au (m)

pronounce ynganu, REPORT datgan (v)
  how do you pronounce…? sut ydych chi'n ynganu…?

pronunciation ynganiad/–au (m)

proof prawf/profion (m), PRINTING proflen/–ni (f)

propaganda propaganda (m)

proper SUITABLE addas, RIGHT iawn, NAME priod (adj)

properly yn iawn (adv)

property eiddo (m)

prophecy proffwydoliaeth/–au (f); proffwydo (v)

prophet proffwyd/–i (m)

proportion cyfartaledd/–au (m)

in proportion to mewn cyfartaledd i +S.M.
proposal cynnig/cynigion (m)
propose cynnig (v)
proprietor perchennog/perchenogion (m)
prose rhyddiaith (f)
prosecute erlyn (v)
prosper ffynnu, SUCCEED llwyddo (v)
prosperity ffyniant (m), SUCCESS llwyddiant (m)
prosperous RICH cefnog, SUCCESSFUL llwyddiannus (adj)
protect amddiffyn (v)
   to protect someone from something amddiffyn rhywun rhag rhywbeth
protection amddiffyniad (m)
protest protestio, gwrthdystio (v)
   to protest against gwrthdystio yn erbyn
Protestant Protestant/Protestaniaid (m); Protestannaidd (adj)
protester protestiwr/ protestwyr (m)
proud balch (adj)
   to be proud of something bod yn falch o rywbeth
prove profi (v)
proverb dihareb/diarhebion (f)
provide darparu (v)
   provided that she comes os bydd hi'n dod
province talaith/taleithiau (f)
provincial taleithiol (adj)
provision darpariaeth/–au (f)
provisions FOOD bwyd (m), FOOD AND DRINK bwyd a diod (m), lluniaeth (m)
provoke profocio, ANGER cythruddo (v)
prune eirinen sych/eirin sych (f); tocio (v)
psalm salm/au (f)
psychiatrist seiciatrydd/–ion (m)
psychological seicolegol (adj)
psychology seicoleg (f)
pub tafarn/–au (f)
public cyhoeddus (adj)
   in public ar goedd, yn gyhoeddus
   public school ysgol fonedd/ysgolion bonedd (f)
   public relations cysylltiadau cyhoeddus
publicity cyhoeddusrwydd (m)

publish cyhoeddi (v)
publisher cyhoeddwr/cyhoeddwyr (m)
pudding pwdin/–au (m)
   rice pudding pwdin reis
pull tynnu (v)
   to pull off clothes diosg, tynnu dillad
   SUCCEED **to pull it off** llwyddo
   ATTRACT **to pull in** denu
   to pull out tynnu allan, LEAVE gadael
   ON ROAD **to pull in** mynd i'r ymyl
pullover siwmper/–i (f)
pulpit pulpud/–au (m)
pulse curiad y galon (m), pyls (m)
pump pwmp/pympiau (m); pwmpio (v)
punch dyrnod/–au (fm); dyrnu, HIT taro (v)
punctual prydlon (adj); yn brydlon (adv)
punctuation atalnodi (v) (adj)
punish cosbi (v)
punishment cosb/–au (f)
   capital punishment y gosb eithaf
pupil disgybl/–ion (m)
   school pupil disgybl ysgol
purchase prynu (v)
purchaser prynwr/prynwyr (m)
pure pur, CLEAN glân (adj)
purify puro (v)
Puritan Piwritan/–iaid (m)
purple porffor (adj)
purpose pwrpas/–au (m), amcan/–ion (m), INTENTION bwriad/–au (m)
   on purpose ar bwrpas, yn fwriadol
purse pwrs/pyrsau (m)
push gwthio (v)
put dodi, PLACE gosod (v)
   to put off DELAY gohirio, MAKE MISERABLE diflasu
   to put out FIRE diffodd
   to put on WEAR gwisgo
   to put something by rhoi rhywbeth i gadw
puzzle pos/–au (m); CONFUSE drysu (v)
   I'm puzzled rydw i mewn penbleth
pyjamas pyjama/–s (m)
pylon peilon/–au (m)
pyramid pyramid/–iau (m)

P

Q

quadrangle pedrongl/–au (m)
quadrant cwadrant (m)
quadrilateral pedrochr/–au (f); pedrochrog (adj)
quaint UNCOMMON anarferol, OLD-FASHIONED henffasiwn (adj)
Quaker Crynwr/Crynwyr (m)
qualification cymhwyster/cymwysterau (m)
qualify cymhwyso, SPORTS ennill lle (v)
quality ansawdd/ansoddau (m), STANDARD safon/–au (f)
  of high quality o ansawdd uchel, o safon
  quality control rheoli ansawdd
quantity SUM swm/symiau (m), SIZE maint/meintiau (m)
quarrel cweryl/–on (m); cweryla, ffraeo (v)
quarry chwarel/i (f)
  slate quarry chwarel lechi
quarryman chwarelwr/chwarelwyr (m)
quarter cwarter/–i (m), chwarter/–i (m), DISTRICT rhanbarth/–au (m), REGION ardal/–oedd (mf); cwarteru, chwarteru (v)
quarterly chwarterol (adj)
quay cei/–au (m)
queen brenhines/breninesau (f)
  queen of Belgium brenhines Gwlad Belg
queer STRANGE rhyfedd, REMARKABLE hynod (adj)
query cwestiwn/cwestiynau (m); ASK holi, DOUBT amau (v)
question cwestiwn/cwestiynau (m); ASK holi, DOUBT amau (v)
  question mark gofynnod
queue cwt (f), cynffon/–nau (f); ciwio (v)
quick cyflym, clou (SW) (adj)
quicken cyflymu (v)
quickly yn gyflym, yn glou (SW) (adv)
quickness cyflymder (m)
quid punt/punnoedd (f)
quiet tawel, distaw (adj); tawelu, distewi (v)
quilt cwilt/–iau (m), cwrlid/–au (m)

quintet pumawd/–au (m)
quisling cwisling/–iaid (m), TRAITOR bradwr/bradwyr (m)
quit LEAVE gadael, GIVE UP SOMETHING rhoi'r gorau i rywbeth (v)
quite go, lled, pur, cryn (adv)
  cryn *is used before nouns* +S.M.; go, lled, pur *are used before adjectives* +S.M.
  quite good go dda, lled dda, pur dda
  quite full go lawn
  quite fair go lew
  quite wide lled lydan
  quite a lot cryn dipyn
  quite a distance cryn bellter
quiver crynu (v)
quiz cwis/–iau (m)
quota cwota/cwotâu (m)
quotation dyfyniad/–au (m)
  quotation marks dyfynnod/dyfynodau (m)
quote dyfynnu (v); PRICE pris/–iau (m)

R

rabbit cwningen/cwningod (f)
race ras/–ys (f), HUMAN RACE hil/–iau (f)
  the human race yr hil ddynol
  100 metre race ras can metr
  cross country race ras draws gwlad
  race relations board bwrdd cysylltiadau hiliol
racial hiliol (adj)
racist hiliwr/ hilwyr (m)
rack rhac/–iau (f)
racket TENNIS raced/–i (f), DIN mwstwr (m)
  to make a racket creu mwstwr
radar radar (m)
radical LIBERAL radical, rhyddfrydol (adj); radical/–iaid (m)
radio radio/setiau radio (m)
  to listen to the radio gwrando ar y radio
  on the radio ar y radio
radioactive ymbelydrol (adj)
radioactivity ymbelydredd (m)
radish rhuddygl (m)

radius radiws/radiysau (m)

raffle raffl/-au (f); rafflo (v)
   raffle ticket tocyn raffl

raft rafft/-iau (m)

rag rhecsyn/rhacs (m)

rage dicter (m); ffyrnigo (v)
   all the rage yn y ffasiwn

raid cyrch/-oedd (m); gwneud cyrch (v)
   air raid cyrch awyr
   air raid shelter lloches cyrch awyr

rail rheilen/-iau (f), rêl (m), TRACK cledr/-au (m)
   go by rail mynd ar y trên
   railway station gorsaf reilffordd

railway rheilffordd/rheilffyrdd (f)

railing reilin (m)

rain glaw (m); bwrw glaw, glawio (v)

rainbow enfys/-au (f)

rainy glawog (adj)

raise codi (v)

raisin rhesinen/rhesin (f)

rally rali/ralïau (f)
   to rally around rhoi cefnogaeth i +S.M.

ram hwrdd/hyrddod (m); taro (v)

range amrediad/-au (m), LIST thestr/-i (f), VARIETY amrywiaeth (m), MOUNTAINS cadwyn/-au (f); LIST rhestru, ARRANGE trefnu, STRETCH ymestyn (v)
   a range of goods amrywiaeth o nwyddau

rape trais (m), VEGETABLE rêp (m); treisio (v)

rapid cyflym (adj)

rapids rhaeadr/-au (f)

rare prin, UNCOMMON anghyffredin (adj)

rash byrbwyll (adj); brech (f)

raspberry mafonen/mafon (f), afans (SW) (pl)

rat llygoden fawr/llygod mawr (f)

rate cyfradd/-au (m), PRICE pris/-iau (m), SPEED cyflymder (m), TAX treth/-i (f); LIST rhestru, PRICE prisio, JUDGE barnu (v)
   rate of interest cyfradd llog
   rate of exchange cyfradd cyfnewid

ratepayer trethdalwr/trethdalwyr (m)

rather lled +S.M., FAIRLY braidd yn +S.M., INSTEAD yn hytrach (adv); bod yn well

gan (v)
   rather good lled dda
   rather a full cup cwpan lled lawn
   rather silly braidd yn wirion
   rather than yn hytrach na +A.M.
   I'd rather wine mae'n well 'da fi win, mae'n well gen i win

ratio cymhareb/cymarebau (f)

ration dogn/-au (f); dogni (v)

rational rhesymol (adj)

ravage difrodi (v)

raven cigfran/eigfrain (f)

ravine ceunant/ceunentydd (m)

raw ROUGH, MEAT amrwd, MATERIAL crai, COLD oerllyd, INEXPERIENCED dibrofiad (adj)
   raw meat cig amrwd
   raw material deunydd crai

ray pelydryn/pelydrau (m)

razor ellyn/ellau (m), raser/-i (m)
   as sharp as a razor mor finiog a raser

reach ARRIVE cyrraedd, REACH estyn (v)

react adweithio (v)

reaction adweithiad/-au (m)

reactor adweithydd/-ion (m)
   nuclear reactor adweithydd niwclear

read darllen (v)

readable darllenadwy (adj)

reader darllenydd/darllenwyr (m)

reading darlleniad/-au (m)
   reading room ystafell ddarllen

ready parod (adj)
   are you ready? ydych chi'n barod?
   ready-made parod

real TRUE gwir +S.M., REALISTIC real (adj)
   the real reason y gwir reswm

reality TRUTH gwirionedd/-au (m), realiti (m)
   in reality mewn gwirionedd

realize UNDERSTAND sylweddoli, deall (v)

really wir, yn wir (adv)
   it's really bad mae hi'n wir wael

realm teyrnas/-oedd (f)

reap medi (v)

rear cefn/-au (m); codi, magu (v)

reason rheswm/rhesymau (m), CAUSE achos/-ion (m); rhesymu (v)
   without reason heb reswm

Q
R

reasonable rhesymol (adj)
rebel gwrthryfelwr/gwrthryfelwyr (m), rebel/–iaid (m); gwrthryfela (v)
rebellion gwrthryfel/–oedd (m)
rebuild ailadeiladu (v)
rebuke ceryddu (v)
recall REMEMBER galw'n ôl, cofio (v)
receipt derbynneb/derbynebau (f)
receive derbyn (v)
receiver derbynnydd/derbynwyr (m)
recent diweddar (adj)
reception derbyniad/–au (m), WELCOME croeso (m), MEAL gwledd/–oedd (f)
    reception desk desg groesawu
receptionist derbynnydd/ derbynwyr (m), croesawferch/–ed (f)
recession ECONOMY dirwasgiad/–au (m)
recipe rysáit/ryseitiau (m)
recital PERFORMANCE perfformiad/–au (m)
recitation adroddiad/–au (m)
recite adrodd (v)
reckon JUDGE barnu, COUNT cyfrif (v)
reclaim LAND adennill, CLAIM hawlio (v)
recognize A PERSON adnabod, ACKNOWLEDGE cydnabod (v)
recognition OF A PERSON adnabyddiaeth (f), ACKNOWLEDGEMENT cydnabyddiaeth (f)
recollect cofio (v)
recollection atgof/–ion (m), MEMORY cof (m)
recommend argymell (v)
recommendation argymhelliad/ argymhellion (m)
reconsider ailystyried (v)
record SPORT, MUSIC record/–iau (fm), MEETING cofnod/–ion (m), REPORT adroddiad/–au (m); MUSIC recordio, TAKE NOTES cofnodi (v)
    to break the record torri'r record
    on record ar glawr
    off the record yn answyddogol
recorder MUSIC recorder/–s (m), LEGAL cofiadur/–on (m)
    tape recorder recordydd tâp
recount TELL A TALE adrodd, COUNT AGAIN ailgyfrif (v)
recover GET BETTER gwella, RESTORE adfer, WIN BACK adennill (v)

recovery adferiad (m)
    swift recovery adferiad buan
    recovery service gwasanaeth achub
recreation ENTERTAINMENT adloniant (m), LEISURE hamdden (f)
    recreation centre canolfan adloniant
    recreation ground maes chwarae
recruit recriwtio (v); recriwt/–iaid (m)
rectangle petryal/–au (m)
rector rheithor/–iaid (m)
red coch (adj)
    Red Cross y Groes Goch
    red tape tâp coch
redden cochi (v)
reduce LESSEN lleihau, LOWER gostwng (v)
reduction gostyngiad/–au (m)
redundancy UNEMPLOYMENT diweithdra (m), DISMISSAL diswyddiad/–au (m); MAKE UNEMPLOYED gwneud yn ddi-waith (v)
reed corsen/cyrs (f)
reef craig/creigiau (f)
reek drewi (v)
refer cyfeirio at +S.M. (v)
    to refer to something cyfeirio at rywbeth
referee dyfarnwr/dyfarnwyr (m)
reference cyfeiriad/–au (m)
referendum refferendwm (m)
refill ail-lanw (v)
refine puro (v)
refined coeth (adj)
refinery purfa/purfeydd (f)
    oil refinery purfa olew
reflect adlewyrchu, THINK myfyrio (v)
reflection adlewyrchiad/–au (m)
reform diwygio (v); diwygiad/–au (m)
reformation diwygiad/–au (m)
refreshment lluniaeth (m)
refrigerator oergell/–oedd (f)
refuge noddfa/noddfeydd (f)
refugee ffoadur/–iaid (m)
refund ad-dalu (v); ad-daliad/–au (m)
refuse SAY NO gwrthod (v), RUBBISH sbwriel (m)
regard CONSIDERATION ystyriaeth (f), RESPECT parch (m); edrych ar +S.M., CONSIDER ystyried (v)
    with kind regards dymuniadau gorau

regards GREETINGS cyfarchion, dymuniadau gorau

regarding ynglŷn â +A.M.

region rhanbarth/–au (m), AREA ardal/–oedd (f)

regional rhanbarthol (adj)

register cofrestr/–i (f); cofrestru (v)

registration form ffurflen gofrestru

regret edifarhau, edifaru (v)

   I regret mae'n flin 'da fi, mae'n flin gen i

regular rheolaidd, CONSTANT cyson (adj)

regulate rheoli (v)

regulation rheoliad/–au (m)

rehearsal rihyrsal/–s (m), practis (m), ymarfer/–ion (m)

rehearse ymarfer (v)

reign teyrnasu (v)

reindeer carw/ceirw (m)

reject gwrthod (v)

rejection gwrthodiad/–au (m)

rejoice llawenhau, gorfoleddu (v)

relate TELL A TALE adrodd, CONNECT TO cysylltu â +A.M., RELATED TO perthyn i +S.M.

   are we related? ydyn ni'n perthyn?

   I'm related to him rydw i'n perthyn iddo fe

   this relates to the story mae hyn yn gysylltiedig â'r stori

relation perthynas/perthnasau (fm), CONNECTION cysylltiad/–au (m)

   I've got many relations mae llawer o berthnasau 'da fi / gen i

relative perthynas/perthnasau (fm); COMPARATIVE cymharol, perthynol (adj)

   relative clause cymal perthynol

relax ymlacio (v)

reliable dibynadwy (adj)

relief FEELING gollyngdod (m), HELP cymorth (m)

   relief map map tirwedd

relieve HELP cynorthwyo, RELIEVE PAIN lliniaru, FREE rhyddhau (v)

religion crefydd/–au (f)

religious crefyddol (adj)

rely dibynnu (v)

   to rely on dibynnu ar +S.M.

remain STAY aros, BE LEFT OVER bod ar ôl (v)

   it remains to be seen rhaid aros i weld

   six games remain mae chwe gêm ar ôl

   she remained here arhosodd hi yma

remains gweddillion (pl)

remark sylw/–adau (m); gwneud sylw, dweud (v)

remarkable hynod, WONDERFUL rhyfeddol (adj)

remedy moddion (m), meddyginiaeth/–au (f); gwella (v)

remember cofio (v)

remind atgoffa (v)

remote anghysbell (adj)

remove symud (v)

remover symudwr/ symudwyr (m)

   stain remover gwaredwr staeniau

renew adnewyddu (v)

renewable energy ynni adnewyddol

rent rhent/–i (m); rhentu (v)

   to rent i'w rentu

reopen ailagor (v)

repair trwsio, cyweirio, atgyweirio (v)

repairs atgyweiriad/–au (m)

repay ad-dalu (v)

repeat ailadrodd (v); ailadroddiad/–au (m)

replace PUT BACK ailosod, TAKE THE PLACE OF cymryd lle (v)

reply ateb (v); ateb/–ion (m)

report adroddiad/–au (m); adrodd, NEWS gohebu (v)

reporter gohebydd/gohebwyr (m)

represent cynrychioli (v)

representative cynrychiolydd/ cynrychiolwyr (m)

reproduce atgynhyrchu, COPY copïo (v)

reptile ymlusgiad/ymlusgiaid (m)

republic gweriniaeth/–au (f)

republican gweriniaethwr/gweriniaethwyr (m)

request cais/ceisiadau (m); ASK FOR gofyn am +S.M., gwneud cais (v)

require bod eisiau (v)

   I require a doctor mae eisiau doctor arna i

rescue achub (v)

research ymchwil/–iadau (f); ymchwilio (v)

   to research into ymchwilio i +S.M.

R

resemble bod yn debyg (v)
 to resemble something bod yn debyg i rywbeth

resent OPPOSE gwrthwynebu, BE ANGRY bod yn ddig (v)

reservation NATURE gwarchodfa/ gwarchodfeydd (f), lle cadw/llefydd cadw (m)
 Indian reservation gwarchodfa Indiaid

reserve cadw (v); FUND, STORE cronfa/ cronfeydd (f), SHYNESS swildod (m); wrth law, wrth gefn (adj) (adv)
 reserve fund cronfa wrth gefn
 in reserve wrth gefn
 nature reserve gwarchodfa natur
 to reserve a place cadw lle

reserved SHY swil, BOOKED cadw (adj)
 reserved seat sedd gadw, sedd wedi ei chadw

reservoir WATER cronfa ddŵr/cronfeydd dŵr (f), FUND cronfa/cronfeydd (f)

reside preswylio, LIVE byw, trigo (v)

residence HOME cartref/-i (m), LIVING PLACE preswylfa/preswylfeydd (f)

resident preswylydd/preswylwyr (m), trigolion (pl)
 the residents of Swansea trigolion Abertawe

resign ymddiswyddo (v)

resignation ymddiswyddiad/-au (m)

resist gwrthsefyll (v)

resistor gwrthydd/-ion (m)

resolve penderfynu (v); penderfyniad/- au (m)

resort man gwyliau/mannau gwyliau (m)

respect parchu (v); parch (m)
 respects GREETINGS cyfarchion
 with respect to ynglŷn â +A.M.
 respect for someone parch i rywun

respectability parchusrwydd (m)

respectable parchus (adj)

respective priodol (adj)

respond ateb (v)

response ymateb/-ion (m)

responsibility cyfrifoldeb/-au (m)

responsible cyfrifol (adj)

rest gorffwys, gorffwyso (v); gorffwys (m)

restaurant tŷ bwyta/tai bwyta (m), bwyty/ bwytai (m)

restful QUIET tawel, STILL llonydd, gorffwysol (adj)

restless aflonydd (adj)

restore adfer (v)

restrain PREVENT atal, HINDER rhwystro (v)

restraint rhwystr/-au (m)

restrict cyfyngu (v)

restriction cyfyngiad/-au (m)

result canlyniad/-au (m)
 as a result of o ganlyniad i +S.M.

resume ailddechrau (v)

resurrect atgyfodi (v)

resurrection atgyfodiad (m)

retail manwerthu (v); manwerthiant (m)

retailer manwerthwr/manwerthwyr (m), siopwr/ siopwyr (m)

retain cadw, KEEP HOLD OF dal gafael ar +S.M. (v)

retaliate dial (v)
 to retaliate dial ar rywun

retire ymddeol (v)

retired wedi ymddeol (v)
 he's retired mae e wedi ymddeol

retreat encilio, ESCAPE ffoi, ESCAPE dianc (v); ffo (m)
 on retreat ar ffo

return dychwelyd (v); dychweliad/-au (m)
 to return home dychwelyd adref

return ticket tocyn dwy ffordd/tocynnau dwy ffordd (m), tocyn dychwel/ tocynnau dychwel (m)

revenge dial (m), dialedd (m); dial (v)
 to take revenge on someone dial ar rywun

revenue INCOME incwm (m), FINANCE cyllid (m)
 inland revenue cyllid y wlad

reverend parchedig (adj)
 Reverend Evans Y Parchedig Evans
 Rev Evans Y Parch. Evans

reverse A DECISION gwrthdroi, CAR bacio, TURN BACK troi'n ôl (v); MISFORTUNE anffawd/anffodion (f)

review adolygu, EXAMINE archwilio (v); adolygiad/-au (m)

revise WORK adolygu, REFORM diwygio (v)

revision CORRECTION cywiriad/-au (m), REVIEW adolygiad/-au (m)

revival RELIGIOUS diwygiad/-au (m), adfywiad (m)

revive adfywio (v)

revolt gwrthryfel/-oedd (m); gwrthryfela (v)
the revolt of Owain Glyn Dŵr gwrthryfel Owain Glyn Dŵr

revolution chwyldro/-adau (m)
the Russian revolution chwyldro Rwsio

revolutionary chwyldroadol (adj); chwyldroadwr/chwyldroadwyr (m)

reward gwobr/-au (f); gwobrwyo (v)

rheumatism gwynegon (pl), cryd cymalau (m)

rhinoceros rhinoseros (m)

rhubarb rhiwbob (m)

rhyme odl/-au (f), NURSERY RHYME rhigwm/rhigymau (m); odli (v)

rib asen/-nau (f)

ribbon ruban/-au (m)

rice reis (m)

rich cyfoethog (adj)
to become rich ymgyfoethogi
the rich and the poor y cyfoethog a'r tlawd

rid gwaredu (v)
to get rid of cael gwared â +A.M.

ride RIDE A HORSE marchogaeth (v); reid/-iau (m)

rider marchog/-ion (m)

ridge crib/-au (fm), cefnen/-nau (f)

ridicule gwawdio (v)

ridiculous chwerthinllyd (adj)

rifle dryll/-iau (fm), reiffl/-au (fm)

right IN LAW hawl/-iau (f), PRIVILEGE braint/breintiau (f), CUSTOM defod/-au (f); yn iawn (adv); CORRECT iawn, DIRECTION de, dde (adj)
it's all right mae'n iawn
all right o'r gorau
on the right ar y dde
the right hand y llaw dde
on the right side ar yr ochr dde
right away ar unwaith

rights hawliau (pl)

rim ymyl/-on (m)

ring ON FINGER modrwy/-on (f), CIRCLE cylch/-oedd (m); BELL canu,

REVERBERATE atseinio (v)
the phone is ringing mae'r ffôn yn canu

rink cylch sgefrio (m)

rinse golchi (v)

riot terfysg/-oedd (m)
the Merthyr riots terfysgoedd Merthyr

rip rhwygo (v); rhwyg/-iadau (m)

ripe aeddfed (adj)

ripen aeddfedu (v)

rise GET UP, PICK UP, GO UP codi, INCREASE cynyddu (v); PAY codiad/-au (m), INCREASE cynnydd (m)

risk DANGER pergyl/-on (m), risg (m); ENDANGER peryglu, VENTURE mentro (v)
at risk mewn perygl

risky DANGEROUS peryglus, ADVENTUROUS mentrus (adj)

river afon/-ydd (f)

river-bank glan yr afon (f)

road heol/-ydd (f), WAY ffordd/ffyrdd (f)
road works gwaith heol
main road priffordd
country road heol wledig

roam crwydro (v)

roar rhuo (v)

roast rhostio (v); rhost (adj)
roast potatoes tatws rhost
roast beef eidion rhost

rob lladrata (v)

robber lleidr/lladron (m)

robbery lladrad/-au (m)

rock craig/creigiau (f), MUSIC AND SWEET STICK roc (m); siglo (v)
rock music cerddoriaeth roc
rock and roll roc a rôl

rocket roced/-i (f)

rocky creigiog (adj)

rod FISHING ROD gwialen/gwiail/gwialenni (f), MECHANICS rhoden/-ni (f)

role PART rhan/-nau (f), rôl (m)
to play a role chwarae rôl

roll rholio (v); rholyn/rholiau (m)

rolling-pin rholbren/-ni (m)

Roman Rhufeiniwr/Rhufeiniaid (m); Rhufeinig (adj)

romance rhamant/-au (f), LOVE AFFAIR carwriaeth/-au (f); rhamantu (v)

R

rõmantic rhamantaidd (adj)

roof to/–eon (m)

room ystafell/–oedd (f), stafell/–oedd (f), SPACE lle (m)
   front room ystafell flaen
   back room ystafell gefn
   there's enough room mae digon o le

root gwreiddyn/gwreiddiau (m); gwreiddio (v)
   square root ail isradd

rope rhaff/–au (f); rhaffu (v)

rose rhosyn/–nau (m)

rot pydru (v); pydredd (m)

rotten pwdr (adj)

rough garw, ESTIMATE bras (adj)

roughen garwhau (v)

round crwn, cron *with f. noun* (adj); o gwmpas, o amgylch (prep); OF GAME rownd/–iau (f), CIRCLE cylch/–oedd (m)
   a round of golf gêm o golff
   first round rownd gyntaf
   round the garden o gwmpas yr ardd
   the round table y ford gron

roundabout cylchfan/–au (f)

rounders rownderi (pl)

route ffordd/ffyrdd (f)

routine trefn (f); arferol (adj)

row rhes/–i (f), cweryl/–on (m), QUARREL ffrae/–on (f); QUARREL cweryla, QUARREL ffraeo, WITH OARS rhwyfo (v)
   rowing boat cwch rhwyfo

royal brenhinol (adj)

rub rhwbio (v)

rubber rwber/–i (m)

rubbish NONSENSE sbwriel (m), lol (f)

ruck sgarmes/–oedd (f), RUGBY ryc/–iau (m); rycio (v)

rucksack sach gefn/sachau cefn (f)

rudder llyw/–iau (m)

rude anfoesgar, anghwrtais (adj)

rug ryg/–iau (fm)

rugby (football) rygbi (m)
   rugby match gêm rygbi

ruin OF BUILDING adfail/adfeilion (fm), DESTRUCTION distryw (m); distrywio (v)
   in ruins yn adfail, wedi dadfeilio

rule rheoli (v); rheol/–au (f), GOVERNMENT llywodraeth (f)
   as a rule fel rheol

ruler rheolwr/rheolwyr (m), FOR MEASURING pren mesur/prennau mesur (m)

rum rwm (m)

rumour sôn (m)
   I have heard a rumour rydw i wedi clywed sôn

run rhedeg, FLOW llifo, CONTROL rheoli (v)
   in the long run yn y pen draw
   to run into (a person) taro ar +S.M. (berson)
   run a business rhedeg/rheoli busnes

runway glanfa/glanfeydd (f)

rural gwledig (adj)
   rural Wales Cymru wledig

rush rhuthro (v); REED brwynen/brwyn (f)
   rush-hour awr frys

rust rhwd (m); rhwdu (v)

rusty rhydlyd (adj)

rut rhigol/–au (f)
   in a rut mewn rhigol

S

Sabbath Sabath/–au (m), Saboth/–au (m), SUNDAY Sul/–iau (m)

sack sach/–au (f), DISMISSAL diswyddiad/–au (m); DISMISS diswyddo, DESTROY difrodi (v)
   to get the sack cael y sac, colli swydd
   to sack someone diswyddo rhywun, rhoi'r sac i rywun

sacred cysegredig, HOLY sanctaidd (adj)

sad trist (adj)

saddle cyfrwy/–au (m)

sadness tristwch (m)

safe diogel (adj)
   to make safe diogelu

safety diogelwch (m)

safety-pin pin cau/pinnau cau (m)

saga saga/sagâu (f), TALE chwedl/–au (f)

sail hwyl/–iau (f); hwylio, morio (v)
   sailing boat cwch hwylio
   sailing ship llong hwylio

sailor morwr/morwyr (m)

saint sant/saint/seintiau (m)
   Saint David Dewi Sant
   Saint Patrick Sant Padrig

Saint George Sant Siôr
Saint Andrew Sant Andreas
sake
  for the sake of er mwyn
  for goodness' sake er mwyn dyn
  for God's sake er mwyn Duw
salad salad/–au (m)
salami salami (m)
salary cyflog/–au (fm), PAY tâl/taliadau (m)
sale gwerthiant/gwerthiannau (m), sêl (f)
  for sale ar werth
salesman gwerthwr/gwerthwyr (m)
saliva poer (m)
salmon eog/–iaid (m)
salt halen (m); halltu (v)
salty hallt (adj)
same yr un (adj)
  +S.M. *of f. nouns except ll and rh*
  the same book yr un llyfr
  the same year yr un flwyddyn
  the same (kind) yr un fath
  the same kind of work yr un math o
  waith
  same again yr un peth eto
  IN SPITE OF THAT **all the same** er
  hynny
  it's all the same mae e i gyd yr un
  fath
sample sampl/–au (m), EXAMPLE
  enghraifft/enghreifftiau (f); samplu,
  TEST, TASTE profi (v)
sand tywod (m)
  BEACH **sands** traeth/–au (m)
sandal sandal/–au (f)
sandwich brechdan/–au (f)
  cheese sandwich brechdan gaws
sandy tywodlyd (adj)
sardine sardîn/sardinau (m)
Satan Satan/–iaid (m)
satellite lloeren/–nau/–ni (f)
satin satin (m)
satire dychan (m); dychanu (v)
satirical dychanol (adj)
satisfaction bodlonrwydd (m)
satisfy bodloni, SATISFY A NEED diwallu (v)
Saturday dydd Sadwrn/dyddiau Sadwrn
  (m)
  on Saturday dydd Sadwrn
  on Saturdays, on a Saturday ar

ddydd Sadwrn
Saturn Sadwrn (m)
  the planet Saturn y blaned Sadwrn
sauce saws/–iau (m)
  mint sauce saws mintys
saucepan sosban/sosbenni (f)
saucer soser/–i (f)
sauna sawna (f)
sausage selsigen/selsig (f), sosej/–ys (f)
savage ffyrnig (adj); anwariad/ anwariaid
  (m)
save MONEY cynilo, NOT TO WASTE arbed,
  LIFE achub (v)
  savings bank banc cynilo
savings cynilion (pl)
saviour ESP. RELIGIOUS gwaredwr/gwaredwyr
  (m), achubwr/achubwyr (m)
savoury sawrus (adj)
saw llif/–iau (f); llifio, SEE *form of* gweld (v)
  I saw gwelais i, gweles i
  you saw FAMILIAR gwelaist ti, gwelest
  ti, POLITE gweloch chi
  he/she/it saw gwelodd e/hi
  we saw gwelon ni
  they saw gwelon nhw
Saxon Sacson/–iaid (m), ENGLISH Sais/
  Saeson (m)
say dweud (v)
  you don't say! taw â sôn! (NW), paid
  â dweud!
saying dywediad/–au (m)
scale FOR MEASURING clorian/–nau (f),
  FOR MEASURING, MUSIC graddfa/
  graddfeydd (f); WEIGH pwyso, MEASURE
  mesur, CLIMB dringo (v)
scandal sgandal/–au (m)
scant prin (adj)
scar craith/creithiau (f); creithio (v)
scarce prin (adj)
scared ofnus (adj)
scarf sgarff/–iau (f)
scarlet sgarlad (adj)
  scarlet fever y dwymyn goch
scatter gwasgaru (v)
scene golygfa/golygfeydd (f), PLACE lle/–
  fydd (m)
scenery golygfa (f)
scent persawr/–au (m), SMELL arogl/–au
  (m); arogleuo (v)

S

on the scent ar y trywydd
schedule trefn (f), PROGRAMME rhaglen/-ni (f), trefnlen/-ni (f), LIST rhestr/-au (f); ARRANGE trefnu (v)
scheme cynllun/-iau (m)
scholar ACADEMIC ysgolhaig/ysgolheigion (m)
scholarship PRIZE ysgoloriaeth/-au (f), ACADEMIC ABILITY ysgolheictod (m)
school ysgol/-ion (f), OF FISH haig/heigiau (f)
    nursery school ysgol feithrin
    primary school ysgol gynradd
    junior school ysgol iau
    secondary school ysgol uwchradd
    comprehensive school ysgol gyfun
    public school ysgol fonedd
    private school ysgol breifat
    state school ysgol wladwriaeth
    Sunday school ysgol Sul
    to go to school mynd i'r ysgol
    at school yn yr ysgol
schoolboy bachgen ysgol/bechgyn ysgol (m)
schoolgirl merch ysgol/merched ysgol (f)
schoolmaster athro/athrawon (m)
schoolmistress athrawes/-au (f)
schoolteacher athro/athrawon (m), athrawes/-au (f)
science gwyddoniaeth (f)
    social science y gwyddorau cymdeithasol
scientific gwyddonol (adj)
scientist gwyddonydd/gwyddonwyr (m)
scissors siswrn/sisyrnau (m)
scold dwrdio (v)
scone sgon/-au (f)
scooter sgwter/-s (m)
score MUSIC sgôr/sgorau(mf), ugain (num); sgorio (v)
scorn dirmygu (v)
scornful dirmygus (adj)
Scot Albanwr/Albanwyr (m), Albanes/-au (f)
Scotland yr Alban (f), LANGUAGE Albaneg (f)
Scots Albanaidd (adj)
Scottish Albanaidd (adj)
scout sgowt/-iaid (m)
scramble ysgarmes/-au (f); CLIMB dringo,

sgramblo (v)
    scrambled eggs wyau wedi'u sgramblo, wyau wedi'u malu
scrap tamaid/tameidiau (m), PIECE darn/-au (m); FIGHT ymladd (v)
scrapbook llyfr lloffion/llyfrau lloffion (m)
scrape crafu (v); crafiad/-au (m)
    in a scrape mewn sgarmes
scratch crafu (v); crafiad/-au (m)
scream sgrech/-au/-feydd/-iadau (f); sgrechian (v)
screen sgrin/-au (f)
    television screen sgrin deledu
screw sgriw/-iau (f); sgriwio (v)
screwdriver tyrnsgriw/-iau (m)
script sgript/-iau (m)
scripture ysgrythur/-au (f)
scrub sgwrio (v)
sculptor cerflunydd/cerflunwyr (m)
sculpture cerflun/-iau (m)
sea môr/moroedd (m)
    the Black Sea y Môr Du
    Severn Sea Môr Hafren
    Irish Sea Môr Iwerddon
    sea water dŵr y môr
    at sea ar y môr
seaboard arfordir/-oedd (m)
sea-gull gwylan/-od (f)
seal morlo/-i (m)
seam gwnïad (m)
seaman morwr/morwyr (m)
search chwilio (v); ymchwil (f)
    to search for chwilio am +S.M.
seaside glan y môr (f)
season tymor/tymhorau (m); TO GIVE TASTE cyflasu (v)
    season ticket tocyn tymor
seat sedd/-au (f)
    front seat sedd flaen
    seat belt gwregys diogelwch
second ail +S.M. (adj); eiliad/-au (f); A MOTION eilio (v)
    the second girl yr ail ferch
    second class ail ddosbarth
    in a second mewn eiliad
second-hand ail-law (adj)
secondary SCHOOL uwchradd, SECOND RATE eilradd (adj)
    secondary school ysgol uwchradd

secret cyfrinach/-au (f), cyfrinachol, HIDDEN dirgel, cudd (adj)
  in secret yn gyfrinachol
secretary ysgrifennydd/ysgrifenyddion (m), ysgrifenyddes/-au (f)
section adran/-nau (f), PART rhan/-nau (f)
secure diogel (adj); SAFEGUARD diogelu, ENSURE sicrhau, TIE clymu (v)
security diogelwch (m), CERTAINTY sicrwydd (m)
see gweld, UNDERSTAND deall (v)
seed hedyn/hadau (m)
seek chwilio (v)
seem ymddangos, edrych fel pe bai (v)
  it seems to be open mae e fel pe bai ar agor, mae'n ymddangos ei fod ar agor
seen wedi gweld (v)
  I have seen rydw i wedi gweld
seize gafael (v)
  to seize the opportunity dal ar y cyfle
  to seize the bag gafael yn y bag
seldom yn anaml (adv)
select CHOOSE dewis, dethol (v)
selection detholiad/-au (m)
self hun, hunan/hunain (pron)
  myself fy hun(an)
  yourself FAMILIAR dy hun(an), POLITE eich hun(an)
  himself ei hun(an)
  herself ei hun(an)
  ourselves ein hunain
  yourselves eich hunain
  themselves eu hunain
self-defence hunanamddiffyniad (m)
self-determination ymreolaeth (f)
self-government hunanlywodraeth (f)
selfish hunanol (adj)
self-service hunanwasanaeth (m)
sell gwerthu (v)
semi- hanner (pref)
  semi-circle hanner cylch
senate senedd/-au (f)
senator seneddwr/seneddwyr (m)
send anfon (v)
senior hŷn, HIGHER uwch (adj)
  senior lecturer darlithydd uwch
sense synnwyr (m), MEANING ystyr (m); synhwyro (v)

  the senses y synhwyrau
  common sense synnwyr cyffredin
  in what sense? ym mha ystyr?
senseless disynnwyr (adj)
sensible synhwyrol (adj)
sensitive sensitif (adj)
sensuous synhwyrus (adj)
sentence GRAMMAR brawddeg/-au (f), LAW dedfryd/-au (f); dedfrydu (v)
sentimental sentimental, FULL OF FEELING teimladol (adj)
separate DIFFERENT gwahanol (adj); at wahân (adv); gwahanu (v)
  to separate something from something gwahanu rhywbeth oddi wrth rywbeth
September mis Medi (m)
  in September ym mis Medi
serene QUIET tawel, tangnefeddus (adj)
serf taeog/-ion (m)
sergeant rhingyll/-iaid (m)
serial stori gyfres/storïau cyfres (f)
series cyfres/-i (f)
serious difrifol (adj)
sermon pregeth/-au (f)
serpent sarff/seirff (f)
servant gwas/gweision (m)
serve gwasanaethu, FOOD gweini (v)
service gwasanaeth (m)
  service station gorsaf betrol (f)
serviette napcyn/-au (m)
servile gwasaidd (adj)
session sesiwn/sesiynau (m)
set PUT gosod, PUT dodi, SUN machlud, HARDEN caledu, ARRANGE trefnu (v)
  to set off cychwyn
  to set on fire rhoi ar dân, tanio
settle AGREE cytuno, DECIDE penderfynu, TO SETTLE DOWN IN A PLACE ymgartrefu, setlo (v)
seven saith (num)
seventeen un deg saith, dau ar bymtheg (num)
seventeenth ail ar bymtheg (ord)
  +S.M. *with f. nouns*
  the seventeenth girl yr ail ferch ar bymtheg
seventh seithfed (ord)
  +S.M. *with f. nouns*

S

seventy saith deg (num)

several sawl (adj)

    several women sawl menyw

severe HARD caled, SHARP, HARSH llym (adj)

    severe winter gaeaf caled

sew gwnïo (v)

    sewing-machine peiriant gwnïo (m)

sex rhyw/–iau (f)

sexual rhywiol (adj)

shade cysgod/–ion (m), COLOUR lliw/–iau (m); cysgodi, DARKEN tywyllu (v)

shadow cysgod/–ion (m); cysgodi, FOLLOW dilyn (v)

shady cysgodol, SUSPICIOUS amheus (adj)

shake HANDS, MAT ysgwyd, SHIVER crynu, SWING siglo (v)

    to shake hands ysgwyd llaw

shall *future of* bod

    I shall bydda i

    we shall byddwn ni

shallow WATER bas, LOW isel, SUPERFICIAL arwynebol (adj)

sham ffug (adj); ffugio (v)

shame cywilydd (m); cywilyddio (v)

    shame on him rhag ei gywilydd

    shame on her rhag ei chywilydd

shameful cywilyddus (adj)

shampoo siampŵ (m); golchi gwallt (v)

shan't *future of* bod

    I shan't fydda i ddim

    we shan't fyddwn ni ddim

shape siâp/siapiau (m), FORM ffurf/–iau (f); TO FORM siapio, ffurfio (v)

share rhannu (v); PART rhan/–nau (f), PORTION cyfran/–nau (f), STOCKS AND SHARES cyfranddaliad/–au (m)

sharp miniog (adj); MUSIC llonnod/ llonodau (m)

sharpen hogi (v)

shave eillio (v); eilliad (m)

shaver eilliwr/eillwyr (m)

shawl siôl/siolau (f)

she hi (pron)

    she is here mae hi yma

shear cneifio (v)

shears gwellau/gwelleifiau (m)

shed sied/–iau (m); LOSE colli, TAKE OFF CLOTHES diosg (v)

    to shed tears colli dagrau

sheep dafad/defaid (f)

    sheep dog ci defaid

sheer STEEP serth, PURE pur (adj)

sheet llen/–ni (f), ON BED cynfas/–au (f), OF PAPER dalen/–nau (f)

shelf silff/–oedd (f)

shell cragen/cregyn (f), EGG plisgyn/plisg (m)

shell-fish pysgod cregyn (pl)

shelter cysgod/–ion (m), REFUGE lloches/–au (f); cysgodi, REFUGE llochesu (v)

shepherd bugail/bugeiliaid (m); bugeilio (v)

shift MOVE symud, COPE ymdopi (v); shifft/ –iau (f)

shilling swllt/sylltau (m)

shine disgleirio (v); disgleirdeb (m)

shining disglair (adj)

shiny gloyw (adj)

ship llong/–au (f); TRANSPORT cludo (v)

shire sir/–oedd (f)

shirt crys/–au (m)

shiver crynu (v)

shock sioc (m); TO GIVE A SHOCK rhoi sioc, TO HAVE A SHOCK cael sioc (v)

shocking arwydus (adj)

shoe esgid/–iau (f); HORSE pedoli (v)

    horse shoe pedol/–au (f)

shoemaker crydd/–ion (m)

shoot saethu (v); OF PLANT blaguryn/ blagur (m)

shop siop/–au (f); siopa (v)

shopkeeper siopwr/siopwyr (m)

shopping siopa (v)

    to do the shopping siopa, gwneud y siopa

    shopping centre canolfan siopa

shop-window ffenest siop/ffenestri siop (f)

shore glan y môr (f), BEACH traeth/–au (m)

short byr (adj)

shortage prinder (m)

    shortage of food prinder bwyd

shorten byrhau (v)

shorts trowsus/–au byr (m)

shorthand llaw-fer (f)

shot ergyd/–ion (f)

should *form of incomplete verb* dylwn (v)

    I should dylwn i

    you should FAMILIAR dylet ti, POLITE

dylech chi
he/she/it should dylai fe/hi
we should dylen ni
they should dylen nhw
shoulder ysgwydd/–au (f); ysgwyddo (v)
shouldn't *form of incomplete verb* dylwn (v)
she shouldn't go ddylai hi ddim
mynd, ni ddylai hi fynd
shout gwaedd/–au/–iadau (f),
bloedd/–iau/–iadau (f); gweiddi (v)
shove gwthio (v)
shovel rhaw/rhofiau (f)
show dangos, EXHIBIT arddangos (v); sioe/–
au (f), EXHIBITION arddangosfa/
arddangosfeydd (f)
to show up APPEAR ymddangos
shower cawod/–ydd (f); cael cawod (v)
shrink crebachu, LESSEN lleihau (v), TO BECOME
LESS mynd yn llai (v)
Shrove Tuesday Dydd Mawrth Ynyd (m)
shut cau (v); caeedig (adj)
the shop is shut mae'r siop ar gau
shuttle-cock pluen/plu (f)
shy swil (adj); THROW taflu (v)
shyness swildod (m)
sick ILL sâl (adj)
I'm sick of it rydw i wedi alaru arno fe
sickness salwch (m)
side ochr/–au (f); ochri (v)
sideboard seld/–au (f), dresel/–i (m)
side-step ochrgamu (v)
sieve rhidyll/–au (m); rhidyllu (v)
sigh ochneidio, GROAN griddfan (v),
ochenaid/ocheneidiau (f)
sight golwg/golygon (f), SCENE golygfa/
golygfeydd (f)
out of sight o'r golwg
at first sight ar yr olwg gyntaf
sign arwydd/–ion (fm); arwyddo,
SIGNATURE llofnodi (v)
signal arwydd/–ion (fm); arwyddo (v)
signature llofnod/–ion (m)
significance arwyddocâd (m)
significant arwyddocaol (adj)
signpost arwyddbost/arwyddbyst (m)
silence tawelwch (m), distawrwydd (m);
tawelu, rhoi taw ar +S.M. (v)
silencer tawelydd/–ion (m)
silent tawel, distaw (adj)

silk sidan/–au (m)
silky sidanaidd (adj)
silly ffôl, (SW) dwl, twp (adj)
silver arian (m); arian (adj); ariannu (v)
silvery ariannaidd (adj)
similar tebyg (adj)
similar to yn debyg i +S.M.; THE SAME
AS yr un fath â +A.M.
similarity tebygrwydd (m)
simmer mudferwi (v)
simple syml (adj)
simplicity symlrwydd (m)
simultaneous ar y pryd (adj)
simultaneous translation cyfieithu ar
y pryd
sin pechod/–au (f); pechu (v)
since oherwydd, FOR am +S.M.,
AS gan +S.M. (conj); er + *definite time*;
crs +*indefinite time* (prep)
since 1995 er 1995
sincere didwyll (adj)
yours sincerely yn ddidwyll, yn gywir
sinful pechadurus (adj)
sing canu (v)
singer canwr/cantorion (m), cantores/–au
(f)
single sengl, UNMARRIED di-briod, ONE un
(adj)
to single out dewis
single bed gwely sengl
single ticket tocyn unffordd
singular unigol (adj), STRANGE rhyfedd (adj)
sink sinc/–iau (mf); suddo (v)
sir syr (v)
sister chwaer/chwiorydd (f)
sister-in-law chwaer-yng-nghyfraith/
chwiorydd-yng-nghyfraith (f)
sit sit (v)
to sit down eistedd (v)
site safle/–oedd (m); lleoli (v)
sitting-room LIVING ROOM ystafell fyw/
ystafelloedd byw (f), LOUNGE lolfa/
lolfeydd (f)
situated sefydlog (adj)
wedi ei leoli *is used with f. nouns and*
wedi eu lleoli *with pl. nouns*
situation sefyllfa/–oedd (f)
six chwech, chwe (num)
use chwech before vowels and chwe

S

+A.M. *before consonants*
six aeroplanes chwech awyren
six houses chwe thŷ
six children chwe phlentyn
six pence chwe cheiniog
sixteen un deg chwech, un ar bymtheg (num)
sixteenth unfed ar bymtheg (ord)
+S.M. *with f. nouns*
sixth chweched (ord)
+S.M. *with f. nouns*
sixty chwe deg, trigain (num)
+N.M. *with* blwydd *and* blynedd
sixty people chwe deg o bobl
sixty years old trigain mlwydd oed
sixty years trigain mlynedd
size maint/meintiau (m)
size six maint chwech
skate sglefrio (v); esgid sglefrio/esgidiau sglefrio (f)
skating rink cylch sglefrio/cylchoedd sglefrio (m)
skeleton sgerbwd/sgerbydau (m)
sketch braslun/-iau (m); braslunio (v)
ski sgïo (v); sgi/-s (m)
ski lift lifft sgïo
skid SLIP llithro, sgïdo (v)
skier sgïwr/sgïwyr (m)
skilful medrus (adj)
skill medr/-au (m), sgìl/sgiliau (m)
skin croen/crwyn (m); blingo (v)
skinny tenau (adj)
skip sgipio (v)
skirt sgert/-iau (f)
skull penglog/-au (f)
sky wybren/-nau (f), AIR awyr (f), HEAVEN nen (f)
skyscraper nengrafwr/nengrafwyr (m)
slack llac (adj); llacio (v)
slacks trowsus/-au (m)
slacken llacio (v)
slam clepian (v)
grand slam RUGBY y gamp lawn
slang bratiaith (f)
slant goleddf (g); goleddfu (v)
on a slant ar oleddf
slap slap/-iau (m); slapio (v)
slate llechen/llechi (f); CRITICIZE beirniadu (v)

slate quarry chwarel lechi (f)
slaughter lladdfa (f), cyflafan (f); lladd (v)
slave caethwas/caethweision (m); slafo, llafurio (v)
slavery caethwasanaeth (m)
sleep cysgu (v); cwsg (m)
go to sleep POLITE ewch i gysgu, FAMILIAR cer i gysgu
sleeping-bag sach gysgu/sachau cysgu (f)
sleepy cysglyd (adj)
sleeve llawes/llewys (f)
slender main, tenau (adj)
slice tafell/-au (f); tafellu (v)
slide llithro (v); llithren/-nau (f)
slight THIN main, THIN tenau, LIGHT ysgafn (adj); INSULT sarhad (m); sarhau (v)
slim main, THIN tenau (adj); LOSE WEIGHT colli pwysau (v)
slip llithro (v)
slipper llopan/-au (f), sliper/sliperi (f)
slippery llithrig (adj)
slit hollt/-au (fm); hollti (v)
slope llethr/-au (f); goleddfu (v)
slow araf (adj); arafu (v)
slow down arafu
slow down! arafwch!
slowly yn araf (adv)
slug malwoden/malwod (f)
slum slym/-iau (m)
sly cyfrwys (adj)
smack clec/-iadau (f); HIT taro (v)
small bach, bychan (adj)
in the small hours yn oriau mân y bore, yn y bore bach
small coal glo mân
small change newid mân
small talk mân siarad
smaller llai (o faint)
smaller than llai (o faint) na +A.M.
small-pox y frech wen (f)
smart TIDY taclus, smart, FAST cyflym (adj); PAIN brifo (v)
smell arogl/-au (m), gwynt (SW) (m); arogleuo, gwynto (SW) (v)
smile gwên/gwenau (f); gwenu (v)
to smile at gwenu ar +S.M.
smith gof/-aint (m)
smoke mwg (m); smygu, smocio, smoco (SW) (v)

to have a smoke cael mwgyn
   no smoking dim smygu
smooth esmwyth, llyfn (adj); llyfnhau (v)
smuggle smyglo (v)
snack byrbryd/–au (m), tamaid (f)
snail malwoden/malwod (f), malwen/
   malwod (f)
snake neidr/nadredd (f)
snapshot llun/–iau (m)
   to take a snap tynnu llun (v)
snatch cipio (v)
sneeze tisian (v)
snob crachach (pl)
snore chwyrnu (v)
snow eira (m); bwrw eira (v)
so mor +S.M.*except for* ll *and* rh (adj); felly
   (conj)
   so beautiful mor brydferth
   so happy mor llawen
   so I came felly des i
   so far so good popeth yn iawn hyd
     yn hyn
   so far hyd yn hyn
   so that fel bod
   so that the team wins fel bod y tîm
     yn ennill
soak gwlychu (v)
soap sebon/–au (m); seboni (v)
   soap opera opera sebon
social cymdeithasol (adj)
   social security nawdd cymdeithasol
   social studies astudiaethau
     cymdeithasol
socialism sosialaeth (f)
socialist sosialaidd (adj); sosialydd/
   sosialwyr (m)
   socialist party plaid sosialaidd
society cymdeithas/–au (f)
sociology cymdeithaseg (f)
sock hosan/hosanau/sanau (f)
socket soced/–i (f)
soda soda (m)
   soda water dŵr soda
sofa soffa/–s (f)
soft meddal, SILLY dwl (adj)
   don't be soft paid â bod yn ddwl
   soft drink diod ysgafn
soften meddalu (v)
soil pridd/–oedd (m); EARTH daear (f)

soldier milwr/milwyr (m); brwydro (v)
sole unig (adj); gwadn/–au (m)
   unig *precedes noun* +S.M.
   the sole reason yr unig reswm
solemn INTENSE dwys, SERIOUS difrifol (adj)
sol-fa sol-ffa (m)
solicitor cyfreithiwr/cyfreithwyr (m)
solid soled/–au (m); solet, STRONG cadarn
   (adj)
solo unawd/–au (m); SINGLE unigol (adj)
soluble hydawdd (adj)
solution ANSWER ateb/–ion (m),
   EXPLANATION esboniad/–au (m),
   DISSOLVE toddiant/toddiannau (m)
solve datrys (v)
some A FEW, A LITTLE ychydig (m) (adj)
   +S.M., SEVERAL rhai (pron) (adj), rhyw
   +S.M. (adj); tua +A.M. (adv)
   some people rhai pobl
   some bread ychydig fara
   some boy rhyw fachgen
   some hundred metres tua chan metr
   some more food ychydig mwy o fwyd
   some time rhyw bryd
   do you have some idea? oes gen ti
     unrhyw syniad?, oes unrhyw syniad
     'da ti?
something rhywbeth (m)
sometime rhywbryd (m)
sometimes weithiau (adv)
somewhere rhywle (adv)
son mab/meibion (m)
song cân/caneuon (f)
son-in-law mab-yng-nghyfraith/meibion-
   yng-nghyfraith (m)
sonnet soned/–au (m)
soon yn fuan (adv)
sooner yn gynt (adv)
soprano soprano (f)
sore poenus (adj); dolur/–iau (m)
   I have a sore throat mae llwnc tost
     'da fi, mae'n flin gen i
sorrow SADNESS tristwch (m), MOURNING
   galar (m); tristáu (v)
sorrowful SAD trist, SORRY blin (adj)
sorry blin
   I'm sorry mae'n flin 'da fi, mae'n
     ddrwg gen i
   to feel sorry for someone teimlo'n

S

Hin am rywun

sort math/-au (m); dosbarthu, ARRANGE trefnu (v)
  nothing of the sort dim byd o'r fath
  of this sort o'r math hwn
  this sort of thing y math hwn o beth
  what sort of car? pa fath o gar? sut gar?

soul enaid/eneidiau (m)

sound NOISE swn/synau (m), TONE sain/ seiniau (f); STRONG cadarn (adj); swnio (v)

soup cawl (m)
  leek soup cawl cennin

sour sur (adj); suro (v)

source tarddiad/-au (m)

south de (m)
  to the south i'r de

south-east de-ddwyrain (m)

south-west de-orllewin (m)

souvenir cofrodd/-ion (f), PRESENT rhodd/ -ion (f)

sow hwch/hychod (f); hau (v)

space gofod (m), EMPTY SPACE gwagle/- oedd (m)

spade rhaw/rhofiau (f)

Spain Sbaen (f)

Spaniard Sbaenwr/Sbaenwyr (m), Sbaenes/-au (f)

Spanish LANGUAGE Sbaeneg (f); Sbaenaidd (adj)

spanner sbaner/-i (f)

spare SAVE arbed, DO WITHOUT gwneud heb (v); LEFT OVER dros ben (adv); sbâr (adj)
  spare wheel olwyn sbâr
  spare time amser rhydd

spark gwreichionen/gwreichion (f); gwreichioni (v)

sparkling gloyw (adj)

sparrow aderyn y to/adar y to (m)

speak siarad (v)
  to speak Welsh siarad Cymraeg
  I don't speak Welsh dw i ddim yn gallu siarad Cymraeg

spear gwaywffon/gwaywffyn (f)

special arbennig (adj)

specialist arbenigwr/arbenigwyr (m)

specialize arbenigo (v)

specially yn enwedig (adv)

speck smotyn/smotiau (m)

spectacles sbectol/-au (f)

spectator gwyliwr/gwylwyr (m)

speech ADDRESS araith/areithiau (f), ABILITY TO SPEAK lleferydd (m)

speed cyflymder (m); TO GO FASTER cyflymu, RUSH rhuthro (v)
  speed limit ffin cyflymder
  at full speed WHEN RUNNING nerth ei draed, nerth ei thraed *with f. nouns*, AS QUICKLY AS POSSIBLE mor gyflym ag sy'n bosibl (adv)

spell sillafu (v); MAGIC swyn/-ion (m), SHORT TIME ysbaid/ysbeidiau (fm)

spend SPEND TIME treulio, SPEND MONEY gwario (v)

sphere sffêr/sfferau (m), BALL pelen/peli (f)

spice sbeis (m)

spin troelli (v), SPIN WOOL nyddu (v)

spinner CRICKET troellwr/troellwyr (m)

spine asgwrn cefn/esgyrn cefn (m)

spinster hen ferch/hen ferched (f)

spire meindwr/meindyrau (m)

spirit ysbryd (m), GHOST ysbryd/-ion (m), DRINK gwirod/-ydd (m)
  in good spirit(s) mewn hwyliau da
  in low spirit(s) yn ddiflas

spit poeri (v); poer (m)

splash sblasio, tasgu (v); sblas/-ys (m), tasgu (v)

splendid gwych, ysblennydd, EXCELLENT ardderchog, GLORIOUS gogoneddus (adj)

splinter sblinter/-i (m), pigyn/pigau (m)

split hollti (v); hollt/-au (fm)

spoil difetha, shwylio (v); ysbail/ysbeiliau (f)

spoken llafar (adj)

spokesman llefarydd/llefarwyr (m)

sponge sbwng/sbyngau (m); DRY sychu (v)

spoon llwy/-au (f)
  tea spoon llwy de
  soup spoon llwy gawl
  dessert spoon llwy bwdin
  wooden spoon llwy bren

spoonful llwyaid/llwyeidiau (f)

sport chwaraeon (pl)

sports GAMES chwaraeon (pl), ATHLETICS mabolgampau (pl)

sportsman mabolgampwr/ mabolgampwyr (m)

sportswoman mabolgampwraig/
mabolgampwragedd (f)
spot PLACE man/–nau (m), PLACE llecyn/–
nau (m), DOT smotyn/smotiau (m);
RECOGNIZE adnabod, smotio (v)
spotless BLAMELESS di-fai, CLEAN glân (adj)
sprain ysigo (v); ysigiad/–au (m)
spray chwistrellu (v); chwistrell/–au (f)
spread gwasgaru, taenu (v); lledaeniad/–au
(m)
spring METAL sbring/–iau (m), SEASON
gwanwyn (m), WATER ffynnon/
ffynhonnau (f); JUMP neidio, WATER
tarddu (v)
  in the spring yn y gwanwyn
sprout BRUSSELS SPROUTS ysgewyll Brwsel
(pl), SHOOT eginyn/egin (m); SHOOT
egino, FLOWER blaguro, GROW tyfu (v)
spy sbïwr/sbïwyr (m); sbïo (v)
square sgwâr/sgwar(i)au (m); sgwâr (adj)
  square centimetre centimetr sgwâr
  square root ail isradd
  town square sgwâr y dref
squash gwasgu (v); DRINK diod (f)
  orange squash diod oren (f)
  GAME sboncen (f)
stable stabl/–au (f); sefydlog, STRONG
cadarn (adj)
stadium stadiwm/stadiymau (m), FIELD
maes/meysydd (m)
  national stadium maes cenedlaethol
staff staff (pl), STICK ffon/ffyn (f)
stag carw/ceirw (m)
stage llwyfan/–nau (f); llwyfannu (v)
stain staen/–iau (m); staenio (v)
stair staer/–au (f), gris/–iau (m)
  up the stairs i fyny'r grisiau (NW),
lan staer (SW)
  down the stairs i lawr y grisiau
(NW), lawr staer (SW)
stale hen (adj) +S.M.
stall MARKET stondin/–au (f); STAND, STOP
sefyll, CEASE peidio â (v)
stamp stamp/–(i)au (m); stampio (v)
stand sefyll, SUFFER dioddef (v); MARKET
stondin/–au (f), STANCE safiad/–au (m)
  to stand up sefyll
  I can't stand it alla ddim ei
ddioddef e

standard safonol (adj); safon/–au (f), CLASS
dosbarth/–iadau (m)
  standard of living safon byw
star seren/sêr (f); serennu (v)
stare syllu (v)
start cychwyn, dechrau (v); dechrau (m),
BEGINNING dechreuad/–au (m),
cychwyn (m)
  to start off cychwyn
  starting point man cychwyn
starter cychwynnydd (m)
starve llwgu, newynu (v)
state COUNTRY gwladwriaeth/–au (f),
POSITION cyflwr/cyflyrau (m); EXPRESS
mynegi, datgan (v)
statement datganiad/–au (m)
statesman gwladweinydd/–ion (m)
station gorsaf/–oedd (f)
stationary llonydd (adj)
stationer's siop bapur/siopau papur (f)
stationery deunydd papur/–au (m)
statue cerflun/–iau (m)
status statws (m)
  status for the language statws i'r
iaith
stay WAIT, STAY aros, DELAY oedi (v);
arhosiad (m), BREAK egwyl (f)
  to stay at home aros gartref
steady CONSTANT cyson, STRONG cadarn
(adj); STOP atal (v)
  steady on ara deg, gan bwyll
steak stecen (f), stêc (f), golwyth/–(i)on
(m)
steal lladrata, dwyn (v)
steam ager (m); ageru (v)
steel dur (m)
steep serth (adj)
steeple meindwr/meindyrau (m)
steer llywio (v)
  steering wheel olwyn lywio
stem atal (v); coesyn/–nau (m)
step cam/–au (m), ON STAIRS gris/–iau (m);
camu (v)
step- llys- (pref) +S.M.
stepbrother llysfrawd/llysfrodyr (m)
stepfather llystad/–au (m)
stepmother llysfam/–au (f)
stern llym (adj); OF SHIP ôl (m)
stew cawl (m), stiw (m); stiwio (v)

steward stiward/–iaid (m)

stick ffon/ffyn (f); glynu (v)
   to stick to something glynu wrth rywbeth

sticky gludiog (adj)
   sticky tape táp glud(i)o

stiff INFLEXIBLE anystwyth, DIFFICULT anodd (adj)

stiffen sythu (v)

stifle mygu (v)

still llonydd, QUIET tawel (adj); llonyddu, BECOME QUIET distewi (v); CONTINUALLY o hyd, ALTHOUGH er hynny, YET eto (adv)

stimulate symbylu (v)

sting pigo (v); colyn/–nau (m), PLANT STING llosg (m)

stingy pigog (adj) MEAN cybyddlyd (adj)

stink drewi (v)

stir STIR DRINK troi, EXCITE cyffroi (v); cynnwrf (m), cyffro (m)

stitch pwyth/–au (m); pwytho (v)

stock stoc/–iau (m), GOODS nwyddau (pl), TRUNK bôn/bonion (m); stocio, KEEP cadw (v)
   stock exchange cyfnewidfa stoc
   stock market marchnad stoc

stocking hosan/–au/sanau (f)

stomach stumog/–au (f); stumogi (v)
   stomach ache poen stumog (f)

stone carreg/cerrig (f), IN WEIGHT stôn (m); HIT WITH STONE taro â charreg, TAKE STONE OUT tynnu carreg (v)

stony caregog (adj)

stool stôl/stolion (f)

stop stopio, HINDER rhwystro, HINDER atal, WAIT, STAY aros (v); stop (m), SPELL ysbaid/ysbeidiau (fm), STAY arhosiad (m)

store stôr/storïau (m), STORE ROOM storfa/storfeydd (f), FUND cronfa/cronfeydd (f); storïo (v)

storey llawr/lloriau (m)

storm storm/–ydd (f)

stormy stormus (adj)

story stori/storïau (f)
   short story stori fer

stout tew (adj)

straight syth (adj)

   straight ahead yn syth ymlaen
   straight away ar unwaith

straighten unioni (v)

strain straen (m); straenio (v)

strange UNKOWN dieithr, ODD rhyfedd (adj)

stranger dieithryn/dieithriaid (m); FOREIGNER estronwr/estronwyr (m)

strangle llindagu (v)

strap strapen (f); strapio (v)

strategy strategaeth/–au (f)

straw gwellt (pl), gwelltyn (m)

strawberry mefusen/mefus (f)

stray crwydro (v)

stream BROOK nant/nentydd (f), RIVER afon/–ydd (f), FLOW llif (m); llifo (v)

street stryd/–oedd (f)
   high street stryd fawr

strength cryfder/–au (m), nerth (m)

strengthen cryfhau (v)

stress STRAIN straen (m), ACCENT acen/–ion (f), EMPHASIS pwyslais (m); EMPHASIZE pwysleisio (v)

stretch estyn, STRETCH ITSELF ymestyn, PULL tynnu (v); estyniad/–au (m)

strict llym, strict (adj)

strike streic/–iau (f); AT WORK streicio, HIT taro, HIT bwrw (v)
   on strike ar streic

striking trawiadol (adj)

string llinyn/–nau (m), HARP STRING tant/tannau (f); TIE clymu (v)

strip stripio (v); LAND llain/lleiniau (f)

stripe streipen/streipiau (f)

stroke HIT ergyd/–ion (f), HEART strôc (m); A CAT mwytho (v)

stroll tro (m); mynd am dro (v)

strong cryf, abl (adj)

structure strwythur/–au (m), BUILDING adeilad/–au (m), adeiladwaith/ adeiladweithiau (m)

struggle EFFORT ymdrech/–ion (f), BATTLE brwydr/–au (f); MAKE AN EFFORT ymdrechu, BATTLE brwydro (v)

stubborn (y)styfnig (adj)

student myfyriwr/myfyrwyr (m), myfyrwraig/ myfyrwragedd (f)

studio stiwdio/–s (f)

study astudio (v); stydi (m), astudfa/ astudfeydd (f)

stuffing stwffin (m)
stuffy myglyd, clòs (adj)
stupid dwl, twp (adj)
sty twlc/tylc(i)au (m)
    pig-sty twlc mochyn
style steil/–iau (m), MEANS dull/–iau (m), ART arddull/–iau (m),
    in style mewn steil
sub- is- +S.M.
    sub-committee is-bwyllgor
subject GRAMMAR gwrthrych/–au (m), PEOPLE deiliad/deiliaid (m), TOPIC testun/–au (m); darostwng (v)
sublime aruchel (adj)
submerge suddo (v)
submit PRESENT cyflwyno, GIVE IN ymostwng (v)
subsequent dilynol (adj)
subsidy cymhorthdal/cymorthdaliadau (m)
substance sylwedd/–au (m), MATERIAL defnydd/–iau (m)
substantial sylweddol (adj)
subtitle is-deitl/is-deitlau (m); is-deitlo (v)
subtle cynnil (adj)
subtract tynnu, tynnu allan (v)
suburb maestref/–i (f)
succeed llwyddo (v)
    succeed in doing something llwyddo i wneud rhywbeth
success llwyddiant/llwyddiannau (m)
successful llwyddiannus (adj)
successive olynol (adj)
such math, cyfryw (adj)
    used before nouns + S.M.
    such a thing y fath beth
    such person y cyfryw berson
    any such thing unrhyw beth o'r fath
    such as fel
suck sugno (v)
sudden sydyn (adj)
suddenly yn sydyn (adv)
sue PROSECUTE erlyn (v)
suffer dioddef, goddef, ALLOW caniatáu (v)
suffering dioddefaint (m)
sufficient digonol (adj)
sugar siwgr/–au (m); siwgro (v)
suggest awgrymu (v)
suggestion awgrym/–iadau (m)

suggestive awgrymog (adj)
suicide hunanladdiad (m)
    to commit suicide cyflawni hunanladdiad
suit siwt/–iau (f); siwtio, gweddu (v)
suitable addas (adj)
    to be suitable for something bod yn addas i rywbeth
suitcase ces/–ys (m)
suite SERIES, MUSIC cyfres/–i (f), FURNITURE celfi (pl)
sulphur sylffwr (m)
    sulphuric acid asid sylffwrig
sum swm/symiau (m), TOTAL cyfanswm/cyfansymiau (m)
    to sum up crynhoi
summary crynodeb/–au (fm)
summer haf/–au (m)
    in summer yn yr haf
    Indian summer haf bach Mihangel
summit copa/–on (m), pen (m), brig (m)
    on the summit ar y copa
sun haul/heuliau (m)
sunbathe torheulo (v)
sunburn llosg haul (m)
Sunday dydd Sul/dyddiau Sul (m)
    on Sunday dydd Sul
    on Sundays ar ddydd Sul
    Sunday afternoon prynhawn Sul
    Sunday night nos Sul
sunflower blodyn haul/blodau haul (m)
sunglasses sbectol haul/sbectolau haul (f)
sunny heulog (adj)
sunrise codiad haul (m)
sunset machlud haul (m)
sunshine heulwen (f)
suntan lliw haul (m)
superb EXCELLENT eithaf, ardderchog, rhagorol (adj)
superintendent arolygydd/arolygwyr (m)
superior uwchraddol, BETTER gwell (adj)
superlative GRAMMAR eithaf (adj)
    superlative degree y radd eithaf
supermarket archfarchnad/–oedd (f)
supernatural uwchnaturiol (adj)
supervise arolygu (v)
supper swper/–au (fm)
    for supper i swper
    after supper ar ôl swper

S

supple ystwyth (adj)

supplement MAGAZINE atodiad/-au (m), ADDITION ategiad (m); atodi, STRENGTHEN cryfhau (v)

suppleness ystwythder (m)

supplier cyflenwr/cyflenwyr (m)

supply cyflenwi (v)

support cefnogaeth (f), FOOD, FOR HOLDING UP cynhaliaeth (f); cefnogi, HOLD UP cynnal (v)

supporter cefnogwr/cefnogwyr (m)

suppose tybio (v)

sure siŵr, sicr (adj)

surely yn sicr, WITHOUT DOUBT heb amheuaeth (adv)

surf ewyn (m); brigdonni, syrffio (v)

surface FACE wyneb/-au (m), arwyneb/-au (m), AREA arwynebedd (m)
on the surface of the water ar wyneb y dŵr
a smooth surface arwynebedd esmwyth

surfboard bwrdd syrffio/byrddau syrffio (m), bwrdd brigdonni/byrddau brigdonni (m)

surgeon llawfeddyg/-on (m)

surgery DOCTOR'S meddygfa/meddygfeydd (f), OPERATION llawdriniaeth/-au (f)

surname cyfenw/-au (m)

surprise syndod (m); TO BE SURPRISED synnu, TO SURPRISE peri synod (v)
I was surprised roeddwn i'n synnu

surprising syn (adj)

surround amgylchu (v)

surrounding o gwmpas (adj)
the surrounding country y wlad o gwmpas

survey archwilio (v); arolwg/arolygon (m)

survive goroesi, STILL ALIVE para i fyw, STILL IN EXISTENCE para i fod (v)

suspect drwgdybio (v)

suspend HANG hongian, HANG crogi, PROHIBIT gwahardd, STOP atal (v)
he has been suspended mae e wedi cael ei wahardd

suspension PROHIBIT gwaharddiad/-au (m), CAR crogiant (m)
suspension bridge pont grog (g)

suspicion drwgdybiaeth (f), DOUBT amheuaeth/amheuon (f)

swallow llyncu (v); BIRD gwennol/gwenoliaid (f), THROAT llwnc (m)

swamp cors/-ydd (f)

swan alarch/elyrch (f)

swank swanc, crand (adj)

swear rhegi (v)

sweat chwys (m); chwysu (v)

sweater siwmper/-i (f)

Swede Swediad/Swediaid (mf)

Sweden Sweden (f)

Swedish LANGUAGE Swedeg (f); Swedaidd (adj)

sweep sgubo, ysgubo (v)

sweeper sgubwr/sgubwyr (m), ysgubwr/ysgubwyr (m)

sweeping ysgubol (adj)

sweet melys (adj); losinen/losin (SW) (f), melysion (NW) (pl), da-da (NW) (pl)

sweeten melysu (v)

sweetheart cariad/-on (mf)

sweetshop siop losin/siopau losin (f)

swell chwyddo (v); crand (adj)

swelling chwydd/-iadau (m)

swift cyflym (adj); BIRD gwennol ddu/gwenoliaid du (f)

swim nofio (v)

swimmer nofiwr/nofwyr (m)

swimming nofio (m)

swimming pool pwll nofio/pyllau nofio (m)

swimming trunks siwt nofio/siwtiau nofio (f)

swim-suit siwt nofio/siwtiau nofio (f)

swine mochyn/moch (m)
you swine! y mochyn!

swing siglo (v); swingio, ROCK siglo (v)

Swiss Swistirwr/Swistirwyr (m), Swistirwraig/Swistirwragedd (f); Swistirol (adj)

Switzerland y Swistir (f)

switch switsh/-ys (m); TURN troi, switsio (v)
to switch on troi ymlaen
to switch off troi i ffwrdd, troi bant (SW)

sword cleddyf/-au (m)

syllable sillaf/-au (f)

syllabus macs llafur/meysydd llafur (m), sylabws (m)
symbol symbol/–au (m)
symbolize symboleiddio (v)
symmetrical cymesur (adj)
symmetry cymesuredd (m)
sympathetic cydymdeimladol, KIND caredig (adj)
sympathy cydymdeimlad (m)
symphony symffoni/symffonïau (m)
symptom arwydd/–ion (m)
synagogue synagog/–au (m)
synonym gair cyfystyr/geiriau cyfystyr (m)
synonymous cyfystyr (adj)
synthetic synthetig (adj)
syringe chwistrell/–i/–au (f); chwistrellu (v)
syrup suddog (m)
system system/–au (f), ORDER trefn (f)
systematic systematig, ORDERLY trefnus (adj)

T

T.V. teledu (m.)
table bwrdd/byrddau (m), MATHS tabl/–au (m)
    table tennis tennis bwrdd
table-cloth lliain bwrdd/llieiniau bwrdd (m)
tablespoon llwy fwrdd/llwyau bwrdd (f)
tablet tabled/–i (m), pilsen/pils (f)
tackle taclo (v); tacl/–au (f)
tact tact (m)
tactful llawn tact, WISE doeth (adj)
tactics tacteg/–au (f)
tactless di-dact (adj)
tail cynffon/–nau (f), cwt/cytau/cwtau (SW) (m)
tailor teiliwr/teilwriaid (m); teilwra (v)
take cymryd, mynd â +A.M., RECEIVE dwyn, derbyn (v)
    take it! cymerwch e!
    to take away cymryd i ffwrdd
    to take a dog for a walk mynd â chi am dro

    to take something from someone dwyn rhywbeth oddi ar rywun
    I take *Golwg* every week rydw i'n derbyn *Golwg* bob wythnos
    to take place digwydd
    to take care of cymryd gofal o +S.M.
    to take off cychwyn
tale chwedl/–au (f)
talent talent/–au (f), dawn/doniau (f)
talk siarad (v); sgwrs/sgyrsiau (f)
    to talk to someone siarad â rhywun
tall tal (adj)
tame dof, LIFELESS difywyd (adj); dofi (v)
tan lliw haul (m); cael lliw haul (v)
tank tanc/–iau (v)
tanker tancer/–i (m)
tap tap/–iau (m); HIT taro, TOUCH cyffwrdd (v)
tape tâp/tapiau (m)
tape-recorder recordydd tâp/recordwyr tâp (m)
tart tarten/tartennau (f), pastai/pasteiod (f)
task tasg/–au (f)
taste blas/–au (m), CLOTHES chwaeth (f); blasu, cael blas (v)
tasteless di-flas (adj)
tasty blasus (adj)
tax treth/–i (f); trethu (v)
tax-free di-dreth (adj)
taxi tacsi/–s (m)
tea te (m)
    tea bag cwdyn te
teach dysgu, EDUCATE addysgu (v)
teacher athro/athrawon (m), athrawes/–au (f)
teaching dysgu (m), TEACHINGS dysgeidiaeth (f), athrawiaeth/–au (f)
teacup cwpan te, cwpan de/cwpanau te (m)
team tîm/timau (m)
teapot tebot (m)
tear OF EYE deigryn/dagrau (m), RIP rhwyg/–iadau (m); RIP rhwygo, RUSH rhuthro (v)
teaspoon llwy de/llwyau te (f)
teaspoonful llond llwy de (m)
teat teth/–i (f)
technical technegol (adj)
    technical college coleg technegol

T

technician technegwr/technegwyr (m)

technique techneg/–au (f)

technology technoleg/–au (f)

teenage arddegau (pl)
   teenage children plant yr arddegau

teenager glaslanc/–iau (m), glaslances/–au (f)

teetotal, to be llwyrymwrthod (v)

teetotaller llwyrymwrthodwr/ llwyrymwrthodwyr (m)

telegram telegram/–au (m)

telephone teleffon/–au (m), ffôn/ffonau (m); ffonio(v)
   on the 'phone ar y ffôn
   telephone book llyfr ffôn
   telephone booth blwch ffôn
   telephone call galwad ffôn
   telephone directory llyfr ffôn, cyfeirlyfr ffôn
   telephone operator teleffonydd/–ion (m)

telephonic teleffoto (adj)

televise teledu (v)

television teledu/setiau teledu (m)
   television programme rhaglen deledu

tell dweud (v)
   to tell someone dweud wrth rywun
   to tell someone off rhoi stŵr i rywun, dweud y drefn wrth rywun

temper tymer/tymherau (f)
   bad temper tymer ddrwg
   good temper tymer dda

temperature tymheredd (m), FEVER gwres (m)
   she's got a temperature mae gwres arni hi, mae gwres 'da hi

temple teml/–au (f)

temporary dros dro (adj)
   temporary post swydd dros dro

tempt temtio (v)

ten deg (num)
   use deng + N.M. *with* mlwydd *and* mlynedd
   ten men deg dyn, deg o ddynion
   ten years deng mlynedd

tenant tenant/–iaid (m)

tend tueddu (v)
   to tend to be…tueddu i fod yn…, yn

dueddol o fod yn…

tender tyner (adj); FOR WORK cynnig/ cynigion (m)

tennis tennis (m)
   table tennis tennis bwrdd
   lawn tennis tennis lawnt
   tennis court cwrt tennis
   to play tennis chwarae tennis

tenor tenor/–iaid (m)

tense TIGHT tyn, EXCITING cyffrous (adj); GRAMMAR amser/–au (m)
   past tense amser gorffennol
   perfect tense amser perffaith
   future tense amser dyfodol

tension tyndra (m)

tent pabell/pebyll (f); pabella (v)

tenth degfed (ord)

tepid claear (adj)

term SEASON tymor/tymhorau (m), PHRASE ymadrodd/–ion (m), PHRASE term/–au (m); NAME enwi (v)

terms telerau (pl)
   on good terms ar delerau da
   terms of the agreement telerau'r cytundeb

terminal terfynell/–au (f); LAST terfynol, DEADLY marwol (adj)

terminate terfynu, FINISH gorffen (v)

terrace teras/–au (m)

terrible AWFUL ofnadwy, dychrynllyd (adj)

terrific TERRIBLE erchyll, REMARKABLE rhyfeddol, MARVELLOUS gwych (adj)

terrify brawychu (v)

territory tiriogaeth/–au (f), LAND tir/–oedd (m)

terror dychryn (m)

terrorise brawychu (v)

terrorism teroristiaeth (f), terfysgaeth (f)

terrorist terfysgwr/terfysgwyr (m), terorist/ –iaid (m)

test prawf/profion (m); profi (v)

text testun/–au (m)

text-book gwerslyfr/–au (m)

textile tecstil/–au (m)

texture QUALITY ansawdd (m), WEAVE gwead (m)

than nag, na
   nag *is used before vowels*
   better than ever gwell nag erioed

more than a hundred mwy na chant
more beautiful than her mwy prydferth na hi

thank diolch (v)
thank you diolch, diolch i chi
thank you very much diolch yn fawr
to thank someone diolch i rywun

thankful diolchgar (adj)
I'm very thankful to you rydw i'n ddiolchgar iawn i chi

thanks diolch/-iadau (m)
thanks a lot diolch yn fawr, llawer o ddiolch

that
1. bod, fod (conj)
introducing noun clauses, long form of verb
I know that the bus is coming rydw i'n gwybod bod y bws yn dod
2. i (conj)
+S.M.; introducing noun clauses, past tense, short form of verb
I know that the bus came rydw i'n gwybod i'r bws ddod
3. y (conj)
introducing noun clauses, future tense, imperfect tense
I know that it will come rydw i'n gwybod y daw
I knew that it would come roeddwn i'n gwybod y byddai fe'n dod
4. mai, taw (SW) (conj)
followed by noun clause where emphasis is on first word
I know that it is a blue bus rydw i'n gwybod taw bws glas yw e, rydw i'n gwybod mai bws glas yw e
5. a (rel pron)
+S.M.; with short form of verb
the car that he drove y car a yrrodd e
6. sy(dd) (rel pron)
with subject of long form of verb
the train that's arriving at the station y trên sy'n cyrraedd yr orsaf
the book that is on the table y llyfr sy ar y bwrdd
the book that is not on the table y llyfr sy ddim ar y bwrdd
7. y, yr (rel pron)

used with prepositions and with object of long form of verb
the book that she talked about y llyfr y siaradodd hi amdano
the book that she bought y llyfr y mae hi wedi ei brynu
8. na, nad (conj) (rel pron)
use with negative verb; before consonants use na +A.M.otherwise +S.M.; used before vowels
mae Mam yn dweud na cha i ddod Mother says (that) I can't come
mae e'n dweud na fydd yn mynd he says (that) he will not be going
mae e'n gwybod nad oes lle he knows (that) there's no room
the train that is never on time y trên nad yw byth yn brydlon
9. hwnnw, honno, hynny (pron) (adj); yna (adv) (adj)
that one hwnna, hwnnw *for m. noun,* honno *for f. noun*
I'll have that one, please fe ga i hwnna, os gwelwch yn dda
I know that rydw i'n gwybod hynny
that girl y ferch honno, y ferch yna
that's the one dyna'r un, hwnna yw e

thatch THATCHED ROOF to gwellt (m)

thaw meirioli, dadlaith (v)

the
1. y, yr, 'r (definite article)
yr is used before vowels, 'r after vowels; + S.M. with f. nouns except ll and rh
the man is here mae'r dyn yma
in the garden yn yr ardd
on the table ar y bwrdd
the girl y ferch
the spade y rhaw
2. po (particle) +S.M.
used when the is followed by comparative of adj
the bigger the better gorau po fwyaf

theatre theatr/-au (f)

theft lladrad/-au (m)

their eu, 'u, 'w (pron)
'u is used after vowels, 'w after i; add h to vowels following all of these forms
their car eu car
their school eu hysgol

them

them
1. eu…nhw, eu…hwy, 'u…nhw *after vowels* (pron)
   used with long forms of verbs
   I have seen them rydw i wedi'u gweld nhw
2. nhw, hwy (pron)
   used with short forms of verbs, prepositions or independently
   I saw them gwelais i nhw
   to them iddyn nhw, iddynt hwy

theme thema/themâu (f)

themselves eu hunain (pron)

then AFTERWARDS wedyn, yna, AT THAT TIME y pryd hwnnw (adv); SO yna, BECAUSE OF THAT am hynny , AT END OF SENTENCE 'te (conj)
   well then wel 'te
   now and then nawr ac yn y man, o bryd i'w gilydd

theology diwinyddiaeth (f)

theorem theorem/–au (f)

theory SCIENTIFIC theori/theorïau (m), damcaniaeth/–au (f)

there yno, acw (NW) (adv)
   there is… mae…, dacw… +S.M.
   there isn't…does dim…
   there isn't any food there does dim bwyd yno
   there is a car there mae car yno
   there it is dyna fe, dyna hi
   there is/are LITERARY ceir
   there are many problems mae llawer o broblemau, ceir llawer o broblemau

therefore felly (conj)

thermometer thermomedr/–au (m)

these y rhain (pron); hyn, yma, 'ma (adj)
   these books y llyfrau hyn, y llyfrau yma
   these are on the floor mae'r rhain ar y llawr

they LITERARY nhw, hwy (pron)
   they are going maen nhw'n mynd

thick trwchus, FAT tew (adj)

thicken tewhau (v)

thief lleidr/lladron (m)

thieve dwyn, lladrata (v)

thigh clun/–iau (f)

thimble gwniadur/–on (m)

thin tenau (adj); teneuo (v)

thing peth/–au (m), OBJECT gwrthrych/–au (m)

think meddwl (v)
   to think about meddwl am +S.M.
   to think of meddwl am +S.M.
   to think over CONSIDER ystyried

third trydydd, trydedd (ord)
   use trydedd +S.M. *with f. nouns*
   the third chapter y drydedd bennod
   the third class y trydydd dosbarth
   the third best y drydedd orau

thirst syched (m)

thirsty sychedig (adj)
   I am thirsty mae syched arna i
   I'm very thirsty mae syched mawr arna i, rydw i'n sychedig iawn

thirteen un deg tri, un deg tair, tri a ddeg, tair ar ddeg (num)
   use un deg tair *and* tair ar ddeg *with f nouns*
   thirteen boys un deg tri o fechgyn, tri bachgen ar ddeg
   thirteen girls un deg tair o ferched, tair merch ar ddeg

thirteenth trydydd ar ddeg, trydedd ar ddeg (ord)
   use trydedd ar ddeg *with f. nouns*
   thirteenth boy trydydd bachgen ar ddeg
   thirteenth girl trydedd ferch ar ddeg

thirtieth degfed ar hugain (ord)
   thirtieth day degfed dydd ar hugain

thirty tri deg, deg ar hugain (num)

this hwn, hon (pron); hwn, hon, yma, 'ma (adj)
   use hwn *for or with m. noun,* hon *for or with f. nouns,* hyn *for pl. nouns and whole clauses*
   this (one) is good mae hwn yn dda, mae hon yn dda
   this is true mae hyn yn wir
   this girl y ferch hon, y ferch yma
   this morning bore 'ma
   this evening heno

thorn draenen/drain (f)

thorough trylwyr (adj)

those y rhai hynny, y rheiny, y rhai yna

(pron); hynny, yna (adj)
those people y bobl yna
have you seen those? ydych chi wedi gweld y rheiny?

though er (conj); serch hynny (adv)
er is followed by noun clause

thought meddwl/meddyliau (m)

thoughtful meddylgar, ystyriol (adj)

thousand mil/-oedd (f) (num)
a thousand children mil o blant
a thousand years mil o flynyddoedd

thousandth milfed (ord)

thread edau/edafedd (f)

threat bygythiad/-au (m)

threaten bygwth (v)

threatening bygythiol (adj)

three tri, tair (num)
use tri +A.M. with m. nouns, tair +S.M.with f. nouns
three dogs tri chi
three cats tair cath

three-quarter tri chwarter (m)

thrill gwefr (f), ias/-au (f); gwefreiddio, EXCITE cyffroi (v)

thrilling EXCITING cyffrous, gwefreiddiol (adj)

thrive SUCCEED llwyddo, FLOURISH blodeuo (v)

throat NECK gwddf/gyddfau (m), llwnc (m)
I have a sore throat mae llwnc tost 'da fi, mae llwnc tost arna i

throne gorsedd/-au (f)

through trwy, drwy +S.M. (prep); drwodd (adv)
go through ewch drwodd
through the door trwy'r drws
through the night drwy'r nos, ar hyd y nos
through the year ar hyd y flwyddyn

throughout trwy +S.M., drwy gydol (prep)
throughout the day trwy gydol y dydd

throw taflu (v); tafliad/-au (m)

thumb bys bawd/bysedd bawd (m), bawd/ bodiau (m); bodio (v)

thump pwnio, HIT taro, BEAT curo (v); pwniad/-au (m)

thunder taran/-au (f); taranu (v)
thunder and lightning mellt a tharanau, tyrfau a lluched (SW)

Thursday dydd Iau/dyddiau Iau (m)
on Thursdays ar ddydd Iau
Thursday night nos Iau

thus felly, LIKE THIS fel hyn (adv)

thyme teim (m)

tick CLOCK tipian, MARK ticio (v); tic/-iau (m), CLOCK tipian (m)
tick-tock tic-toc

ticket tocyn/-nau (m)
single ticket tocyn unffordd/tocynnau unffordd
return ticket tocyn dwy ffordd, tocyn dychwel

tickle goglais (v)

tide llanw (m)
high tide penllanw

tidy taclus, ORDERLY trefnus (adj); tacluso (v)

tie clymu, BIND rhwymo (v); KNOT cwlwm/ clymau (m), AROUND NECK tei/-s (m)

tiger teigr/-od (m)

tight tyn (adj)

tightly yn dynn (adv)

tighten tynhau (v)

tile teilsen/teils (f); teilio (v)

till UP TO hyd +S.M., UNTIL tan +S.M., UP TO hyd at +S.M. (prep); nes (conj); TILL THE LAND trin y tir (v); SHOP til/-iau (m)
till five o'clock hyd bump o'r gloch, tan bump o'r gloch
till she comes nes y daw

timber pren/-nau (m)

time amser/-au (m), adeg/-au (f), TURN tro/- eon (m), TURN gwaith/gweithiau (f); amseru (v)
at the time ar y pryd
at times weithiau
for some time ers tro
for the time being am y tro
from time to time o bryd i'w gilydd
in time mewn pryd
it's high time mae hi'n hen bryd
it's time to go home mae hi'n bryd mynd adre
many times sawl tro, lawer gwaith
on time yn brydlon
what's the time? faint o'r gloch yw

hi?, beth yw'r amser?

timetable amserlen/-ni (f)

timid AFRAID ofnus, SHY swil (adj)

tin tun/-iau (m)

    tinned food bwyd tun

tin-opener agorwr tuniau/agorwyr tuniau (m)

tint arlliw/-iau (m)

tiny SMALL bach, PUNY pitw, MINUTE mân (adj)

tip blaen/-au (m), SUGGESTION awgrym/-iadau (m), ADVICE cyngor/cynghorion (m), MONEY cildwrn (m), COAL tomen/-ni (f); GIVE A TIP rhoi cildwrn, OVERTURN dymchwel (v)

tire blino (v)

title teitl/-au (m)

to

    1. i (prep) +S.M.

    to send to somewhere anfon i rywle

    2. TOWARDS at (prep) +S.M.

    to send to someone anfon at rywun

    3. UP TO hyd at (prep) +S.M.

    I was paid to the end of the month cefais fy nhalu hyd at ddiwedd y mis

    4. â (prep) +S.M.

    to speak to siarad â

    to be used to arfer â

    4. *no equivalent in verb-nouns*

    to go mynd

    5. ar (prep) +S.M.

    to pray to God gweddïo ar Dduw

    to listen to them gwrando arnyn nhw

    6. wrth (prep) +S.M.

    to say to someone dweud wrth rywun

toast tost (m), WITH DRINK llwncdestun/-au (m); tostio, OFFER A TOAST, WITH DRINK cynnig llwncdestun (v)

tobacco baco (m), tybaco (m)

today heddiw (adv)

toe bys troed/bysedd traed (m)

toffee toffi (m), taffi (m), cyflaith (NW) (m)

together gyda'i gilydd (adv)

    WE **together** gyda'n gilydd

    YOU **together** gyda'ch gilydd

    together with ynghyd â +A.M.

toil llafurio (v)

toilet tŷ bach/tai bach (m); lle chwech/ llefydd chwech (NW) (m)

    toilet paper papur tŷ bach

token TICKET tocyn/-nau (m), SIGN arwydd/-ion (fm)

toll toll/-au (f), TAX treth/-i (f); TO CHARGE A TOLL codi toll, RING OF BELL canu (v)

toll-gate tollborth/tollbyrth (m)

tomato tomato/-s (m)

tomb bedd/-au (m)

tomorrow yfory (adv)

    the day after tomorrow trennydd

ton tunnell/tunelli (f)

tone tôn/tonau (f), COLOUR lliw/-iau (m), KEY cywair/cyweiriau (m)

tongs gefel/gefeiliau (f)

tongue tafod/-au (m), LANGUAGE iaith/ ieithoedd (f)

tonic tonig (m)

tonight heno (adv)

tonsillitis llid y tonsil (m)

too rhy +S.M., hefyd (adv)

    too good rhy dda

    too much gormod

    me too a finnau hefyd

tool offeryn/offer (m)

tooth dant/dannedd (m)

toothache dannodd (f)

    I have toothache mae'r ddanodd arna hi, mae'r ddanodd 'da fi

toothbrush brws dannedd/brwsys dannedd (m)

toothpaste past dannedd (m)

top top (m), HEAD pen (m), OF MOUNTAIN copa/-on (m); HIGHEST uchaf (adj); COVER gorchuddio (v)

    to top up llenwi

topic testun/-au (m), SUBJECT pwnc/ pynciau (m)

torch torts/-ys (m), LAMP lamp/-au (f)

torture arteithio (v); artaith/arteithiau (f)

Tory Tori/Toriaid (m); toriaidd (adj)

total cyfanswm/cyfansymiau (m)

touch cyffwrdd (v); cyffyrddiad/-au (m)

    to touch something cyffwrdd â rhywbeth

touch-line ystlys/-au (f)

tough gwydn, HARD caled (adj)

tour taith/teithiau (f)

tow DRAG llusgo, PULL tynnu (v)

towards tua +A.M., tuag at +S.M., at +S.M., am +S.M. (prep)

    towards the town tuag at y dref

    towards my aunt's house tua thŷ fy modryb, at dŷ fy modryb

    to set off towards home ei throi hi am adre, mynd tuag adre, mynd tsha thre (SW)

towel tywel/–ion (m)

tower tŵr/tyrau (m)

town tref/–i (f)

    town centre canol y dref

    town council cyngor y dref

    town hall neuadd y dref

toxic gwenwynig (adj)

toy tegan/–au (m)

    toy-shop siop deganau/siopau teganau (f)

trace olrhain, FOLLOW dilyn, ON PAPER dargopïo (v); REMAINS ôl/olion (m)

track trac/–iau (m), PATH llwybr/–au (m), TRACE ôl/olion (m); TRACE olrhain, FOLLOW dilyn (v)

track-suit tracwisg/–oedd (f)

tractor tractor/–au (m)

trade masnach/–au (f), CRAFT crefft (f); masnachu (v)

trader masnachwr/masnachwyr (m)

trade-union undeb llafur/undebau llafur (m)

tradition traddodiad/–au (m)

traditional traddodiadol (adj)

traffic trafnidiaeth (f), traffig (m)

    traffic jam tagfa

    traffic lights goleuadau traffig

tragedy trasiedi/trasiediau (f)

tragic trychinebus (adj)

trail ôl/olion (m), trywydd (m), PATH llwybr/–au (m); dilyn trywydd (v)

    on his trail ar ei drywydd

train trên/trenau (m); hyfforddi, EXERCISE ymarfer (v)

trainer hyfforddwr/hyfforddwyr (m)

trainers daps (pl)

training hyfforddiant (m)

    training course cwrs hyfforddi

traitor bradwr/bradwyr (m)

tram tram/–iau (m)

tramp crwydryn/crwydriaid (m); crwydro (v)

tranquil QUIET tawel, STILL llonydd, MOTIONLESS digyffro (adj)

tranquillizer tawelydd/–ion (m)

transaction AGREEMENT cytundeb/–au (m), DISCUSSION trafodaeth/–au (f)

    transactions trafodion (pl)

transfer trosglwyddo (v); trosglwyddiad/–au (m)

transform trawsffurfio (v)

translate cyfieithu (v)

translation cyfieithiad/–au (m)

translator cyfieithydd/cyfieithwyr (m)

transmit trosglwyddo (v)

transparent tryloyw (adj)

transport cludiant (m), TRAFFIC trafnidiaeth (f); cludo (v)

trap trap/–iau (m), magl/–au (f); maglu, CATCH dal (v)

travel teithio (v); taith/teithiau (f)

    travel agency swyddfa deithio/ swyddfeydd teithio (f)

traveller teithiwr/teithwyr (m)

    traveller's cheque siec deithio

travelling teithiol (adj)

trawler llong bysgota/llongau pysgota (f)

tray hambwrdd/hambyrddau (m)

treacherous twyllodrus (adj)

treachery brad (m), twyll (m)

tread sangu, troedio (v)

treason brad (m)

treasure trysor/–au (m); trysori (v)

treasurer trysorydd/–ion (m)

treasury trysorlys/–oedd (m)

treat trin, DISCUSS trafod ymdrin â +A.M. (v); PLEASURE pleser/–au (m)

treatment triniaeth/–au (f)

treaty cytundeb/–au (m)

treble trebl, soprano (m); triphlyg (adj); treblu (v); teirgwaith (adv)

tree coeden/coed (f), pren (m)

tremble crynu (v)

tremendous HUGE anferth, AWFUL ofnadwy, MARVELLOUS gwych (adj)

trench ffos/–ydd (f)

trend tuedd/–iadau (f)

trespass tresmasu (v)

trial prawf/profion (m)

triangle triongl/–au (m)

tribe llwyth/-au (m)

tributary llednant/llednentydd (f)

tribute teyrnged/-au (f)

trick tric/-iau (m); twyllo (v)

trifle PUDDING treiffl/-au (m), DETAIL manylyn/manylion (m); cellwair (v)

trim trwsiadus, TIDY taclus (adj); MEND trwsio, CUT tocio (v)

trip gwibdaith/gwibdeithiau (f); FALL baglu (v)

triple triphlyg (adj)
  the triple crown y goron driphlyg

triumph buddugoliaeth/-au (f)

triumphant buddugoliaethus (adj)

troops SOLDIERS milwyr (pl)

tropic trofan/-nau (m)
  in the tropics yn y trofannau

tropical trofannol (adj)

trouble trafferth/-ion (m); TO TAKE TROUBLE trafferthu, WORRY poeni (v)
  in trouble mewn trafferth

troublesome trafferthus (adj)

trough cafn/-au (m)

trousers trowsus/-au (m)

trout brithyll/-od (m)

truck tryc/-iau (m); EXCHANGE cyfnewid (v)

true gwir (adj)

truly yn wir (adv)
  yours truly yn gywir, yr eiddoch yn gywir

trumpet utgorn/utgyrn (m), trwmped/-i (m)

trunk OF TREE bôn/bonion (m), OF TREE boncyff/-ion (m), BOX cist/-iau (f), OF ELEPHANT trwnc (m)
  trunk call galwad bell

trunks OF SHORT TROUSERS trowsus byr/trowsusau byr (m), SWIMMING TRUNKS siwt nofio/siwtiau nofio (f)

trust ymddiried yn +N.M. (v); FEELING ymddiriedaeth (f), BODY ymddiriedolaeth (f)
  National Trust Ymddiriedolaeth Genedlaethol

truth gwir (m), gwirionedd/-au (m)

truthful onest (adj)

try ceisio, IN COURT profi (v); RUGBY, APPLICATION cais/ceisiadau (m)

  to score a try sgorio cais

tub twba (m)

tube tiwb/-iau (m)

tuberculosis darfodedigaeth (f), dicáu (m)

Tuesday dydd Mawrth/dyddiau Mawrth (m)
  on Tuesdays ar ddydd Mawrth
  Tuesday night nos Fawrth

tug tynnu (v); tynfad/-au (m)

tumble cwympo (v); codwm (m)

tumbler gwydryn/gwydrau (m)

tune tôn/tonau (f); tiwnio (v)

tuneful soniarus (adj)

tunic tiwnig/-au (m)

tunnel twnnel/twnelau (m)

Turk Twrc/Twrciaid (m), Twrces/-au (f)

Turkey Twrci (f)

turkey twrci/twrcïod (m)

Turkish LANGUAGE Twrceg (f); Twrcaidd (adj)

turn troi, CHANGE newid, WOODWORK turnio (v); tro/-eon (m), MACHINE turn (m)
  to turn back troi'n ôl
  to turn on troi ymlaen
  to turn off diffodd, troi i ffwrdd

turning tro/-eon (m)

turnip erfinen/erfin (f), meipen/maip (f)

tutor tiwtor/-iaid (m)

tutorial tiwtorial (m)

twelfth deuddegfed (ord)
  twelfth night nos Ystwyll

twelve un deg dau, un deg dwy, deuddeg (num)
  use **un deg dwy** with f. noun, **deuddeg** with both m. and f.; always use **deuddeg** with time, age and money; use **deuddeg** +N.M. with **blwydd** and **blynedd**
  twelve men un deg dau o ddynion, deuddeg dyn
  it's twelve o'clock mae hi'n ddeuddeg o'r gloch
  twelve years old deuddeg mlwydd oed, deuddeg oed
  deuddeg mlynedd twelve years

twenty dau ddeg, ugain (num)
  always use **ugain** with time
  it's twenty past twelve mae hi'n

245

ugain munud wedi deuddeg
twenty-first unfed ar hugain (ord)
twice dwywaith (adv)
twig brigyn/brigau (m); UNDERSTAND
deall (v)
twilight cyfnos (m)
twin gefell/gefeilliaid (m)
twine llinyn/–nau (m)
twist TURN troi (v); tro/–eon (m)
two dau, dwy (num)
use dau +S.M *with m. noun and* dwy
+S.M *with f. noun*
the two y ddau, y ddwy
two hundred thousand dau can mil
two boys dau fachgen
two girls dwy ferch
type teipio (v); KIND math/–au (m), PRINT
teip (m)
typewriter teipiadur/–on (m)
typical nodweddiadol (adj)
typist teipydd/–ion (m), teipyddes/–au (f)
tyranny gormes (m)
tyrant gormeswr/gormeswyr (m)
tyre teiar/–s (m)

ugly salw, hyll (adj)
ulcer wlser/–au (m)
ultimate diwethaf (adj)
ultimately o'r diwedd, yn y pen draw (adv)
umbrella ymbarél/ymbarelau (m)
umpire dyfarnwr/dyfarnwyr (m); dyfarnu (v)
unable analluog (adj)
to be unable to...methu...
unacceptable annerbyniol (adj)
unaccountable anesboniadwy (adj)
unaccustomed anghyfarwydd (adj)
unaccustomed to anghyfarwydd â
+A.M.
unanimous unfrydol (adj)
unavoidable anorfod (adj)
unaware anymwybodol (adj)
unaware that she was here heb
wybod ei bod hi yma
unbalanced ansefydlog (adj)
unbearable annioddefol (adj)

uncertain ansicr (adj)
uncertainty ansicrwydd (m)
unchristian anghristnogol (adj)
uncivilised anwar (adj)
uncle ewythr/–edd (m), wncwl (m)
unclean DIRTY brwnt (adj)
uncomfortable anghysurus (adj)
uncommon anghyffredin (adj)
unconscious anymwybodol (adj)
unconstitutional anghyfansoddiadol (adj)
uncooked heb ei goginio (v)
use heb ei choginio *with f. nouns and*
heb eu coginio *with pl. nouns*
uncover REVEAL datguddio, TAKE OFF COVER
dadorchuddio (v)
under (o) dan +S.M., tan +S.M. (prep);
oddi tano(dd) (adv)
under the table dan y bwrdd
under the kitchen table dan fwrdd y
gegin
underdeveloped tanddatblygedig (adj)
underdeveloped countries gwledydd
tanddatblygedig
underground tanddaearol (adj)
underhand llechwraidd (adj)
underline tanlinellu (v)
undermine tanseilio (v)
underneath dan +S.M., tan +S.M.
(prep); oddi tano(dd) (adv)
understand deall (v)
understanding deallwriaeth (f);
cydymdeimladol (adj)
undertake ymgymryd â (v) +A.M.
undertaker trefnydd angladdau/trefnwyr
angladdau (m)
undertaking COMMITMENT ymrwymiad/–
au (m), BUSINESS busnes/–au (m)
underwater tanddŵr (adj)
underwear dillad isaf (pl)
undesirable annymunol (adj)
undeveloped heb ei ddatblygu (v)
use heb ei datblygu *for f. nouns and* heb
eu datblygu *for pl. nouns*
undo UNTIE datod, SPOIL difetha (v)
undress dadwisgo (v)
uneasy anesmwyth (adj)
uneducated di-ddysg (adj)
unemployed di-waith (adj)
unemployment diweithdra (m)

U

unequal anghyfartal (adj)
uneven anwastad, UNEQUAL anghyfartal (adj)
unexpected annisgwyl (adj)
unfair annheg (adj)
unfaithful anffyddlon (adj)
unfasten datod, FREE rhyddhau (v)
unfavourable anffafriol (adj)
unfold datblygu (v)
unfortunate anffodus (adj)
unfortunately yn anffodus (adv)
unfriendly anghyfeillgar (adj)
unfurnished heb gelfi (adj)
ungrateful anniolchgar (adj)
unhappy anhapus (adj)
unharmed dianaf (adj)
unhealthy afiach (adj)
unhurt dianaf (adj)
uniform gwisg swyddogol/gwisgoedd swyddogol (f); unffurf (adj)
  school uniform gwisg ysgol
unimportant dibwys (adj)
unintelligent anneallus (adj)
unintentional anfwriadol (adj)
union undeb/-au (m)
  trade union undeb/-au llafur
unionist undebwr/undebwyr (m), NORTHERN IRELAND unoliaethwr/unoliaethwyr (m)
unique unigryw (adj)
unit uned/-au (f)
Unitarian Undodwr/Undodiaid (m); Undodaidd (adj)
unite uno (v)
united unedig, unol (adj)
United Kingdom y Deyrnas Unedig (f)
  U.K. D.U.
United States Unol Daleithiau (pl)
  USA UDA (Unol Daleithiau America)
universal cyffredinol, WORLD-WIDE byd-eang (adj)
universe bydysawd (m)
university prifysgol/-ion (f)
  The University of Wales Prifysgol Cymru
unjust anghyfiawn (adj)
unjustly ar gam (adv)
unkind angharedig (adj)
unknown anadnabyddus (adj)

unlawful anghyfreithlon (adj)
unless oni, onid, oni bai (conj)
  use oni +A.M. *otherwise* +S.M., *except for forms of* bod; *use* onid *before vowels and nouns*
  unless he comes oni bai ei fod e'n dod, oni ddaw e
  unless you hear to the contrary oni chlywch chi'n wahanol
  unless he asks oni bydd e'n gofyn
  unless you're ready onid wyt ti'n barod
  unless it's she who is here onid hi sy yma
  unless she's Dafydd's wife onid gwraig Dafydd ydy hi
  unless you were born yesterday onid ddoe y ganed chi
unlike annhebyg (adj)
  unlike someone annhebyg i rywun
unlikely annhebygol (adj)
  unlikely to come annhebygol o ddod
unlimited diderfyn (adj)
unload dadlwytho (v)
unlock datgloi (v)
unlucky anlwcus (adj)
unmarried dibriod (adj)
unnatural annaturiol (adj)
unnecessary diangen (adj)
unoccupied EMPTY gwag, IDLE segur (adj)
unopposed diwrthwynebiad (adj)
unpack dadbacio (v)
unpaid di-dâl, NOT PAID heb gael tâl (adj)
unpleasant annymunol (adj)
unpopular amhoblogaidd (adj)
unprejudiced diragfarn (adj)
unprotected diamddiffyn (adj)
unqualified heb gymhwyster, WITHOUT CONDITION diamod (adj)
  an unqualified success llwyddiant diamod
unreal afreal (adj)
unreasonable afresymol (adj)
unrelated diberthynas, IRRELEVANT amherthnasol (adj)
unreliable annibynadwy (adj)
unrest aflonyddwch (m)
unripe anaeddfed (adj)
unsafe anniogel (adj)

unsatisfactory antoddhaol (adj)

unsatisfied anfodlon (adj)

unscrew dadsgriwio (v)

unseen anweledig (adj)

unselfish anhunanol (adj)

unskilled di-grefft (adj)

unstable ansefydlog (adj)

unsteady ansefydlog, simsan (adj)

unsuccessful aflwyddiannus (adj)

unsuitable anaddas (adj)
>   **unsuitable for something** anaddas i rywbeth

untidy annhaclus (adj)

untie datod (v)
>   **to untie the knot** datod y cwlwm

until UP TO hyd +S.M., TILL tan +S.M., nes (prep, conj)
>   **until three o'clock** hyd dri o'r gloch, tan dri o'r cloch
>   **until she comes** nes y daw

untrue celwyddog (adj)

untruth celwydd/-au (m), anwiredd/-au (m)

unusual anghyffredin (adj)

unwelcome digroeso (adj)

unwell claf, anhwylus (adj)

unwilling anfodlon (adj)
>   **unwilling to come** anfodlon dod

unwise annoeth (adj)

unworthy annheilwng (adj)

up i fyny, lan (SW) (prep) (adv)
>   **to go up** mynd i fyny, mynd lan
>   **up and down** lan a lawr
>   **up to** hyd +S.M.

uphill lan y bryn, i fyny'r bryn (adv)

upon ar (prep) +S.M.

upper uchaf (adj)
>   **upper Swansea Valley** pen uchaf Cwm Tawe

upright union, unionsyth (adj)

uproar terfysg/-oedd (m)

upset TO UPSET SOMEONE cynhyrfu, TO BE UPSET bod wedi cynhyrfu, ypseto (v)

upside-down wyneb i waered, ben-i-wared (adv)

upstairs lan llofft (SW), i fyny'r grisiau, ar y llofft (adv)

upwards i fyny (adv)

urban trefol (adj)

urgent brys, IMPORTANT pwysig (adj)

urine wrin (m), dwr (m)

us ACCUSTOMED cyfarwydd, OLD hen +S.M. (adj); wedi ei ddefnyddio (v) *use* wedi ei ddefnyddio *with f. nouns* and wedi eu defnyddio *with pl. nouns*
>   he saw us gwelodd e ni
>   he has seen us mae e wedi'n gweld ni

use defnyddio (v); defnydd/-iau (m), CUSTOM arfer/-ion (m)
>   **in use** ar waith

used ACCUSTOMED cyfarwydd, OLD hen +S.M. (adj); wedi ei ddefnyddio (v) *use* wedi ei ddefnyddio *with f. nouns* and wedi eu defnyddio *with pl. nouns*
>   **used clothes** hen ddillad
>   **to become used to** arfer â +A.M.; cynefino â +A.M.
>   **to be used to** bod yn gyfarwydd â +A.M.
>   **I'm used to it** rydw i'n gyfarwydd ag e, rydw i wedi arfer ag e, rydw i wedi cynefino ag e

useful defnyddiol (adj)

useless annefnyddiol (adj)

user defnyddiwr/defnyddwyr (m)

usual arferol (adj)
>   **as usual** fel arfer

usually fel arfer (adv)

utilize defnyddio (v)

utmost eithaf (adj)
>   **to the utmost** i'r eithaf
>   **he did his utmost** gwnaeth ei orau glas

utter yngan (v)

V

vacancy lle gwag/llefydd gwag (m)

vacant gwag (adj)

vacation gwyliau (pl)
>   **to be on vacation** bod ar wyliau

vaccinate brechu (v)

vaccination brechiad/-au (m)

vacuum gwactod (m)

vacuum-cleaner sugnydd llwch/ sugnyddion llwch (m)

vacuum-flask fflasg/-au (f), fflasg wactod (f)

vague annelwig (adj)
vain PROUD balch, USELESS ofer (adj)
  in vain yn ofer
vale dyffryn/-noedd (m), VALLEY cwm/
  cymoedd (m)
valid dilys, IN FORCE mewn grym (adj)
validity dilysrwydd (m)
  equal validity dilysrwydd cyfartal
valley cwm/cymoedd (m)
valour dewrder (m)
valuable gwerthfawr (adj)
value gwerth/-oedd (m); APPRECIATE
  gwerthfawrogi (v)
valueless diwerth (adj)
valve falf/-iau (f)
van fan/-iau (m)
vanish diflannu (v)
vapour anwedd (m)
variable cyfnewidiol (adj); newidyn/-nau
  (m)
variation amrywiad/-au (m)
varied amrywiol, DIFFERENT gwahanol (adj)
variety amrywiaeth/-au (m), TYPE math/-
  au (m)
various amrywiol, DIFFERENT gwahanol +
  S.M. (adj)
  various reasons gwahanol resymau
varnish farnais/farneisiau (m); farneisio (v)
vary amrywio, CHANGE newid (v)
vase cawg/-iau (m), fâs/-au (m)
vast anferth, enfawr (adj)
Vatican Fatican (m)
vault GRAVE claddgell/-oedd (f), JUMP naid/
  neidiau (f), ROOF to/-eon crwm (m)
  pole vault naid bolyn (f)
veal cig llo (m)
vegetable llysieuyn/llysiau (m); llysieuol
  (adj)
vegetarian llysfwytäwr/llysfwytawyr (m);
  llysieuol (adj)
vegetation llystyfiant (m)
vehicle cerbyd/-au (m)
veil llen/-ni (f), COVER gorchudd/-ion (m);
  gorchuddio (v)
vein gwythïen/gwythiennau (f)
velocity cyflymder/-au (m)
velvet melfed (m)
vend gwerthu (v)
  vending machine peiriant gwerthu/

peiriannau gwerthu
ventilate awyru (v)
ventilation awyriad (m)
venture mentro (v); antur/-iau (fm)
venue PLACE man/-nau (fm)
Venus Gwener (f)
verb berf/-au (f)
verbal IN WORDS geiriol, ORAL llafar, TO DO
  WITH VERBS berfol (adj)
verb-noun berfenw/-au (m)
verdict dyfarniad/-au (m)
  a guilty verdict dyfarniad o
  euogrwydd
verge ymyl/-on (fm); ymylu (v)
  to verge on ymylu ar +S.M.
verify CHECK gwirio, REALIZE gwireddu (v)
verse OF POEM pennill/penillion (m),
  BIBLICAL adnod/-au (f), POETRY
  barddoniaeth (f)
  free verse mesur penrydd
  strict metre verse cynghanedd
version fersiwn/fersiynau (m), FORM ffurf/-
  iau (f)
versus yn erbyn (prep)
vertical fertigol, unionsyth (adj)
very iawn (adv) (adj); tra (adv)
  iawn *follows adjective*, tra *precedes*
  +A.M.
  very good da iawn
  very well (OK) o'r gorau
  the very thing yr union beth
  very kind caredig iawn, tra charedig
vessel DISH llestr/-i (m), DISH dysgl/-au
  (f), SHIP llong/-au (f)
vest fest/-au (f), crys isaf/crysau isaf (m)
vestry festri/festrïoedd (f)
vet milfeddyg/-on (m); archwilio (v)
via trwy (prep) +S.M.
viaduct traphont/-ydd (f)
vibrate dirgrynu (v)
vibration dirgryniad/-au (m)
vicar ficer/-iaid (m)
vicarage ficerdy/ficerdai (m)
vice-chairman is-gadeirydd/-ion (m)
vice-president is-lywydd/-ion (m)
vicinity cymdogaeth/-au (m)
  in the vicinity of the town yng
  nghyffiniau'r dref
vicious ffyrnig (adj)

victim dioddefwr/dioddefwyr (m), PREY ysglyfaeth/–au (f)

victorious buddugol (adj)

victory buddugoliaeth/–au (f)

video fideo/–s (m)

view OF LANDSCAPE golygfa/golygfeydd (f), OPINION barn (f), IN PLANS golwg/golygon (f); LOOK edrych, SEE gweld, WATCH gwylio (v)
   front view blaenolwg
   side view ochrolwg

viewpoint STANDPOINT safbwynt/ iau (m)

vigilant gwyliadwrus (adj)

vigour egni (m)

Viking Llychlynnwr/Llychlynwyr (m), Ficingiad/Ficingiaid (m)

vile ffiaidd (adj)

village pentref/–i (m)

villager pentrefwr/pentrefwyr (m)

villain dihiryn/dihirod (m)

vine gwinwydden/gwinwydd (f)

vineyard gwinllan/–nau (f)

vinegar finegr (m)

violence trais (m)

violent treisgar (adj)

violin ffidil/–au (m)

virgin gwyryf/–on (f), morwyn/morynion (f); morwynol, gwyryfol (adj)
   in virtue of oherwydd

virus firws/firysau (m)

visa fisa/fisâu (m)

visible gweladwy (adj)

visit ymweld â +A.M. (v); ymweliad/–au (m)
   visiting hours oriau ymweld

visitor ymwelydd/ymwelwyr (m)

visual gweledol (adj)
   audio-visual clyweled (adj)

vital ESSENTIAL hanfodol (adj)

vitamin fitamin/–au (m)

vivid CLEAR clir, VERY BRIGHT llachar (adj)

vocabulary geirfa/geirfâu (f)

vocal lleisiol (adj)

vocation galwedigaeth/–au (f)

vocational galwedigaethol (adj)

vodka fodca (m)

voice llais/lleisiau (m); EXPRESS mynegi, lleisio (v)

to voice an opinion mynegi barn

volcano llosgfynydd/–oedd (m)

volt folt/–au (m)

voltage foltedd/–au (m)

volume PHYSICS cyfaint/cyfeintiau (m), BOOK cyfrol/–au (f)

voluntary gwirfoddol (adj)

volunteer gwirfoddolwr/gwirfoddolwyr (m); gwirfoddoli (v)

vomit cyfog (m), chwydiad (m); cyfogi, chwydu (v)

vote pleidleisio, fotio (v); pleidlais/pleisleisiau (f), fot/–iau (f)
   to vote for pleidleisio dros +S.M., pleidleisio o blaid

voter pleidleisiwr/pleidleiswyr (m)

vow addunedu (v); adduned/–au (f)

vowel llafariad/llafariaid (f)

voyage mordaith/mordeithiau (f); morio, hwylio (v)

vulgar RUDE aflednais, ORDINARY cyffredin (adj)

vulture fwltur/–iaid (m)

W

wafer weffyr/–s (m)

wage cyflog/–au (fm)
   to wage war rhyfela

wager bet/–iau (m); VENTURE mentro, betio (v)

wagon wagen/–i (f)

waist gwasg/gweisg (f)

waistcoat gwasgod/–au (f)

wait aros, IN CAFE gweini (v); arhosiad (m), PAUSE egwyl (f)
   to wait for aros am +S.M.
   waiting room ystafell aros (f)
   waiting list rhestr aros (f)

waiter gweinydd/–ion (m)

waitress gweinyddes/–au (f), morwyn/morynion (f)

wake deffro, dihuno (v)
   to wake up deffro, dihuno

walk cerdded (v); tro/–eon (m), GAIT cerddediad (m)

to go for a walk mynd am dro

walker cerddwr/cerddwyr (m)

wall wal/–iau (f), mur/–iau (m)

wall-paper papur wal (m)

wander crwydro (v)

wanderer crwydryn/crwydriaid (m)

want eisiau (m), NEED angen (m); bod am +S.M. (v)
   I want a cup of tea rydw i'n moyn cwpaned o de, mae eisiau cwpaned o de arna i, rydw i am baned o de

war rhyfel/–oedd (m)
   war zone ardal ryfel (f)
   war memorial cofeb ryfel (f)

warden warden/–iaid (m)

ware nwydd/–au (m)

warm twym, cynnes (adj); WATER twymo, cynhesu, HOUSE gwresogi (v)

warmth gwres (m)

warn rhybuddio (v)
   to warn someone from doing something rhybuddio rhywun rhag gwneud rhywbeth

warning rhybudd/–ion (m)

wart dafaden/–nau (f)

was form of bod (v)
   I was roeddwn i
   he/she/it was roedd e/hi

wash golchi, TO WASH ONESELF ymolchi (v)
   to wash the dishes golchi'r llestri

washing golch (m)

wasp cacynen/cacwn (f)

waste gwastraffu (v); gwastraff (m); LAND anial (adj)

wasteful gwastraffus (adj)

wastepaper-basket basged sbwriel/ basgedi sbwriel (f)

watch gwylio (v); TIME oriawr/oriorau (m), wats/–ys (m)
   to watch for something edrych am rywbeth
   watch out! gofal!

water dŵr/dyfroedd (m); dyfrhau (v)

water-colour dyfrlliw (adj)

waterfall rhaeadr/–au (f)

waterproof diddos (adj)

wave ton/–nau (f); chwifio, RAISE A HAND codi llaw (v)

wavelength tonfedd/–i(f)

wavy tonnog (adj)

wax cwyr (m)

way ffordd/ffyrdd (f)
   on the way ar y ffordd
   all the way yr holl ffordd
   in what way? ym mha ffordd?
   way in mynedfa
   way out allanfa

we ni (pron)
   we are going rydyn ni'n mynd

weak gwan (adj)

weaken gwanhau (v)

weak-hearted gwangalon (adj)

wealth cyfoeth (m)

wealthy cyfoethog (adj)

weapon arf/–au (f)
   nuclear weapons arfau niwclear

wear gwisgo, DETERIORATE treulio (v)
   to wear out treulio
   I'm worn out rwy wedi ymlâdd

weary blinedig (adj)

weather tywydd (m)
   good weather tywydd da
   weather report adroddiad tywydd

weave gwehyddu (v)

weaver gwehydd/–ion (m)

wedding priodas/–au (f)

Wednesday dydd Mercher/dyddiau Mercher (m)
   Wednesday night nos Fercher
   Wednesday afternoon prynhawn Mercher
   on Wednesday dydd Mercher
   on Wednesdays ar ddydd Mercher

weed chwynnyn/chwyn (m); chwynnu (v)

week wythnos/–au (f)
   weekdays dyddiau gwaith

weekly wythnosol (adj)

weep crio, wylo, llefain (v)

weigh pwyso (v)

weight pwys/–au (m)
   usually used in plural

welcome croeso (m); croesawu (v)
   welcome to Wales croeso i Gymru
   you're welcome croeso

welfare lles (m)
   welfare state gwladwriaeth les (f)
   welfare hall neuadd les (f)

well yn dda (adv); ffynnon/ffynhonnau (f);
HEALTHY iach (adj); ALL RIGHT iawn
(adv); wel! (int)
   very well o'r gorau
   well done da iawn
   well read llengar
well-known adnabyddus (adj)
well-off cefnog (adj)
Welsh LANGUAGE Cymraeg (f); Cymreig,
WELSH-SPEAKING Cymraeg (adj)
   Welsh Language Act Deddf yr Iaith
   Gymraeg
   Welsh Language Society
   Cymdeithas yr Iaith Gymraeg
   Welsh League of Youth Urdd
   Gobaith Cymru (Yr Urdd)
Welshman Cymro/Cymry (m)
Welshwoman Cymraes/Cymraësau (f)
went *form of* mynd (v)
   I went there es i
   you went FAMILIAR est ti, polite
   aethoch chi
   he went aeth e
   we went aethon ni
   they went aethon nhw
west gorllewin (m); gorllewinol (adj)
   to the west of Cardiff i'r gorllewin o
   Gaerdydd
westerly gwynt y gorllewin/gwyntoedd y
   gorllewin (m)
westwards tua'r gorllewin (adv)
wet gwlyb (adj); gwlychu (v)
whale morfil/-od (m)
what? beth?, pa? (interrog)
   pa precedes a noun
   what are you doing? beth ydych
   chi'n 'i wneud?
   what good does it do? pa les mae e'n
   'i wneud?
   what is it? beth yw e?
   what else? beth arall?
   what on earth? beth yn y byd?
   what is...in Welsh? beth yw...yn
   Gymraeg?
what a, beth (rel pron)
   that's what he said dyna a
   ddywedodd e, dyna beth ddywedodd e
whatever beth bynnag (m); pa...bynnag (adj)
   whatever you want beth bynnag wyt

   ti ei eisiau
   whatever book pa lyfr bynnag
wheat gwenith (pl), gwenithen (f)
wheel olwyn/-ion (f); olwynio (v)
wheelbarrow berfa/berffau (f), whilber
   (SW) (m)
when pryd? (interrog); pan +S.M. (conj)
   when he came pan ddaeth e
   when are you going? pryd ydych
   chi'n mynd?
whenever pryd bynnag (adv)
where ble? (interrog); lle (adv)
   where is she? ble mae hi?
   I know where she is rydw i'n gwybod
   lle mae hi
whether a, ai, p'un ai (conj)
   a precedes verb +S.M.
   whether...or a...ai *is used with verbs,*
   ai...ai *is used with nouns and verb-nouns*
   he asked whether it was raining
   gofynnodd a oedd hi'n bwrw glaw
   **he asked whether I was going or
   not** gofynnodd a oeddwn i'n mynd
   ai peidio
   **he asked whether Dafydd was my
   son** gofynnodd ai Dafydd oedd fy
   mab i
   **he asked whether I was coming or
   going** gofynnodd p'un ai mynd neu
   dod yr oeddwn i
which
   1. pa? (interrog) + S.M.
   which book are you reading? pa lyfr
   ydych chi'n ei ddarllen?
   which one is it? pa un yw e?, p'un yw e?
   2. pa (adj) + S.M.
   tell her which book to buy
   dywedwch wrthi pa lyfr i'w brynu
   3. pa un, p'un (pron)
   show her which dangoswch iddi p'un
   4. a (rel pron) + S.M.
   before short form of verb
   the one which was here yr un a
   oedd yma
   the one which I bought yr un a
   brynais i
   5. sy(dd) (rel pron)
   *as subject of clause; before long form of
   verbs*

W

the one which is missing yr un sydd ar goll

the cat which has caught mice y gath sy wedi dal llygod

the book which isn't new y llyfr sy ddim yn newydd

6. y, yr (rel pron)
with prepositions and as object of long form of verb; use yr *before vowels and* h

the book the cover of which is brown y llyfr y mae ei glawr yn frown

the one about which you have heard yr un yr ydych chi wedi clywed amdano

the book which she has bought y llyfr y mae hi wedi ei brynu

7. na, nad (rel pron)
+A.M., *otherwise* +S.M.; *with negative verb*

the book which was not there y llyfr nad oedd yno

whichever pa un bynnag (pron); pa +S.M...bynnag (adj)

whichever book pa lyfr bynnag

while tra, pan +S.M., dan +S.M. (conj); ennyd (m)

while she was there tra oedd hi yno, pan oedd hi yno

while singing dan ganu

for a while am ennyd

whip chwip/--iau (f)

whipped cream hufen whip

whisper sibrwd, sisial (v); sibrwd/sibrydion (m)

whistle chwiban (m); chwibanu (v)

white gwyn, wen (adj)
wen *is used with f. noun*

whiteness gwynder (m)

Whitmonday Llungwyn (m)

Whitsun Sulgwyn (m)

who
1. pwy? (interrog) +S.M.
who is he? pwy yw e?
who is coming? pwy sy'n dod?
who isn't here? pwy sy ddim yma?
who'll be here in a hundred years? pwy fydd yma ymhen can mlynedd?
2. a (rel pron)
before short form of verbs

the people who come y bobl a ddaw

3. sy(dd) (rel pron)
as subject of long form of verbs

the girl who is playing y ferch sy'n chwarae

the people who come y bobl sy'n dod

the boy who is not here y bachgen sy ddim yma

4. y, yr (rel pron)
with long form of verbs, yr *is used before vowels and* h

the girl who has to go y ferch y mae yn rhaid iddi fynd

5. na, nad (rel pron)
+A.M., *otherwise* +S.M.; *with negative verb;* nad *is used before vowels*

the man who didn't have dinner y dyn na chafodd ginio

the man who doesn't see y dyn nad yw e'n gweld

whoever pwy bynnag (pron)

whole cwbl(m), cyfan (m); holl, cyfan (adj)
holl *precedes noun* +S.M.

the whole lot y cyfan oll

the whole world yr holl fyd, y byd cyfan, y byd i gyd

the whole thing yr holl beth

wholemeal grawn cyfan (adj)

wholemeal bread bara gwenith cyflawn, bara cyfan

wholesale cyfanwerth (m); cyfanwerthu (v)

wholesome iach (adj)

wholly yn hollol, yn gyfan gwbl (adv) +S.M.

wholly true yn hollol wir

whom
1. a (rel pron) +S.M.
before short form of verbs, object

the girl whom I saw y ferch a welais i

2. y, yr (rel pron)
before vowels and h; *with long form of verbs and prepositions*

the girl whom I saw y ferch yr wyf i wedi ei gweld

3. na, nad (rel pron)
+ A.M., *otherwise* +S.M.

the girl I never saw y ferch na welais i

erioed mohoni
the cousin I don't know y cefnder
nad ydw i'n ei nabod, y cefnder dydw i
ddim yn ei nabod

4. pwy? (interrog pron) +S.M.

whom did you see? pwy welaist ti

whose y (rel pron)

the man whose car I saw y dyn y
gwelais ei gar

the girl whose mother is working y
ferch y mae ei mam yn gweithio

why? pam? (interrog)

why is she here? pam mae hi yma?

why are they selling? pam maen
nhw'n gwerthu?

wicked BAD drwg, SINFUL pechadurus (adj)

wicket wiced/-i (f)

to keep wicket cadw wiced

wicket-keeper ceidwad wiced/ceidwaid
wiced (m)

wide llydan (adj)

5cm wide 5cm o led

widen lledu, llydanu (v)

width lled (m)

wife gwraig/gwragedd (f)

my wife fy ngwraig

wig JUDGE penwig/-oedd (f)

wild gwyllt, DESERTED anial (adj)

will ewyllys/-iau (m); dymuno, *form of*
bydd (v)

you will FAMILIAR byddi di, POLITE
byddwch chi

he/she/it will bydd e/hi

they will byddan nhw

willing bodlon (adj)

quite willing eitha bodlon

willow helygen/helyg (f)

win ennill (v)

wind gwynt/-oedd (m); dirwyn, weindio
(v)

east wind gwynt y dwyrain

wind instruments offerynnau chwyth

windmill melin wynt/melinau gwynt (f)

window ffenest/ffenestri (f)

windscreen sgrin wynt (f), ffenest flaen
(f)

windy gwyntog (adj)

wine gwin/-oedd (m)

red wine gwin coch

white wine gwin gwyn

wine bottle potel win

wine list rhestr win

wing adain/adenydd, aden/adenydd (f),
asgell/esgyll (f), RUGBY asgellwr/
asgellwyr (m)

wink winc/-iau (m), amrantiad (m);
wincio, wincian (v)

in a wink mewn amrantiad

winner enillydd/enillwyr (m)

winning buddugol (adj)

winnings enillion (pl)

winter gaeaf/-au (m)

in winter yn y gaeaf

wintry gaeafol (adj)

wipe sychu (v)

to wipe the dishes sychu'r llestri

wire gwifren/gwifrau (f); gwifro (v)

wisdom doethineb (m)

wise doeth (adj)

wish dymuno (v); dymuniad/-au (m)

best wishes dymuniadau gorau

witch gwrach/-od (f)

with

1. gyda, efo (NW) (prep)
both +A.M.

to go with a friend mynd gyda
chyfaill

to go with you mynd gyda ti

2. ynghyd â (prep) +A.M.

two women with three children dwy
wraig ynghyd â thri o blant

3. â (prep) +A.M.
ag is used before vowels

to see with my own eyes gweld â'm
llygaid fy hun

to cut with a knife torri â chyllell

girls with big feet merched â thraed
mawr

a car with a flat wheel car ag olwyn fflat

4. a (conj) +A.M.
use ac before vowels

a girl with dark hair merch a chanddi
wallt tywyll

a book with a red cover llyfr ac iddo
glawr coch

with his hand on her arm a'i law ar ei
braich

withdraw cilio, MONEY codi arian (v)

W

wither gwywo, crino (v)

within tu mewn (adv); yn, yng, ym
+N.M., o fewn (prep)
use yn, yng, ym *before definite nouns; use*
ym *before* m, *and* yng *before* ng
yng nghyffiniau'r within the vicinity
of the
within sight o fewn golwg
within a month cyn pen mis

without heb (prep) +S.M.
without anything heb ddim
without doubt heb amheuaeth, heb os
without fail yn ddi-ffael
without her hebddi hi

witness PERSON tyst/–ion (m), EVIDENCE
tystiolaeth/–au (f); tystio, bod yn dyst i
+S.M., gweld (v)

witty ffraeth, FUNNY doniol (adj)

wolf blaidd/bleiddiaid (m)

woman menyw/–od (f)

womb croth/–au (f)

wonder rhyfeddod/–au (m); rhyfeddu (v)
to wonder at something rhyfeddu at
rywbeth

wonderful rhyfeddol, EXCELLENT
ardderchog, gwych (adj)

won't *form of* bod, *form of* gwneud (v)
it won't work wnaiff e ddim
gweithio
he won't be here fydd e ddim
yma

wood pren/–nau (m), coed (pl), FOREST
coedwig/–oedd (f)

wooden pren (adj)

woodland coetir/–oedd (m)

wool gwlân (m)

woollen gwlân (adj)

woolly gwlanog (adj)

word gair/geiriau (m)
word processing prosesu geiriau
word for word gair am air
by word of mouth ar lafar

work gwaith/gweithiau (m); gweithio (v)
he is at work mae e yn y gwaith, mae
e'n gweithio

worker gweithiwr/gweithwyr (m)

workman gweithiwr/gweithwyr (m)

works gwaith/gweithfeydd (m)
iron works gwaith haearn

coppor works gwaith copor

steel works gwaith dur

workshop gweithdy/gweithdai (m)

world byd/–oedd (m)
in the world yn y byd
first world war rhyfel byd cyntaf
second world war ail ryfel byd
all over the world dros y byd
in all corners of the world ym
mhedwar ban y byd

world-famous byd-enwog (adj)

world-wide byd-eang (adj)

worm mwydyn/mwydod (m), abwyd,
abwydyn/abwydod (m)

worn treuliedig (adj)

worn-out wedi ymlâdd, CLOTHES wedi
treulio (v)

worry pryder/–on (m), gofid (m); pryderu,
gofidio (v)

worse gwaeth (adj)
worse than gwaeth na +A.M.

worsen gwaethygu (v)

worship addoli (v); addoliad (m)

worst gwaethaf (adj)
at worst ar y gwaethaf

worth gwerth (m)
it's worth ten pounds mae e'n werth
deg punt

worthless diwerth (adj)

worthy teilwng (adj)

would *form of* bod (v)
I would byddwn i
you would FAMILIAR byddet ti, POLITE
byddech chi
he/she/it would byddai fe/hi
we would bydden ni
they would bydden nhw

wound clwyf/–au (m); clwyfo (v)

wrap rhwymo, lapio (v)
wrapping paper papur lapio

wrath dicter (m)

wreck dryllio, difetha (v); SHIPWRECK
llongddrylliad (m)

wrench rhwygo (v); rhwyg/–iadau (m)

wrist arddwrn/arddyrnau (m)

writ gwŷs/gwysion (f)

write ysgrifennu (v)
to write about something ysgrifennu
am rywbeth

writer ysgrifennwr/ysgrifennwyr (m),
AUTHOR awdur/-on (m)

writing HANDWRITING ysgrifen (f), ARTICLE
ysgrifeniad/-au (m)
   writing paper papur ysgrifennu
   written word gair ysgrifenedig
   in writing mewn ysgrifen

written ysgrifenedig (adj)
   to be written cael ei ysgrifennu

wrong anghywir (adj); cam (m); gwneud
cam â +A.M., HARM niweidio (v)

Xmas y Nadolig (m)

X-ray pelydr X/pelydrau X (m)

yacht cwch hwylio/cychod hwylio (m)
   yacht club clwb hwylio

yard 36 INCHES llathen/-ni (f), SCHOOL,
FARM buarth/-au (m), SCHOOL, FACTORY
iard/-iau (m)

yawn dylyfu gên, agor y geg (v)

year blwyddyn/blynyddoedd/blyneidd (f)
blynedd *is used only after numerals*
   two years dwy flynedd
   the last two years y ddwy flynedd
   diwethaf
   three years tair blynedd
   the last three years y tair blynedd
   diwethaf
   five years pum mlynedd
   ten years deng mlynedd
   year old blwydd oed
   new year's day dydd calan
   this year eleni
   last year y llynedd
   a happy new year blwyddyn newydd
   dda
   within a year o fewn blwyddyn, cyn
   pen blwyddyn

yearly blynyddol (adj)

yearn hiraethu, ysu (v)

   to yearn for something hiraethu am
   rywbeth

yearning hiraeth (m)

yeast burum (m)

yell gweiddi (v); gwaedd/-au/-iadau (f)

yellow melyn (adj)
   yellow fever clefyd melyn

yes
   1. ie (adv)
   *in answer to questions beginning with
   nouns, pronouns or adjectives*
   Is it a red car? Yes Car coch yw e? Ie
   2. *the verb forms the word yes, using the
   same verb as the question* e.g.
   ydy? ydy
   oes? oes
   yes, I am ydw
   yes, I shall bydda
   yes, it/he/she will bydd
   yes, I was oeddwn
   yes, it/he/she was oedd
   yes, I may caf
   yes, I do gwnaf
   yes, you may cewch

yesterday ddoe (adv)
   the day before yesterday echdoe

yet ALTHOUGH, AGAIN eto, IN SPITE OF THAT
er hynny, EITHER chwaith (adv)

you
   1. POLITE chi, FAMILIAR ti (pron)
   you are going rydych chi'n mynd,
   rwyt ti'n mynd
   I saw you gwelais i chi, gwelais i ti
   2. POLITE eich...chi, FAMILIAR dy...di
   (pron)
   used with long form of verbs; 'ch...chi *is
   used after vowels*
   I have seen you rydw i wedi'ch gweld
   chi, rydw i wedi dy weld di

young ifanc (adj)

younger iau, ieuengach, ifancach (adj)
   younger than iau, ifancach na +A.M.

youngest ieuaf, ieuengaf, ifancaf (adj)

your POLITE eich...chi, FAMILIAR dy, dy
+S.M....di (pron)
   your car eich car chi, eich car chi, dy gar,
   dy gar di

yours eich... chi (pr)
   the car is yours eich car chi yw e

yours sincerely yn gywir, yr eiddoch
yn gywir
yourself eich hun, eich hunan, FAMILIAR dy
hun, dy hunan (pron)
yourselves eich hunain (pron)
youth ieuenctid (m), BOY llanc/–iau (m),
YOUNG PEOPLE pobl ifanc (f)
youth hostel hostel ieuenctid
youthful ifanc (adj)

Z

zeal sêl (f)
zebra sebra/–s (m)
zero sero (m), dim (m)
zigzag igam-ogam (adj)
zinc sinc (m), zinc (m)
zip sip/–iau (m)
zone rhanbarth/–au (m), AREA ardal/–oedd
(f), parth/–au (m)
pedestrian zone ardal gerdded
zoo sw/swâu (m)
zoology swoleg (f)